权威·前沿·原创

皮书系列为
"十二五"国家重点图书出版规划项目

湖南蓝皮书

BLUE BOOK OF HUNAN

2015 年湖南
两型社会与生态文明发展报告

ANNUAL REPORT ON HUNAN'S TWO-ORIENTED SOCIETY
AND ECOLOGICAL CIVILIZATION DEVELOPMENT (2015)

湖南省人民政府发展研究中心
两型社会与生态文明协同创新中心
主　编／梁志峰
副主编／唐宇文

社会科学文献出版社
SOCIAL SCIENCES ACADEMIC PRESS (CHINA)

图书在版编目（CIP）数据

2015 年湖南两型社会与生态文明发展报告/梁志峰主编.
—北京：社会科学文献出版社，2015.5
（湖南蓝皮书）
ISBN 978 – 7 – 5097 – 7432 – 8

Ⅰ.①2… Ⅱ.①梁… Ⅲ.①城市经济 – 经济发展 – 研究
报告 – 湖南省 – 2015 ②生态文明 – 建设 – 研究报告 – 湖南省 –
2015 Ⅳ.①F299.276.4 ②X321.264

中国版本图书馆 CIP 数据核字（2015）第 083217 号

湖南蓝皮书
2015 年湖南两型社会与生态文明发展报告

主　　编／梁志峰
副 主 编／唐宇文

出 版 人／谢寿光
项目统筹／桂　芳　邓泳红
责任编辑／桂　芳

出　　　版／社会科学文献出版社·皮书出版分社（010）59367127
　　　　　　地址：北京市北三环中路甲 29 号院华龙大厦　邮编：100029
　　　　　　网址：www.ssap.com.cn
发　　　行／市场营销中心（010）59367081　59367090
　　　　　　读者服务中心（010）59367028
印　　　装／北京季蜂印刷有限公司

规　　　格／开 本：787mm×1092mm　1/16
　　　　　　印 张：25.75　字 数：432 千字
版　　　次／2015 年 5 月第 1 版　2015 年 5 月第 1 次印刷
书　　　号／ISBN 978 – 7 – 5097 – 7432 – 8
定　　　价／98.00 元

皮书序列号／B – 2011 – 181

湖南省人民政府发展研究中心
湖南蓝皮书编辑委员会

主要编撰者简介

梁志峰 湖南省人民政府发展研究中心主任，管理学博士。历任中共湖南省委办公厅秘书处秘书，中共湖南省委高校工委组织部部长，湘潭县委副书记，湘潭市雨湖区委书记，湘潭市委常委、秘书长、组织部部长。主要研究领域为资本市场和区域经济学，先后主持多项省部级研究课题，发表 CSSCI 论文 20 多篇，著有《资产证券化的风险管理》《网络经济的理论与实践》《古云村 古城村调查》等。

唐宇文 湖南省人民政府发展研究中心副主任，研究员。1984 年毕业于武汉大学数学系，获理学学士学位，1987 年毕业于武汉大学经济管理系，获经济学硕士学位。2001～2002 年在美国加州州立大学学习，2010 年在中共中央党校一年制中青班学习。主要研究领域为区域发展战略与产业经济。先后主持国家社科基金项目及省部级课题多项，近年出版著作有《打造经济强省》《区域经济互动发展论》《洞庭湖区域新型工业化战略研究》等。

摘　要

　　本书是由湖南省人民政府发展研究中心组织编写的年度性报告。全书分为主题报告、总报告、综合篇、区域篇、专题篇及实践篇。主题报告是湖南省领导关于两型社会和生态文明建设的全局性、前瞻性的重要论述。总报告是湖南省人民政府发展研究中心对 2014～2015 年湖南两型社会和生态文明发展情况的分析研究成果。综合篇从相关部门的视角，分析了湖南资源节约、环境保护、绿色发展、水利建设、国土开发等两型和生态相关领域的改革建设情况。区域篇是湖南 14 个市州两型社会和生态文明建设情况的总结分析和谋划。专题篇是专家学者从不同角度对两型社会和生态建设相关问题的深入剖析和探讨。实践篇展示了部分两型示范区、产业园区推进两型社会建设的成功经验和做法。

　　2014 年，湖南两型社会和生态文明建设取得积极进展。生态文明体制改革全面启动、实现重点突破，十大重点改革深入推进、辐射全省，产业转型升级取得新成效，水土气污染治理迎来"拐点"，生态环境进一步改善。

　　2015 年，湖南将以体制机制创新为核心，纵深推进生态文明体制改革和两型试验区综合配套改革；以科技创新为支撑，发展壮大两型产业，提高资源节约循环高效利用水平；以水土气治理为重点，全面改善生态环境，推动长株潭两型试验区第二阶段改革目标全面实现，推动全省两型社会和生态文明建设迈上新台阶。

总　序

　　2015 年《湖南蓝皮书》即将付梓，正值《湖南蓝皮书》编辑出版 20 周年。20 年的历程，蓝皮书逐步长大、成熟和丰富，从之前的单行本壮大为系列丛书，内容涵盖经济、社会、产业、两型社会、县域、电子政务 6 大主题。这 20 年，见证了湖南转型发展的真实轨迹，铭刻了湖南加快小康社会建设的奋斗历程，承载了三湘儿女加快实现"湖南梦"的美好心愿。

　　20 年一路走来，湖南始终坚持改革开放、科学发展。改革由农村扩大到城市、由国企改革延伸到发展混合所有制经济、由经济领域拓展到五位一体，湖南经济建设出现转型发展新气象，实现了经济社会的大发展、综合实力的大提升、城乡面貌的大改变、人民生活的大改善。始终坚持发展是第一要务，全省经济总量由改革初期的几十亿元跨越到今天的 2.7 万亿元，财政收入由几亿元跃升到 3629.7 亿元，人均 GDP 增长了近 12 倍，投资规模突破 2 万亿元，社会消费品零售总额、规模工业增加值首次突破万亿元，实现进出口总额 310.3 亿美元，实际利用外资 102.7 亿美元，湖南发展速度明显快于全国平均水平，经济结构明显优化，发展后劲明显增强。始终坚持改善民生，民生保障投入大幅增加，2014 年民生财政支出达 3314.8 亿元，占总支出的 66%；保障政策不断完善，保障水平稳步提高，保障成效更加明显，2014 年城乡居民收入分别达到 26570 元、10060 元，新增城镇就业 82.7 万人和农村劳动力转移就业 68 万人；社会事业持续发展，基本公共服务广度和深度不断提升。分类推进全面建成小康社会取得新进展。城镇化率年均提高 1.32 个百分点，美丽乡村建设呈现新面貌。

　　20 年一路走来，波澜壮阔的改革开放实践为湖南蓝皮书提供了丰富的素材。蓝皮书始终秉承"真实记录、系统分析、凝聚共识、服务决策"的宗旨，在选题上注重围绕中心、服务大局、把握宏观、突出重点。在思想上注重求真务实，大胆创新，既求前瞻，又求实用。在形式上注重资料翔实，内容丰富，

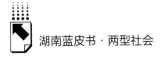
图文并茂，简介明了。总之，力求真实记录湖南经济社会发展的历史轨迹和全貌，系统分析湖南经济社会发展面临的新形势、新任务，并提出切实可行的具体对策建议，既真实立体地向社会展示湖南、推介湖南，又汇聚民智、凝聚民心，为湖南实现新发展、新跨越献策出力。

20年一路走来，湖南蓝皮书的编辑出版工作始终得到了各级领导和社会各界的高度重视和倾力支持。《湖南蓝皮书》的编辑出版是一项系统工程，是湖南各界的集成之作，它融汇了众多领导和优秀专家的智慧和辛勤劳动，其中融入了各界对年度经济社会发展的新思维和新观点，感谢他们的采珠撷英、不矜华实、去芜存菁，使得该书具有弥足珍贵的研究价值和参考价值。丛书的编辑阶段更是一个严谨细致和复杂烦琐的过程，字斟句酌的审阅，格式版面的优化，力求以高度认真负责的科学精神和工作态度回报大家的厚爱。我们希望通过本丛书的长期连续编撰发行，为记录湖南、推介湖南、思考湖南、资政湖南、发展湖南作出应有的贡献。

回首20年，是湖南大发展、大跨越、大提升的20年。而今，我们面对经济发展的新常态，立足湖南"一带一部"新优势，如何科学把握新常态下经济发展的大逻辑和湖南发展的阶段性新特征，抢抓新一轮科技革命的新机遇，适应和引领新常态，实现"两个加快""两个率先"，将是未来几年全省上下努力实现的宏伟目标，也是社会各界共同关注和研究的课题。

伟大的时代发轫于伟大的梦想，伟大的梦想成就于伟大的实践。湖南正处于快速发展的上升阶段、加快发展的黄金时期，"湖南梦"正在由理想变为现实。党的十八大吹响了全面建成小康社会的号角，开启了乘风破浪的伟大航程。湖南蓝皮书将紧扣时代主题，不断开拓创新，不负各界众望，解放思想，与时俱进，求真务实，为奏响湖南科学发展的新乐章添上美丽的音符！最后，谨向关心、支持湖南蓝皮书的各级领导和社会各界人士表示衷心的感谢和崇高的敬意！并祝湖南的明天更美好！

《湖南蓝皮书》编委会

二○一五年四月

目　录

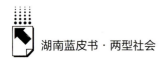
B IV　区域篇

BV 专题篇

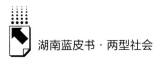

B VI　实践篇

皮书数据库阅读使用指南

CONTENTS

B)IV　Region Reports

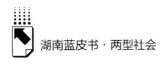
BV Special Reports

B VI Case Reports

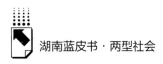

主题报告

Keynote Reports

B.1

深入推进两型社会建设新实践 努力让天蓝水碧空气清新成为长沙环境常态

易炼红 *

　　党的十八大以来，以习近平同志为总书记的党中央站在谋求中华民族长远发展、实现人民福祉的战略高度，围绕建设美丽中国、推动社会主义生态文明建设，提出了一系列新思想、新论断、新举措，标志着在生态环保领域的理论体系、法律法规体系、组织制度体系、环境治理现代化体系建设等方面形成新局面。长沙作为长株潭全国两型社会建设综合配套改革试验区的省会城市，要严格落实中央重大决策部署和省委、省政府"六个走在前列"的要求，紧紧围绕"率先建成两型引领之市"的奋斗目标，实施史上最严格的环境保护制度、实施生态文明制度改革创新，努力让天蓝水碧空气清新成为长沙环境新面貌，确保两型社会建设继续走在全国前列、发挥更好示范作用。

* 易炼红，中共湖南省委常委、长沙市委书记。

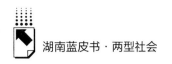

一 切实强化经济新常态下两型社会建设的坚定性

思想坚定，行动才会自觉。近年来，长沙两型社会建设取得了丰硕成果，水生态文明城市建设、低效用地再开发、绿色建筑推广、大气污染联防联控、资源环境履职联审等重点改革事项的工作成效得到了国家相关部委的高度认可，长沙是全国唯一实施了节约集约用地标准化试点的城市；强力实施"清霾"、"碧水"、"静音"三大行动，投资130亿元实施生态环境项目90多个，完成湘江及其支流76个排污口改造，主城区污水处理率达到96.32%，建成66家乡镇污水处理厂，湘江支流断面水质从劣V类提高到Ⅳ类以上，核心区落后产能淘汰率100%，森林覆盖率57%，城市人均绿地面积25平方米，各项生态指标达到或基本达到全国生态示范城区标准。长沙的两型社会建设正成为推进改革创新的有效载体、吸引生产要素的重要平台、实现科学发展的强劲引擎、展现城市形象的亮丽名片。在经济新常态下，我们要以百尺竿头、更进一步的坚定和自觉，务求实现两型社会建设更大作为。

1. 新常态下，两型社会建设是转型创新发展的内涵所在

低碳技术、绿色经济逐步成为推动可持续增长的引擎，优美的生态环境日益成为吸引资金、技术、人才等要素集聚的"磁场"。在以绿色、循环、低碳为基调的发展浪潮中，过去拼资源、拼消耗、拼环境的粗放型发展方式行不通了。抓住环境倒逼机遇，加快转型创新发展，构建资源节约、环境友好的新常态，已成为城市可持续发展的必由之路。长沙有山有水、有江有湖，这是宝贵财富和提升城乡品质的重要保障。对大自然的馈赠，决不能肆意挥霍；对天赐之美，更不能人为破坏。长沙必须以两型社会建设综合配套改革为平台，既要通过产业高端化、集约化、两型化来为环境"减负"，又要通过优化生态环境、推进生态文明来为城市竞争力"加分"。要围绕建设"宜居宜业、精致精美、人见人爱"的品质长沙，始终贯彻"保护优先"的理念，打破"先污染后治理"、"边污染边治理"的怪圈，实现提升城市品质与保护生态环境的双赢。

2. 新常态下，两型社会建设是各级党委政府的责任所系

习近平总书记强调，"要牢固树立保护生态环境就是保护生产力，改善生态环境就是发展生产力的理念"。环境问题不仅仅是发展问题、民生问题，也是政治问题。当前，从中央推动城市群生态环境联防联治，到国务院发布"大气十条"，再到湖南省实施湘江治理"一号工程"，两型社会建设得到前所未有的重视。2015年1月14日，湖南省委常委集体考察调研长沙城市规划建设管理工作，徐守盛书记强调指出："长沙市要持续用力、久久为功，进一步搞好生态资源保护，依托山水脉络，打造依山傍水、显山露水、城水相依、城山相偎的特色城市。"由此可见，实现治理体系和治理能力的现代化，环境治理是"试金石"。我们要增强政治责任感与使命感，认真落实中央要求和省委部署，勇于担当、不辱使命，努力为全省、全国的两型社会建设做出长沙新的更大贡献。

3. 新常态下，两型社会建设是人民群众的美好生活所盼

良好生态环境是最公平的公共产品，是最普惠的民生福祉。没有健康，生活质量就无从谈起；没有健康，事业发展就没有本钱。而环境状况，直接关系到人民群众的健康状况和生活品质。随着经济社会发展水平的提升，人民群众对清新空气、清澈水质、清洁环境等生态产品的关注度与日俱增，对雾霾围城的热议，对"APEC蓝"的期盼，都是如此。民之所盼，政之所为。我们要顺应老百姓"盼环保"、"求生态"的共同愿望，更加自觉地推动绿色发展、循环发展、低碳发展，努力让天蓝水碧空气清新成为长沙环境新常态，不断增强全市人民生活的舒适感、愉悦感、幸福感。

二　精心打好两型社会建设统筹兼顾的组合拳

建设两型社会的根本目的是促进经济发展可持续，实现城乡品质大提升、生态环境更优美、人民生活更幸福。我们要围绕已经出台的顶层设计和实施意见抓落实，统筹当前与长远，兼顾治标与治本，以点带面、点面结合，确保两型社会建设向纵深发力。

1. 抓源头，大力推进转型创新发展

转型创新发展是两型社会建设的核心要义。长沙的发展理念、发展方式、发展路径，要全面适应两型社会建设的新要求、生态文明建设的新常态。

强力推进经济转型升级。大力发展低能耗、低污染、高效益的现代服务业、高新技术产业和战略性新兴产业，加快构建高端、低碳、绿色的两型产业

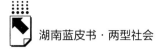

体系。要制定产业准入的"负面清单"，从规划源头和土地供应上把好产业调整关，制定不同区域鼓励类、限制类、禁止类供地目录，新增建设用地优先用于鼓励类新兴产业项目。

强力推进城市转型升级。以建设清洁城市、畅通城市、绿色城市、靓丽城市和更高水准的文明城市为抓手，在高起点规划、高融合发展、高品位建设、高水平管理、高效率运行上全力突破，把两型规划落实到企业引进、项目建设、城市绿化、渣土管理、机动车管理等具体环节上，实行源头严防、过程严管、后果严惩。

强力推进社会治理转型升级。坚持以人为本，坚守"三条底线"，不突破资源环境容量，不发生重大环境污染事故，不损害群众身体健康和危害生命安全。要在信息化、网格化管理中强化两型理念，使之延伸到每个社区、每个企业、每个单位、每个家庭。

2. 抓治理，着力提升生态环境品质

在做好源头严防的同时，生态环境保护同样是两型社会建设的重中之重。

以铁腕治理污染。以实施新《环境保护法》为契机，推进史上最严环保行动，着力打好"清霾"、"碧水"、"静音"、"净土"等重点污染防治的攻坚战。以控煤、控车、控尘、控污和控非建项目污染为重点抓好大气污染治理，共造一片蓝天；以湘江长沙段及其支流为重点抓好水体污染治理，共护一泓碧水；以减少交通车辆噪音为重点抓好噪音污染治理，共享一份宁静；以重金属为重点抓好土壤污染治理，共保一方净土。

抓好节能减排工作。大力发展清洁生产、低碳技术和循环经济，推广绿色建筑、绿色交通、绿色工厂、绿色家园，加快推进节能减排全覆盖工程。特别是以国家节能减排财政政策综合示范工作为契机，以加强执法监管和企业在线监控为重点，建立更加严密有效的监管体系，确保提前实现"十二五"节能减排目标。

突出生态保护修复。刚性执行环境和资源准入制度，严格把好生态"红线"。扎实推进长株潭生态绿心保护，实施一批湿地、公园等重点生态修复工程。

3. 抓制度，加快推进综合配套改革

全力推动《长沙市生态文明体制改革重点事项实施方案》及其子方案落地见效，确保生态文明体制改革走在前列，充分展示新常态下两型社会建设、生态文明改革的"长沙作为"。

　　围绕"三个集中"推进改革。集中才能集约，才能最大限度提高资源利用效率。要抓好农村土地流转、宅基地整治等改革，促进土地向大户集中；推进户籍、征地、社保制度等改革，促进人口向城镇集中；采取退二进三、绿色搬迁改造等措施，促进企业向园区集中。

　　围绕市场化方向推进改革。健全生态补偿、排污权交易、环境风险责任保险、环境污染损害赔偿、绿色财政、绿色信贷等政策。凡是市场能够解决的，都要交给市场；暂时不具备条件的，也要探索模拟定价方法，更好地反映市场供求关系。

　　围绕优化经济环境推进改革。在"简政、放权"上下功夫，继续取消和调整行政审批、行政许可事项，深入推进商事登记制度，打造服务型政府，为各类经济主体转型升级、做大做强提供优良的发展环境。

4. 抓创新，不断强化科学技术支撑

　　科技创新是两型社会建设的利器，要加大科技创新在两型社会建设各个领域和环节的运用力度，进一步提升两型社会建设的标准和层次。

　　组织科技攻关。发挥长沙作为省会城市的科技优势，加强水体污染控制与治理、区域性大气污染综合防治、土壤污染修复与治理、重金属污染综合防控等科技攻关和协同创新，力争在共性技术、核心技术上取得突破。

　　提升技术水平。进一步加大投入，推广大气治理技术装备、新型水处理技术装备、垃圾处理技术装备，配好用好环境监测仪器设备，全面提升环保技术装备水平，为治理突出环境问题提供保障。

　　形成产业链条。大力推广清洁能源使用、废旧资源综合利用、新型环保材料等环保产品，全面推进节能降耗、污水处理、垃圾污泥处置等环保产业发展，加快污染治理设施建设和运营的专业化、社会化、市场化。

5. 抓法治，始终坚持依法监督问责

　　以实施史上最严的环保法为契机，利用法治"利剑"来保护青山绿水、呵护美好家园，将长沙两型社会建设推向一个新的高度。

　　坚持依法办事。党政机关、领导干部、企业、公民都要严格依法办事，把好环境评估、项目审批、企业准入、生产经营等关口，做到不触碰环境红线、不突破生态底线。

　　坚持依法监管。坚持铁拳出击、铁腕执法，保持严管、严查、严处的高压态势，保障资源环境安全，维护公众权益。健全两型监督体系，强化两型监督

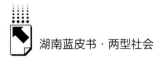

执法，着力推进联合执法、区域执法、交叉执法。严控新建源、严管现役源、严查风险源，不留监管死角和执法盲区。

坚持依法问责。谁污染环境、损害生态，谁就要付出沉重代价，包括经济处罚、刑事责任，切实做到责任明确、责任上肩、责任履行到位。

三 自觉形成两型社会建设多元共治的新格局

两型社会建设，人人都是参与者、受益者。要加快构建政府、企业、公民、社会、媒体多元共治的新格局，切实形成人人重视两型、支持两型、参与两型的强大合力。

1. 进一步种好责任田

各级党委政府要把两型社会建设摆在优先位置，全面落实资源节约和环境保护目标责任制，切实做到认识到位、责任到位、措施到位、投入到位、配合到位。相关部门要强化执行力，各司其职、各负其责、各尽其能，加强整体联动。同时，对企业承担主体责任、公民进行违法举报、社会组织依法参与、新闻媒体进行舆论监督，也要依法落实、形成合力。

2. 进一步调优指挥棒

习近平总书记指出，只有实行最严格的制度、最严密的法治，才能为生态文明建设提供可靠保障。最重要的是要完善经济社会发展考核评价体系，把资源消耗、环境损害、生态效益等体现生态文明建设状况的指标纳入经济社会发展评价体系，使之成为推进生态文明建设的重要导向和约束。要将环境保护和生态建设纳入各级党政领导班子和领导干部绩效考核体系，引入第三方评价，突出公众满意度。

3. 进一步汇聚正能量

要加强两型社会宣传教育，推动两型理念、常识、法律进机关、进企业、进社区、进课堂，增强全民节约意识、环保意识、生态意识，形成"建设大美长沙、呵护美丽家园"的高度自觉。要构建全民参与格局，建立完善政府环境管理信息公开制度、公众听证制度，保障和扩大公众环境知情权和议事权。要增强企业两型社会责任，推动企业公开环境信息，鼓励企业自觉开展环境公益活动。要从领导干部和国家公职人员做起，在全体市民中倡导"少开一天车，少用一度电，节省一张纸，节约一滴水"，让两型生活落实到每个细节中。

加强生态文明制度建设

张文雄*

党的十八大以来，习近平总书记从"五位一体"总体布局的战略高度，对生态文明建设提出了一系列新思想、新观点、新论断，字里行间彰显了党和国家建设生态文明的坚定意志和坚强决心。2013 年 11 月 4 日，习近平总书记在湖南考察时，赞美湖南名山大川多，水系资源丰富，自然风光秀丽，要求湖南"牢固树立尊重自然、顺应自然、保护自然的生态文明理念，推动绿色发展、循环发展、低碳发展，真正把生态系统的一山一水、一草一木保护好"，"谱写建设美丽中国湖南新篇章"。习近平总书记关于生态文明建设的重要思想为建设美丽中国规划了蓝图，"谱写建设美丽中国湖南新篇章"为湖南长远发展指明了方向。贯彻落实习近平总书记关于生态文明建设的一系列重要战略思想，要全面推进生态文明体制改革、加强生态文明制度建设。

一 制度建设是生态文明体制改革的关键

习近平总书记指出："只有实行最严格的制度、最严密的法治，才能为生态文明建设提供可靠保障。"十八届三中全会的决定中关于生态文明体制改革部分标题就是"加快生态文明制度建设"，开宗明义："建设生态文明，必须建立系统完整的生态文明制度体系。"这是因为制度管全局、管长远、管根本。为什么要突出强调生态文明制度建设？我的理解如下。

1. 资源环境问题凸显，制度是深层次原因

我党一贯重视生态文明建设。在推进生态环境保护方面采取了许多重大措

---

* 张文雄，中共湖南省委常委、湖南省长株潭"两型社会"建设综合配套改革试验区工作委员会书记。

施，也取得了显著成绩。但是资源贫乏、环境恶化、生态退化也是不争的事实。湖南前些年"调煤保电"，反映了资源约束趋紧；近几年相继出现"湘江流域重金属污染"、"镉大米事件"、"血铅事件"、雾霾问题，反映了环境污染加重。生态环境问题，既有自然的、历史的原因，也有盲目开发、无序开发甚至是过度开发的原因。从根本上讲，还是改革不到位、体制不完善、机制不健全的原因。

2. 相对其他四大建设而言，生态文明制度建设明显滞后

一是生态文明建设纳入"五位一体"总体布局是十八大提出来的，与经济、政治、文化、社会建设相比，相对较晚。生态文明体制改革更多地意味着建设，因为生态文明本身处于建设之中，制度不完善，机制不健全，是"五位一体"的制度空白。

二是加强生态文明制度建设，会遇到来自传统发展理念、发展方式所形成的阻力，表现在经济、政治、文化、社会现有体制机制的许多方面。只有破除了这些领域与生态文明制度建设相矛盾的弊端，生态文明制度才能建设好。比如传统的政绩考核制度下，一些地方更愿意追求 GDP 增长，忽视环境保护。又比如在经济体制方面，资源的稀缺价值没有体现，导致矿产资源、土地资源、水资源等过度开发。还比如在环境执法上，违法成本低、守法成本高，企业环境治理缺乏内在动力等等。

三是生态文明制度建设主要解决其他四大建设中出现的资源环境问题，离不开其他四大建设体制机制的转变。一方面，要把生态文明理念融入经济、政治、文化、社会建设全过程；另一方面，其他四个方面的体制机制改革要以生态文明建设为基础和前提，为生态文明体制机制服务。

3. 在生态环境保护方面，已经建立不少制度，但总体上还不全面、不系统、不完善

一是相关制度不健全。主要是：源头上，没有建立起有效的防范制度；过程中，没有建立起严密的监管制度；后果上，没有建立起严厉的责任追究和赔偿制度。

二是制度衔接不到位。过去我们在制度设计上缺乏整体思维，往往是"头痛医头、脚痛医脚"，"按下葫芦浮起瓢"，制度碎片化现象突出，各项规章制度之间缺乏衔接、协调和配合，存在制度盲区。

三是制度执行不力。在现行体制下，基层环保部门从属于地方政府，不能挺直腰杆独立执法，环境监管难以到位。同时，环保部门监管能力不足，与其被赋予的职能和担负的任务严重不相匹配，心有余而力不足，导致制度执行打了折扣。这些制度上的问题，是长期积累的结果，成为环境治理的"拦路虎"。必须通过改革，建立起源头严防、过程严管、后果严惩的制度，为确保天蓝、地绿、水净，构筑起无坚不摧的制度屏障。

二 制度建设必须抓住重点

生态文明制度体系复杂而庞大。概括起来主要是三大类制度：一是源头严防制度，主要包括健全自然资源资产产权制度、国家自然资源资产管理体制、自然资源监管体制，实施主体功能区制度、建立空间规划体系、落实用途管制制度、建立国家公园体制等 7 项制度，这是治本之策。二是过程严管制度，主要包括资源有偿使用制度、生态补偿制度、资源环境承载能力监测预警机制、污染物排放许可制、企事业单位污染物排放总量控制制度 5 项制度，这是关键之举。三是后果严惩制度，主要是生态环境损害责任终身追究制、损害赔偿制度 2 项制度，这是落实之要。源头、过程、后果是一个制度链条，源头防护制度体系建立健全起来，在过程实施中就能清晰做到依法监管，只要监管制度落实并严格执法，就会大大减少环境损害事件，责任追究和损害赔偿案件自然下降。

十八届三中全会以来，湖南省委专门成立了生态文明体制改革专项小组，按照省委、省政府的部署安排主要抓了三件事：一是拿出了 2014 年的工作要点，对 60 项改革任务明确了牵头单位、时间要求。二是要求各有关部门将重点改革争取成为"国家试验田"，目前有 23 项改革进入了国家试点。三是在深入调研的基础上，拿出了《生态文明体制改革实施方案》，对生态文明体制改革进行顶层设计。根据中央的部署，从湖南省实际出发，必须抓几项牵一发而动全身的关键制度建设。

1. 以健全自然资源资产产权制度为重点，建立自然资源资产管理、监督体制

产权是所有制的核心和主要内容。目前的主要问题是权责不清，所有权人不到位，管理者缺位。改革的重点就是按照中央和国家的部署，对水流、森林、山岭、草原、荒地、滩涂等自然生态空间进行确权登记，形成归属清晰、权责明确、监督有效的自然资源资产产权制度、管理制度和监督制度。

2. 以健全生态补偿制度为重点，推动主体功能区制度落实

实施主体功能区制度，让不同的区域承载不同的功能，目的是要把禁止开发区、限制开发区赶紧保护起来，基础工作是要划定生态红线，关键措施是要实施生态补偿制度，让保护者获得应有的回报。生态补偿制度包括纵向和横向两种制度。纵向就是各级政府通过均衡性财政转移支付方式购买生态产品。横向就是按照"谁受益、谁补偿"原则，推动地区间建立生态补偿制度。湖南省共有54个重点生态功能区县市区，2013年国家转移支付重点支持23.6亿元，比2012年增长34.1%，湖南省财政也加大了补偿力度。现在的问题：一是范围窄。生态补偿主要集中在森林领域，流域、湿地、矿产资源开发的生态补偿，尚处在起步阶段，耕地及土地生态修复尚未纳入补偿范围，农业功能区还是空白。二是补偿标准低。国家级公益林集体和个人部分每亩每年补助为17元，省级公益林集体和个人部分每年每亩补助12元，2014年提高到15元，只相当于一斤猪肉的价钱。三是资金来源单一。目前主要是中央转移支付，地方政府投入少，市场化补偿才起步，地区间的横向补偿还在探索阶段。

3. 以完善污染物排放许可制为重点，推动企事业单位污染物排放总量控制制度落实

一个地区的环境容纳污染物是有限的，一旦破坏就会带来严重后果。必须健全并严格执行污染物排放总量控制制度，使污染物总量始终控制在环境可承载范围内。这就是依法对各企事业单位排污行为提出具体要求并以书面形式确定下来，作为排污单位守法、执法单位执法、社会监督护法依据的一种环境管理制度。严格把住准入关，进一步深化环评制度改革，严格项目环评，从严控制高耗能、高污染、资源性项目，以及低水平重复建设和产能过剩项目，避免"带病"项目上马。严格落实减排目标责任制，进一步完善污染物排放许可制度，实行企事业单位污染物排放总量控制，规范污染物排放许可行为，禁止无证排污和超标准、超总量排污。完善监测预警体系，健全环境监测网络，加强全方位监测。落实谁污染谁付费，完善治污设施建设，加强生产过程的环境治理，尽量减少对环境的污染和损害。建立联防联控机制，实行跨区域、跨流域

的环境综合治理。推动费改税和排污权交易，落实污染物排放目标总量控制和环境容量总量控制。

4. 以推广"两个合同"为重点，推动节能减排市场化进程

合同环境服务作为一种治理环境污染的新商业模式，实际上就是政府或企业购买环境服务。合同能源管理是一种新型的市场化减排机制，实际上也是政府向企业的节能服务公司购买节能服务。推行"两个合同"既可以解决生产企业节能减排能力不强、资金不足的问题，也可以实现节能降耗减排管理的市场化、社会化、专业化，吸引社会资本投资生态环境保护。近些年来，湖南环保产业发展迅速，2013年产值超过1000亿元，成为第十一个千亿产业，具备了推广合同环境服务和合同能源管理的基础，一些县市和企业通过推广"两个合同"也取得了初步成效。要在认真总结经验的基础上，拿出支持"两个合同"的政策措施。

5. 以改革领导干部考评机制为重点，完善经济社会发展考核评价体系

生态文明体制改革重点是要改变领导干部考评机制。习近平总书记多次强调，"最重要的是完善经济社会发展考核评价体系，把资源消耗、环境损害、生态效益等体现生态文明建设状况的指标纳入经济社会发展考核评价体系"。近些年来，在绿色GDP的考核评价体系建设上，湖南省在长株潭三市做了一些有益探索。下一步，要按照中央的要求，大力探索体现生态文明要求的目标体系、考核办法、奖惩机制，健全生态环境责任体系，使之成为推动生态文明建设的重要导向和约束。

三 制度建设必须坚持从严

习近平总书记2013年5月在中央政治局第六次集体学习上提出"两个最严"，明确指出"我们在生态环境方面欠账太多了，如果不从现在开始把这项工作紧紧抓起来，将来会付出更大的代价"，并强调"在生态环境保护问题上，就是要不能越雷池一步，否则就应该受到惩罚"，充分表达了中央的坚决态度。

1. 问责要严

主要是建立生态环境损害责任终身追究制，对那些不顾生态环境盲目决

策、造成严重后果的领导干部，终身追究责任，不能任其拍屁股走人。对区域环境持续恶化、发生重特大环境污染事故、不完成主要污染物总量减排任务或发生重大环境违法事件导致大范围新建项目限批等都要进行问责。对环保部门失职渎职、不作为甚至充当"保护伞"的，应追究其责任；造成严重后果的，应撤职或者开除，其主要负责人应当引咎辞职。同时，探索编制自然资源资产负债表，对一个地区的水资源、环境状况、林地、开发强度进行综合评价，在领导干部离任时，对自然资源进行审计，如果生态环境损害很大，即使经济发展快，也要进行责任追究。

2. 赔偿要严

坚持"谁损害、谁赔偿"的原则，着力解决企业和个人守法成本高、违法成本低的问题。现在的法律法规中对造成生态环境损害的处罚总体偏轻，远远无法弥补生态环境损害和治理成本，更难以弥补对人民群众健康造成的长期危害，必须加大违法违规成本，使之不敢违法违规。2014 年 4 月，全国人大常委会通过的"环境保护法"修订草案，被称为"史上最严"的环境法，规定对污染企业按日连续计罚，罚款上不封顶。建立环境损害评估制度，对污染物损害进行科学鉴定，做出定量化的评估，才能使污染者付出应有的代价、受害者得到相应的赔偿。54 个生态功能区县市区，要将生态补偿资金的 50% 用于生态环境保护，对达不到要求的要停拨转移支付。

3. 执法要严

我国现有环境法律法规 120 多部，2013 年全国人大规划五年立法 65 项，有 11 项是资源环境立法。目前，最突出的问题是执法不严，"橡皮法"多。从 2013 年以来，执法力度开始加大。2013 年 6 月，最高人民法院和最高人民检察院出台了《关于办理环境污染刑事案件适用法律若干问题的解释》，规定"从一重罪处断"原则，降低入罪门槛，过去污染环境造成 1 人以上死亡才能定罪，现在 1 人重伤就可定罪；过去造成 3 人以上死亡才能加重处罚，现在 1 人以上死亡就可加重处罚。2013 年 6 月至 2014 年 5 月，全国检察机关批准涉嫌污染环境犯罪案件 459 件 799 人，起诉 346 件 674 人。2013 年全国检察机关共查办涉及生态环境的渎职犯罪 1196 人，2014 年 1～11 月查办 1168 人。新修订的《环境保护法》，增加了"按日计罚"制度，对持续性的环境违法行为进行按日、连续的罚款，违反时间越久，罚款越多，而且对情节严重的环境违法行为适用行政拘留等处罚，为严格执法提供了法律依据。2014 年 7 月，最高法院宣布设立环境资源审判庭。这些都说明，生态环境保护正被纳入法制化轨道。必须加大环境执法和惩治力度，做到严格执法、敢于碰硬，对各类违法行为发现一起，查处一起，让违法者付出沉重代价。

湖南正处在工业化、城镇化中期阶段，既面临发展不足与发展不优的双重问题，又面临资源和环境的双重约束，还肩负加快发展与加快转型的双重任务。生态问题不能用停止发展的办法解决，保护优先不是反对发展，其核心是要正确处理环境保护与发展的关系，在发展中保护、在保护中发展，实现发展与保护的共赢。

B.3
2014～2015年湖南两型社会
与生态文明发展报告

湖南省人民政府发展研究中心课题组*

2014 年，是生态文明改革全面启动之年，在湖南省委、省政府的正确领导下，全省上下扎实推进两型社会和生态文明建设，取得丰硕成果，改革创新实现新突破，产业升级取得新成效，生态环境有了新改善。2015 年，湖南应积极主动适应经济新常态，深入推进体制机制创新，强化两型科技支撑能力，发展壮大两型产业，加快发展循环经济，加大重点领域环境治理，完善财税金融政策支撑体系，推动全省两型社会和生态文明建设实现新跨越。

一 2014年湖南两型社会与生态文明建设的成就

2014 年，是生态文明改革全面启动之年，也是湖南两型社会建设试验

---

* 课题组组长：梁志峰；课题组成员：彭蔓玲、刘琪、闫仲勇、黄君、戴丹。

改革第二阶段改革的关键之年，全省两型社会和生态文明建设取得丰硕成果。

（一）改革创新实现新突破

1. 生态文明体制改革全面启动，实现重点突破

成立了湖南省委全面深化改革领导小组生态文明体制改革专项小组，制定了《湖南省全面深化生态文明体制改革实施方案（2014~2020年)》，明确了改革的路线图、任务书、时间表和责任制。2014年统筹部署了涉及生态文明体制的7项改革和1项重大改革试点，均实现重点突破。其中，对自然生态空间和矿产资源进行统一确权登记改革方面，制定了湖南省自然资源生态空间统一确权登记2014~2020年实施方案及年度工作方案；建立国土空间开发保护制度，形成了湖南省县（市）规划多规合一编制指南及说明；实施绿色消费政策方面，推行政府两型采购制度，政府两型采购完成第二批两型产品认证，111家企业、444种产品列入采购目录，政府采购目录中两型产品的比例达到10%；对划定生态红线区域、限制开发区和生态脆弱的国家扶贫开发工作重点县取消地区生产总值考核方面，制定了生态红线划定工作方案，在南岭片区4个县市启动试点。湘江流域开展环境保护行政执法体制综合改革试点方面，审议通过了《湖南省环境保护职责规定》和《湖南省环境保护责任追究暂行规定》，对地方各级人民政府和34个部门的环境保护工作责任及问责办法作出了明确规定，率先建立并实行环境保护责任终身追究制度，进一步落实了各级政府和企业环境保护的法定责任，基本建立生态保护与建设的责任、治理和监管机制。

2. 十大重点改革深入推进，辐射全省

（1）资源性产品价格改革。阶梯式水、电、气价制度全面推行。2014年，将民用阶梯式水价拓展到湘潭、株洲、衡阳等6市，居民用阶梯气价改革在全省通管道天然气的市县全面实施。

（2）两型产业发展促进机制改革。2014年7月，出台了《关于进一步加快推进新型工业化的决定》，强化节能节地节水、环境技术、安全等准入标准，进一步完善产业准入、提升、退出机制。

（3）湘江流域综合治理机制改革。2014年2月，湖南省政府印发《〈湖南

省湘江保护条例〉实施方案》，省政府"一号重点工程"正式确定了"路线图"。将湘江污染防治工作任务逐年分解下达到湘江流域各县、市、区政府和省直相关部门，并加大考核力度，实行"黄牌警告"和"一票否决"制度。建立全省联动机制，全面实施了淘汰污染严重企业、工矿企业和单位废水治理、城镇污水处理设施建设、两岸规模畜禽养殖单位退出和治理、饮用水源保护等一大批项目，实施"一区一策"集中整治株洲清水塘、娄底冷水江、湘潭竹埠港、衡阳水口山、郴州三十六湾等重点区域。

（4）大气污染联防联控机制。启动制定《大气污染防治条例》，修订《湖南省机动车排气污染防治办法》。全省实施新的空气质量监测标准，14个市州设有大气监测点位78个，实现14个市州可吸入颗粒物（PM_{10}）、二氧化硫（SO_2）、二氧化氮（NO_2）、细颗粒物（$PM_{2.5}$）、臭氧（O_3）和一氧化碳（CO）六项大气监测因子监测能力全覆盖，$PM_{2.5}$实时监测和数据发布扩大到长沙、株洲、湘潭、岳阳、常德、张家界6市。推进30万千瓦以上火电机组和新型干法水泥生产线脱硫脱硝设施建设，长沙电厂实施烟尘排放特别限值。淘汰水泥立窑落后产能，2014年7月1日起实施水泥工业氮氧化物400毫克/立方米排放标准。推进机动车排气污染防治工作，全面推动国Ⅳ标准油品的使用，2014年淘汰黄标车及老旧车17.1万台。将城市建筑和道路扬尘、燃煤锅炉和餐饮油烟污染、机动车排气污染等，均纳入治理范围，开展多污染物协同控制，完善大气污染防治工作体系。

（5）排污权交易。出台了《湖南省主要污染物排污权有偿使用和交易管理办法》，将排污权交易范围扩大到湘江流域所有工业企业及全省火电、钢铁企业，首次明确了排污权初始分配实行有偿配置。增加新的交易品种，在原有化学需氧量、氨氮、二氧化硫、氮氧化物等4种污染物的基础上增加了铅、镉、砷三种污染物。在各市州相继成立交易机构，积极开展排污权初始分配核定，全省8133家工业企业分配核定了初始排污权。

（6）农村环境污染治理。农村环境污染治理由乡、村为单位连片整治向整县推进，在2013年确定的10个县（市、区）的基础上，再增加了18个县（市、区）开展整县推进农村环境综合整治，并试点全省域覆盖。长沙县把"户分类、村收集、镇转运、县处理"的垃圾处理模式升级为"户分类减量、村主导消化、镇监管支持、县以奖代投"的模式，更符合实际。

（7）生态补偿机制。启动自然生态空间统一确权登记和生态红线划定试点，对市县实施限制开发战略造成的发展机会成本和生态保护成本给予重点财力补偿，并对国家级禁止开发区维护运行给予支持，2014年共争取到财政部重点生态功能区转移支付28.6亿元，同比增长20.7%，比全国平均增幅高7.2个百分点。提高生态公益林补偿标准，对省级公益林集体和个人部分每亩提标3元。建立湘江流域横向生态补偿制度方面，制定《湘江流域生态补偿（水质水量奖罚）暂行办法》，正式启动按水环境质量变化对湘江流域8市人民政府进行经济奖励和处罚。东洞庭湖国家级自然保护区湿地纳入生态补偿试点范围。

（8）绿色建筑推广机制。在全省实施绿色建筑行动，推进住宅产业化，长沙梅溪湖、株洲云龙获批国家绿色生态城区。截至2014年12月上旬，列入省级绿色建筑创建计划或绿色建筑示范工程，并强制按照绿色建筑标准建设的项目213个，面积3502.5万平方米，其中，有绿色建筑标识项目43个（2014年新增23个），建筑面积约472.6万平方米。

（9）绿色出行改革。绿色出行改革推广到全省，公共自行车租赁系统试点从株洲推广到长沙、常德、郴州、湘潭、岳阳、邵阳等市。

（10）绿色GDP考核评价。开展绿色GDP评价试点，将韶山作为湖南首个绿色GDP评价试点市。对79个限制开发县市区取消人均GDP考核。

（二）产业转型升级取得新成效

1. 传统产业改造升级稳步推进

淘汰落后产能，对小钢铁、平板玻璃、焦炭、铁合金、电石、铅锌冶炼以及水泥等行业低端落后产能进行平稳有序淘汰，逐步关停淘汰高能耗、高污染的企业和生产线；加大技术改造力度，在传统产业中积极推广应用先进工艺技术，推进工业重点行业节能减排。利用省节能专项资金支持重点用能企业建设的节能技术改造项目362个。实施百家企业清洁生产工程，全省105家企业开展清洁生产审核。2014年，全省规模工业六大高耗能行业增加值增长7.1%，增幅低于规模工业平均水平2.5个百分点，其增加值占全部规模工业增加值的比重同比下降0.4个百分点，万元规模工业增加值能耗下降11%。有色金属新材料产业出口基地创建为"全国外贸转型升级示范基地"。

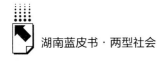

2. 节能环保等新兴产业加快发展

新兴产业发展保持良好态势。2014年，全省七大战略性新兴产业增加值增长13.7%，占GDP的比重达11.4%，同比提高0.7个百分点。电子信息、医药等产业增加值增长15%以上，移动互联网、集成电路，3D打印、工业机器人等新兴产业成为新的增长点。环保产业保持快速发展，2014年总产值达到1350亿元，增幅超过30%。

（三）循环经济有序推进

2014年1月，出台了《湖南省循环经济发展战略及近期行动计划》，推进13个国家级示范和省级循环经济县（市）、园区和企业创建工作，积极开展"双十双百"示范行动（实施循环经济十大示范工程，创建十个循环经济示范市或县，创建百个循环型示范村镇、社区，培育百家循环经济示范企业）。湖南郴州桂阳县成功创建国家级"循环化改造试点示范园区"，打造千亿绿色低碳循环经济示范园区。湘潭高新区、岳阳绿色化工产业园、益阳高新区成功入选首批56家国家低碳工业园区。166家企业（其中新认定企业62家，复审企业104家）生产的211项产品被认定为国家鼓励的资源综合利用产品，年可利用工业固体废渣2600万吨左右。22家企业的40台机组被认定为资源综合利用机组，装机容量64.4万千瓦，年可利用余热余压资源75.3万吉焦，高炉煤气44.8亿立方米，生物质燃料110万吨，城市垃圾填埋沼气1880万立方米。永兴、汨罗循环工业园区建设集中废水废物、固废和重金属污染处理设施，湘潭、衡阳餐厨垃圾处理项目开工建设。7个生活垃圾焚烧及水泥窑协同处置项目建成投产。

清洁低碳技术深入推广。实施技术推广重点项目200多个，2014年1月、10月先后发布第二批、第三批《湖南省节能新技术新产品推广目录》，共63项节能新技术新产品。稀贵金属综合回收、家电和汽车回收拆解等技术取得突破。

（四）生态环境治理取得新进展

1. 主要污染物总量减排

通过强力推进湘江流域保护和治理"一号重点工程"、大气污染防治和农村环境整治，带动一大批减排工程。2014年，40个列入国家目标责任书要求完成的重点减排项目完成 34 个,完工率为 85%;省重点项目完工率 94.1%。4 种主要污染物 2014 年均实现国家控制目标,其中,化学需氧量下降 1.6%、氨氮下降 2.1%、二氧化硫下降 2.7%、氮氧化物下降 6%。

2. 湘江流域水质持续向好

2014 年,湘江流域水质整体保持为优,42 个省控监测断面中Ⅰ～Ⅲ类水质断面比例保持在 92.9% 以上,湘江干流 18 个断面水质均达到地表水三类水质标准,30 个饮用水水源地水质达标率为 99.4%。流域 8 市共解决饮水不安全人口 185.34 万人。

3. 大气质量恶化势头初步得到遏制

2014 年,按老标准中可吸入颗粒物(PM_{10})、二氧化硫、二氧化氮三项监测因子进行评价,全省 14 个城市空气质量平均达标天数比例为 91.2%,比 2013 年上升 5.3%。与上年同期相比,大中城市大气污染加重趋势有所遏制,全省空气质量整体保持稳定,其中长株潭空气质量整体有小幅度提升。

4. 重金属治理初见成效

出台了《湖南省耕地重金属污染调查与综合防治总体方案》,在长株潭重点区域开展 170 万亩重金属污染耕地的治理和种植结构调整试点,大力推进郴州苏仙区金属矿区与湘潭锰矿区矿山地质环境示范工程。2014 年湘江流域没有发生常规重金属污染因子超标现象,汞、铅、砷、六价铬和镉的年均浓度均符合一类标准限值要求,其中镉和铅平均浓度与上年相比分别下降 33.9% 和 30.5%。长株潭地区重金属污染耕地修复及农作物种植结构调整试点取得明显效果,早稻分析结果显示,早稻达标(米镉≤0.2mg/kg)的比例,达标生产区提高了 53.1%、管控专产区提高了 44.8%、替代种植区提高了 20.3%,可使早稻米镉含量平均降低 30% 左右。

5. 农村环境逐步改善

2014 年,农村环境综合整治覆盖到 8000 多个行政村,解决了 370 多万农村人口饮水安全问题,新增乡镇污水处理能力 3.26 万吨/天,完成测土配方施肥面积 4742 万亩,建设农村清洁工程示范村 64 个,新增农村清洁能源用户 101374 户。新建大型沼气工程 35 个。实施年出栏 1000 头以上生猪规模养殖场的粪污治理工程,截至 2014 年 11 月,建设治污设施 1.6 万立方米,共有 416 户已基本完成污染治理工作,粪污无害化处理率达 73%、资源化利用率达

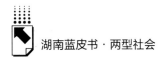

67%，每年分别减少 COD、氨氮排放 6.4 万吨、0.36 万吨，规模养殖污染得到了有效控制。

6. 生态建设来势良好

长沙、郴州两市入围全国第一批 46 个国家级水生态文明建设试点城市，郴州市成功创建国家森林城市，纳入全国生态文明示范工程试点，全省森林覆盖率 2014 年提高到 66%。

二 湖南省两型社会与生态文明建设面临的新机遇和新挑战

（一）面临的新机遇

信息革命的加速推进、我国经济发展进入新常态、长株潭国家自主创新示范区获批以及洞庭湖生态经济区规划的实施，为湖南两型社会和生态文明建设带来了新机遇。

1. 新一轮信息革命为湖南两型社会和生态文明建设指明了方向并提供了技术支持

当今社会进入了以云计算、物联网、大数据、移动互联网为核心的第六次信息革命新阶段，信息革命的深入，推动社会生产逐步从高污染高消耗产业向绿色低碳产业转变，推动人们的消费观念逐步向网络消费、低碳消费等方式转变。新一轮信息革命为生态文明建设指明了方向，并提供了技术支撑的可能。当下世界各主要国家和经济体都在积极制定把握此次信息革命的生态文明建设战略规划，美国推行了"绿色产业革命"，日本试图发展低碳、新能源等产业，欧盟则提出"2020 智慧、可持续、包容增长"战略。湖南省也迎来了利用信息技术推进两型社会和生态文明建设的良机，必将带来更多的新兴绿色产业、获得更多的技术支持。

2. 经济发展进入新常态为湖南两型社会和生态文明建设提供了良好的外部环境

当前，我国经济发展进入新常态，有利于改善生态文明建设的外部环境，为湖南两型社会和生态文明建设提供良好的制度、社会、技术等外部环境。一是随着经济发展速度从高速增长转为中高速增长，逐步改变了以往 GDP 至上的价值观念，把生态文明考核指标纳入政府绩效考评，地方政府把更多的精力投入到生态文明建设上，更加自觉地推动绿色发展、循环发展、低碳发展，并不断探索完善生态文明建设的法制保障。同时，随着对生态文明宣传力度的加大，公众参与环境保护的积极性也将不断提升。二是随着经济结构的调整和经济发展方式的转变，经济发展逐步转向循环经济、低碳经济等生态经济，传统的高污染产业逐渐被绿色低碳的生态产业替代，作为新常态下保护和发展生产力重要支柱的生态经济和绿色产业迎来了前所未有的发展机遇。三是随着发展动力从要素驱动、投资驱动向创新驱动的转变，生态技术创新逐步成为实施创新驱动发展战略、建设创新型湖南的重要内容，以及加快两型社会和生态文明建设的强力支撑。

3. 长株潭国家自主创新示范区的获批助推湖南两型社会和生态文明建设

2014 年 12 月，长株潭国家自主创新示范区获国务院批复。建设长株潭国家自主创新示范区有利于探索科技创新引领生态文明建设新路径，构建充满活力的两型技术创新体系，提升湖南两型社会和生态文明建设的技术支撑力，为湖南和全国其他地区依靠科技创新支撑生态文明建设积累经验。

4. 洞庭湖生态经济区规划的实施为湖南两型社会和生态文明建设增添了新力量

洞庭湖生态经济区建设是湖南两型社会和生态文明建设的重要组成部分，2014 年 4 月，国务院正式批复《洞庭湖生态经济区规划》，洞庭湖生态经济区建设上升为国家战略，无疑大大增强了湖南省两型社会和生态文明建设的力量。同时，洞庭湖生态经济区规划范围包括湖南省岳阳市、常德市、益阳市，长沙市望城区和湖北省荆州市，共 33 个县（市、区），推进洞庭湖生态经济区建设，湖南需要加强和湖北省的合作，探索两型社会和生态文明建设的跨省模式，这也可为湖南武陵山片区等地区开展跨区域两型社会与生态文明建设提供经验借鉴。

（二）存在的主要问题和挑战

随着两型社会和生态文明建设的持续推进，湖南虽然取得了一系列成绩，但在体制机制创新、环境污染治理、资源节约集约利用、产业转型升级等方面

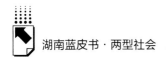

还有许多工作要做。

1. 部分领域改革需进一步加快

一是资源型产品价格体系还未形成。资源型产品中煤和油的价格激励机制还没有建立，天然气价格激励机制仍在进一步完善中，产品价格的市场化程度还不高，再生资源利用的价格激励机制还未建立，难以激励企业进行资源循环利用。

二是生态文明投融资机制不完善。生态补偿的融资渠道比较单一，民间资本参与生态文明和两型社会建设的制度体系还不完善，进入难度大，缺乏利益保障。新型绿色金融产品开发不够，相应的低碳金融市场制度亟待建立。

三是改革协调推进有难度。财税、价格、土地、金融、行政管理等各项改革相互协同配合的难度较大；湘江流域治理、洞庭湖生态经济区建设、城际交通网络建设等跨区域合作发展问题需进一步统筹资源、协调各方利益。

四是生态文明建设的公众参与机制不健全。农村地区的生态文明公众参与机制还未建立，宣传的覆盖面有待进一步扩大，公众参与的途径、方式等有待进一步明确。

2. 产业转型升级任务艰巨

2014 年，全省三次产业比重为 11.6∶46.2∶42.2，与两型社会试验区第二阶段建设目标 9.5∶48.5∶42 比较，第一产业比重仍然偏高。工业仍以重化工业为主，2014 年，规模工业增加值居前 5 位的产业中，有 3 个是高耗能、高排放产业。2014 年，六大高耗能行业增加值占全部规模工业的比重为 31.2%，而能耗却占规模工业总能耗的 79%。高耗能行业仍是拉动全省能源消费的主要因素，也是环境污染问题的重要诱因。

3. 资源能源约束压力较大

能源消费结构短期内难以改变。2014 年，湖南规模工业能源消费中原煤消费占比为 47.5%，虽然比 2013 年下降 1.9 个百分点，但仍以原煤为主。虽然近年来湖南积极淘汰落后产能，推动产业结构升级，但六大高耗能行业能耗占规模工业能耗的比重 2011 年以来始终维持在 78%～79% 之间，其中，2014 年达到 79%，同比提升了 0.1 个百分点，为近四年来的最高。由于历史原因，短时间内能源消费结构难以大幅改观。

土地资源利用粗放，供需矛盾大。一方面是土地供应紧张，2014 年，全省用地上报计划和实际供应量之间缺口约 7.5 万亩，计划保障率仅为 70%。另一方面土地利用粗放现象严重，截止到 2014 年 7 月，全省共有批而未供的土地 64.95 万亩，此外未按期竣工项目用地 22.3 万亩，还有各类闲置土地 3.6 万亩，供地率不达标市县 43 个，约占一半。

4. 生态环境问题依然突出

大气污染形势依然严峻。2014 年湖南重点监测的长沙、株洲、湘潭、岳阳、常德、张家界 6 个市全年空气质量超标天数比例占到 32.6%。2014 年 10 月，长株潭地区空气达标天数不足 10 天，$PM_{2.5}$、PM_{10}、臭氧等空气指标全线升高，出现了大面积且持续的"重度污染"，引发市民对居住环境恶化的强烈担忧。

水污染问题需进一步解决。2014 年，洞庭湖水质呈下降趋势，11 个重点监控面中，10 个为中度污染，1 个为重污染，与 2013 年相比，总磷的平均浓度升高 29.2%。全省农田灌溉水（地表水）样品超标率为 31.48%，总磷超标率为 20.37%，COD Cr 超标率为 16.67%。地下水样品监测超标率为 64.81%，氨氮超标率为 64.81%。农村生活污水处理率仅 10% 左右。

土壤重金属污染治理难度大。湖南是有色金属之乡，由于历史上的粗放开采和滥排滥放，重金属污染严重，全省有 13% 面积的土壤受到污染。虽然近年来采取了多种手段进行治理，但是由于资金不足和技术问题，土壤重金属污染问题没有得到有效解决。

三 进一步推动湖南两型社会与生态文明建设的对策建议

2015 年，湖南两型社会建设试验改革将进入第二阶段改革的收官之年和第三阶段的谋划之年，也是全省生态文明建设的全面铺开之年，要顺利实现第二阶段的改革目标，必须积极主动抢抓新机遇，适应经济新常态，多措并举，推动全省两型社会和生态文明建设再上新台阶。

（一）统筹推进两型社会建设和生态文明建设，加强体制机制创新

1. 加强统筹协调

将推进两型社会建设与生态文明建设统筹考虑，站在全省高度通盘考虑，

充分发挥两型试验区工委和生态文明体制改革专项小组的作用，建立健全联席会议制度，定期研究和调度重要工作，统筹各方力量形成合力，协调解决跨部门跨地区的重大事项。

2. 突出关键环节创新

一是探索推进对重要生态资源进行统一确权登记，逐步建立和完善自然生态空间统一确权登记的制度体系，在此基础上加快构筑科学合理、严格清晰、操作性强的自然资源资产产权管理制度体系。二是完善资源有偿使用制度，在全省范围内全面推行阶梯式水、电、气价制度，建立有效调节工业用地和居住用地合理比价机制。三是建立健全排污权市场化交易平台，进一步完善排污权的市场交易规则，在全省范围内的所有工业企业全面推行排污权有偿使用和交易。四是建立健全生态补偿机制，在现有的流域、森林、矿产资源和自然保护区生态补偿试点的基础上，进一步扩大生态补偿范围，探索开展综合性生态补偿试点。积极运用碳汇交易、排污权交易、水权交易、生态产品服务标志等补偿方式，探索市场化补偿模式。

3. 健全评价考核机制

一方面，建立体现五位一体要求的经济社会发展评价体系。完善两型社会建设考核评价体系和统计监测评价指标体系；探索建立有利于促进绿色低碳循环发展的经济核算体系；探索建立体现自然资源生态环境价值的资源环境统计制度；探索编制自然资源资产负债表。另一方面，健全考核评价的奖惩机制。将资源综合利用、环境质量、污染物总量减排等生态文明指标纳入各级党政领导班子、领导干部综合考核评价体系和离任审计范围，将两型社会和生态文明建设各项任务的完成情况与财政转移支付、生态文明建设补助等资金安排挂钩，与各类评先创优挂钩。健全生态环境保护责任追究制度和环境损害赔偿制度。

4. 完善社会参与机制

加强生态环境信息披露，保障公民的知情权，形成多渠道对话机制。相关政府部门通过各种形式加大生态环境信息公开力度；大力推动企业环境信息公开并形成制度。建立定期开展的由环保部门、企业和当地居民共同参与的"企业污染控制报告会"制度；对涉及群众利益的重大决策和建设项目，广泛听取公众意见和建议。加强环保决策过程中的专家咨询和公众参与，推动政府决策机制的创新。

（二）强化两型和生态文明建设科技支撑能力，发展壮大两型产业

1. 以推动长株潭国家自主创新示范区建设为契机，构建充满活力的两型技术创新体系，强化两型科技支撑能力

一是创新体制机制。重点突破两型科技成果转化、科技企业融资、科技人才激励等制度瓶颈，先行先试一批重大政策措施。二是做强各类创新主体，进一步灵活、集成使用国家有关支持创新的政策，培育平等支持的两型相关大中小创新主体集群。三是强化协同创新，在创新活动组织、创新资源配置和创新制度供给等方面，进一步完善统筹协调的机制。培育一批国家级企业技术创新平台，提高各类创新平台的利用效率。

2. 大力发展两型产业，加快形成两型产业集群

一是抓住移动互联网、三网融合、云计算、物联网等新技术带来的发展机遇，推动四化深度融合发展，着力培育蓝宝石、碳纤维等新材料、LED、3D 打印等新兴产业，积极发展社交化制造、车联网、绿色建筑等新兴领域。二是推动装备制造业升级。着力培育工程机械、汽车、盾构装备三大先进制造产业，轨道交通、航天航空、新能源汽车三大动力产业。以高端化、轻型化、智能化为方向，突破一批核心关键技术与成套装备。三是把握当前我国推进环境污染第三方治理的重大机遇，进一步加大力度发展环保产业，推动环保产业园区建设，促进环保产业集聚发展，出台具体政策支持环保企业开展科技创新。四是促进文化和科技的融合，大力发展生产性服务业，重点发展移动互联网创意产业，构建以影视传媒、创意出版、动漫游戏、旅游娱乐的文化创意产业体系。加快推动创业服务、技术转移服务、技术交易服务和知识产权服务等行业的发展。

（三）大力发展循环经济，提高资源节约集约利用水平

1. 加快构建循环产业体系

围绕提高生产过程中能源、资源综合利用水平，一方面，大力推进有色金属、钢铁、化工、电力、建材、造纸、煤炭、装备制造等传统产业实施清洁生产，加快工业园区循环化改造，实现能源梯级利用、水资源循环利用、废物交换利用、土地节约集约利用，促进企业循环式生产、园区循环式发展、产业间的协作和耦合。另一方面，大力发展生态农业、立体农业、有机农业，加快推

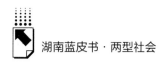
进种植业、养殖业、林业、水产业之间的循环链接,促进农产品深加工,延伸产业链。

2. 完善再生资源回收网络体系

加快完善城乡生产废弃物和生活垃圾的回收站点、分拣中心、集散市场"三位一体"的回收网络体系。推进分拣中心与再生资源深加工基地或生产企业的对接。

3. 提升再生资源利用水平和再制造水平

一方面,加快淘汰落后生产工艺和技术设备,推动再生资源分选、拆解、破碎、加工利用技术和装备升级,加快形成覆盖分拣、拆解、加工、资源化利用和无害化处理等环节的完整产业链,推进再生利用的高值化。推进餐厨废弃物资源化利用。另一方面,鼓励发展再制造,加快建设再制造产业服务平台,重点推进汽车零部件、工程机械、轨道装备、机床、农机、矿机、药机等机电产品再制造。

4. 提升建筑绿色化水平

加大建筑节能新技术和新产品的推广力度,提高使用新型墙体材料的比重。推进光能、电能、太阳能等可再生能源在建筑中的应用。加大既有建筑节能改造力度,提高新建建筑绿色建筑比例。加快推进住宅产业化。

(四)综合运用行政和市场手段,加快推进重点领域环境保护和治理

1. 以湘江流域治理为核心加强水资源保护

一方面,继续推进湘江保护和治理,确保第一个"三年行动计划"目标任务全面完成。总结推广湘潭竹埠港地区推动重化工企业关停的"市统筹、区实施、市场化"、退二进三、新型政企合作PPP模式等成功经验和做法,深入推进株洲清水塘地区、衡阳水口山地区、郴州三十六湾地区、娄底锡矿山地区等重点区域的污染整治工作。继续加强流域各市城镇污水收集处理设施建设和饮用水水源地环境保护。另一方面,结合国家及全省"十三五"规划的制订,提前谋划第二个"三年行动计划"任务和方案,积极与国家相关部委衔接沟通,争取将更多的项目纳入国家"十三五"规划篮子。积极将湘江流域治理的成功做法借鉴和运用到洞庭湖和资、沅、澧水的保护治理中去。

2. 加强大气污染防治

首先，建立健全长效管理机制，各级政府要把大气污染防治纳入绩效考核，加强执法检查，加大执法力度。其次，加大对空气质量监测网络建设的投入力度，在重点位置增加监测站点，拓宽监测指标数据采集覆盖范围。最后，大力开展大气污染联防联治，重点推动工业减排和交通减排。加快电力、水泥、钢铁等六大重点行业脱硫脱硝除尘等设施建设和清洁生产技术改造。积极推广绿色交通，大力推广新能源汽车，坚决淘汰"黄标车"，鼓励市民乘坐公共交通工具出行，加大机动车尾气、建筑工地渣土扬尘等治理力度。

3. 加快推进"国字号"试点

一是加快推进洞庭湖生态经济区建设。实行最严格的节能减排和最严格的耕地保护、水质保护，抓好水土保持生态修复，在洞庭湖湿地保护、水资源保护、植树造林上进一步加大力度，严格实施达标排放，对企业全面实施强制性清洁生产审核。二是加快推进湘江源头区域和武陵山片区国家生态文明先行示范区建设。其中，湘江源头区域要争取在资源有偿使用和生态补偿、区域联动发展、源头区域承接产业转移的负面清单和动态退出机制等方面有所突破，而武陵山片区要在健全自然资源资产产权和用途管制制度、建立符合生态文明要求的领导干部考核评价体系、区域联动机制等方面有所突破。三是加快推进长沙、郴州全国水生态文明城市建设试点。探索建立政府引导、市场推动、多元投入、社会参与的资金投入机制，强化对水生态的保护和修复，进一步加强对水安全的保障，加强水环境整治，实施最严格水资源管理制度。

（五）进一步完善财税金融政策支撑体系，强化资金保障

1. 充分发挥财政资金效应

一是积极争取中央投资和专项资金以及政策、项目等方面对湖南省两型社会建设、洞庭湖生态区和武陵山片区、湘江源头区域生态文明先行示范区建设的支持。二是各级政府进一步梳理现有涉及两型社会和生态文明建设专项资金的来源渠道、使用方向、支持重点，按照渠道不变、监督管理不变的原则，加大优化和整合力度，突出安排重点，提高资金使用效益。三是改进和创新财政专项资金分配使用方式，推行竞争性分配、以奖代补、贴息补助、股权投入、试点示范、绩效评价等办法，充分发挥财政资金的杠杆作用。

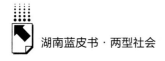

2. 加大对两型社会和生态文明建设的税收优惠力度

税务部门要认真落实国家节能减排、资源综合利用和环境保护等有关税收优惠政策，对进口先进的节能、节水、节材技术、设备和产品在税收上给予必要的优惠。

3. 积极开展金融支持两型社会和生态文明建设改革创新

鼓励金融机构加大对产业转型升级、节能环保产业、生态建设、新能源开发和科技创新等项目的信贷支持力度。支持符合条件的企业通过发行债券和股票进行融资，广泛吸引社会资金投入到湖南省两型社会和生态文明建设中来。

综合篇
Comprehensive Reports

风劲正是扬帆时

——2014年湖南省两型社会与生态文明建设回顾及2015年展望

湖南省长株潭两型试验区管委会

一 2014年湖南省两型社会与生态文明建设回顾

好风凭借力，正是扬帆时。2014年是全面深化改革元年，乘着改革的东风，在湖南省委、省政府的高度重视下，湖南两型社会与生态文明建设成绩突出、亮点纷呈。

一年来，湖南省委、省政府对两型社会和生态文明建设高度重视，省委书记徐守盛、省长杜家毫多次作出重要批示。湖南省人大、省政协分别将有关方面列为重要建议和提案，省政协主席陈求发亲自调研长株潭大气污染防治并主持大气污染防治重点提案办理会，省人大领导亲自带队开展绿心保护条例执法调研、给予重要指导支持。一年来，湖南省长株潭两型试验区工委、管委会认真贯彻省委、省政府一系列决策部署和徐守盛书记、杜家毫省长重要批示精神，以长株潭两型试验区为龙头，以生态文明体制改革统揽全省两型社会建设和绿色湖南建设，统筹推进生态文明体制改革、长株潭地区全面小康建设，各市州、省直有关部门共同努力，较好完成各项任务，形成了长株潭通关一体化、长株潭跻身全国首批"宽带中国"示范城市（城市群）、长株潭获批国家自主创新示范区等一批全省人民期盼多年、对湖南长远发展具有标志性意义的重大改革成果。

（一）以制度建设为关键，生态文明体制改革多项试点成为"国字号"

落实"最严格的制度、最严密的法治"要求，扭住制度建设这个关键，围绕"源头严防、过程严管、后果严惩"，生态文明体制改革全面启动，取得重点突破和明显成效。

1. 生态文明体制改革全面启动

率先拿出了湖南省委生态文明体制改革 2014 年工作要点，并经省委常委会审议通过后，细化为 39 项具体改革任务，分解到 53 个省直有关单位。工作要点明确的所有改革事项中，除工业用地与建设用地比价、干部政绩考评两项需国家出台相关政策后才能启动的改革外，其他各项改革全面启动实施。同时，在充分调研和广泛征求意见的基础上，落实中央精神，结合湖南实际，借鉴外省经验，编制了《湖南省全面深化生态文明体制改革实施方案（2014～2020 年)》，明确了改革的路线图、任务书、时间表和责任制。

2. 生态文明体制改革重点突破

主要体现在四个方面：

（1）2014 年省委改革要点 9 大类、48 项改革中涉及生态文明体制的 5 项改革实现重点突破。根据生态文明专项小组实际，进一步细化为 7 项具体改革：①对自然生态空间和矿产资源进行统一确权登记改革，已开展前期调研。组织编制了湖南省自然资源生态空间统一确权登记 2014～2020 年实施方案及年度工作方案；探索将水流、滩涂等自然资源生态空间和采矿权纳入湖南省不动产统一登记试点。②建立国土空间开发保护制度，严格按照主体功能区定位推动发展。研究起草了湖南省县（市）规划多规合一编制指南及说明，"一市两县一片"（张家界市、石门县、江华瑶族自治县、南岭山地森林及生物多样性生态功能区）列入国家主体功能区试点示范建设试点。③大气污染联防联控机制。启动《大气污染防治条例》起草工作。组织市州编制出台了区域大气污染防治方案，正在组织修订《湖南省大气污染防治条例》、《湖南省机动车排气污染防治办法》。④湘资沅澧等重点流域、重点生态功能区、自然保护区、水源保护区的生态补偿机制。2014年争取中央下达东江湖生态环境保护资金4.7亿元。2014年省财政继续提高公益林补偿标准，对省级公益林集体和个人部分每亩提标3元（原来每亩12元，现在15元）。⑤阶梯式水、电、气价制度全面推行。⑥实施绿色消费政策，推行政府两型采购制度，完善清洁低碳技术研发和推广应用机制，支持绿色、低碳、循环发展，政府两型采购完成第二批两型产品认证，111家企业、444种产品列入采购目录。⑦对划定生态红线区域、限制开发区和生态脆弱的国家扶贫开发工作重点县取消地区生产总值考核，制定了生态红线划定工作方案，在南岭片区4个县市启动试点。

（2）湖南省委2014年部署的15项重大改革试点中属于生态文明体制改革有1项，即"湘江流域开展环境保护行政执法体制综合改革试点"，也实现了重点突破。结合生态文明改革实际，将其进一步细化成重点区域污染整治、生态功能红线划定、环境保护责任体系建设3项具体改革，均取得了进展。《湖南省环境保护职责规定》和《湖南省环境保护责任追究暂行规定》经省委常委会、省政府常务会议审议通过，这是全国第一个地方环境保护责任规定，标志着湖南落实"两个最严"取得实质性进展。

（3）长株潭试验区一体化改革取得重大突破。主要有三件大事：第一件事是长株潭通关一体化改革试点正式启动。三市海关一体化通关时效大大缩短，大大降低了外贸货物通关运行成本，有力推动湖南省对外开放和现代物流业发展。2014年12月初，长沙海关正式纳入长江经济带海关一体化改革，形成"12关如一关"的通关新格局，省内所有外贸企业均可自主选择"区域通关一体化"方式，整个通关一两分钟完成。第二件事是长株潭"宽带中国"城市群获批并启动实施。长株潭作为唯一的城市群与京津沪同时被列入国家"宽带中国"创建城市（城市群），标志着湖南将进入信息高速公路时代。预计2015年、2016年每年为三市带动100亿元的投资，将极大地方便群众的学习、工作，以及教育、就医、购物等生产生活。第三件事是长株潭成功获批国家自主创新示范区。长株潭成为继北京中关村、上海张江、武汉东湖、苏南、

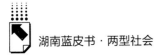

合芜蚌、深圳之后全国第七个自主创新示范区，可享受国家金融、财税、人才激励、科研经费等方面的一系列优惠政策，将极大增强长株潭城市群、全省的核心竞争力和长远发展后劲。这三件大事对长株潭乃至全省将会带来革命性的变化，具有里程碑式的意义。

（4）争取改革事项成为国家改革试点取得重大突破。株洲清水塘被列为全国21个城区老工业区搬迁改造试点，湘潭高新区、岳阳绿色化工产业园、益阳高新技术产业开发区获批为全国第一批国家低碳工业园试点，洞庭湖生态经济区规划获国务院正式批复，东洞庭湖湿地纳入国家生态补偿试点等23项改革进入国家"试验田"，争取到国家资金支持超过300亿元。

3.生态文明体制改革初见成效

主要体现在三个方面：

（1）体现在政府的行动上。2014年以来，全省各级各部门不仅见事早、谋划早，而且行动快、落实快，从决策部署的做出到具体措施的制定，从改革事项的启动实施到日常的调度协调，领导干部坚持亲力亲为，工作事项均明确到分管领导、具体处室、具体责任人，有效地推进了各项改革事项的落地生根。比如，建立环保责任制、实施省政府湘江治理"一号重点工程"等，各级政府部门的行动很快、措施很实、推进有力，均收到了预期效果。

（2）体现在企业的行动上。随着生态文明体制改革的深入推进，社会各行业、各企业的思想认识和主动作为意识明显增强，"宁要两型，不要三高"、"企业不消灭污染，污染就消灭企业"的共识和紧迫感进一步达成。比如，在落后产能退出和关停上，株洲清水塘启动国家老工业区搬迁改造试点，旗滨玻璃城区生产基地和中盐株化基础化工生产线全面停产。

（3）体现在老百姓的行动上。近些年，通过推进生态文明建设和两型社会建设，全省老百姓环保意识进一步增强，对"喝上干净水、呼吸新鲜空气、吃上放心食品"等切身利益的关切越来越强烈，倒逼政府各级各部门更加重视资源节约和生态环境保护工作，形成了全社会齐抓共管的格局。

（二）以十大重点改革为抓手，两型社会"长株潭模式"辐射全省

坚持以两型为主题，以重点领域和关键环节改革为突破口，深化长株潭两

型社会建设综合配套改革。

1. 总结、提升、推广成功改革经验模式

落实湖南省委、省政府《关于进一步加快推进新型工业化的决定》，严格执行节能节地节水、环境技术、安全等准入标准，完善产业准入提升退出机制。省联合产权交易所基本形成"八平台一协会"格局。排污权交易范围扩大到湘江流域所有工业企业及全省火电、钢铁企业，交易的污染因子增加铅、镉、砷3项。农村环境污染治理由乡、村为单位连片整治向整县推进，并试点全省域覆盖。民用阶梯式水价拓展到湘潭、株洲、衡阳等6市，居民用阶梯气价改革在全省通管道天然气的市县全面实施。在全省实施绿色建筑行动，推进住宅产业化，长沙梅溪湖、株洲云龙获批国家绿色生态城区。绿色出行改革推广到全省，公共自行车租赁系统试点从株洲推广到长沙、常德、郴州、湘潭、岳阳、邵阳等市。"湘江流域综合治理机制改革"入选国家发改委向全国推广的八大改革试点经验之一。

2. 积极先行先试，布局推进新的改革试点项目

在长沙湘江新区开展综合性生态补偿试点，在株洲开展建立生态文明执法联动机制试点，建立统一监管所有污染物排放的管理制度，探索建立资源环境法庭。在湘潭市开展绿色GDP评价试点，整合全面小康考评、绩效评估和县域经济考核，增加绿色指标比重，对79个限制开发区域县（市区）取消人均GDP考核。

3. 以清洁低碳技术推广为重点，完善两型社会科技创新体系

深入推广新能源发电、绿色建筑、餐厨垃圾处理等十大清洁低碳技术，组织实施技术推广重点项目200多个；2014年新增新能源发电装机100万千瓦以上，永兴、汨罗循环工业园区建设集中废水废物、固废和重金属污染处理设施，稀贵金属综合回收、家电和汽车回收拆解等技术取得突破，年废旧物资回收量达400万吨、加工量155万吨，年产值达600亿元。长沙率先建成餐厨垃圾日处理能力375吨的处理工程，湘潭、衡阳餐厨垃圾处理项目开工建设；7个生活垃圾焚烧及水泥窑协同处置项目已建成投产。

4. 实施两型示范"双百工程"，推动两型由"盆景"变"花园"

在全省评选100个两型村庄、100个两型社区。总结提升一批省级两型示范单位，评选出韶山市韶山村、长沙市望城区桐林坳社区等10个两型示

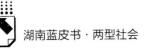

范单位。推进两型社会标准建设，发布实施两型旅游景区标准，成为湖南省第一个两型地方标准。出版发行两型知识系列读本，成为全国首套两型社会建设知识读物，共向全省 14 个市州小学图书馆（室）免费配送 105 万册。2014 年 1 月初，《人民日报》头版头条、央视新闻联播连续，以及 3 月份《学习时报》整版对长株潭试验区改革进行了全面报道。2014 年 6 月 10 日，新华社以"从盆景到公园，从公园变家园"——湖南以"两型社会"国家试验促进生态文明体制改革为题，报道湖南省生态文明体制改革和两型社会建设，国内多家主流媒体纷纷进行了转载。新华社《国内动态清样》、《瞭望》、《新华每日电讯》刊载湖南生态文明体制改革和两型社会建设有关情况。

（三）以"一体化"为路径，长株潭地区全面小康驶入"快车道"

围绕"三个率先"目标，突出"两型社会"特色，坚持"一体化"路径，大力推动长株潭地区全面建成小康社会。一方面，抓长株潭城市群区域规划调整。为适应新的形势发展需要，特别是主动对接国家"一带一部"发展战略机遇，围绕长株潭"三个率先"目标，对 2008 版规划进行了调整、深化和提升，打造长株潭城市群区域规划"升级版"。另一方面，抓县域经济补发展短板。针对人均 GDP、第三产业增加值、园区规模工业增加值等短板，突出抓园区建设、产业发展、项目招商，大力推进新型工业化、城镇化，着力做大经济总量，优化产业结构。针对文化发展水平、农村饮水安全等短板，实施公共文化服务体系提质提效、解决农村饮水安全、薄弱学校提质改造、基层医疗机构标准化等建设。针对单位 GDP 能耗、环境质量指数等短板，大力推进湘江流域保护和治理省政府"一号重点工程"，湘江具备 29.7 米的蓄水条件，水位提 3.5 米，水质明显改善，保持Ⅲ类水以上。

（四）以"湘江一号工程"为总揽，水土气污染治理迎来"拐点"

从而实施湘江流域保护和治理"一号重点工程"第一个"三年行动计划"，强力推进全省水、土、气污染综合治理。

1. 推进湘江水污染综合治理

大力开展湘江两岸工业污染场地、遗留废渣、企业环保设施改造、城镇污水截流和规模畜禽养殖退出等重点污染治理，累计实施重点治理项目1422个、淘汰关闭涉重金属污染企业1018家。构建重点污染地区属地政府负责、省直一个对口部门牵头、多部门配合督导支持的多方协同机制，推进郴州三十六湾、衡阳水口山、株洲清水塘、湘潭竹埠港、娄底锡矿山五大重点区域综合整治，长沙市实施湘江库区城区段101个排污口截污改造工程；株洲市清水塘被列入国家老工业区搬迁改造试点，旗滨玻璃城区生产基地和中盐株化基础化工生产线全面停产；湘潭市竹埠港28家重化企业已全部停产，削减单位化学需氧量3.6%，削减单位氮氧化物9%。东江湖、水府庙、西毛里湖、大通湖、铁山水库等纳入国家重点湖库保护。湘江流域规模养殖退出加快推进，出台湘江干流两岸养殖污染防治工作实施方案，17个县市区颁布规模养殖"三区"划定方案，衡东、衡山、祁东三县率先实现全面退出。

2. 推进大气污染联防联控

出台大气污染防治实施细则，加强大气环境监测网络和预警能力建设，实行重污染天气应急管理。$PM_{2.5}$实时监测和数据发布扩大到长沙、株洲、湘潭、岳阳、常德、张家界6市。深入推进火电、钢铁、水泥等重点行业企业脱硫脱硝设施建设，开展城市建筑和道路扬尘治理以及燃煤锅炉和餐饮油烟整治，提前一年在全省水泥企业执行氮氧化物排放新标准，在长沙市火电企业执行烟尘特别排放限值。全省39台30万千瓦以上火电机组完成烟气脱硫设施建设，25台30万千瓦以上火电机组、63条新型干法水泥生产线完成脱硝设施建设，提前一年完成目标计划。落实公交优先，推进公共交通清洁化和新能源化，加强机动车排气污染治理。

3. 推进土壤重金属污染修复

编制出台《湖南省耕地重金属污染调查与综合防治总体方案》，已完成洞庭湖区、衡阳盆地、湘江流域南部等地区调查采样8.75万平方公里。在长株潭重点区域开展170万亩重金属污染耕地的治理和种植结构调整试点。加大矿山地质环境恢复治理力度，大力推进郴州苏仙区金属矿区与湘潭锰矿区矿山地质环境示范工程。土壤重金属污染修复的生态地球化学技术——CM技术获国家专利。

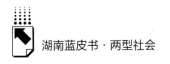

二　2015年湖南两型社会与生态文明建设思路

2015年是全面深化生态文明体制改革纵深推进之年，是实现长株潭两型试验区第二阶段改革目标任务冲刺之年。全省两型社会与生态文明建设总的要求是，全面贯彻落实党的十八大和十八届三中、四中全会精神，按照省委、省政府的一系列决策部署，以生态文明体制改革为统揽，着力推进长株潭试验区综合配套改革，全面启动和落实各项改革试点，加强水土气等重点污染问题治理，为加快推进美丽湖南建设作贡献。

（一）突出抓生态文明体制改革

一是完善制度设计。全面落实《湖南省全面深化生态文明体制改革实施方案（2014~2020年）》和《湖南省生态文明体制改革专项小组重要改革举措实施规划（2014~2020年）》的部署和要求。健全自然资源资产产权制度。对土地、水流、森林、山岭、草原、荒地、滩涂等各类自然生态空间实行统一确权登记。出台《湖南省自然资源生态空间统一确权登记2014~2020年实施方案》，制定《湖南省不动产登记暂行条例实施办法》。划定生态功能红线，强化城市边界和生态红线的刚性控制，促进城区功能提升与山水生态保护。实行资源有偿使用制度。推进自然资源及其产品价格改革。编制水资源费征收使用制度的意见。制定出台提高主要污染物排污费征收标准的意见。

二是推进改革试点。深入推进环境污染责任险改革试点。完善推广合同能源管理，出台湖南省合同能源管理指导性意见。建立"能效领跑者"制度。推广合同环境服务，制定推进合同环境服务、环境污染第三方治理的指导意见。在长株潭地区开展合同环境服务试点。在株洲清水塘工业园等地开展环境污染第三方治理试点。积极争取国家第三方治理试点示范。在桂东、汝城、宜章、资兴三县一市开展划定生态红线试点。推进国家公园体制试点省建设，在武陵源和洞庭湖湿地开展省级国家公园体制改革试点。建立健全流域、湿地、林地等生态补偿机制，开展湿地生态补偿试点，争取国家在东江湖开展流域和水资源生态补偿试点，研究出台长株潭绿心地区生态补偿办法。创新昭山生态绿心保护发展模式。

三是促进节能减排。推进节能减排和治污市场化改革。启动编制"十三五"节能规划，开展以万家企业为责任主体的项目节能量交易试点，制定节能量交易实施方案、管理办法。

四是强化两型理念。倡导生态文明理念，推行低碳生活方式。完善绿色出行改革、绿色建筑、政府两型采购制度。继续实施两型创建"双百工程"、生态市县（市区）、"美丽乡村"、"美丽社区"、生态园林城市等生态文明试点示范。举办全省生态文明体制改革专题教育培训班。

（二）突出抓长株潭试验区综合配套改革

一是抓任务对标。根据国务院批复的试验区总体改革方案明确的第二阶段目标，逐一梳理、逐一研究、逐一推进，确保各项阶段目标的顺利实现。召开转段工作会议，总结第二阶段工作，部署推进试验区第三阶段改革建设任务。

二是抓改革推进。以长株潭两型试验区综合配套改革为龙头，继续深入推进产业准入提升退出、排污权交易等十大重点改革。

三是抓试点示范。扎实推进长沙市综合性生态补偿试点、湘潭市绿色GDP评价试点、株洲市生态文明执法试点等三项改革试点。开展两型认证，出台一批两型地方标准，申报两型旅游景区国家标准；评选一批两型示范项目和创建项目，支持一批两型示范片区建设。

四是抓法治建设。启动《湖南省生态文明建设促进条例》立法前期工作。

五是抓总结提升。加大试验区改革试点经验成果总结提升力度，开展生态文明体制创新案例评选，形成一批可推广、可复制的改革经验模式。

（三）突出抓长株潭地区全面建成小康

一是强化顶层设计。围绕全省"十三五"规划，结合长株潭实际，编制《长株潭地区率先基本实现现代化发展规划》，参与制订《湖南省全面建成小康社会统计监测报告》，完善长株潭地区率先向基本现代化迈进的目标体系、实现路径和考评办法，进一步明确"任务书、路线图、时间表"。

二是强化长株潭一体化项目建设。推进长株潭通关一体化改革试点；"宽带中国"长株潭示范城市（城市群）建设，建立宽带普遍服务补偿机制；抓好长株潭城际干道断头路的连接互通。推进湘江风光带、长株潭城际铁路等重大基础设施项目建设，加强长株潭生态绿心地区开发保护。

三是强化工作保障机制。健全调查研究机制，完善动态管理机制，实行"一季一通报、半年一讲评、一年一总结"。进一步完善全面小康督促考核机制。

（四）突出抓水土气污染治理

一是突出依法治理。完善《主要污染物排污权有偿使用和交易管理办法》，制定《湖南省排污权交易价格管理规定》。全面落实《湖南省环境保护责任规定》和《湖南省重大环境问题（事件）责任追究办法》，出台资源环境问责办法。启动《有色金属循环再生促进条例》、《实施循环经济促进法办法》、《饮用水源保护条例》、《实施固体废物污染环境防治法办法》等立法，出台《湖南省大气污染防治条例》。推动省高院组建资源环境法庭、省检察院组建资源环境检察处、省公安厅组建资源环境支队。开展污染土地治理、污染预防技术攻关，制定出符合湖南省重金属污染土地评估、监测和治理的相关技术标准。

二是完善监测体系。建立完善湘江断面水质监测、重金属污染土壤监测、$PM_{2.5}$ 等大气污染监测体系。制定出台《社会化环境监测机构业务能力认定管理办法》、《环境监测管理职责》、《环境监测政府购买服务实施方案》。

三是创新治理机制。创新和完善农村环境保护和污染治理机制。创新湘江流域保护机制，深入推进湘江保护和治理"一号重点工程"；完善郴州三十六湾、衡阳水口山、株洲清水塘、湘潭竹埠港、娄底锡矿山、邵阳龙须塘等重点区域污染治理多方协同机制。

（五）突出抓科技创新体系建设

全面启动长株潭国家自主创新示范区建设，在科研院所转制、科技成果转化、科技金融、文化科技融合、产学研结合、科技型中小企业发展、人才引进、绿色发展等方面先行先试。加快创新型城市群建设，完善创新活动组织、创新资源配置和创新制度供给的统筹协调机制。抓好清洁低碳技术推广县市区（园区）试点，抓好推进资源循环再利用产业体系、推进农村畜禽废弃物质资源化利用和无害化处理、推进节能技术集成推广示范区、推进低碳工业园区、推进绿色能源技术试点示范县、推进污水生态治理技术试点示范县等6大试点示范工程建设。

加强国土资源保护和利用
推进两型社会建设

方先知*

在湖南省委、省政府的坚强领导下,湖南省各级国土资源部门立足湖南实际,适应新常态下的新要求,尽职尽责保护国土资源,节约集约利用国土资源,尽心尽力维护群众权益,积极稳妥推进改革,努力提升国土资源保障和管理服务水平,促进全省两型社会与生态文明建设。

一 2014年湖南省国土资源保护和利用情况

1. 保障发展合理用地需求

严格执行土地利用总体规划,从严从紧控制规划修改调整,落实年度计划,积极拓展空间,落实有保有压的差别化管理政策,保障了全省转方式、调结构、惠民生的各类合理用地需求。全年批准新增建设用地30.95万亩,供应土地39.44万亩,实现出让价款1016.62亿元,为38家省直单位处置土地68宗1407亩,土地总价款30.22亿元,怀邵衡铁路等8条铁路征拆工作进展顺利。

2. 加强耕地保护与建设

全面落实先补后占和占补平衡,稳步推进土地复垦工作,全年共补充耕地11.06万亩,切实加强补充耕地质量建设,严格落实"占优补优、占水田补水田"要求,实施"补改结合",大力推进农村土地整治,建成高标准农田400万亩,环洞庭湖、娄邵盆地基本农田建设重大工程和连片推进农村土地整治示

---

* 方先知,湖南省国土资源厅党组书记、厅长。

范县年度子项目全面实现进度计划，全省实现了耕地占补数量和质量平衡。

3. 大力推进矿产资源勘查开发

全省投入地质勘查资金5.3亿元，新发现矿产地15处。扎实推进找矿突破战略行动，对18个整装勘查区开展综合评估，新确立了6个找矿前景好的整装勘查区。花垣—凤凰铅锌矿区、祁零盆地锰矿区、醴陵官庄地区金矿区等取得重大进展。加强老矿山边深部找矿，常宁水口山铅锌矿、平江黄金洞金矿等项目新增资源量均达到大型矿床规模。页岩气勘查稳步推进，龙山、保靖、花垣、桑植、永顺区块野外地质调查工作全面完成，进入以参数井、探井施工为主的新阶段，在涟源桥头河、冷水江中连乡实施第一口页岩气探井、水平井，压裂后试获页岩气并点火成功。深入推进矿产资源开发整合，完成9个煤矿区和5个省级发证非煤矿区资源开发整合。完成72个矿区矿业权设置方案的审查，资源开发布局更加合理。加强采矿登记管理，办理采矿权行政许可327宗，妥善解决一批历史遗留问题。

4. 不断提高资源节约集约利用水平

全面完成首轮节约集约模范县（市）创建工作，开展了全省开发区和城市建设用地节约集约利用评价和专项督查，联合湖南省监察厅、财政厅、审计厅开展低价出让国有建设用地使用权和矿业权专项清理整治。组织实施矿产资源节约与综合利用示范工程，形成了一批先进适用技术，提升了资源开发利用水平。落实湖南省政府决定，配合相关部门做好406处落后小煤矿关闭淘汰工作。

5. 全力做好地质灾害防治工作

成功申报全国地质灾害综合防治体系建设重点省份。实现了1:50000地质灾害详查的全覆盖，重要隐患点形成了全覆盖群测群防网络，积极推动高标准"十有县"建设。全省共成功预报地质灾害90起，紧急转移1.9万人、避免人员伤亡1.3万人、避免经济损失1.12亿元，全省在13轮强降雨中没有发生一起因防灾责任未落实引发的群死群伤事件。实施了宁乡大成桥地面塌陷治理等77个地质灾害勘查治理工程，实施搬迁避让项目25个、搬迁避让1389户。积极落实湘江流域保护和治理省政府"一号重点工程"和第一个"三年行动计划"，娄底锡矿山、永州零陵锰矿区等实施有效治理。大力推进"绿色矿山"建设和矿山复绿行动，督促全省743家矿山筹集资金3亿元开展矿山复绿，复绿面积 1.8 万亩。

6. 全面推进测绘地理信息工作

提请湖南省政府出台了促进地理信息产业发展的实施意见，启动测绘地理信息产业园建设。完成 8.9 万平方公里航空摄影测量，加速推进地理国情普查，外业完成 100%，内业完成 97%，超额完成年度工作目标任务。扎实推进数字城市地理信息基础工程，目前全省 14 个市州和 12 个县市开展了数字城市地理信息基础工程建设。地理信息共建共享持续推进，与解放军第二测绘导航基地签订了测绘地理信息领域军民融合战略合作框架协议。"天地图·湖南"省本级和长沙市、湘潭市、湘西自治州已正式接入国家主节点，全省各市州矢量电子地图和 70% 以上高清影像地图布设完成，录入地名地址 160 余万条，"天地图·湖南"手机版上线运行。

7. 依法维护国土资源管理秩序

依法依规开展行政复议、行政应诉工作，省厅实现复议零错案，应诉零败诉。严格执行重大决策合法性审查制度，认真开展规范性文件清理。卫片执法监督检查工作成效明显，共立案查处土地违法案件 1440 件，结案 1379 件，同比分别减少 22.54%、24.73%，提请湖南省政府对违法较为严重的 9 个县市区进行约谈，督察整改成效明显，实现零问责。加强"小产权房"清理整顿工作，共排查"小产权房"项目 324 宗。配合开展土地出让收支和耕地保护情况专项审计，对矿产资源开发审计中提出的问题进行了全面整改。实施矿山动态监测，开展资源储量实地核查和抽查，深入开展打非治违、超深越界整治、金属非金属矿山整顿等专项行动，立案查处 112 家涉嫌违法矿山，矿业秩序持续好转。严格中介机构的管理，对编制虚假报告的，停止执业，并将涉嫌违法个人移交司法机关。

8. 积极稳妥推进国土资源领域各项改革

深入推进简政放权，湖南省政府审定国土资源厅行政许可事项 15 项，下放行政审批项目 3 项。省国土资源厅出台调整优化建设用地审查报批和改进矿业权审批事项的规范性文件，土地、矿权审批程序进一步优化，资料大幅精简。严格落实全员审批、限时办结等制度，行政效能明显提升。稳步推进不动产统一登记工作，提请湖南省政府建立了省级联席会议制度，在浏阳市、澧县、芷江县开展了试点工作。

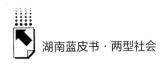

9. 夯实基础工作

推进农村集体土地所有权确权登记颁证工作，地籍调查面积 19.17 万平方公里，完成率 100%，全面完成年度土地变更调查任务。全面完成矿山储量动态监管质量建设年活动，地质资料信息服务集群化、产业化工作进展顺利，重点开展了长株潭城市群"两化"工作，重点矿区、整装勘查区"两化"和重要钻孔数据库建设工作。全面推进国土资源信息化建设，"一张图"工程顺利推进，完成 30% 乡镇国土所电子政务网络覆盖，政务信息公开工作成效显著。

二 存在的问题和困难

一是土地资源粗放、低效利用的方式没有得到根本转变。当前全省各地批而未征、征而未供土地达 60 万亩，接近全省两年新增建设用地量。土地产出率低，城镇人口人均用地面积和单位 GDP 建设用地消耗，均超过国家标准。

二是耕地保护工作面临严峻形势。随着耕地后备资源减少和"占优补优，占水田补水田"政策的实施，占补平衡难度越来越大，已经成为制约用地报批的重要因素。根据国土资源部要求，市县政府还要兑现重点工程占补平衡承诺。一些地方土地综合整治项目在招投标、施工监理、竣工验收和资金管理等方面存在漏洞，部分项目因为质量问题被新闻媒体曝光，造成了恶劣影响。

三是受宏观经济和矿山历史遗留问题影响，矿产资源管理困难较多。矿业权市场低迷，全年省级两权价款只有最高年份的 45%。矿产资源开发整顿整合压力很大，特别是煤矿关闭整合任务艰巨。一些矿山综合利用水平不高，规模化、集约化程度仍然较低。矿山地质环境问题突出，历史欠账较多。

四是测绘地理信息集成和共享不够。公共财政投入依然不足，部门壁垒仍然存在，数据定期更新机制尚未建立，数据整合需要进一步推进，基础工程作用没有得到充分发挥，公共服务能力亟待提升。

五是部分改革相对滞后。由于部门协调困难大，不动产统一登记工作职责尚未整合，机构尚未建立。

三　2015年湖南省国土资源保护和开发利用思路

2015年，湖南国土资源工作的总体要求是：坚决贯彻中央、湖南省委、省政府和国土资源部、国家测绘地理信息局的决策部署，主动适应经济发展的新常态，更加注重用改革的办法破解保护资源与保障发展的难题，更加注重运用统筹协调的方法促进国土资源的保护和合理开发利用，不断提升依法行政的能力和水平，在服务和保障全省经济社会发展大局中发挥好部门职责。

1.适应新常态新要求，保障合理用地需求

一是按照湖南省委、省政府坚持稳中求进工作总基调，主动作为。落实省委、省政府新型工业化、新型城镇化建设和城乡统筹发展要求，扎实做好新一轮土地利用总体规划调整完善工作，合理安排生产、生活、生态空间，科学调整耕地和基本农田保护目标，优化城乡建设用地布局和结构。

二是科学编制全省国土资源"十三五"规划。按照国家战略部署和省级规划任务要求，突出做好顶层设计方案，加强与相关部门的衔接沟通，力争将事关事业长远发展的重大项目、重要举措列入全省经济社会发展"十三五"规划。

三是加强和完善土地利用年度计划管理，严格执行考核，用好城乡建设用地增减挂钩、低丘缓坡未利用地开发、城镇低效用地再开发和工矿废弃地复垦利用等政策，用好增量，盘活存量。依法规范矿山用地。

四是实施差别化的用地保障政策。根据国家发展战略和湖南实际，深入研究四大经济板块自然资源禀赋及差异化、特色化用地需求，把握和分析新经济增长点和新型业态用地的特点，进一步改进计划管理措施，提高计划保障和统筹能力，优先保障新能源、新材料、节能环保等新经济增长点，铁路、调整公路、水利等基础设施，传统优势产业转型升级，民生工程和扶贫开发项目用地，落实好支持设施农业发展的特殊用地政策。同时完善和落实供地目录，对高消耗、高污染的项目，限制或严格禁止土地供应，发挥好土地要素的调控作用。

2.创新耕地保护机制，确保红线安全

一是严格控制建设占用耕地。通过严把建设用地审批关，尽量不占或少

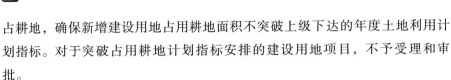

占耕地，确保新增建设用地占用耕地面积不突破上级下达的年度土地利用计划指标。对于突破占用耕地计划指标安排的建设用地项目，不予受理和审批。

二是严格执行耕地占补平衡政策。在建设用地审查过程中严格把关，对未完成"占一补一、先补后占"的建设用地项目，一律不予审查通过。积极落实"占优补优、占水田补水田"制度和"补改结合"政策，实现耕地占补数量和质量平衡。督促市县政府在重大基础设施竣工后，兑现耕地占补平衡承诺，严格"秋后算账"。

三是对基本农田实行特殊保护。充分利用土地二调成果和耕地质量等别调查评价和监测成果，划定新一轮的永久基本农田，将核定的基本农田保护目标任务落地到户，上图入库，重点将城镇周边、交通沿线容易被占用的一些优质农田和已经建成的高标准农田优先划定为永久基本农田。

四是大力开展农村土地整治。继续推进娄邵盆地基本农田建设重大工程、连片推进农村土地整治示范县等高标准基本农田建设，积极聚合农开、烟草、农业等相关部门土地整治资金和项目，着力推进"先建后补，以补促建"农村土地整治模式试点。

3. 统筹勘查开发保护，助推矿业经济企稳向好

一是做好第三轮矿产资源总体规划和专项规划编制工作，进一步优化全省矿产资源勘查开发布局。

二是按照国务院和湖南省政府的部署，继续扎实推进找矿突破战略行动，探索建立稳定的地质工作投入机制，突出抓好钾盐，"三稀"矿产，页岩气、生物气、煤层气等新兴能源和有色金属等优势矿种的勘查工作。

三是充分利用好国际国内矿业市场大震荡大调整的历史机遇，进一步巩固和深化矿产资源勘查开发秩序治理整顿，积极推进重点矿产、重点矿区的资源开发深度整合，协同相关部门做好关闭落后小煤矿和非煤矿山工作，促进资源向大型企业集中，提升矿产资源安全生产和节约综合利用水平，推动有色金属、非金属产业园区和示范基地建设，延伸产业链，不断发展和壮大矿业经济。

四是充分利用湖南省优质矿泉水丰富的资源优势，加强调查评价和地质勘查，引入市场机制，制定扶持政策，将资源优势转化为经济优势。

4. 转变资源利用方式，促进经济发展转型

一是以节约集约模范县（市）创建活动为抓手，全面推进节约集约用地用矿。开展新一周期的节约集约模范县（市）创建活动，坚决落实"十二五"时期单位 GDP 建设用地下降 31% 的目标，将资源节约集约利用纳入对地方党委政府绩效考核。

二是突出抓好开发园区土地节约集约利用评价和考核，综合投入强度、利用程度、产出效益和节约集约评价分值等因素，控制开发园区新增用地规模，探索工业用地弹性年期出让、租让结合、先租后让的供应政策，推广中小企业利用标准厂房模式。

三是清理地方用地优惠政策，扩大国有建设用地有偿使用范围，积极配合做好城镇土地使用税改革，大幅提高征收标准，发挥经济杠杆对节约集约用地的推动作用。

四是提高矿产资源开采准入门槛，提升资源综合开发利用水平，明确主要矿种最低开采规模、适用采选方法和工艺、"三率"指标要求，控制普通建筑、建材用石料矿山总量。

5. 扎实做好测绘地理信息工作，促进地理信息产业发展

一是扎实做好地理国情普查和监测工作。全面完成地理国情普查各项生产任务，建设地理国情普查本底数据库，开展基本统计工作。完善地理国情监测工作方案，选择重点及热点区域开展地理国情监测工作。

二是有序推进数字湖南地理信息基础工程建设。完善"天地图·湖南"地理信息公共服务平台，完成市州数字城市建设，推进数字市县一体化建设工作，加快智慧长沙时空信息云平台建设，推动数字城市地理信息基础工程的广泛应用。

三是加快地理信息数据资源和交换共享机制建设。完善基础测绘更新机制，加快数据更新频次，优化基础测绘组织结构和工艺流程，提高更新能力。建立省本级各行业与省、市、县三级互联互通的地理信息交换共享机制。

四是落实省政府关于促进地理信息产业发展的实施意见，培养打造新的经济增长点，大力推进省级地理信息产业园区建设。促进空间地理信息与物联网、云计算、大数据等集成融合，带动电商、互联网、现代物流、导航定位、数据加工应用等新型业态发展。

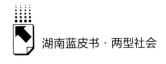

五是抓好测绘地理信息行业统一监管，进一步加强资质、信用信息管理和测绘地理信息行政执法工作，开展"十三五"测绘地理信息事业发展规划编制。

6. 坚持民生优先，坚决维护生态安全和资源权益

一是抓住全国地质灾害综合防治体系建设重点省的历史机遇，实施调查评价、监测预警、搬迁避让、工程治理和能力建设等五大工程，夯实防灾工作基础。合理保护和利用地质遗迹资源，助推地方经济发展。

二是积极参与湘江流域重金属污染治理，做好重点矿区的地质灾害治理和地质环境恢复治理工作。

三是推进国土资源信访工作法治化，维护群众权益。按照"诉访分离"和"依法逐级走访"要求，引导群众学法懂法守法，依法理性表达诉求，完善信访、调解、行政复议、行政诉讼等相互衔接的纠纷处理制度，强化工作措施，着力化解重点疑难积案，切实维护群众合法权益和社会稳定。

7. 严格依法行政，着力维护良好的国土资源管理秩序

一是坚持法定职责必须为、法无授权不可为、法有禁止不得为，严格执行权力清单和责任清单制度，进一步明确权力责任边界。

二是加强国土资源管理行政决策程序建设，把公众参与、专家论证、风险评估、合法性审查、集体讨论决定作为重大决策的必经程序，提升科学决策水平。

三是加强政务公开，坚持以公开为常态、不公开为例外的原则，推进国土资源管理决策公开、执行公开、管理公开、服务公开和结果公开。

四是加强行政复议、行政应诉工作，建立与新《行政复议法》相适应的工作机制、保障机制和责任机制。

五是严格规范公正文明执法。认真抓好卫片执法检查工作，做好与变更调查的衔接，加大案件查处力度，动真碰硬，重典问责，公开通报和挂牌督办一批重大典型案件并坚决执行法律法规处罚规定的上限。严格规范征地行为，维护好国家和人民群众的资源权益。

8. 全面深化改革，着力提升国土资源管理水平

一是深化国土资源行政审批制度改革，推进矿产资源管理改革，进一步精简审批资料，优化审批流程，严格限时办结，提高审批效能。加强放管结合，加快形成依法监督、严格执法的综合监管机制。

二是按照中央和湖南省委、省政府的部署，深入推进不动产统一登记工作，按照登记机构、登记簿册、登记依据和信息平台"四统一"要求，完成不动产登记职责整合，组建统一的不动产登记机构，建立相应的基础性制度，加强对试点工作的指导督促。对于这一项事关国土资源长远发展，同时又阻力重重，协调难度极大的改革，各地各级都要高度重视，积极争取党委政府支持，加强与有关部门协调，把这项重点改革任务落实好。

三是稳妥审慎推进以宅基地制度为主的农村土地制度改革试点，该项改革试点仅限于浏阳市，要按照实施细则，有条件、按程序、分步骤推进，做到封闭运行、风险可控、及时纠偏。在此也要明确，除国家依法授权以外，各地不得擅自开展涉及突破法律法规的土地制度改革试点。

四是对事关国土资源事业改革发展的重大课题，加强政策研究和科技攻关力度，充分发挥引领作用。

9. 加强基础工作，提高国土资源保障水平

一是构建顺应财税制度改革方向的综合财务管理新机制，切实加强国土资源财务工作，推动明细预算审核、绩效评价、资产管理、政府采购和购买服务、国库集中支付、财务监督与部门预算管理有机结合。严肃财经纪律，提高各类资金绩效，确保资金安全。

二是做好耕地后备资源调查评价，依法依规强化变更调查年度任务，做好"二调"后续工作。

三是加强矿山储量动态监管，完善价款评估、工业指标、压覆矿产管理，继续推进长株潭城市群地质资料信息"两化"工作和全省重要钻孔数据库建设。开展重大隧道工程施工中的地质调查试点工作。

四是深入推进以"一张图"为核心的国土资源信息化建设。全面实施全省1∶2000正射影像图、数字线划图生产制作工程，为不动产统一登记基础数据建设，集体建设用地、宅基地确权登记发证，农村土地承包经营权登记发证和农田水利设施产权调查等工作提供基础图件。全面建立覆盖省市县乡四级的电子政务系统，做好国土资源档案信息化工作，推进基础地理信息交换共享和遥感影像数据统筹。

B.6
2014年湖南省环境保护情况
及2015年展望

湖南省环境保护厅

一 2014年湖南省环境保护基本情况

（一）排污主体情况

据相关统计，全省共有各类工商企业48.2万户，注册数较上年增长27.8%，其中规模以上工业企业1.4万余家。国家环保重点废水监控企业226家、重点废气监控企业139家、污水处理厂监控企业133家、涉重金属监控企业396家，分别比上年减少53家、7家、1家和5家。另有500头以上畜禽养殖场2.6万户，其中国家重点监控规模化畜禽养殖场（小区）18家，较上年减少15家。全省机动车保有量952.57万辆，增长3.7%。共有持危险废物经营许可证单位127家，较上年增加10家，医疗废物处置中心12家，无变化。持有各类辐射安全许可证单位2545家，较上年增加55家。另外，城乡各类建设施工、城乡居民家庭餐饮、农业化肥农药使用、矿山开发等都对环境质量及生态造成影响。

（二）环境监管主体情况

根据新修订的《中华人民共和国环境保护法》规定，地方各级人民政府对本行政区域的环境质量负责。县级以上地方人民政府环境保护主管部门对行政区域的环境保护工作实施统一监督管理。发改、经信、公安、国土、住建、农业、水利、林业等政府各部门依照相关法律法规和"三定"方案承担环境保护职责。2014年，中共湖南省委和省人民政府根据中央精神，对全面深化改革作出总体部署，把生态文明体制改革纳入重要内容，结合省级机构改革调整，审议通过《湖南省环境保护职责规定（试行）》和《湖南省重大环境问题

（事件）责任追究办法（试行）》，对地方各级人民政府和省环保厅、省发改委等34个部门的环境保护工作责任及问责办法作出了明确规定，初步建立了环境保护工作责任体系。省、市（州）、县（市区）及各类管理区、开发区共有环境保护行政管理机构157个，监察执法机构147个，环境监测机构129个，行政机构及事业单位共有10098人。全省部分乡镇设有环保机构842个。省环保厅现有内设机构13个，另有环境监察局、固体废物管理站、核与辐射环境监督站和省环境监测中心站、长沙环保职业技术学院、省环境保护科学研究院、环境保护宣教中心、洞庭湖生态环境监测中心等直属单位14个。

（三）环境监测网络情况

全省现有省控以上水质常规监测断面109个；市州饮用水水源地监测断面30个，较上年减少1个；县级城镇在用饮用水水源地监测断面（点位）116个，较上年增加28个；水质自动监测站29个，监测断面和监测因子基本保持稳定；14个市州设有大气监测点位78个，其中长株潭地区监测点位24个，在2013年长株潭岳常张六个环保重点城市形成可吸入颗粒物、二氧化硫、二氧化氮、细颗粒物、臭氧和一氧化碳监测能力基础上，其他8市州也相继形成大气六项监测因子能力；另有1个南岳环境空气质量国控背景值监测点，1个长沙温室气体国控监测点，1个张家界农村区域环境空气质量国控监测点；现设有城市区域环境噪声监测点位2023个，较上年减少799个；城市道路交通噪声监测点位866个，较上年减少45个；城市功能区噪声监测点位143个，较上年增加80个（以上变化主要因国家环保有关规范调整所致）；设有土壤环境质量试点监测点位210个，无变化。

二　2014年湖南省环境保护总体形势

（一）环境质量状况

1.水环境质量总体保持稳定

（1）主要江河水质。湘资沅澧干流46个省控断面中，Ⅰ～Ⅲ类水质断面45个，占97.8%；Ⅳ类水质断面1个，占2.2%。超标断面为沅水干流托口断

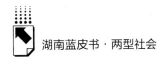

面，主要污染指标为总磷。

湘江流域：干流水质总体为优，干流 18 个省控断面水质均符合或优于Ⅲ类标准，重金属镉、汞、砷、铅和六价铬浓度达到《地表水环境质量标准》中Ⅱ类水质标准限值要求，其中，镉、砷和铅浓度均值呈下降趋势，汞和六价铬浓度均值保持稳定。湘江支流 24 个省控断面与上年相比，Ⅰ～Ⅲ类水质断面比例减少 4.8%，主要污染指标为氨氮、总磷和化学需氧量。

资江流域：干流水质总体为优，干流 11 个省控断面水质均符合或优于Ⅲ类标准。

沅江流域：干流水质总体为优，干流 10 个省控断面中，Ⅰ～Ⅲ类水质断面 9 个，占 90.0%；Ⅳ类水质断面 1 个（托口断面），占 10.0%，主要污染指标为总磷。

澧水流域：干流水质总体为优，干流 7 个省控断面水质均符合或优于Ⅲ类标准。

其他流域：8 个省控断面中，长江湖南段所设 3 个省控断面、环洞庭湖河流所设 4 个省控断面和珠江北江武水所设 1 个省控断面的水质均符合或优于Ⅲ类标准，其他流域水质基本保持稳定。

（2）洞庭湖水质。总体为轻度污染，营养状态为中营养。洞庭湖 11 个省控断面中，10 个断面属Ⅳ类水质，占 90.9%；1 个断面属Ⅴ类水质，占 9.1%，主要污染物均为总磷。与上年相比，洞庭湖水质呈下降趋势，其中，营养状态指标总磷的平均浓度升高 29.2%。初步分析，洞庭湖水质下降主要成因是水资源总量减少导致水环境容量变小、湖区和环湖周边畜禽水产养殖业和农业面源污染，以及城镇工商业及居民生活垃圾、废水污染不断累积，富营养化问题日益显现。

（3）城市集中式饮用水水源地水质。14 个城市的 30 个饮用水水源地水质达标率为 99.4%（按单因子方法评价，粪大肠菌群不参与评价）。个别饮用水源地水质超标主要污染物为锰和铁。

2. 大气环境

根据国家有关规定和工作部署，2014 年湖南省长沙、株洲、湘潭、岳阳、常德、张家界 6 市按《环境空气质量标准》（GB 3095－2012）中可吸入颗粒物（PM_{10}）、二氧化硫（SO_2）、二氧化氮（NO_2）、细颗粒物（$PM_{2.5}$）、臭氧

（O₃）和一氧化碳（CO）六项指标进行评价，六市平均达标天数比例为67.4%，超标天数比例为32.6%，轻度污染占21.0%，中度污染占6.2%，重度污染占4.4%，严重污染占1.0%，长株潭达标天数比2013年上升7.2%（岳常张上年无对比值）。按《环境空气质量标准》（GB 3095–1996）中可吸入颗粒物（PM₁₀）、二氧化硫（SO₂）、二氧化氮（NO₂）三项监测因子进行评价，全省14个城市空气质量平均达标天数比例为91.2%，比2013年上升5.3%。

3. 声环境

2014年，全省14个城市的道路交通噪声昼间平均等效声级平均值为68.1分贝，区域环境噪声昼间平均等效声级平均值为53.6分贝；全省城市功能区噪声昼间达标率为91.4%，夜间达标率为77.5%，较上年分别上升1.0%和2.8%。与上年相比，城市道路交通和区域声环境质量总体保持稳定。

（二）主要污染物排放情况

1. 废水、废气主要污染物排放完成国家下达的减排任务

化学需氧量2014年排放总量为122.90万吨，较2013年下降1.6%。氨氮2014年排放总量为15.44万吨，较2013年下降2.1%。二氧化硫2014年排放总量为62.38万吨，较2013年下降2.7%。氮氧化物2014年排放总量为55.28万吨，较2013年下降6.0%。

2. 自然生态状况

截至2014年底，全省有国家级自然保护区23个，省级自然保护区29个；全省森林覆盖率稳定在57%以上，湿地面积约102万公顷。

（三）环境污染事件情况

2014年，湖南省环保厅接报的24起环境事件均为一般环境事件，没有发生较大及以上环境污染事件。所发生环境污染事件均得到及时处理。

三　加强环境保护的主要举措

（一）强力推进省政府"一号重点工程"

扎实推进实施湘江保护与治理"第一个三年行动计划"，省、市、县三级联动，推出两岸工业、城镇垃圾和污水及畜禽养殖等重点治理项目1158个，完成1143个，完成率98.7%，项目总数及当年完成率均创历史纪录。构建属地政府负责、省直对口部门牵头、多部门配合支持的重点区域整治多方协同机制，清水塘、竹埠港、水口山、三十六湾、锡矿山五大重点区域综合整治取得重大进展，竹埠港28家污染企业全部关停退出，其他重点区域一批重大治理工程加快推进。通过强力治污，湘江水质呈好转趋势。

（二）全面推进大气污染防治工作

全面实施《贯彻落实大气污染防治行动计划实施细则》和《2014年大气污染防治实施方案》。深入推进火电、钢铁、水泥等重点领域企业脱硫脱硝设施建设，30万千瓦以上火电机组和新型干法水泥生产线全部完成脱硫脱硝设施建设；提前一年在全省水泥企业执行氮氧化物排放新标准，在长沙市火电企业执行烟尘特别排放限值。采取各种措施，开展城市建筑和道路扬尘治理以及燃煤锅炉和餐饮油烟整治；加强机动车排气污染治理，基本完成国家下达的黄标车和老旧车淘汰任务。建立大气分析和预报预警平台，实时发布长株潭岳常张等环保重点城市监测和预报信息。通过各方面努力，湖南省大中城市大气污染加重趋势有所遏制，14个市州城市大气环境达标率有所提升。

（三）用新的思路加快推进农村环境综合整治

以"竞争立项"方式鼓励积极性高、决心大的地方"整县推进"农村环境综合整治。形成了县级党委政府统一领导，县、乡、村三级和各职能部门联动的长效工作模式，在2013年通过竞争立项确定了津市等10个县市区的基础上，再选择18个县市区（其中包括湘西自治州整州推进）开展整县整治工作，其覆盖8000多个行政村，同时带动了其他县、市、区积极开展农村环境整治工作。

（四）有序推进生态文明和环境保护体制机制改革创新

一是重点探索生态环境保护责任体系建设，构建党委政府统一领导下各级各部门社会各方面齐抓共管的工作格局，省委、省政府审定出台《湖南省环境保护工作责任规定（试行）》和《湖南省重大环境问题（事件）责任追究办法（试行）》两个重要文件；二是在湘江五大重点区域，探索建立由属地人民政府负主责、省政府明确一个部门为主对口指导督办、相关部门配合支持的多方协同机制，收到初步效果；三是探索建立区域生态保护补偿机制，制定出台《湘江流域生态补偿（水质水量奖罚）暂行办法》和《重点生态功能区县域生态环境质量考核实施方案》，开展环境功能区划试点工作并形成初步成果，启动生态红线制度建设试点工作方案；四是进一步推进排污权有偿使用和交易改革，印发《湖南省主要污染物排污权有偿使用和交易管理办法》，出台《交易价格标准》、《交易资金管理办法》等，2014 年度完成市场交易 283 次，交易金额 2487.36 万元；五是进一步深化行政审批制度改革，在向长沙市下放了 4 类建设项目环境影响审批权的基础上，再向市州下放了 23 项环评审批权。

（五）大力加强环境监管执法

一是进一步严格环评审批。湖南省环保厅 2014 年共受理环评文件 400 项，不予审批 7 项，另有 44 个项目的选址、工艺和污染防治方案得到修正和完善。二是在全省范围内开展为期一年的环境污染隐患大排查，全省共排查企事业单位 16948 个，排查出污染隐患单位 6008 个，建立污染隐患台账，对污染隐患和存在的问题进行全面梳理，分类整改。三是探索建立环境监督计划执法制度，将全省所有排污单位的监管在省、市、县三级环保部门进行合理分工，明确各级执法检查的层级责任、执法检查频次及程序，对全省所有排污单位实行"有计划、全覆盖、规范化"的环境执法检查，进一步规范了环保部门监管执法行为，强化了日常监管。全年共立案查处环境污染事件 1236 起，处罚 3187.659 万元，其中移送公安 32 起。

（六）持续推进主要污染物总量减排

通过强力推进"一号重点工程"、大气污染防治和农村环境整治，带动一大批减排工程。2014 年列入国家目标责任书要求完成的重点减排项目共计 40 个（大气污染物减排项目 19 个，水污染物减排项目 21 个），完成 34 个，完工率为 85%；省重点项目 235 个，完成 219 个，完工率 94.1%。同时通过加快工程建设、淘汰落后产能、加强企业污染治理设施改造和运行管理等措施，较好地完成了国家下达的减排任务。根据核算，湖南省 2014 年国家纳入考核的

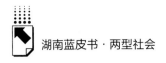
4项主要污染物化学需氧量、氨氮、二氧化硫和氮氧化物分别下降1.6%、2.1%、2.7%和6%，均实现国家下达目标，为到2015年底湖南省全面完成"十二五"总量减排任务奠定了较好基础。

（七）加强核与辐射安全监督管理

严格依法行政审批，做好辐射安全许可证的延续、变更和发放工作。2014年，全省持辐射安全许可证单位达2545家，比2013年增加55家。做好放射性物质的全过程管理，全年共办理放射性同位素转让、备案、异地使用等手续295批次，其中转入放射源315枚，转出放射源40枚；放射性污染废金属转移9批，共1646.9吨。收贮闲置废弃放射源，严格废物库安全管理，全年共收贮废旧放射源150枚。建立健全湖南省环保系统核与辐射事故应急组织体系，编制完成《湖南省环境保护厅核事故应急预案》和《湖南省环境保护厅辐射事故应急预案》。

（八）进一步加强环境科技支撑能力建设

加强环境监测能力建设，实施全省县级以上行政区和重点环境功能区的环境监测能力达标"三年行动计划"，14个市州政府所在城市已全部按大气环境监测新标准完成监测网络建设，从2015年1月起全面实现按新标准监测并向社会发布信息。全省重点流域重要饮用水水源水质监测网络和大部分县级城市大气监测网络建设正加快推进。环保系统实施"数字环保"工程，加强信息化建设。支持和组织开展大气、水、土壤环境监测和污染治理的科技攻关，特别是重金属污染治理、水专项等一批重大科研课题取得突破，制定出台了一批新的地方环境标准和规范。省委省政府高度重视，相关部门密切配合，出台政策措施促进环保产业发展，加强国际、省市间环保合作与交流，全省环保产业健康快速发展，环保产业产值初步统计达1350亿元。

2014年湖南省环境保护工作虽然取得了新的明显进展，但也存在一些突出问题。

一是个别地方环保优先的理念还树得不牢，推进突出污染问题治理、严格环境执法监管的决心不大，要求不严，工作成效不明显。二是生态文明和环境保护体制机制不配套、不完善的矛盾仍较突出，各方面的合力还有待增强。三是环境监管能力与新的形势不相适应的问题突出。县乡基层环保队伍机构亟待加强；人员力量和装备保障薄弱，环保系统队伍思想作风和业务能力建设需要加强，一些地方环境监管执法不到位，环境违法行为时有发生。四是环境质量形势依然严峻。大气污染形势无明显好转；四水干流个别监测断面和部分支流监测断面存在超标现象，洞庭湖水质呈富营养化加重之势；局部地区土壤污染治理任务繁重。

四　2015年湖南省环境保护基本思路和主要任务

以党的十八届三中、四中全会和习近平总书记系列重要讲话为指导，认真贯彻中央和湖南省委经济工作会议、全国环保工作会议精神，以实施新修订的《环保法》为契机，大力加强环境监管执法，继续深化重金属、大气和农村环境等突出污染问题治理，加快推进生态文明和环境保护体制机制改革创新，大力加强环境科技支撑体系和监测监管能力建设，促进湖南省环境保护工作取得新的更大进步。

（一）大力加强环境监管执法

根据新《环境保护法》和国务院有关加强环境监管执法的精神，按照"分级负责、属地为主"的原则，普遍建立网格化环境监管制度，全面开展环境保护大检查和环境行政计划执法，严格日常监管，以"零容忍"的态度重拳打击严重环境违法行为，同时督促地方政府以工业园区为重点开展环境综合整治。

（二）继续深入推进重点领域污染治理

加快推进五大重点区域改造和治理工程建设、湘江两岸城镇污染处理设施建设和规模畜禽养殖退出，开展重要支流超标断面污染源排查治理，全面完成省政府"一号重点工程"第一个"三年行动计划"；认真落实《大气污染防治实施细则》，继续推进重点工业企业环保设施改造，加快淘汰落后产能，强化建筑工地及道路扬尘污染防治，加强机动车排气污染防治和监管，

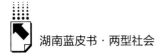

突出抓好长株潭区域大气污染联防联控，努力改善大气环境质量；进一步完善机制，用以奖代补方式在全省范围内加快推进农村环境综合整治；用综合措施推进管理减排和工程减排，确保完成国家下达湖南省的主要污染物减排任务。

（三）继续积极探索生态文明和环境保护体制机制改革创新

抓好《湖南省环境保护责任规定（试行）》和《湖南省重大环境问题（事件）责任追究办法（试行）》的贯彻落实；加快生态红线制度建设试点工作，探索建立相关管控制度，建立健全生态功能县（市、区）考核评价和补偿制度，实施湘江流域生态补偿制度，开展资江、沅江、澧水等流域生态补偿前期调研和制度建设工作；进一步简政放权，公布实施"三清单一目录"。

（四）大力加强环境监测监管能力建设

按照国家要求和湖南省规划，加快水、大气和土壤环境监测网络建设，尽快实现县级行政区和重要环境功能区监测体系全覆盖；加强环保队伍特别是基层环境执法队伍建设，在深入调研的基础上出台指导意见，尽快改变环境监管执法能力与新的形势不相适应的状况；加强部门间的协调合作，更好推进环境科研攻关及成果转化，大力发展环保市场和环境服务业，推进环境污染第三方治理和污染治理设施第三方运营，加强省内外和国际合作与交流，促进环保产业发展再上一个新台阶。

B.7
实行最严格水资源管理
统筹推进水生态文明建设

詹晓安*

党的十八大提出把生态文明建设纳入中国特色社会主义事业"五位一体"总体布局，对生态文明建设作出了新的战略部署。2014年，习近平总书记提出"节水优先、空间均衡、系统治理、两手发力"的治水新思路，对保障国家水安全、推进水生态文明建设提出了新要求。湖南省紧紧围绕党中央、国务院的部署要求，以实行最严格水资源管理制度为抓手，统筹推进水生态文明建设，努力加快实现从粗放用水向节约用水转变，从供水管理向需水管理转变，从局部治理向系统治理转变，从注重行政推动向坚持两手发力、实施创新驱动转变，为经济社会可持续发展提供水安全保障和水生态环境支撑。

一 湖南省水资源概况

湖南地处中亚热带季风湿润气候区，总面积21.18万平方公里。境内河流众多，河长5千米以上河流5341条、总长度9万多公里，其中流域面积50平方公里以上的河流1301条，流域面积10000平方公里以上河流9条。全省多年平均降水量为1450毫米，多年平均水资源总量为1689亿立方米，其中地表水资源量为1682亿立方米，地下水资源量为391.5亿立方米；人均水资源量2500立方米，均居全国第六位，是一个水资源相对丰富的省份。

2014年湖南省全社会用水总量为332.4亿立方米，全省水资源开发利用率为19.8%。其中，城乡居民生活用水30亿立方米，工业用水87.7亿立方

---

* 詹晓安，湖南省水利厅党组书记、厅长。

米，农业灌溉用水194亿立方米，其他包括农村牲畜、建筑业、服务业、城镇环境等用水20.7亿立方米。2014年全省万元工业增加值用水量和万元GDP用水量分别为70立方米、118立方米。与2013年比较，全省用水总量减少了0.07亿立方米，万元工业增加值用水量和万元GDP用水量分别下降25.5%和13.2%，全省水资源利用效率和效益进一步提升。

2014年湖南省水环境监测中心对全省8928公里河湖水域水质进行了监测评价。全年Ⅱ类水质河长4372公里，占监测河长的49%；Ⅲ类水质河长4353公里，占监测河长的48.8%；Ⅳ类水质河长153公里，占监测河长的1.7%；Ⅴ类及劣Ⅴ类水质河长50公里，占监测河长的0.6%。与2013年比较，全省Ⅱ类、Ⅲ类水质河长总量基本不变，Ⅴ类及劣Ⅴ类水质河长增加0.4个百分点，局部地区水质恶化严重，受污染水域主要污染物为氨氮、石油类、总磷、挥发酚、高锰酸盐指数等。

二　2014年湖南水生态文明建设成效

2014年，湖南把生态文明理念融入到水资源开发、利用、治理、配置、节约、保护的各方面和水利规划、建设、管理的各环节，坚持节约优先、保护优先和自然恢复为主的方针，以最严格水资源管理制度为核心，多层次、全方面、跨领域探索和推进水生态文明建设，取得了积极成效。

1. 全面实行最严格水资源管理制度

实行最严格水资源管理制度，就是围绕水资源配置、节约和保护"三个环节"，通过健全制度、落实责任、提高能力、强化监管，对水资源进行科学、高效、系统的管理。目前，湖南出台了《湖南省最严格水资源管理制度实施方案》和《湖南省实行最严格水资源管理制度考核办法》，明确水资源管理实行行政首长负责制，确立了水资源开发利用控制、用水效率控制和水功能区限制纳污"三条红线"，明确实施用水总量控制制度、用水效率控制制度、水功能区限制纳污制度、水资源管理责任和考核制度"四项制度"，全面建立省、市、县三级水资源管理控制指标体系和考核体系。同时，完成了湖南省用水定额、水功能区划修订工作，公布了全省重要饮用水水源地名录，积极推进湘江保护和治理、水源地达标建设、重要湖库和源头水保护工作，全面加强水资源监测监控基础设施建设和基础工作，全省水资源管理能力和水平全面提升。

2.高位推进湘江保护和治理

2012 年 9 月，湖南省人大颁布了《湖南省湘江保护条例》，这是我国第一部江河流域保护的综合性地方法规。2013 年 5 月，湖南省政府成立湘江保护协调委员会，杜家毫省长为主任，陈肇雄常务副省长、张文雄省委常委、张硕辅副省长为副主任，省直 26 个相关部门和湘江流域 8 市政府主要负责同志为成员，委员会办公室设在湖南省水利厅。2014 年 2 月，湖南省政府印发《〈湖南湘江保护条例〉实施方案》，将湘江保护与治理作为"一号重点工程"，力争通过 5 ~ 10 年时间实现"保证水量、优化水质、改善生态、畅通航道"的总目标。一年多以来，湘江保护和治理各项工作有序推进，抓源头治理初见成效，抓河道畅通进展明显，抓制度健全有序推进，对于保障流域水生态、水安全具有重要作用。

3.大力开展节水型社会建设

节约用水是实施可持续发展战略的重要措施，全省高度重视节水型社会建设。湖南省先后制定了《湖南省用水定额》（修订版）、《湖南省节水型社会建设"十二五"规划》、《长株潭两型社会建设水利规划》、《湖南省水资源管理系统建设实施方案》等，指导各地深入开展节水型社会建设。强化用水管理，严格取水许可制度，严格控制高耗水项目的取水许可审批，鼓励、支持低耗水、高效益型企业建设和扩大生产规模。推进体制改革，岳阳市、韶山市、浏阳市等 36 个市县成立了水务局，推行水务一体化管理，为节水型社会建设提供了体制保障。推进示范建设，长沙、株洲、湘潭、岳阳四市作为全国节水型社会建设试点城市，取得了良好的社会、经济和生态效益，各项指标达到了全国节水型社会建设试点城市的标准和要求，顺利通过验收评估，并积极开展省级节水型社会建设试点，探索县域范围开展节水型社会建设的做法和经验。

4.加强水功能区水质监控

目前，全省共建成 1 个省水环境监测中心、12 个市（州）水环境监测分中心，共监测水功能区为 198 个，监测断面为 277 个，分别比 2013 年增加监测水功能区 55 个，增加监测断面 88 个。2014 年监测主要江河市（州）交界水质评估断面 14 个，每个市（州）1 个，省管水功能区监测率达到 80%。同

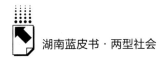
时，完成了湖南省全部国家水资源监控点建设任务，建成湖南省水资源管理系统，完成了与国家监制平台的互联互通及数据共享，实现对302个重点取用水户取水量在线监控。

5. 积极推进国家级水生态文明城市试点建设

2014年以来，湖南省长沙、郴州、株洲、凤凰、芷江5个市县被列为国家级水生态文明城市。各地根据水资源条件、经济社会发展水平制定完善试点实施方案，围绕构建严格的水节约体系、友好的水环境体系、健康的水生态体系、安全的水保障体系、科学的水管理体系、先进的水文化体系，大力实施水资源保护、雨洪水资源化利用、水环境整治、地热水开发、水效率提升和水景观打造等工程。目前，长沙、郴州完成年度建设任务，完成约50亿元项目投资，建成一批如龙王港生态景观改造工程、圭塘河综合整治工程、郴江湘南国际物流园河段滨水景观工程、西河综合治理工程等亮点示范工程，建设成效得到了水利部专项调研组的高度评价，为全省水生态文明提供了良好示范。

三 2015年湖南水生态文明建设思路

水生态文明建设工作涉及的范围广、部门多、投入大，是一项长期性、艰巨性、复杂性共存的庞大系统工程。2015年，湖南将以一湖（洞庭湖）、一江（湘江）、两区（武陵山片区和湘江源头区域国家生态文明先行示范区）、五城（国家级试点城市）为重点，继续加大投入，强化措施，努力推动水生态文明建设取得新进展，为实现湖南绿色发展、生态文明作出新贡献。

1. 深入贯彻最严格水资源管理制度，实现水资源可持续利用

持续贯彻最严格水资源管理制度，坚持依法行政、依法管水，规范水资源管理行为，提高水资源管理水平。一是以总量控制为核心，进一步完善水资源规划体系，做好水量分配和取水总量控制，强化水资源统一调度，建立健全水资源论证制度，加强建设项目水资源论证和规划水资源论证工作。二是以提高用水效率和效益为中心，强化节约用水管理，加强宣传和舆论引导，完善公众参与机制，制定节水专项规划。三是以实现水资源统一优化管理为方向，深化水资源管理体制机制改革，建立水资源督查制度，开展水资源资产负债表、水资源使用权确权登记等，建立合理的水权分配利益调节机制和市场交易管理模式。

2. 继续实施湘江保护省政府一号重点工程，推进流域水生态改善

大力推进湘江治理与保护省政府一号重点工程，以污染源头防控、防洪和航运安全、水资源管理和保障、生态治理与修复等为重点，推进 2015 年湘江保护和治理，促进流域综合治理和水生态环境改善。一是对流域 8 市 2014 年度工作完成情况开展考核评估，并将湘江保护工作纳入湖南省政府对流域各市州党委政府的绩效考核。二是建立流域联合督查和执法制度，启动湘江流域生态补偿考核。三是建立健全流域生态补偿机制，研究设立湘江保护和治理专项基金，鼓励和支持为湘江保护和治理作出突出贡献的个人、企业和组织。

3. 大力推进节水型社会建设，强化计划用水和定额管理

以公共机构等节水载体创建为契机，深入推进节水型社会建设。一是做好《湖南省用水定额》（修订版）宣传贯彻，严格强制性定额标准的执行。二是严格取水许可审批管理，强化延续取水评估工作，加强日常监督管理，全面实施计划用水。三是制定节约用水实施方案和"十三五"节水专项规划，完善长株潭节水型社会建设联席会议制度，继续做好国家级节水型社会建设试点经验总结和推广工作。

4. 抓紧完善监测平台建设，不断提高水资源监控能力

一是要抓紧完善用水计量和统计制度，联合统计部门建立取用水户取用水量统计报表制度，尽快实现市政用水、企业大户用水、大中型灌区用水计量全覆盖。二是要加强重要控制断面、水功能区监测能力建设，全面完成国家水资源监控能力建设项目建设，完善水环境监测分中心建设，加强对水功能区水质监测，加大水资源监测站网建设力度，完成全省水资源监测能力建设规划编制，全面启动省、市、县三级监控平台建设。

5. 进一步强化饮用水源地保护，提高饮用水安全保障

突出重点，强化措施，推进关键流域饮用水源地安全保障。一是积极推进长沙株树桥水库等 6 个国家级饮用水水源地安全保障达标建设，启动全省 124 个省级重要饮用水源地的现状调查评估，修订划分饮用水源地保护区。二是试点开展农村饮用水水源地保护工作，推广常德、长沙等地保护饮用水源的经验和做法，划定农村饮用水水源地保护区并加强保护与监测。三是加快饮用水源地保护立法进程，争取尽快出台《湖南省饮用水源地保护条例》，完善省级突

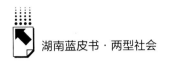

发水污染事件应急监预案，加大饮用水源地水资源质量信息发布工作。

6. 加快水生态文明建设城市试点，全力推进生态文明示范区建设

统筹谋划、把握重点、注重传承，全面推进水生态文明建设城市试点和生态文明示范区建设。一方面，继续加快推进5个国家级水生态文明试点六大体系建设，选择一批水资源禀赋好、前期基础扎实、主观意愿强、代表性好的县、乡、村开展试点建设，积累有益经验，积极探索具有湖南特色的水生态文明建设模式。另一方面，全面推进武陵山片区、湘江源头区国家生态文明先行示范区建设。按照所批准的保护方案，到2020年，水质总体达到Ⅱ类水标准，水功能区水质全面达标，畜禽养殖污染得到控制，沿江生活污水垃圾处理设施基本建成，工业污染全面稳定达标排放，水环境质量持续改善，水资源得到充分涵养、适度开发和可持续利用。同时，完善自然保护区、风景名胜区管理体制，在条件适宜的地区开展建立国家公园体制试点。

B.8

林业应成为生态文明建设的主力军

邓三龙*

近年湖南林业的实践，深刻验证了习近平总书记的重要论断："山水林田湖是一个生命共同体，人的命脉在田，田的命脉在水，水的命脉在山，山的命脉在土，土的命脉在树。"为此，对当前诸多的自然环境问题，都应从根源上对症下药。例如，水的问题，根在岸上；大气污染，根在地上；水土流失，根在树上；天灾频繁，根在林少。同样，当前诸多的资源不可持续现象，最突出的是森林资源、林地资源、湿地资源的被挤占、被蚕食。也就是说，环境问题和资源问题，都可以从森林和湿地的消减中找到根源。所以，推进生态文明，建设两型社会，要从"林"抓起，要从保护每一寸林地、湿地抓起。

一 2014年湖南林业体制改革与生态建设情况

2014年，是深化改革元年。湖南林业部门紧紧围绕生态文明体制改革的总部署，深入推进十大类改革，从而让森林更健康、湿地更美，最终还一个友好的环境于全社会，留一片可持续的资源于子孙后代。

1. 国有林场改革

作为全国国有林场改革整体推进试点省，湖南林业开展了一系列积极的探索。成立省长任组长，省委副书记、分管副省长任副组长的领导小组。尽管目前全省国有林场改革没有全面启动，但试点已扎实稳妥地向前推进。目前已有80个国有林场基本完成改革任务，占全省国有林场数量的40%。在面上，湖南省成立了首个省属青羊湖国有林场，结束了湖南省没有省属国有林场的历史。同时，为全省国有林场5.6万名干部职工购买了养老保险，给所有国有林

---

* 邓三龙，湖南省林业厅党组书记、厅长。

场职工每户盖了一套房。

2. 生态补偿机制改革

下达的林业资金项目一律不要求地方资金配套，以务实行为减轻地方财政压力。实施退耕还林、生态公益林、森林抚育等 10 多种林业补贴，其中大部分是直接打卡补贴到老百姓的个人账户。2014 年，发放生态公益林补偿资金 11.73 亿元，发放退耕还林补助 16.14 亿元，惠及林农 700 多万户。取消义务植树费以及省厅所有行政服务性收费，育林基金减半征收，年减少林农负担 8 亿多元。

3. 集体林权制度改革

全省林权证的发放率已达 99.7%，远远高于国务院达到 94% 即可验收的要求，为维护林权证的法律地位和林农群众的林地承包权益，保障林权发证与不动产统一登记制度的平稳对接打下了坚实基础。中部林业产权交易服务中心正式投入运营，实现了与全省 114 家县级林权交易服务机构的联网互通，可为林农提供政策咨询、资产评估和林权流转"一站式"服务。自 2011 年筹建并试运行 3 年来，业务辐射到广东、广西、江西、湖北、安徽等 10 多个省市区，在线流转林地 1540 多万亩，成交金额达 52 亿元。

4. 林业融资改革

一是拓宽融资渠道。省政府出台了《关于支持工商企业转型投资林业建设的意见》，省财政每年拿出 2000 万元专项资金，凡属房地产、矿山等工商企业转型投资林业，都可以享受国有企事业单位同等政策待遇。意见公布以来，全省有 510 家企业转型投资林业建设，投入资金 45.9 亿元，营造林 130 万亩。

二是降低融资风险。与中国人保财险湖南省分公司签订战略合作协议，给转型投资林业建设的工商企业和社会资本购买森林保险，社会资本的森林保险覆盖面达 75.9%。与省农业信用担保有限公司合作，组建了湖南林业担保公司。通过为社会资本提供担保，降低了其金融风险。2014 年，为 5 个市州 41 家林业社会企业提供资金贷款担保，在保余额 3.53 亿元。带动社会投资林业 16 亿多元，新增产值 10 亿元。

三是控制融资成本。全年为 25 户工商企业、112 户林业专业合作社和 200 户造林大户贴息 2700 多万元，新增林业贷款 11.28 亿元。

5. 森林防火机制改革

出台了《关于加强森林火灾群防群治工作的意见》，修订了《湖南省森林防火应急预案》，实施了《湖南省森林防火重点县市区管理办法》。协调湖南省武警总队组建省、市、县三级应急森林消防队伍，实施了重点防火期森林消防航空护林。在全省广泛开展了"大宣传、大培训、大排查、一落实"活动，强化了森林防火责任制的落实。全省实现连续 180 天无森林火灾，森林火灾受害率控制在了国家规定的 1‰ 目标以下。

6. 林政管理改革

一是实施禁伐减伐。启动了"禁伐减伐"结合的三年行动，对国家级和省级公益林以及铁路、高速公路、国（省）道两旁第一层山脊以内陡坡地段或平地 200 米范围内林木实行禁伐，对纳入国家重点、省部级重点、省级重点生态功能区的 58 个县市区实行减伐。全省禁伐减伐范围将达到 16731. 32 万亩，占全省林地面积的 86.4%。

二是下放林木采伐指标。将国家下达的采伐指标"阳光分配"到县乡村组，并规定只有有山林的群体才能获取采伐指标。一旦发现无山林的人员有了采伐指标，就层层追查，严肃处理。坚持林木采伐网上审批，强化林木采伐源头管理。

三是提高木材加工企业的市场准入。对以出卖原木，或附加值不高且科技含量低的木材加工企业，提高市场准入条件，迫使走高附加值加工之路。

7. 林业科技机制改革

全世界只有美国等发达国家实现了对林地的测土配方。湖南在全国率先建成并大力推广自主研发的林地测土配方技术网络平台，让"傻瓜"科技走进千万林农家。现在，湖南的林农只要点击湖南林业电子政务网上的电子地图，就能迅速查到自家的山头地块适宜种什么树、怎么种。凤凰网等媒体评价：湖南林业把科学发展观落实到了山头地块。

8. 林业产业发展模式改革

大力发展林下经济，成立了湖南林下经济科研示范中心，被国家评为国家林下经济示范中心。2014 年，全省林下经济总产值达 350 亿元。加上全省油茶、楠竹、花卉苗木、森林旅游，全年林业产业总产值增长 18%，达到 2799 亿元，青山绿水掩盖下的贫穷得到逐步改善。一些林农的山地由过去年收入不

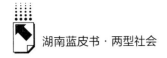

到 200 元达到今天的 2000 元以上。

9. 优材更替改革

湖南以前每年造林都是松、杉、杨等普通或速生树种。从 2009 年开始，湖南每年实施优材更替 10 万亩，培育无节良材 30 万亩。2014 年，更是开展楠木、榉木、红豆杉等珍贵树种进农家活动，目前已累计完成珍贵树种基地 96.3 万亩，无节良材 501 万亩，真正结束了优质树种都是"野生"的历史。这项工作被国内外媒体誉为"真正的可持续发展"。

10. 行政审批改革

根据国家法律法规、部门规章、地方法律法规，结合湖南林业实际，梳理形成省林业厅权力清单和责任清单，现已由湖南省政府统一颁布。权力清单方面，湖南省级林业部门保留 24 项行政权力。责任清单方面，湖南省级林业部门承担 11 项责任。下放收购珍贵的和限制收购的林木种子审批等 3 项省级林业行政许可事项，审批事项从 42 项减少到 20 项。行政审批全部实现网上审批，从根本上解决门难进、脸难看的问题。2014 年网上办证 300 多万份，平均用时仅 7.6 个工作日，比规定的时间提速 62%。

2014 年，湖南森林覆盖率经国家普查并认定达 59.57%；活立木总蓄积量达 4.84 亿立方米；全省湿地保护率达到 69.3%，269 万农户在房前屋后栽植珍贵树木 1850 万株。

二　2015年湖南林业两型社会与生态文明建设思路

2015 年，是贯彻党的十八届三中、四中全会精神，全面深化林业经济体制改革的关键之年。湖南林业工作将继续突出"健康森林、美丽湿地、绿色通道、秀美村庄"四大主题建设，为两型社会和生态文明建设作出积极贡献。

1. 改革

一是国有林场改革。国家把湖南列为全国整体推进的两个试点省之一，2015 年 6 月将进行中期评估，现在拨付湖南的 11.7 亿元改革资金已经到账，要加快在全省 207 个国家林场全面启动国有林场改革，出台《湖南省政府关于推进国有林场改革工作意见》，与各市州政府签订国有林场改革目标任务责任书，下达第一批改革试点补助资金，建立健全国有林场管理体制和机制。

二是国家公园体制改革试点。国家明确湖南为 9 个国家公园试点省，此项改革计划用 3 年时间完成改革试点。国家公园体制将囊括自然保护区、森林公园、湿地公园、地质公园、风景名胜区等，有利于生态保护的统筹兼顾。湖南省将尽快确定 1 处试点单位。

三是行政审批体制改革。加快推进权力清单和责任清单制度，根据国家法律法规和湖南林情实际，明确两个清单的内容，并向社会公开。清单出台后，将严格按照"两个清单"推进林业管理，做到法无授权不可为、法有规定必须为，把林业管理推向法治阶段。

2. 攻坚

第一，打好绿化"裸露山地"歼灭战。加快"裸露山地"造林绿化，是湖南省长亲自交给林业部门办理的重大任务。湖南省已确定 66 个县市区已通车和 2015 年通车的高速公路、国省道和铁路两旁第一层山脊或平地 100 米范围内的 60 万亩"裸露山地"作为 2014 年冬 2015 年春造林绿化工作的重点。全省要一律停止高速公路、铁路、国省道两旁采矿、采石、取土项目的审批，对高速公路、铁路、国省道两旁现有林木实行限伐，坚决防止出现新的"裸露山地"。森林公安部门要加大对非法侵占林地调查取证和查处、打击力度。

第二，打好林地保护战。以《湖南省林地保护利用规划》为基础，以全面开展林地清理专项整治行动为契机，坚决打击违法侵占林地等破坏森林资源的违法行为。对于林地的审批，必须坚持为经济服务、为大局着想，确保真正有税收的项目落地湖南所需的用林地指标。

第三，打好湿地保护战。继续实施保护美丽湿地行动。开展《湿地保护条例》执法检查，加强湿地管理机构建设，加大打击破坏湿地资源违法犯罪行为。建立健全湿地保护协调机制和监测管理体系，出台湿地保护红线，强化洞庭湖等国际重要湿地的保护管理。

3. 富民

产业上，稳定传统产业，培育新兴产业。深入实施湖南省政府"百企千社万户"和"百片千园万名"工程，落实对林业产业园区和林业龙头企业的扶持。统筹推进加工和种植、良种和良法、收益和投入、集约和分散，确保各项富民产业健康发展。紧跟市场需求，发展林下经济，让林地既保生态，又出效益。完善基础设施，提质森林旅游。

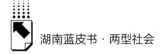

政策上，积极引导工商资本转型发展绿色产业，充分发挥专项资金的作用，给予房地产、矿山等转型投资林业的工商企业、国有企事业单位同等政策待遇。深化中部林权交易中心建设，真正发挥中心的融资、富民功能。建立健全公益林管理制度，确保生态公益林补偿到位、管护到位。

科技上，大力推进科技兴林，加强林地测土配方技术的推广应用。加快林业标准化体系建设，引导林业产业标准化发展。组织林产品质量安全监督抽查，确保林产品质量安全。

4. 护绿

一是防火。严防森林火灾，强化森林防火群防群治，加强省、市、县三级武警应急消防队伍建设，开通全省统一的森林火灾报警电话"12119"，因地制宜地开展一系列严打行动，严防严控森林火灾，火灾当日扑灭率达到95%以上。

二是防虫。全面落实"十二五"林业有害生物防治目标管理责任制，突出抓好松材线虫病疫情除治和预防工作，林业有害生物成灾率控制在4‰以下，无公害防治率达到70%以上。

三是减伐。坚持以限额采伐为核心，进一步完善禁伐、限伐工作举措，推进森林资源总量和质量稳步提升。从2015年起，湖南将实施森林资源禁伐、减伐工作，停止对全省公（铁）路两旁山体林木的采伐审批，并将其纳入生态公益林保护范围；提高市场准入门槛，暂停新上木材加工企业的立项与审批，认真开展木材加工企业的清理整顿，关停一批能耗高、质量不合格、环境污染严重的木材加工企业。大力发展"以竹代木"研究与使用，进一步做大做强竹产业，让湖南的林地逐步从穿"衬衣"向穿"棉衣"转化。

核电是湖南能源发展的可行选择

王亮方*

湖南省能源资源匮乏，能源对外依存度超过50%，长期以来，能源供应紧张已成为制约全省经济社会发展的重要瓶颈。2012年以来，由于国际国内经济增速放缓、产业结构调整等因素，能源需求增速放缓，能源供需出现了多年少有的宽松平衡。但从中长期看，未来湖南经济社会发展对能源需求的增长是刚性的，能源领域多年来存在的困难和问题将长期影响全省能源安全稳定供应。如何发挥好能源对经济社会发展的支撑作用，成为摆在我们面前的一项现实任务。湖南省水电资源开发殆尽、火电开发受资源运输与环境容量制约、新能源资源条件一般，发展核电具备多方面的优势，积极安全稳妥发展核电已成为保障湖南省中长期能源供应的迫切需求。

一 世界核电发展现状

自1954年人类开始利用核能发电以来，经过60年的发展，核能已经成为世界能源三大支柱之一，积累了超过14000堆·年的运行经验，核能发电占全球电力供应的15%左右。随着世界能源需求、环境保护压力的不断增加，越来越多的国家表示了对于发展核能的兴趣和热情。

截至2014年底，全球共有437个运行核反应堆（含实验堆，下同）、71个在建核反应堆。在437个运行核反应堆中，美国99个，为全球最高；法国58个，位居第二；我国有23个（含中国实验快堆）。世界各国运行的核电机组大部分都建在内陆，如法国内陆核电机组共40台，占全国核电机组的69%，已有1000多堆·年的运行经验；美国内陆核电机组共64台，占全国核电机组的65%，已有2000多

---

* 王亮方，湖南省发展和改革委员会副主任、省能源局局长。

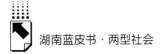

堆·年的运行经验，其中密西西比河流域建有21座核电厂32个核电机组，总装机容量达到3093万千瓦，而且该流域还拟新建5个核电项目（约1000万千瓦）。

2014年5月，美国发布了《作为经济可持续增长路径的全面能源战略》。在此报告中，核能作为低碳能源的重要作用得到了重视。同时美国环保署发布了环保新政，提出火电厂排放新标准，对提升核电竞争力、促进核电发展起到了积极作用。美国目前有4台AP1000机组和1台二代改进型机组在建。

欧盟达成2030年能源发展目标和碳减排目标，低碳能源发展尤其是可再生能源发展受到重视，传统以煤电为主的一些国家将会开始快速发展核电（例如波兰）。依托欧洲的电力市场，东欧等国家核电市场开始逐步恢复，匈牙利、波兰、捷克、罗马尼亚等国家的核电新项目建设意向逐步明确，欧洲核电有可能继续扩张。

2014年4月，日本修订《能源基本计划》。按照此政策，核电将继续作为日本重要的基荷电源存在。日本政府通过了核电新安全标准。首座在运核电站的重启已获得日本核监管当局以及地方政府的同意，目前正在进行相关准备工作。日本唯一一座在建的核电站也提交了重启计划。

二　近年来我国核电发展情况

2011年福岛核事故后，我国核电建设采取了安全稳妥的发展方针。2012年10月国务院常务会议讨论并通过了《核电中长期发展规划（2011～2020年）》，规划指出：到2020年中国核电装机将达到在运5800万千瓦，在建3000万千瓦。2012～2014年，中俄合作的田湾3号、4号机组相继核准开工。2014年"两会"期间，"开工一批核电项目"写入国务院政府工作报告，4月国家能源委员会首次会议提出"适时启动新核电项目"，6月中央财经领导小组第六次会议专题研究能源问题，提出"抓紧启动沿海新核电项目"，核电重启由"适时"变为"抓紧"。2015年2月，辽宁红沿河核电站5号、6号机组获得核准，成为时隔两年多第一个核准开工的核电项目。

三　第三代核电技术安全性大大提高

湖南省拟建的桃花江核电厂和小墨山核电厂采用三代核电技术AP1000，

所采用的标准代表了目前全球最高的安全标准。在工程设计上采用了美国最新的设计要求，并满足我国《"十二五"期间新建核电厂安全要求》相关规定。同时还遵循了我国最新的核安全要求，如福岛核事故后核电厂改进行动通用技术要求和最新修订的环境保护、辐射防护规范。

与其他核电反应堆相比，AP1000 技术的安全性更高。主要体现在：采取了非能动安全技术，其安全性比二代技术高 100 倍以上。非能动安全技术包括非能动的余热排出系统、非能动的应急堆芯冷却系统（包括堆芯补水箱、安注箱和内置换料水箱）、自动降压系统、非能动的安全壳冷却系统和非能动的主控室可居留性系统。非能动安全系统投运时不需要外部动力供应，仅依靠自身的重力、自然循环和蓄压等原理工作就可以带走堆芯的剩余热量，保证核电厂的安全。

福岛核事故的发生是多重极端自然灾害共同作用的结果，福岛核电厂在地震发生后安全停堆，但地震引起的海啸造成全厂断电，导致堆芯冷却系统失效，堆芯的剩余热量不能及时带走，使得堆芯融化并引起安全壳氢气爆炸，导致放射性物质释放到环境中。而 AP1000 的非能动安全系统能有效应对类似福岛所发生的全厂断电事故，通过非能动安全系统，在无需外部动力的情况下带走堆芯剩余热量，确保反应堆安全。

四　湖南省发展核电十分必要

从湖南省能源资源禀赋和长远发展来看，安全高效发展核电是保障湖南未来能源供应的必然选择，主要基于以下三个方面的考虑。

一是电力供需缺口大，迫切需要核电作为主力军。按照经济社会发展规划、能源发展规划以及近几年电力供需现状，以 2015 年为基数，预计 2020 年全省最大电力缺口约 1000 万千瓦；2025 年将在 2020 年基础上增加电力供应缺口约 2000 万千瓦。而目前湖南省可以落实的重大能源项目中，除蒙西－华中煤运通道沿线可布局部分火电项目，特高压项目仍在评估论证外，其他项目尚无着落。而核电与火电、外输电相比，具有量大、价廉与环保三方面优势，中长期可成为湖南省电力供应的主力军。

二是核电是降低湖南省能源价格的明智选择。湖南处于全国能源输送末端，电煤价格居全国第一位，火电上网电价居全国第二位，大工业用户价格排第三，发展成本高，发展环境与条件处于比较劣势。而核电上网电价相对较低，国家发改委核定的全国核电标杆上网电价为 0.43 元/千瓦时，较当前湖南省火电上网电价低 0.07 元/千瓦时左右，大大低于新能源发电成本，具有非常明显的成本优势，有利于降低湖南省能源成本，促进经济社会发展。

三是核电是调整结构、保护环境的有效手段。湖南是两型社会综合配套改革的先行示范与试验区，随着老百姓对大气质量的关注度越来越高，人们对山青、水净、空气洁纯的要求会越来越迫切，环境倒逼经济转型与能源结构调整的脚步正越来越近，在安全的前提下加快核电建设是保护环境的有效手段。

五　湖南省发展核电具有明显优势

湖南省委省政府历来十分重视核电发展，从上世纪 70 年代开始核电建设前期工作，经过近 40 年的努力，核工业体系初具规模。湖南省发展核电具有三个方面的比较优势。

一是水资源丰富。湖南境内降水充沛、水系发达，多年平均降水量 1450毫米，多年平均地表径流量 1682 亿立方米。湖南省流域面积 5 平方公里以上河流共 5341 条，其中，湘江流域 2157 条，资水流域 771 条，沅水流域 1491条，澧水流域 326 条，洞庭湖区 403 条，其他水系 193 条，形成以洞庭湖为中心的辐射状水系，水资源丰富，可充分满足核电站运营的水资源需求。

二是地质结构稳定。根据中国地震分布图，湖南省地质结构稳定，没有在地震带上，发生极端地质灾害的可能性很小。桃花江核电厂址周边有史记载以来没有地震记录，不存在能动断层，是我国中部地区条件非常优越的核电厂址。

三是铀矿资源丰富，核电开发技术基础雄厚。湖南是全国三大铀矿基地之一，铀矿资源占全国的 30%，可提供可靠的原料保障。湖南铀矿地质勘探、采掘、加工、科研、发电等核工业体系完备，装备制造业门类较齐全，核用泵、核用电缆、铀矿开采技术等居国内领先地位，具有良好的核工业技术基础。

综上所述，无论从国际核电的运行经验，核电最新的安全技术标准，还是从湖南省能源供应总量缺口、资源禀赋、能源价格、能源结构、安全性评价进行分析，核电可成为湖南省能源供应的可行与现实选择。

区　域　篇

Region Reports

B.10

积极应对新常态　率先建成两型社会

贺安杰*

　　这些年来，在湖南省委、省政府的统一领导下，株洲市积极履行国家赋予的神圣使命，先行先试，敢闯敢试，把两型社会建设作为转方式、调结构、促升级的重大举措和重要抓手。如今，两型社会建设已成为全市推进改革创新的有效载体、吸引生产要素的重要平台、实现科学发展的强大引擎、展示城市形象的亮丽名片。两型社会建设不仅带来了看得见的经济社会发展重大变化，也带来了发展理念、生产生活方式等看不见的变化，两型的示范效应正向全国范围不断扩大。

　　当前，我国经济社会发展进入新常态，为进一步加快两型社会建设带来了重大机遇。国家强势推进生态文明建设，重塑尊重自然、顺应自然、回归自然的发展理念，更加坚定了株洲市建设两型社会的信心；经济增速换挡，不再片面追求GDP，为调整优化结构、促进经济转型升级拓展更大空间；国家全面

---

* 贺安杰，中共株洲市委书记。

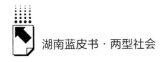

深化改革,高度重视释放改革红利,改革将统领今后经济社会发展的全局,为株洲市做好综合配套改革试验区的工作提供了强大的政治保障。我们必须准确把握新常态带来的新要求,抓住新机遇,乘势而上、顺势而作,率先突破、有所作为。

一 突出改革总揽,切实释放两型建设活力

改革是试验区的根和魂,没有体制机制创新就没有综改试验区存在的意义。要把改革创新作为推动两型社会建设第一动力。

1. 建立健全自然资源资产产权制度和用途管制制度

对全市的自然资源资产进行统一确权、登记。推行农村集体土地权能改革,探索建立农村宅基地退出机制,实行农村集体土地与国有土地同权同价。逐步建立城镇建设用地随同人口增加挂钩制度。探索编制自然资源资产负债表,对领导干部实行自然资源资产审计;完善自然资源用途管制和监管体制。

2. 落实主体功能区制度

按照各地主体功能,划定生产、生活空间开发界线和生态保护红线。建立资源环境承载能力监管预警机制,对资源、环境容量超载区域实行限批。引导人口和经济集中发展,促进人口向城镇集中、产业向园区集中、土地向规模集中。实行绿色GDP考核,对生态红线区域、限制开发区域、国家扶贫开发重点区域取消GDP考核;加大对这些地区的财政转移支付力度。

3. 实行资源有偿使用制度和生态补偿制度

改革自然资源及其产品价格,全面推行差别价格;探索将资源税扩展到占用各种自然生态空间;探索建立土地使用税,对土地利用效率不高、污染较重的企业从高征税。设立生态补偿专项基金,建立开发地区向保护地区横向补偿制度。建立有效调节工业用地和居住用地合理比价机制,合理提高工业用地价格。实施绿色消费政策,推行政府两型采购制度,建立财政支持清洁低碳技术研发与推广、社会资本投入环保行业的补贴、贴息、投保补偿等方面的政策;推行环境污染第三方治理。

4. 改革生态环境保护管理体制

整合全市有关环保监管执法职能，建立统一的生态文明信息平台，建立局级联席会议制度。强化生态文明执法队伍建设，探索在公安部门设立环保警察、在法院设立环保法庭。建立生态环境监测预警机制，及时公布重点企业环境信息，强化举报等社会监督作用。完善污染物排放许可制，实行企事业单位污染物排放总量控制制度。推广两型综合评价制度，对环评、能评、水土保持等实行综合评审。建立环境损害双重追究制，在追究直接责任企业（法人）的同时，也相应追究地方领导的责任。深化绿色信贷制度，健全企业环保行为信用等级评价，据此确定信贷支持力度。

二　突出两型产业发展，切实增强经济发展动力

推动产业转型升级、发展两型产业是两型建设的核心。要坚持绿色、低碳、循环、创新发展，大力调整三次产业结构，构建两型产业体系。

1. 大力优化产业布局

落实主体功能区规划，合理布局各类产业，形成特色明显、差异发展、优势突出的产业发展格局。城镇坚持产业象限布局，防止工业污染围城。突出发展园区主导产业，提高产业集聚度，力争园区规模工业增加值占全市规模工业增加值比重达到65%以上。

2. 着力调整产业结构

下大力气改造提升传统优势工业，淘汰落后产能和企业。大力发展先进装备制造业、电子信息、新能源、新材料、节能环保等战略性新兴产业。提高产业准入门槛，新办的工业企业单位产出所需的地耗、能耗、水耗、材耗和污染物排放强度低于全国同行业水平。大力发展服务业，认识上更高看一等，尽力提高其占GDP的比重；落实和创新政策措施，对生产性服务业用水、用电、用气等价格参照用于工业的价格执行。加快发展现代农业，支持发展各类合作社、家庭农场、农业企业，大力发展休闲农业和生态农业；推进土地流转和规模经营。

3. 强化科技创新和信息化支撑

推动产业发展由要素驱动向创新驱动转变，加大研发培育新兴产业的力

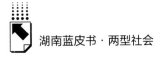

度，加强在重金属污染治理、大气治理、污水（污泥）治理、新能源应用、废弃物资源化利用等方面的科研攻关，强化科技成果的转化和应用。要全面提升信息化水平，推进信息化与产业深度融合。力争科技进步对经济增长的贡献率超过 60%。

三 突出资源节约集约利用，切实缓解要素保障压力

资源有限，节约无限。必须在全社会、全领域、全过程都加强节约，降低资源消耗强度。

1. 更加注重节约利用土地资源

规范园区工业用地管理，大力提高土地利用效率，产业建设用地要逐步做到按投资强度、产出水平、就业容量、环境影响等因素实行差别地价；推广土地立体开发，争取全市单位 GDP 所需建设用地面积降低 30% 以上。加快农村土地综合整治，引导农村居民适当集中居住，积极促进农用地有序流转，加快土地向规模集中。

2. 更加注重节约利用能源

全面推进节能改造，加强节能技术和产品的推广应用，实行节能全覆盖。加强智能电网建设，推行电力需求侧管理。大力开发利用可再生能源，重点建设屋顶太阳能发电、风力发电等一批项目，争取非化石能源占一次能源消费比重达 12% 左右。大力发展绿色建筑，城镇新建面积在 2 万平方米以上的公共建筑和保障性住房都按绿色建筑标准建设；对公共建筑和公共机构办公建筑进行节能改造。

3. 更加注重节约利用水资源

全面推行节水技术和产品，改进生产工艺和流程，推行用水总量控制和用水效率控制，全市单位 GDP 水消耗量下降 20% 以上。发展节水农业，推广节水灌溉；积极推行中水回用，再生水回用率达到 15% 以上；建设雨水回收利用体系，建设节水型社会。

4. 更加注重节约利用材料

推行产品生态设计和绿色制造，鼓励采用小型、轻型和可再生材料，加强重点行业的原材料消耗管理，推广节约材料的新工艺、新技术。提高建筑质

量,延长使用寿命。建立覆盖全市的废弃物回收利用系统,提高工业固体废弃物综合利用率。重视发挥轨道交通装备、汽车、摩托车等产业的技术优势,积极发展再制造产业。

四　突出环境治理和保护,切实彰显城乡魅力

生态环境建设和保护是两型社会建设的重点任务,是人民群众关注的重大问题,要用硬措施来推动完成硬任务。

1. 在重点区域环境治理上取得突破性进展

一是大力实施清水塘地区战略性改造。清水塘地区事关长株潭城市群综改试验区的成败,是株洲市两型建设的重中之重。要进一步提高加快其改造的重要性和紧迫性的认识,切实担负起历史责任;调整和加强相关的领导和工作机构,制定和完善积极作为、切实可行的工作方案,对需要搬迁、关停的企业制订任务书、时间表、路线图,积极推进;采取激励约束措施,鼓励进展快的,鞭策行动缓的。二是加快规模养殖区治理。全面执行畜禽禁养区、限养区规定,规模畜禽养殖退出城区。对市域内规模养殖区进行现场检评,落实工程、技术措施,对明显不合适的养殖点,要迁建或关闭,全面完成规模养殖区的污染治理。三是抓好矿山生态保护和修复。大力推进矿区植被修复,做好矿山尾矿库加固或安全闭库;加强矿区次生地质灾害防治,确保不发生灾害事故。四是加大绿心保护和建设力度。积极开展造林绿化工作,做到宜林面积全绿化;全面清理、退出应退出的产业;加强殡葬管理和森林防护;强化绿心地区巡查和执法力度;推进必要的基础设施和其他相关的项目建设。

2. 在实施重点行动上取得突破性收获

一是大力实施省政府"一号重点工程"。将"一号重点工程"真正摆上第一的位置、强化"一把手"工作责任、列入投资第一序列。以工业污染治理、城镇污水处理等为重点,抓好治理项目实施,确保按期完成治理任务。二是扎实实施"三个基本"行动。坚持政府引导、市场运作、分级负责的原则,全面落实行动方案,按计划关停83家污染企业、取缔145座土法炼焦窑、拆除115根烟囱、完成河东段12项污水处理工程,到2015年基本关停污染企业、基本拆除城区烟囱、基本解决城区段污水直排湘江问题。三是全面加强农村环

境综合整治行动。突出农村连片环境治理，建立长效机制，完善相关设施，改善农村环境卫生状况。强化农业面源污染防治，推广测土配方施肥、精准施药和生物防治技术，控制农药、化肥污染；加强生态修复，因工程建设等造成山体、土壤、水体等损毁的，要在工程竣工一年内完成生态修复。

3. 在解决群众关注的热点问题上取得突破性成效

一是突出抓好大气污染治理。强化工业废气污染防治，全面推行企业脱硫脱硝和清洁生产，坚决关停不达标企业；严格执行机动车环保监测和环保标志管理，全部淘汰黄标车，城镇公交全部实现绿色化；有效管理和控制施工产生的扬尘；全面开展 $PM_{2.5}$ 监测，各县市都要设立监测点，实施大气污染联防联控。二是继续加强重金属污染治理。对受到污染的土地严格实行分类管理，对不宜耕种的土地全面落实退出耕种的措施；推进工业废水深度处理，采取有效技术措施安全处理重金属废渣；综合运用工程治理、生物治理等方法修复重金属污染土壤，杜绝发生重金属污染事件。三是巩固提升城镇管理水平。坚持和不断完善城镇长效管理机制，全天候、全方位保持清洁卫生状态，加大县城创建卫生城镇力度，实现市域国家卫生城市全覆盖目标。

五　突出集成创建，切实提高全民参与吸引力

两型社会并不神秘，也不遥远，我们每个单位、每个人的日常生产、生活都与两型有关。因此，也只有各个单位、全体市民都参与，两型社会才能建成。要发挥榜样、典型的示范带动作用，大力抓好两型社会创建工作。

1. 探索开辟示范片区发展新途径

云龙、天易、清水塘三个示范片区要坚持"区内能突破、全市能推广、全国能示范"的要求，努力建设成为代表生态文明发展方向，代表全市乃至全省两型工作水平的改革试验先行区，真正在两型社会建设方面发挥不可替代的示范带动作用。一是要在发展模式上示范带动。率先改变以往依靠低土地成本、低工资成本、低资金成本，高投入、高消耗、高污染的模式，探索出靠大力提高科技创新能力、资源利用效率、生态保护水平的发展模式。二是要在发展速度上示范带动。转型发展与加快发展从本质上讲并不矛盾，建设两型社会不是不要发展速度，只要符合资源节约、环境友好的要求，能发展多快就发展

多快。示范片区发展潜力很大，在探索新的发展模式的同时，也要在加快发展上起示范带动作用。三是要在改革创新上示范带动。作为综改试验区的示范片区，在体制机制方面率先创新是最重要任务。凡是上级要求或安排的改革，都要在示范片区先实行；凡是本市能推进的改革，都要在示范片区先推行；凡是要探索试点的改革，都要在示范片区先试行。具体而言，在两型建设中，示范片区每年的发展速度要高于全市平均水平 2 个百分点左右，固定资产投资占到全市的 1/3 左右，每年推进的改革不少于 4 项，新开工的建筑绿色建筑比例不低于 50%，省要求的 10 项两型技术都要尽力推广。

2. 全面推进两型示范创建

广泛开展两型示范创建活动是动员和组织各部门各单位和广大市民参与两型社会建设的好办法。要全面深入开展两型生产生活方式、两型技术产品、两型文化等 10 大两型元素进 14 个创建类别的创建活动。各县市区都要突出抓好两型集成示范创建，划定合适的范围，整合资源，做到"全要素进入、全单位覆盖、全员参与"，创建要有方案、有标准、有规程、有队伍、有活动、有制度；按"789"标准考核验收（群众知晓认可度达到 70% 以上，单项指标达到 80 分以上，总分达到 90 分以上）；重点建成神农城、职教科技园两个省级综合示范片区和 8 个市级综合示范片区。要抓好两型特色县市区创建，每个县市区根据自身情况开展特色创建，做出成效、形成特色、创出典型。

3. 扎实推进低碳交通城市创建

以"绿色、高效、便捷、舒适、安全"为目标，争取率先建成低碳交通体系，创建全国低碳交通试点城市、"公交都市"。推行出租车"油改气"、"油改电"，规划建设汽车充电站（柱）、加气站，并逐步推广到县城；积极发展慢行交通，提高中心城区自行车公共租赁系统服务水平，并逐步向有条件的县城推广；加快建设城市绿道，形成绿道网络；大力发展轨道交通和水运，建成沪昆高铁和长株潭城际铁路株洲段，研究并争取建设城际和城市有轨电车；加强水运航道建设，提升通航能力；巩固绿色公交成果，不断完善市区公交线路和站点，视情况设立一般性车辆禁行路段、时段；开展城乡客运公交化试点，在县城推进公交电动化。坚持和完善"1135"绿色出行行动。争取到2017 年低碳出行比例超过 70%，其中公交出行占机动化出行比例达到 60%。

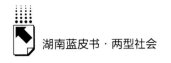

六　突出文化培育，切实提升两型建设软实力

培育两型文化是开展两型建设的基础性举措。要树立两型价值观、发展观、政绩观、财富观和消费观，形成节约节俭，低碳环保的生产、生活方式和消费模式。

1. 加强两型文化研究和创新

立足株洲工作实际，进行经验总结、理论归纳和创新。开展具有国际水平的两型社会建设交流、研讨，不断创新、丰富两型文化内涵。突出研究创新两型标准、创建规程、监测评价、政策、规划体系等，编纂针对不同对象的两型读本，推动两型文化发展。

2. 开展丰富多彩的两型主题活动

突出试验区的"社会"特色，大力发展两型志愿者队伍，争取两型志愿者比重占总人口数的10%。定期结合"五四"、"六一"等特定节日和"世界环境日"等纪念日积极组织开展两型主题活动，形成人人了解两型知识、人人参与两型社会建设的氛围。

3. 倡导践行两型生活方式

各级各类机关、企事业单位要带头实现低碳办公，带头采购、使用绿色产品，形成绿色消费的示范效应。加大宣传力度，全面禁止使用不可降解塑料及相关物品，宾馆（饭店）不免费提供一次性用品；控制生产、销售和使用过度包装的产品；开展低碳足迹行动，促使个人和组织补偿对环境造成的影响。

湘潭市推进两型社会建设的实践与思考

陈三新*

湘潭位于湖南省东北部、湘江下游，与长沙、株洲两地沿湘江呈三角形分布，辖湘潭县、湘乡市、韶山市、雨湖区、岳塘区5个县（市）区，总面积5006平方公里，总人口近300万。近年来，湘潭市按照两型社会建设综合配套改革试验区的总体要求和省委、省政府对长株潭"在2017年率先实现全面小康，到2020年率先向基本现代化迈进，率先建成全国两型社会建设示范区"的目标要求，以两型理念为引领，以两型产业为重点，以两型示范片区为平台，以体制机制创新为动力，科学谋划，大胆试验，两型社会建设取得了阶段性成效：两型理念深入人心，两型产业蓬勃发展，两型成果普惠于民。

一 湘潭市两型社会建设的主要做法和经验

湘潭市始终坚持在学习借鉴外地先进经验的基础上，立足自身实际积极探索，不断在具体实践中深化两型社会建设，形成了许多颇具特色、行之有效的方法举措。

1.坚持突出市域特色和解决共性问题相结合，精心谋划顶层设计，基本形成两型法规体系

既严格按照中央和省委省政府的安排部署，做好"规定动作"，解决好发展中的共性难题；又充分发挥地域面积小、人口少、产业基础雄厚、城乡差距不大等优势，在加快发展、深化改革、统筹城乡等方面先行先试，抓好顶层设计，力求打造湘潭经验，为全国全省做出贡献。

一是全面完成总体规划。形成了市域规划、城市总体规划等"2+12"规

---

* 陈三新，中共湘潭市委书记。

划体系和《湘潭火车站核心区规划》等 10 多个重点区域控制性详规；积极探索推进经济社会发展规划、城市总体规划、土地利用总体规划和融资规划"四规合一"。完成两型社会建设总体改革方案等"1 + 12"改革方案制定，确定了"规划三级空间、实施六大工程、推进八项改革"的行动路线图，形成了以"两型理念"为引领的宽领域、多层次、全覆盖的规划体系。

二是着力突出特色规划。按照省委省政府"两个率先"（湘潭率先统筹城乡发展，实现韶山率先富裕）的要求，围绕两型社会建设目标，编制了《湘潭市率先统筹城乡发展实现韶山率先富裕规划》，积极推动速度质量效益、消费投资出口、城乡区域发展、人口资源环境相协调、相适应。

三是积极促进规划落地。认真贯彻落实《湖南省长株潭城市群区域规划条例》、《湖南省长株潭城市群生态绿心地区保护条例》等上位规划，出台《湘潭市落实长株潭城市群区域规划和加强生态"绿心"保护的若干规定》，进一步完善了绿心地区项目和区域性重大项目选址审批流程，严格项目准入制度。建立生态绿心地区保护目标责任制，加大了对生态绿心地区的保护力度。

2. 坚持重点突破与整体推进相结合，加大改革创新力度，初步建立两型体制机制

既坚持统筹兼顾，又注意突出重点，着力从全局上谋划，从关键处突破，确保整个改革相互衔接、彼此支撑、彰显特色。

一是推进资源环境领域改革。积极探索资源产品价格改革，推行居民阶梯式水价、电价、气价改革。开展城乡水务体制改革，组建水务局，统筹担负供、节、排、污一体化水务管理职能，实现了管理权的集中。

二是深化土地管理体制改革。实行"统一规划，整体实施，成片开发，净土上市"的土地利用模式，加强土地一级市场监管，严格核定投资强度和用地产出率、积极建设多层标准厂房和产业社区，推行两型安置，较好地实现了土地节约集约利用，连续 15 年实现耕地占补平衡。出台《湘潭市国有土地上房屋征收与补偿实施办法》和《湘潭市集体土地征收与房屋拆迁补偿安置办法》等"2 +4"系列征拆政策，实行全市统一的征拆安置政策，征拆秩序进一步规范。加强地质环境治理，加快推进地理信息基础工程。

三是推进投融资体制改革。设立湘潭两型社会百亿产业投资基金，成立省长株潭试验区小额贷款公司，有效缓解两型社会建设资金压力。在资源环境领域推行 PPP 模式，九华污水处理厂成为全省首批 PPP 试点项目，竹埠港地区率先引进环境污染"第三方治理"模式，有效盘活了政府资产，激活了民间资本。

四是完善自主创新机制。全市研发（R&D）经费占生产总值比重居全省第一位，每万人拥有专利数居全省第三位；成立产业创新研究院，政府与驻潭3 所本科院校签订产学研全面合作协议，实施自主创新战略取得初步成效。成功获批长株潭自主创新示范区，先进矿山装备、风力发电装备分别获批国家级、省级创新型产业集群试点，"矿井除尘降温系统研究与开发"等项目列入省战略性新兴产业科技攻关与成果转化专项。

3. 坚持做优存量与做大增量相结合，推动产业转型升级，加快构建两型产业体系

以产业两型化、信息化、智能化为方向，坚持做优存量与做大增量并举，加快实施"3＋3"产业（着力培育"先进装备制造、新能源、电子信息"三大战略性新兴产业，改造提升"精品钢材及深加工、汽车及零部件、食品"三大传统优势产业）发展战略，产业转型取得明显成效。

一是战略性新兴产业快速成长。着力培育先进装备制造、新能源、电子信息等战略性新兴产业，大力发展商贸物流、文化旅游等现代服务业，抓紧布局智能制造、电子商务等前沿尖端产业，先后引进世界 500 强企业 10 余家，引进大型央企和民营百强企业近 20 家，培育扶持了一批技术先进、成长性好的优秀本土企业。目前，全市战略性新兴产业营业收入达到 918.74 亿元，居全省第三位，增加值 302.41 亿元，占 GDP 的 19.3%，居全省第一位，特别是泰富重工、吉利汽车、步步高等企业发展迅速，产值已突破百亿，先进装备制造取代钢铁加工，成为全市第一大产业。

二是传统产业加快升级。围绕"调高、调轻、调优"这一主攻方向，近年来，全市对传统产业共投入工业技改资金 500 多亿元，启动实施了一批重大技改项目，95% 以上的制造业企业实施了信息化改造。积极探索传统产业产学研合作新模式，成功组建风电装备、汽车及零部件产业、矿山装备制造、湘莲产业等四大技术创新联盟，通过技术链培育产业链，推进了产业集群化发展。

三是园区经济逐步壮大。先后设立湘潭高新区、湘潭经开区、昭山、天易四个两型社会示范区，并出台政策，鼓励园区在产业发展、城市建设、节能减排等方面先行先试、率先突破。目前，湘潭高新区和湘潭经开区（原九华示范区）已先后跻身"千亿园区"，昭山示范区、天易示范区逐步形成链条完整、各具特色的两型产业集群，正在向国家级园区大步迈进。

四是发展平台更加丰富。湘潭综合保税区建设成功获批，并已通过验收，2015 年 3 月封关运行；国家级现代农业示范区、现代农产品流通综合试点城市、全国农业机械化示范区、全国家政服务体系建设试点城市和国家外贸转型升级示范基地等先后申报成功，为产业发展奠定了坚实基础。

4. 坚持对外连接与对内提升相结合，强化区域协调互动，着力打造"一体"发展格局

根据市域发展腹地有限，但外向型发展空间足、统筹发展潜力大的特点，湘潭抓住两型社会建设契机，一手抓好对外连接，加快长株潭融城步伐，拓展发展外部空间；一手抓好对内提升，促进县市区之间、城乡之间协调发展，释放了活力，逐步形成了"一体化"发展的格局。

一是区域一体发展基础夯实。积极推进与长沙、株洲对接的重大基础设施建设，伏林大道、芙蓉大道、天易大道等北接长沙、东连株洲的城际主干道相继拉通，城际铁路、武广大道等加快建设，"半小时经济圈"基本成型。切实加强三地在产业发展、信息金融、生态治理等方面的交流合作，扎实开展"三网融合"、4G 网络试点，实现三市通信并网，目前正朝着"交通同网、能源同体、信息同享、生态同建、环境同治"的一体化发展方向加速迈进。

二是县域协同发展态势形成。坚持问题导向，大力推进县域开放发展、绿色发展、特色发展、协同发展。湘潭县、湘乡市加快淘汰落后产能，大力推进新型工业化，经济实力不断壮大；韶山市以生态保护为前提，突出发展文化旅游产业，红色旅游融合发展示范区建设成效显著，三个县市协同发展的态势更加明显。

三是城乡统筹发展层次提升。坚持以城带乡、统筹发展。着力强化城市的承载能力和辐射带动作用，加大城市建管力度，提升城市绿化亮化美化净化水平；深入推进全国文明城市创建工作，大力整治城市"六乱"，城市形象大幅提升。加强农村基础设施和公共服务建设，大力加强农村环境卫生综合整治，加快教育、文化、医疗、社会保障等公共资源向农村覆盖，城乡面貌呈现出可喜变化，城乡居民收入差距全省最小。

5. 坚持节能减排与生态修复相结合，切实加强环境保护，努力建设绿色宜居家园

把节能减排与生态修复工作置于同样重要的位置，既算"当前账"，抓好淘汰落后产能，控制污染排放的任务；又还"历史账"，着力破题过去粗放式发展遗留下来的生态难题，努力建设山清水秀天蓝的宜居家园。

一是积极推进节能减排。实施节能减排科技支撑行动（即"1126工程"），目前已突破技术难题近300多项，获得授权发明专利30余项，10项节能减排实用技术成功应用到企业生产过程，20个节能减排科技新产品实现产业化。积极探索环境管理新模式，建成全省第一家集环境监测、应急、科研等于一体的环境应急指挥中心，第一个污染源在线监控平台，全市41家国控重点企业纳入在线监控范围，实现了环境保护的数字化、智能化、信息化，湘潭成为全国污染减排与协同效应示范城市，韶山市列入国家可持续发展试验区。出台《湘潭市推广十大清洁低碳技术三年行动计划（2013～2015）》，围绕太阳能和风能等新能源发电技术、脱硫脱硝技术、工业锅（窑）炉节能技术等十类清洁低碳技术，实施项目107个，总投资达102.9亿元。

二是加快重点区域治理。贯彻落实湘江流域治理"一号重点工程"的部署，加强对"一江两水"（湘江、涟水、涓水）、水府庙湿地等水域的治理，探索建立生态补偿机制；坚决推进矿山治理、尾矿库治理、企业废水治理、企业关闭等8大方面的工作。目前湘江湘潭段河道治理、重金属污染治理成效明显，湘江湘潭段水质总体达到二类水质。特别是坚定不移推进竹埠港"退二进三"工作，目前28家化工企业已全部关停，锰矿地区矿山地质环境治理、吴家巷工业园污染治理、双马垃圾场整改配套工程等也在顺利推进。全面推进耕地去污工作，启动重金属污染耕地修复和种植结构调整试点。

三是大力开展城乡环境整治。加强机动车尾气污染治理和扬尘控制，对城区25%的公交车、出租车进行了清洁能源改造，同步推进了城镇污水处理、地表水质达标等重点工作。实施农村环境污染治理"三年行动计划"，大力开展生态乡镇、生态村创建，农民生产生活环境日益改善，全市有13个乡镇、46个村被授予"省级生态乡镇"和"省级生态村"称号。

四是全面推进增绿补绿工程。加快构建城市森林圈、森林生态经济圈、森林生态保护圈"三圈"体系。加强对"绿心"地区、韶山等森林地区的保护，

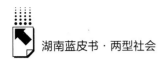

抓实绿化工程建设。目前，全市森林覆盖率已达46.14%，城市建成区公共绿地面积已达577公顷，城市绿地覆盖率近50%，城乡人居环境大幅改善。

6. 坚持典型带动与全民参与相结合，大力开展示范创建活动，全面营造两型建设氛围

既注重从实处着力，打造好示范片区窗口，扩大影响；又注重从小处着手，引导群众积极参与，共同出力，在全社会掀起两型建设热潮。

一是强化引导，深入开展示范创建活动。结合湘潭实际，率先在全省设立市级两型社会建设专项引导资金，制定两型机关、两型城镇、两型学校、两型村庄等16个两型建设标准，将两型示范创建工作纳入市直相关单位和县市区、园区年度绩效考核内容，广泛深入开展两型学校、机关等十大领域的两型示范创建活动，全市共培育催生了130多个可看、可学、可比的省、市级两型示范创建单位和项目。

二是积极探索，着力打造综合示范片区。设立并成功将韶山综合片区打造成为全省两型示范的创建亮点、清洁低碳技术的推广平台、两型生产生活方式的展示窗口。全面铺开梅林桥、九华、昭山、韶山、湘潭水府庙五个两型综合示范片区创建工作，影响带动效应逐步凸显。

三是加强宣传，积极营造良好的社会氛围。围绕两型示范创建呈现出来的亮点工作，大力推进两型宣传教育进家庭、进社区、进课堂、进机关、进农村，加大宣传力度，散播两型理念，普及两型知识，形成了群众参与两型、践行两型、共建两型的良好社会氛围。

二 湘潭市两型社会建设存在的主要问题

湘潭在建设两型社会的探索实践中取得了一定成绩，也积累了一些经验，但是在实际工作中，我们仍存在一些问题有待进一步破解。

1. 产业结构有待进一步优化

当前，湘潭仍处于转方式、调结构的关键期和阵痛期，产业结构不优、层次不高、效益不佳的问题仍然比较突出。如重化工产业比重虽经多次调整，有所下降，但是仍占据全市工业的70%以上；战略性新兴产业虽然发展迅速，但是利润率还偏低（营业收入利润率只有2.28%），经济效益不高；现代农业在加快推进，但是改造传统种植方式、畜牧方式的压力依然很大。

2. 体制机制改革有待进一步深化

目前仍有一些深层次问题的破解尚需时日，特别是污染企业退出、发展循环经济、加强环境保护、生态补偿机制、节能减排激励约束机制等关键领域的改革任务十分艰巨。同时，在进一步理顺两型社会建设机制，切实形成全社会合力上，还需进一步加大探索力度。

3. 资源环境瓶颈有待进一步破解

由于湘潭经济发展还处于工业化中期，高能耗、高排放行业所占比重较高，万元 GDP 综合能耗仍然较高，大气污染、水污染和农村面源污染等虽然得到一定控制，但尚未根本转变。"绿心"保护、湘江流域综合治理等任务仍然十分艰巨。

三　下一步湘潭市两型社会建设的打算

2015 年是全面深化改革的关键之年，全面推进依法治国的开局之年，也是完成"十二五"规划和两型社会第二阶段改革建设任务的收官之年，做好 2015 年的工作意义重大。

总体思路是：以"四个全面"为统揽，坚持问题导向，以建设两型社会为主线，主动适应经济发展新常态，着力在全面深化改革、长株潭一体化、生态环境治理、绿色循环发展、创新模式机制等重点领域和关键环节取得重大突破，为顺利推进"十三五"规划和两型社会建设第三阶段工作奠定坚实基础。

工作目标是：全年实现万元 GDP 综合能耗下降 3.7%；万元规模工业增加值能耗下降 10%；城市污水处理率达到 90.5% 以上；生活垃圾无害化处理率达到 100%；城镇化率达到 56.9%；森林覆盖率稳定在 46.3% 以上；高新技术产业总产值达到 1891.9 亿元，增长 20% 以上。重点做好以下六个方面工作。

1. 完善规划体系，切实发挥引领和约束作用

认真对照两型发展要求，立足湖南"一带一部"和国家开发长江经济带战略，结合"十三五"规划编制，继续做好顶层设计的修改补充完善工作，加快推进"多规合一"。突出抓好新一轮城市总体规划修编、镇（乡）域村镇布局规划、特色城镇和中心镇规划、三大示范区片区规划局部调整、生态绿心

地区控制性详细规划编制和昭山示范区总体规划报批等六项重点工作，进一步推动全领域、相衔接、有特色的两型规划体系形成。强化规划执行，严格落实区域性重大项目和绿心地区项目审查制度，督促示范区制定实施项目两型审查办法，完善示范区两型机构对项目准入审查机制。

2. 创新体制机制，不断释放改革红利

始终坚持问题导向，突出市场化方向，统筹兼顾、真抓实干，确保顺利完成两型社会建设第二阶段改革任务。围绕集约节约，推进资源使用体制改革。建立完善重点用能单位节能长效机制，严格能源审计；启动不动产统一确权登记制度改革，建立第三方评估机制；完善资源性产品价格形成机制，全面实行居民阶梯价格制度；推广节能建筑，由政府投资新建的公益性公共建筑、保障性住房等全部执行绿色建筑标准。围绕建设"美丽湘潭"，推进生态保护体制改革。探索自然资源产权、使用权交易制度；建立节能量、碳排放权、水权交易制度，建立吸引社会资本投入生态环境保护的市场化机制，推行环境污染第三方治理；推广建立第三方合同能源管理机制；开展城乡污水、垃圾处理等污染治理设施建设运行特许经营；对领导干部实行自然资源资产离任审计，建立生态环境损害责任终身追究制。

3. 抓实项目建设，推动产业提质增效

紧扣两型要求，积极适应经济发展新常态，以项目建设为抓手，大力推动经济发展提质增效升级、迈向中高端水平。加快实施"八大工程"项目，重点抓好示范区建设，锰矿、竹埠港重金属污染治理等重大项目。积极组织策划包装一批有特色的两型项目，认真做好省级两型综合示范项目申报和推进。大力推进循环经济发展，着力引进和发展循环用水、用电、用能的示范性企业。加快推广清洁低碳技术，重点推进清洁低碳技术推广试点和可再生能源建筑集中连片应用试点。

4. 加强环境治理，坚决守住生态红线

以对子孙后代负责的态度，毫不松懈地抓好生态治理，建立最严格的生态文明制度体系。加快实施主体功能区制度，严格按照主体功能区定位推动发展，建立资源环境承载能力监测预警机制，对水土资源、环境容量超载区域实行限制性措施。在"绿心"地区启动一批生态修复项目，持续推进湘江湾生态治理，积极构建"三圈"森林生态体系，开展国家公园体制改革试点，做

好澄月湖、金霞山、法华山省级森林公园申报工作。严格实施资源有偿使用和生态补偿机制，逐步将资源税扩展到占用各种自然生态空间的各类行业，探索实施差别化资源价格制度；建立市、县（区）两级公益林生态效益补偿机制，探索对涟水等跨县域河流进行跨境河流生态补偿试点。建立完善生态文明考核评价体系和责任追究制度，在韶山开展绿色 GDP 考核评价指标试点，在昭山开展生态法庭建设试点。持续加大农村环境治理力度，突出抓好餐厨垃圾资源化利用、"零排放"生态养殖、农村新能源等项目建设。

5. 巩固创建实效，着力打造工作亮点

立足湘潭实际，找准特色定位，明确特定目标，深度推进两型示范创建，重点抓好湘潭县梅林桥、九华、昭山、韶山、湘潭水府庙、岳塘经开区等两型综合示范片区创建工作，全力打造一批特色鲜明、亮点突出的两型综合示范片区，努力形成由点及面、由面及片的示范带动效应。继续完善群众参与机制，广泛开展十大类别两型示范创建工作，推广两型示范创建有效模式，使两型理念和生活方式真正深入人心。

6. 强化区域合作，全力推动一体发展

坚持开放发展、合作发展、一体发展，努力在开放合作中赢得新一轮区域竞争的主动和优势。大力推动长株潭融城步伐，加大区域协作的力度；依托长株潭国家自主创新示范区和湘潭综合保税区建设，探索建立三地共建共享机制。加强与长株潭"3 + 5"城市群各市交流合作，构建优势互补、互促共赢的区域发展格局。加强各县市区、园区之间的相互交流，取长补短，共同发展，努力推动湘潭两型建设行稳致远、取得更大成绩。

B.12

长沙市2014～2015年两型社会
与生态文明建设报告

长沙市两型办

2014 年，长沙市坚持具体化、项目化、可操作化的原则，全力推动两型社会和生态文明建设走在前列。2015 年，将继续围绕"率先建成两型引领之市"的目标，加快推进两型综合配套改革试验，全面深化生态文明体制改革，努力让全市人民享受更多的"发展红利、绿色福利"。

一 2014年长沙市两型社会与生态文明建设主要情况

1. 重点改革扎实推进

坚持生态文明体制改革与两型综合配套改革"两位一体"，建立健全工作机制，密集出台配套政策文件，强力推进重点改革事项。

一是水生态文明城市建设试点。制定最严格的水资源管理制度实施方案和考核办法，确立水资源开发利用控制、用水效率控制、水功能区限制纳污"三条红线"，出台湘江长沙段库区管理制度，对湘江岸线实行属地责任制管理。

二是低效用地再开发。出台城镇低效用地再开发实施方案和开发园区低效用地再开发管理办法，加大旧城区、棚户区、城中村和工业园区等低效用地再开发力度。长沙市节约集约用地标准化项目被列入国家第一批社会管理和公共服务综合标准化试点，系全国唯一在节约集约用地方面的标准化试点。

三是完善绿色建筑推广机制。颁布实施绿色建筑行动实施方案，执行"四个强制"，即政府投资项目、保障性住房、大型公共建筑和20万平方米以上小区强制执行绿色建筑标准，2014 年全市新增绿色建筑试点项目 104 个、面积1635万平方米，新开工的绿色建筑试点项目面积约占全市新开工建筑面积的25%。出台加快两型住宅产业化的意见，新开工两型住宅工业化面积超过380万平方米。

四是建立大气污染联防联控机制。出台大气污染防治行动计划实施方案、重污染天气应急预案和应对雾霾天气全社会联动方案，2014年实施大气污染防治项目75个。推进机动车排气污染定期检测，全面开展机动车环保检验合格标志核发，加快淘汰和转出黄标、老旧车，空气质量优良天数228天。

五是扩大引入节能环保市场化机制。在长沙高新区、长沙经开区推动乳化液处理、固体废弃物处理等领域实施环境污染第三方治理，在长沙县、浏阳市、宁乡县全面试点畜禽养殖污染治理合同环境服务；经国家和地方备案的合同能源管理服务企业达100多家，威胜等一批在全国具有一定影响力的企业健康发展；工业企业全面实施排污权有偿使用和交易制度。

六是深化能源节约机制改革。实施《重点用能单位能源管理体系实施指南》，系全国关于能源管理体系的第一个地方标准。建立区县（市）节能目标完成情况"晴雨表"发布制度。加快推广天然气分布式能源，出台促进天然气分布式能源产业发展的暂行办法。

七是探索资源环境履职联审工作。出台《关于在地方党政主要领导干部经济责任审计中实施履职联审的意见》和《关于乡镇（街道）领导干部经济责任审计结果量化划等的指导意见（试行）》，由国土、环保部门对土地资源和环境保护情况进行联合审计，并在长沙县试点。

八是推进两型基层改革试点。指导各区县（市）结合实际开展探索，望城区率先在5个街道（乡镇）启动垃圾分类试点，目前共有27个社区（村）约520个小区（组）实现生活垃圾分类收运，月均减少垃圾320吨。长沙县启动全国首个"零碳县"发展模式试点，围绕产业低碳化、生活绿色化和碳汇规模化三大任务，争取用20年时间实现"零碳县"创建。

2.示范引领效益凸显

一是推进两型综合示范片区建设。按照湖南省两型工委关于打造两型综合示范片区的意见，落实湘江新区省级两型综合示范片区实施方案，支持加快滨江新城片区区域供能项目等首批14个项目建设，力求打造两型生产生活的集中展示区，其中着力建设两型示范社区，对岳麓区咸嘉新村和白鹤咀社区予以重点支持，智能垃圾分类回收等项目投入使用，有机垃圾微生物减量处理、光伏发电应用等项目抓紧推进。指导区县（市）推进两型综合示范片区建设，望城区大众垸、浏阳市浏东、开福区青竹湖等片区初步形成两型元素的集中区。

二是推进两型示范单位创建。持续推进社区、村庄、学校等12个领域的两型示范单位创建活动，进一步加强发动，扩大参与，提升品质，创建工作的针对性、覆盖面和参与度明显提升，获评省级两型示范片区两个、两型示范单位3个、两型示范创建单位35个，推出首批市级两型标杆单位11个，培育市级两型创建示范单位近100个。以两型示范创建为平台扩大宣传，组织开展了两型家庭、两型社区、两型园林观摩交流活动，培育推介望城区桐林坳社区、望城区光明村、岳麓区实验小学等一批两型创建示范典型，在央视《新闻联播》、《人民日报》、新华网等播（刊）发报道100余篇。

三是推进两型示范技术推广。建立2014年清洁低碳技术推广示范项目库，启动项目98个、总投资110亿元，脱硫脱硝技术、餐厨垃圾资源化利用和无害化处理技术、重金属污染技术、节能与新能源汽车等推广步伐加快，建成光伏发电项目60多兆瓦，完成畜禽养殖污染治理面积18.5万平方米，在全国省会城市中排在前列。组织浏阳市、宁乡县获批省级清洁低碳技术推广试点县（市）并有序实施。

3. 项目支撑不断强化

一是实施城乡品质提升工程。全面开展三年造绿大行动，完成造林绿化20.6万亩，森林覆盖率53.4%，新建绿地1.08万亩，建成区绿化覆盖率40%。整体规划15个湘江洲岛生态建设与保护性开发，精心打造湘江风光带、浏阳河风光带、圭塘河风光带等一系列滨水、亲水平台，山水洲城氛围逐步凸显。新建社区公园20个。

二是实施流域环境综合整治工程。湘江治理保护"一号重点工程"和浏阳河城区段污染整治工程顺利推进，截污改造排污口76个，启动污水管网及雨污分流建设与改造1600公里，关停污染企业25家、整治58家，城市生活污水处理率96.9%。

三是实施节能减排全覆盖工程。下达71个节能减排财政政策综合示范项目综合奖励资金支持计划，启动新奥燃气等14个天然气分布式能源项目，全市城镇新增节能建筑面积1783.8万平方米，积极推进重点用能单位节能低碳行动，提前完成"十二五"节能目标。

四是实施生态绿心保护工程。完善绿心保护工作管理责任体系，年初与相关区县签订绿心保护工作目标责任状，组织开展绿心保护工作专项督查。建立绿心项目规划选址联合审查机制，对 10 个项目提出准入审查意见。组织编制绿心重大项目库。对破坏绿心的违法违规行为全面清理整治，开展督促整改。

五是做好长株潭一体化等相关工作。开展黄桥大道等一批长株潭一体化重大项目调度；编制长沙市 2015 年长株潭一体化项目库；配合做好《长株潭城市群区域规划》调整工作。开展湘江新区、金霞片区、铜丁片区、安青片区机构编制和发展情况摸底，推进省级两型示范片区管理体制理顺。协调开展"宽带中国"示范城市有关工作。

4. 两型新区加快建设

湘江新区将生态文明建设作为核心竞争力来打造，坚持在建设中保护、在保护中提升，成为长沙乃至湖南的核心经济增长极。

一是项目推进高速度。全年核心区（岳麓区）完成地区生产总值约 670 亿元、固定资产投资约 580 亿元，梅溪湖国际新城、滨江商务新城、洋湖生态新城、大王山旅游度假区等面积达 100 平方公里的现代服务业发展平台建设加快推进，形成了 200 万城市人口的承载能力。

二是产业发展高端化。6 年来核心区累计引进、建设、建成重大现代服务业项目 60 多个，总投资 900 亿元以上，引进工业项目 2100 个，总投资 3000 亿元，形成了先进装备制造、电子信息、新材料、生物医药、新能源与节能环保、食品加工、航空航天等 8 大主导产业集群。

三是生态建设高质量。围绕"碧水、青山、蓝天"的目标着力治水、复绿、清霾，洋湖湿地公园（三期）、巴溪洲水上乐园、西湖文化园等一批重点生态环境项目建成开放。近年来实施生态环境项目 90 多个，湘江支流断面水质从劣 V 类提高到IV类以上，核心区落后产能淘汰率 100％，各项生态指标达到或基本达到全国生态示范城区标准。

二 2015年长沙市两型社会与生态文明建设重点

2015 年，长沙市将深入贯彻党的十八大和十八届三中、四中全会精神，

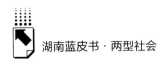

主动适应经济社会发展新常态，突出先行先试、项目支撑、示范引领、共建共享，加快推进两型社会建设综合配套改革试验，全面深化生态文明体制改革，加快建设"两型引领之市"。

1. 聚焦八项重点改革，探索一批可复制的改革经验

在落实上级部署的改革任务基础上，结合长沙实际，抓住牵一发而动全身的改革事项攻坚突破，探索可复制示范的经验，加快建立源头严防、过程严管、后果严惩的生态环境保护管理机制。

一是重要生态资源资产产权登记。研究全市森林、水体、湿地等重要生态资源实施统一确权登记的政策制度以及操作模式，并适时组织实施，探索建立归属清晰、权责明确、监管有效的自然资源资产产权制度。

二是综合性生态补偿试点。按照"谁保护谁受益，谁损害谁赔偿"的原则，探索在湘江新区开展综合性生态补偿试点，建立覆盖湘江新区涉农行政村的生态补偿机制，在试点成功的基础上，面向全市推广。

三是绿色建筑推广机制。完善绿色建筑项目管理机制，落实对政府投资项目、保障性住房、大型公共建筑和20万平方米以上小区强制执行绿色建筑标准的要求，健全绿色建筑激励政策。

四是城市生活垃圾分类收集处理体系。研究建立城市生活垃圾分类收集处置体系及长效管理机制，并组织开展试点。完善餐厨垃圾集中收运和资源化利用配套政策措施，健全餐厨垃圾管理联合执法机制。

五是湘江新区绿色出行机制。从基础建设、政策安排、激励机制等方面进行研究，提出在湘江新区核心区域开展绿色出行试点的规划方案，适时组织实施。

六是水生态文明城市建设试点。全面推进水生态文明建设试点和节水型城市建设，制定实施最严格水资源管理制度考核工作方案。研究制定更为严格的节水管理办法和相关标准。推动《湘江长沙段库区管理条例》立法。

七是环保监管与执法机制。改革和创新环保行政执法方式，完善执法程序，规范执法自由裁量权，全面落实执法责任制，开展分类执法，建立权责明确、行为规范、监督有效、保障有力的环境保护行政执法体制。

八是生态文明考评机制，研究将环境损害、生态效益、资源消耗等纳入经济社会发展评价体系，探索体现生态文明要求的目标体系、考核办法、奖惩机制，有关指标纳入全市绩效考核体系和文明创建考核体系。

2. 实施史上最严的环保行动，强力整治一批环境污染突出问题

坚持以大爱保护环境、以铁腕治理污染，推进四大整治行动，使长沙山更青、水更秀、天更蓝、空气更清新。

一是深化"清霾行动"。持续推进大气污染防治行动计划，做好扩大"禁燃区"相关工作，有序推进清洁能源改烧。强化车辆环保管理，实施黄标车限行，加大黄标和老旧机动车淘汰力度。强化扬尘污染控制和餐厨油烟整治。推进工业大气污染防治，加强重点行业和企业二氧化硫、氮氧化物治理。

二是深化"碧水"行动。推进湘江治理与保护"一号重点工程"，加快浏阳河、捞刀河、圭塘河、龙王港污染整治，实现主城区全截污。推进主城区污水管网及雨污分流建设与改造，加快暮云、雨花、花桥等10座在建城区污水处理厂的新改扩建，新建乡镇污水处理厂4家。研究实施江湖联通工程。严把涉水建设项目总量审核关，强化流域环境污染整治联合执法。

三是深化"净土行动"。推进原长沙铬盐厂污染治理，深化老矿山重金属污染治理。推广农业生产废弃物综合利用和生活垃圾"户分类减量、村收集利用、镇压缩转运、县处理处置"方式。完成10万平方米畜禽养殖污染治理。加强医疗废弃物、电子废弃物等无害化回收处理体系建设。

四是深化"静音行动"。加大工业、建筑施工、交通运输和社会生活噪声污染治理力度，设置噪声环境功能区，建立噪声污染源申报登记管理制度。

3. 加快两型重大项目建设，推进实施一批重点工程

围绕城乡生态化、建筑绿色化、交通低碳化、产业两型化，加快推进实施一批两型重点项目，将两型理念落实在具体的项目建设上。

一是推广清洁低碳技术。持续实施10类清洁低碳技术推广示范项目。围绕扩大合同能源管理和合同环境服务，推进浏阳市和宁乡县省级清洁低碳技术推广市（县）试点，启动开福区和岳麓区节能技术推广试点、雨花经开区清洁低碳技术推广综合试点、望城经开区铜官循环经济工业基地环境污染治理技术推广试点。

二是推进生态绿心保护。健全绿心保护责任体系，建立绿心保护常态督查机制。完善绿心地区项目准入部门联合审查制度。集中整治破坏绿心的违法违规行为。推进绿心地区农村环境连片整治。选择一批行政村（社区）加大投

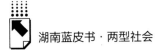

入，建设绿心地区两型样板点。推进长株潭一体化项目对接与实施，抓好湘江风光带对接湘潭九华段、洞株公路、坪塘大道、芙蓉北大道等重点基础设施建设。

三是强化节能减排工作。完成国家节能减排财政政策综合示范扫尾工作，实施一批绿色新区、绿色城镇、绿色出行等典型示范项目。推广区域型江水源、污水源、地源热泵利用工程和分布式光伏发电、天然气三联供工程。大力推进重点领域节能降耗，加快重点行业节能减排技术改造，全面完成节能减排任务。

四是全面提升城乡品质。继续推进"三年造绿大行动"，实施重大绿化项目20个，绿化重点干线10条，建设绿道15条。推进湘府文化公园等7个公园建设与改造。加快两型住宅产业化发展，推动绿色建筑推广区域化规模化，实现绿色建筑占城镇新建建筑比例达30%。加快"公交都市"和轨道交通建设。推进"宽带中国"示范城市建设。加快15个中心镇（小城市）、特色镇建设。

五是着力发展两型产业。以"国家自主创新示范区"建设为契机，严格落实新建产业项目环境与资源准入制度，构建现代两型产业体系。推进支柱产业和传统产业绿色技术改造，大力发展战略性新兴产业，集约发展现代服务业，加快发展两型农业。以国家和省级园区为重点，搭建能源利用监测系统和主要污染源自动检测系统等数据共享平台，推进能源集中供应、废物集中处理、公共设施共享，实施园区循环化改造。

4. 扩大共建共享，培育一批示范样板和公众教育平台

一是建设两型示范片区样板。加快湘江新区省级两型综合示范片区建设，以岳麓区咸嘉新村社区、白鹤咀社区等老社区为重点，实施有机垃圾微生物技术减量处理、废旧物资回收利用、屋顶光伏电站、两型生活馆等项目；以梅溪湖国际新城的梅溪四季、旭辉御府等新建楼盘为重点，实施雨水收集回用、智能停车、有机垃圾减量处理等项目，打造两型社区样板；统筹推进两型新城、两型学校、两型企业、两型景区等示范样板建设，集中展示两型生产生活方式。提升花明楼镇省级两型综合示范片区建设方案，推进雨污分流系统、绿道系统、靳江河流域综合整治等重点项目实施，建设全国宜居小镇。每个区县（市）结合自身特色创建1个市级两型综合示范片区。

二是深化两型示范单位创建。持续开展社区、村庄、城镇、企业、学校、机关、门店、园林、家庭等领域的两型示范单位创建，推动两型技术产品、两型生产生活方式、两型服务设施、优美生态环境、两型文化等要素进入创建单位，评选10家左右的两型标杆单位，培育一批两型创建示范单位。开展经验交流和成果展示活动，推介两型创建经验模式。

三是完善两型示范创建机制。按照"以条为主、分类创建、区别管理"的原则，调整市综合统筹部门、市直相关单位与各区县（市）、园区的工作职责。健全创建标准，建设两型示范创建信息化管理系统，推进标准具体化、申报网络化、评审规范化。建立已获评单位调度督导和动态管理制度。

四是加强两型社会宣传引导。扩大生态文明宣传和两型知识普及，组织开展两型主题活动，鼓励支持两型类社会组织发展。在全市遴选培育一批两型社会共建共享教育基地。在新闻媒体开设《两型引领品质长沙》专栏。组织开展两型摄影大赛。

5. 提升湘江新区建设发展水平，打造两型社会标杆、高端品质新城

湘江新区全面落实两型理念和规划要求，核心区完成地区生产总值730亿元、全社会固定资产投资700亿元，加大国家级新区申报力度。进一步理顺金霞、安青、铜丁等两型示范片区管理体制。

一是加快两型新城提质融合。推进梅溪湖国际新城"国家绿色生态示范城区"建设以及梅溪湖、洋湖、滨江等片区全国智慧城市试点，加快梅溪湖绿色建筑技术展示中心、滨江新城片区江水源热泵区域供能项目、大河西综合交通枢纽等重点两型项目建设。推进梅溪湖路西延线、潇湘大道和坪塘大道南延线等重要节点项目建设，加强公共服务设施配套，推动片区融合联动发展。

二是推动两型产业优化发展。坚持战略性新兴产业与现代服务业双轮驱动，优化产业布局，促进产业对接，打造两型产业的高地、产城融合的典范。依托长沙高新区、宁乡经开区、望城经开区、金洲新区工业集中区和岳麓工业集中区，重点发展战略性新兴产业；增强梅溪湖国际新城、洋湖生态新城、滨江商务新城、大王山旅游度假区等服务业平台的竞争优势，发展企业总部、创意设计、现代金融、商务商贸、文化旅游、医疗健康等产业。

三是深化配套体制机制创新。创新生态文明机制，建设全国首个跨行政区的生态文明建设示范区，实现区域环境同治、生态共建。深化行政审批制度改

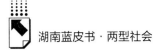

革，推行权力清单、负面清单和责任清单。推进土地制度和投融资体制改革，探索1.5级开发、差别化地价等模式和公私合作制（PPP）等新型融资方式。

6. 健全推进机制，增强两型社会建设和生态文明体制改革的内驱动力

一是加强统筹协调。进一步发挥两型社会建设综合配套改革领导小组和生态文明体制改革专项小组作用，健全联席会议制度，定期研究和调度重要工作。

二是强化工作督查。按照两型社会建设以及生态文明体制改革工作的责任分工，组织开展重点工作督查，督查结果作为绩效考核、示范创建的重要依据。

三是落实履职联审。认真执行地方党政领导干部资源环境履职联审制度，资源环境审计发现的问题纳入审计整改和问责体系，审计结果作为干部考核任用重要参考。

四是抓好研究推介。在环境污染第三方治理机制、生态绿心保护制度、扶持两型类社会组织发展等方面形成和应用一批研究成果。加强工作总结、提升和推介，推出一批改革与建设的经验做法。

Ⓑ.13

株洲市2014～2015年两型社会
与生态文明建设报告

株洲市两型办

一 2014年株洲市两型社会与生态文明建设情况

2014年，株洲市致力于"两型建设攻坚战"首战必胜，突出"全社会共同推进"，实现了由环境建设先行向环境和资源双领域并进转变，由经济增量两型化先行向增量和存量两型化双突破转变，由主要靠行政力量推动向行政和文化力量双驱动转变。经湖南省两型工委和省统计局综合测评，截至2013年，株洲市前段的两型建设动态指数全省第一，静态指数第二。

（一）立足转型升级，产业发展更加绿色

始终坚持把产业转型升级作为主攻方向，大力构建两型产业体系，推动经济发展方式加快转变，2014年三次产业结构由上年的7.9∶60.2∶31.9调整为7.7∶59.4∶32.9。

1. 传统产业改造升级步伐加快

全年关停淘汰高能耗、高污染的企业和生产线98家。其中，淘汰株冶10万吨老的铅锭生产系统；关闭了经仕铅业公司1.5万吨鼓风—烧结炼铅生产线；旗滨玻璃清水塘生产基地全面关停，新建的醴陵旗滨玻璃竣工投产。有色金属新材料产业出口基地创建为"全国外贸转型升级示范基地"；白关服饰产业园一期基本建成。全市六大高耗能行业产业比重从2013年的40.4%下降至现在的38.8%。全市万元规模工业增加值能耗下降18.63%，完成规模工业增加值1013亿元，同比增长11.6%，在全省保持前列。

2. 战略性新型产业态势强劲

建成大功率IGBT、南车时代电动汽车二期、拉米夫定等高新技术产业基

地；南车株洲电力机车成功研制了全球首台储能式低地板有轨电车；南车时代新材成为风电叶片行业国内首家通过"五星级"认证的企业；南车电机获批国家认定企业技术中心。全年组织实施科技重大专项、863计划等省部科技项目100项，5项专利奖获中国专利奖，获批长株潭国家自主创新示范区，九次荣膺全国科技进步城市。全市完成高新技术产业增加值466亿元，同比增长17.7%，加速推进新型工业化继续保持全省领先水平。

3. 现代服务业发展加速提升

大力发展电子商务，获批"全国电子商务示范城市"，阿里巴巴·株洲产业带建成投入运营，已有630余家企业进驻，全年交易额突破10亿元。现代物流不断壮大，新芦淞商贸物流园、南车物流等物流市场建设稳步推进。荣获中国最佳营商环境城市。旅游业发展持续繁荣，中奥株洲冰雪乐园、炎陵县神农古镇旅游综合开发等项目全面开工，华强二期、茶祖文化园旅游综合开发、神农谷国际文化旅游度假区等重点项目扎实推进，炎陵县被列入全省第二批文化旅游特色产业县，神农谷景区被评为国家生态旅游示范区。

4. 农业两型化发展稳步推进

农业规模经营水平不断提高，全年发展家庭农场236家，新增农民专业合作社517家；新增标准化规模生态养殖场22个，生猪规模化养殖比重达70%；建设国家级标准化生产示范园5个，农产品标准化生产基地达220万亩。农业品牌效应进一步增强，农产品加工业企业发展到2571家，省级以上龙头企业达到27家。休闲农业发展迅速，发展休闲农业企业310家，带动农民就业5.8万人。农业科技化水平不断提升，机械化率达69%，农业科技进步贡献率达62%，高于全国平均水平7个百分点。

（二）立足机制创新，两型改革更加深入

突出以改革促建设，以改革促发展，将体制机制创新作为两型社会建设的关键环节，重点谋划推进自然资产产权、生态环境综合整治、两型产业发展、两型审查、统筹城乡发展等方面的改革创新，全年制定出台30多个改革文件，改革呈现加速度。

1. 自然资产产权改革方面

一是在全省率先开展农村集体土地使用权确权发证工作，工作进度位列全

省第一；出台了《集体建设用地使用权抵押登记暂行办法（试行）》，开展了农村土地承包经营权抵押贷款试点；积极引导农村土地流转有序，耕地流转率达到37.1%，高于全省平均水平12个百分点。二是启动矿产资源确权登记，全面清理完各县（市）区的采矿权。三是进一步完善了株洲市林权流转体制机制，五县（市）均成立了独立的林权交易机构，并出台相应管理办法，全市林地流转面积达到91.41万亩。

2. 生态环境综合整治改革方面

一方面，进一步完善环保管理机制。率先在全省推进大环保体制建设，得到环保部翟青副部长的高度评价；建立企业环保及诚信信息公开制度，筛选153家企业进行环境行为信用评价并公示；建立机动车绿标管理机制，对未领取环保标志的车辆不予安检；划定了市域生态红线。另一方面，进一步完善环保市场化运作机制。大力推广第三方治理，采用BOT模式建设餐厨垃圾无害化项目，采用PPP模式启动了枫溪污水处理厂建设，攸县引进桑德集团开展环境治理；排污权交易扩大了交易范围和因子，排污权交易范围扩大至全市所有工业企业，交易内容由原来2项污染物增加至7项，交易总量在全省居首位。全面实行居民生活用水、用电、用气阶梯价格制度。

3. 两型产业发展改革方面

一是积极推广两型技术和产品。率先开展了市一级两型技术及产品评审，确认了25个（项）两型技术和产品。二是支持企业做大做强。实施工业企业成长"十百千"工程，对年主营收入前100名企业，实行市级领导、特派员对口联系服务机制；对入园企业新上生产性建设项目，按规定免收市级及以下行政事业性收费；当企业首次跨过1亿、5亿、10亿、20亿、50亿、100亿、200亿、300亿、400亿、500亿台阶时，对有关负责同志实行巨大奖励。三是健全第三产业发展激励机制。制定出台《加快电子商务发展的若干政策措施》，明确在资金、项目用地、税费等方面予以支持，成功引进阿里巴巴株洲产业带。四是支持发展新能源产业，株洲县出台了关于创新发展新能源产业的若干意见，基本形成风力、水力、太阳能光伏及生物质柴油等4种新能源发电业态。

4. 两型审查改革方面

一是建立能耗审查机制。炎陵县出台了《关于固定资产投资项目节能评估和审查的实施意见》，对项目实施同步审查、分级评审、分类管理，全年审查项目 51 个，占总立项项目的 75%，否决项目 6 个。二是建立项目准入审查机制。云龙示范区探索建立产业和项目审批"负面清单"，注重发展高新研发和生态环保产业，对目录范围之外的项目全部实行两型综合审批。天元区出台了两型产业聚集发展建设标准和考评体系，从经济、资源、环境、创新、社会效益等 5 个维度设置 26 个审查指标，对 11 家入园企业进行了两型评估，5 家企业被排除入园。三是建立行政程序审查机制。研究制定《新建建筑两型化投资建设审批办法》，对新建建筑面积 8000 平方米以上的居民建筑、住宅小区和所有新建公共建筑进行两型审查。云龙示范区建立两型并联审查机制，将审批环节的 9 个阶段整合为 3 个阶段，审批时间缩短 80% 以上。

5.统筹城乡发展改革方面

以扩权强镇为重点，促进统筹城乡发展。一是推进新型城镇化。制定《株洲市国家新型城镇化综合试点工作方案》，获批国家新型城镇化综合试点城市，成为湖南省唯一入选的地级市。二是推行扩权强镇。制定了《株洲市市域城镇布局战略规划方案》，重点对小城镇扩大财权、下放事权、增加地权。醴陵市开展扩权强镇试点，从转变政府职能、扩大试点镇行政管理权限、创新干部管理制度、强化配套政策支持等方面发展壮大白兔潭、浦口、泗汾等 3 个试点镇。三是创新特色县（市）发展机制。茶陵县建设湘赣边界贸易中心，研究制定《关于进一步优化经济发展环境建设湘赣贸易中心的若干意见》，重点支持高垅、轶堂、严塘等 3 个省际边界出口镇的建设和发展。

（三）立足治污提质，生态环境更加优美

坚持污染治污和城市提质双管齐下，切实保护和建设生态环境，提升城市品位，生态环境不断变美。

1.狠抓城乡环境建设

全市完成绿化造林 23 万亩，全市人均公共绿地面积达 11.69 平方米，建成森林公园 8 个，森林覆盖率达 61.79%，成功创建国家森林城市。建成各级自然保护区 14 个，全市湿地保护面积达 2.22 万公顷，攸县酒埠江国家湿地公园通过验收，醴陵官庄湖和茶陵东阳湖被列入国家湿地公园试点。完成煤改气等 47 个项目，淘汰黄标车及老旧车辆 11709 辆，市区环境空气质量良好天数

达到 234 天，比上年增加 20 天。白石港水质净化中心、龙泉污水处理厂三期竣工投产，污泥处置中心项目基本建成，城市生活污水处理率达到 91%，湘江株洲段、洣水、渌水水质保持国家三类标准。大力推进农村环境整治，攸县、荷塘区被列入省农村环境综合整治项目；建成 278 个绿色村庄（社区）。

2. 狠抓重大环境治理

全力推进省政府湘江"一号工程"，加大"三个基本"行动工作力度，在全面完成 2014 年省政府下达的 383 个项目任务的基础上，超额完成了 26 个项目。拆除烟囱 49 根，截流排污口 31 个，关闭退出湘江沿岸 1 公里内养殖场 272 家。清水塘工业区综合整治力度加大实施 41 个重金属污染治理项目，建成乌丫港重金属污染综合治理等 22 个项目，清水塘地区遗留含重金属废渣基本安全处置到位，霞湾港及大湖清淤工程全面竣工验收。绿心保护与建设稳步推进，退出工业企业 10 家，启动 23 个村庄农村环境连片综合整治工作，完成 4 个村庄规划编制。

3. 狠抓城市功能提质

在巩固城市管理成果的基础上，进一步理顺城市管理体制机制，强化城市管理考核，城市管理与体制创新荣获"中国人居环境范例奖"。城市功能进一步完善，城市给排水工程、天然气市域全覆盖工程等项目进展顺利；建立地下管线信息公共服务平台，在全省率先实现全城地下管线"数字化"，走在全国前列。全面推进公交都市创建，启动 6 个公交站场建设，新区新开、优化调整公交线路 11 条，新增站点 39 个，新增公共自行车 1800 辆。进一步推进交通互联互通，衡茶吉铁路、沪昆高铁株洲段建成通车；长株潭城际铁路株洲段基本完成土地征拆；湘江株洲航电枢纽二线船闸进入施工阶段；中环大道贯通工程、湘江七桥等项目顺利开工。

（四）立足节能减排，资源利用更加节约

全面推进节能降耗，加强资源综合利用，全市万元 GDP 能耗下降 11.19%，万元 GDP 用水量下降 7.7%，成功获批国家新能源示范城市和节能减排财政政策综合示范城市。

1. 大力推广新能源应用

长株潭首家城市生活垃圾焚烧发电厂点火投产；渌鸿风力发电项目一期实

现并网发电；安装完成屋顶太阳能27.5兆瓦装机；湖南省内最大光伏发电示范项目——株洲国家技术产业开发区集中连片20MW光伏发电示范项目，正式发电上网；成为全省首个路灯绿色照明节能改造试点城市，完成了神农城片区试点改造；建成全省首个光伏蔬菜大棚、全市首家家庭分布式光伏发电项目；与中节能签订战略合作框架协议，合作建设可再生资源建设区域集中供能项目。

2. 全面开展工业节能

一是开展节能改造。全年共实施重点企业节能改造项目21个，共计节约标煤近10万吨，减少CO_2排放近25万吨。其中，兴隆化工硅酸钠"煤改气"技改工程年节约标煤1.72万吨，年减排CO_2 3.87万吨。二是推进清洁低碳项目。株洲千金药业"煤改气节能工程"一期基本竣工投产；株洲湘火炬火花塞公司的"高温辊道窑建设"即将完工。三是加强重点企业能耗监测。对全市72家重点用能企业进行能耗监测，株冶等重点用能企业能源管理中心项目建设加快推进。全市工业能源利用率大幅提高，冶金、化工、建材等3个行业能耗比重同比下降7.51个百分点。

3. 大力推进交通节能

大力推广新能源汽车，出台《株洲市新能源汽车推广应用实施方案》，鼓励和支持在公交车、公用车、公务车等公共服务领域推广新能源汽车，全年新增插电式混合动力公交客车130台、纯电动出租车50台、双燃料出租汽车360台、私家纯电动汽车35台，建成1个电动汽车充电站、2个充电桩，新建、改扩建加气站4个。

4. 大力推进绿色建筑应用

大汉·希尔顿等9个项目获得省住建厅绿色建筑立项；建成全省首个被动式节能房示范项目；建成全市首个"工业化住宅"——云龙现代服务业总部园项目；与德国能源署合作建设国内第三个被动节能建设项目——城市公园被动节能房。全市可再生能源建筑应用总建筑面积达304.1万平方米，节能设计、实施率均达到100%。

5. 大力推进节水型城市建设

出台《株洲市最严格水资源管理制度实施方案》和《工业节水规划》，中水回用专项规划和示范项目推进工作走在全省前列；启动了取水大户在线监测系统建设，完成华银电力等30多个取水终端的在线监测系统安装；建成市委机关、神农城等地雨水收集利用系统；全市万元GDP用水量下降到108立方米，入选全国第二批"水生态文明城市建设试点"城市，获评"全国节水型社会建设示范区"。

6. 大力推进节约集约用地

全年建成标准厂房100万平方米。推进土地立体开发模式，建成首个地上智能立体停车库；龙泉污水处理厂三期，突破了传统污水处理厂的用地概念，建成地下式污水处理厂，省地87%。

（五）立足全域创建，两型示范创建成效更加突出

坚持在抓好面上创建的同时，重点加快两型综合示范片区集成创建，创建基础更加扎实，创建氛围日益浓厚，创建亮点更为突出。

1. 全面铺开面上创建

全面开展"十进十四"两型示范创建，制定了工作规程，完善了创建标准体系，创建工作做到了有标准、有规程、有方案、有队伍、有检查、有成效。泰西社区率先建成全市首个两型社区爱心交换站；举办了全市两型家庭现场推进会，进行了"两型家庭标兵户"表彰活动，评选出刘珊珍、杨能华等10户标兵户。全年申报两型村庄、社区等30个，云田镇、淞欣学校、泰西社区等3家单位获评为全省第一批两型示范单位；争取到省两型引导资金2315万元。

2. 重点抓好综合示范片区创建

一是高标准推进神农城综合示范片区创建。全面开展自查自纠并补齐两型元素大行动。改造节能灯25620盏、节能型开关1670个，推广使用节水型器具3720套，换垃圾分类箱570个，集中标配发放"两型五小件"2000套，神农城建成了全省最高水平之一的分布式能源站。二是积极推进职教园综合示范片区创建。职教园成功申报省级两型综合示范片区，建成环职教园绿道系统，完成铁路科技职业技术学院两型化改造。三是推动县区特色创建。各县（市）区在各自区域范围均内划定了两型综合示范片区并制定了创建方案，做到"全元素进入、全单位覆盖、全员参与"。

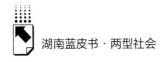

3. 全力营造创建氛围

在株洲电视台制作了 14 集两型创建专题片和《两型创建：引领未来》的谈话节目，并在株洲新闻频道播出；在《株洲晚报》进行了 6 期两型示范创建专题报道；发放《两型知识教育读本》1 万册，实现两个区的小学生两型读本全覆盖；继续实施和坚持"1135"行动，印发《关于在全市私家车主中开展绿色出行的倡议书》1 万份，广泛发动广大私家车主少开车，践行绿色出行；坚持通报每月公务用车停开违规情况及公交车、自行车出行前 100 名单，并兑现奖励。

（六）立足示范引领，示范区建设更加强劲

紧扣示范区发展定位，坚持"发展有特色、示范有引领、转型有抓手"的标准，高标准推进示范区建设。

1. 云龙示范片区

生态建设进一步推进，新建绿道 15 公里；建成分布式能源站一期，能源利用率达到 80% 以上；新建建筑实现了星级绿色建筑全覆盖，成功获批为国家绿色生态城区试点。两型重点项目建设进一步加快，职教科技园已有 5 所院校开学招生，市就业创业指导中心投入使用，成功举办全国第二届民盟职教论坛；龙母河综合治理工程加快推进；华强二期方特梦幻王国、湖南微软创新中心、普洛斯物流园等项目顺利推进。

2. 天易示范片区

积极推进创新型园区建设，创建国家创新型特色园区方案已获科技部批复。全力推进"中国动力谷"建设，动力谷自主创新园建设进展顺利；正式启动北汽二工厂建设；汽车博览园入驻品牌达到 30 家；南车电动汽车扩能、日望精工生产车间、公共自行车制造基地等项目竣工投产。两型基金融资迈出新的步伐，天易集团企业债券顺利发行，高科集团三期债券获准发行，日望电子成为新三板全国试点首批挂牌企业。

3. 清水塘示范片区

清水塘老工业区正式纳入全国城区老工业区搬迁改造试点；进一步完善了搬迁改造实施方案，确定株冶、株化等 0 家重点搬迁企业；获得世界银行 1.5 亿美元贷款支持，综合治理该区域的 7.53 平方公里重金属污染土壤。大力推

进产业项目建设，获批国家轨道交通装备产业集聚发展试点，南车电机轨道交通牵引电机和变压器研究实验系统建设项目全面竣工；南车株机资源优化及技术改造项目、时代电气碳化硅基地产业化等项目进展顺利。

（七）立足培育熏陶，两型文化建设更加精彩

始终坚持"全员参与、共建共享"的原则，推动社会形成两型的价值观、发展观、财富观、消费观，进一步调动全市人民参与两型社会建设的积极性。

1. 创新开展群众两型文化活动

制作了"株洲两型之歌"，成功举办首届《家乡情·两型美》两型文艺汇演，评选出了十大两型人物和十件两型大事；启动了"两型株洲·美丽家园"摄影大赛活动。制定了两型社会宣传广告，并在分众传媒320个终端上进行宣传。制作了两型文化宣传展板50多块、两型知识宣传册5万多份，摆放至城区主要影院、商场和两型社区。

2. 积极开展两型志愿活动

组建了两型志愿者总队，组织开展了世界环境日、"城市绿巨人"、"绿色株洲，万人植树"、湘江"一公里一调查"、"中国梦·劳动美"健步行等两型志愿者活动。开展"两型志愿服务月"活动，在神农小区开展了"两型服务进社区，节能产品进家庭"两型志愿服务活动，并组织引导湖南工大学生社团参加两型志愿服务。

3. 突出做好宣传培训

先后组织环保、林业、园林等部门到山东、贵州、东北等地学习考察可再生能源应用、生态文明、老工业区改造等，并由随团的市电视台记者采访，制作新闻节目在电视台播放。湖南卫视新闻联播连续3期以"两型株洲进行时"为主题对株洲两型建设进行系列报道；《湖南日报》以"理论大视角"的形式整版推介株洲市标准体系建设；开展了"两型生活·美丽家园"、"清洁低碳·绿色家园"等主题宣传报道活动。《人民日报》、中新网、香港《商报》、香港《文汇报》、《大公报》等媒体对株洲市两型社会建设进行了多角度报道。

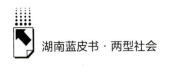

二 2015年株洲市两型社会与生态文明建设思路

2015年，是全面深化改革的关键之年，是全面推进依法治国的开局之年，也是两型社会建设改革第二阶段的收官之年和第三阶段的谋划之年。两型社会建设进入从点上试验到整体推进、从面上突破到纵深发展、从实践探索到制度规范的新阶段。为应对新常态，必须把握新形势、抢抓新机遇，以更大的决心和勇气打好两型社会建设攻坚战，推动两型工作再上新台阶，加快形成人与自然和谐发展新格局。

（一）总体思路和主要目标

1. 总体思路

以党的十八大和十八届三中、四中全会精神为指导，按照"率先建成两型社会"的要求，坚持打好"两型建设攻坚战"，注重"问题导向、建设为重、制度引领、全域覆盖"，突出清水塘老工业区搬迁改造、资源有效利用、示范创建、生态文明制度建设等重点，着力建设两型产业、两型设施、两型体制机制、两型文化，力争实现省级及以上卫生城市和县城、城市和县城路灯LED改造、城区和县城 $PM_{2.5}$ 监测、乡镇政府驻地生活污水处理设施等全覆盖，全面完成省政府湘江治理与保护"一号重点工程"、"三个基本"行动及试验区第二阶段任务，保持两型社会建设的领先态势。

2. 主要目标

全市万元GDP能耗下降4%；城市空气质量优良率提高5个百分点；湘江水质稳定保持在Ⅲ类标准及更优；清水塘工业区再启动1家以上大型企业和一批相关中小企业搬迁改造；扭转资源利用效率下降趋势；主要污染物排放总量削减完成省下达的年度目标任务。

（二）建设重点

1. 基本建立两型体制机制

按照国务院和省人民政府批复的改革试验实施方案中"到2015年底，符合'两型'社会要求的体制机制和发展模式基本形成"的要求，以实现制度建设全覆盖为目标,对有条件建立的生态文明和两型社会有关制度都建立。各牵头负责专项改革的市直部门既重视谋划改革,努力提高改革方案质量,更要狠抓改革落实,真正做到改出成效。各县市区在全面推进各项改革的同时,结合实际选择2～3项专项改革先行试点,开展探索,积累经验。

2. 着力推进两型项目建设和重点举措落实

按照"两型特色明显、示范作用突出、为稳增长做贡献"的要求,着力推进城际铁路株洲段等两型典型项目建设;将建设进展情况较好的项目,推荐申报省级两型示范项目。坚持"破难题、系统性、项目化"的原则,扎实实施和推进清水塘战略性改造、绿心保护等重点举措,大步推动全市两型社会建设。

3. 全面开展各层次的两型集成创建

按"分层次、差异化、可复制"的要求,动员社会全面开展集成创建。扎实推进14个类别两型创建,深化创建内容,完善创建规程、标准,创建推介一批省、市级两型示范单位。大力推进两型综合示范片区的创建,神农城片区重点抓好两型元素全进入、创建方式模式化,力争通过验收;职教园片区重点完善设施、补齐内容,基本达到省级综合示范片区的要求;加快推进市级综合示范片区创建,片区内80%创建主体基本达到创建要求。

4. 广泛开展两型文化创新和推广

积极借助艺术形式和现代传播技术,广泛深入推进两型文化建设。在各类中小学全面普及两型课本;各类党校(行政学院)坚持全面开设两型课程,并不断创新内容、提升水平;各级党委(党组)中心组坚持每年安排不少于一次的两型专题学习;积极在全体市民中倡导"1135"绿色出行;在各年龄段人群中广泛开展两型志愿者活动;两型知识宣传全面进入各类居民小区;在"文化下乡"活动中强化两型元素。

5. 更好发挥示范区引领带动作用

在转型升级上引领,云龙片区重点发展高端服务业,加快各功能区块建设步伐;天易片区全力打造"中国动力谷";清水塘片区积极推进传统产业转型升级,在老工业区绿色搬迁改造方面取得更得重大的进展。在稳增长上引领,全

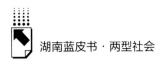

力扩大内部有效需求，策划和实施大的两型项目，吸引和增加投资，探索扩大消费的有效办法；引导相关企业积极、稳妥地"走出去"，扩大国际货物和服务贸易市场空间；更加注重走出一条科技创新促增长的新发展路子。在两型体制机制创新上引领，各示范区要全面铺开各项两型改革，率先基本建立符合两型要求的体制机制。

湘潭市2014～2015年两型社会
与生态文明建设报告

湘潭市两型办

一 2014年湘潭市两型社会与生态文明建设情况

2014年是湘潭市两型社会建设实现第二阶段战略目标的关键之年，湘潭市抓住全面深化改革契机，全力推动两型社会"十大改革"和清洁低碳技术产品推广；加大绿心保护力度，全力推动绿心地区综合整治；推广韶山综合示范片区模式，全力推动五大综合示范片区建设。两型社会与生态文明建设取得新进展。节能减排任务全面完成，全年万元GDP综合能耗下降3.66%（预计数，下同），万元规模工业增加值能耗下降11.5%。锰矿地区关停重污染涉锰企业28家，湘潭县关闭煤矿5家，竹埠港28家重化工企业全部关停。农村环境卫生整治"三年行动计划"全面完成。超额完成湘江干流两岸规模养殖退出省定年度任务。全年城镇污水处理率达89%，生活垃圾无害化处理率达100%，空气优良率提高14.2个百分点。全市森林覆盖率稳定在46.15%以上。全市高新技术企业达到140家，高新技术产业总产值达1576.6亿元，增长23.3%。

（一）重项目，促转型，不断推进示范区建设

一是全力推动示范区发展。各示范区产业定位进一步明晰，新项目强力推进，已成为湘潭市投资的高地、经济发展的引擎，华电九华分布式能源站、泰富重工、珠江啤酒等重大项目推进顺利。2014年，湘潭高新区和各示范区共完成技工贸总收入2937亿元（预计数，下同）；完成固定资产投资663亿元；完成财政收入64亿元。

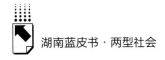

二是积极推动两型项目建设。拟制了《湘潭市 2014 年十大两型项目库》，入库项目 44 个，总投资 7403356 万元，2014 年计划完成投资 1161419 万元。开展水府庙库区专项整治工作，削减库区污染负荷，保障饮用水源安全，有效遏制了库区水体富营养趋势。

三是积极推广两型技术产品。重点推广太阳能、风能发电技术等 30 多个清洁低碳技术项目，2014 年预计完成项目建设 68 个，完成投资 70 亿元。基中，总投资 5.6 亿元的湘钢 135 兆瓦高炉煤气发电项目投资运行后，新增年发电量约 7 亿千瓦时，年节约煤炭 1 万吨；全市建成太阳能光伏屋顶发电项目装机容量 2014 年可达 70.8 兆瓦。湘潭市恒润高科、迅达科技、兴业太阳能等近 20 家公司、84 类产品纳入第二批《湖南省两型产品政府采购目录》。公布了《2014 年湘潭市本地两型技术产品联系目录》（第一、二批），共涉及 24 类两型产品、68 家企业，着力推广本地节能产品，有效解决了基层单位示范创建新技术、新产品普及联系不畅的问题。

四是强化内引外联。充分利用试验区的优势，争取亚行技术援助课题项目资金 40 万美元；包装、上报湘潭市环保联动执法、竹埠港老工业区综合治理等发展模式和湘潭市 1 亿元以内总投资为 79278.6 万元的 11 个两型社会建设综合示范项目；组织了长株潭"宽带中国"示范城市群创建工作会议，长株潭作为全国唯一的城市群，同北京、上海、天津一道被列为首批"宽带中国"示范创建城市。

（二）重规划，促融城，积极推进一体化进程

一是推进两型规划编制。湘潭市城市总体规划评估和湘潭市中长期发展战略规划已完成前期工作；湘潭市城区排水排涝综合规划已形成初步成果；公共交通城乡一体化规划已通过专家评审会。岳塘经开区《商贸物流业发展规划》已完成编制并通过评审。九华、昭山、天易示范区已完成规划评估并启动片区规划局部调整工作。水府示范区完成片区总体规划并通过湘潭市城乡规划委员会审查；完成了旅游小镇概念性规划，并启动了核心区控制性详细规划。高新区完成了《生态绿心地区湘潭高新区片控制性详细规划》、《生态绿心地区湘潭高新区片一平方公里先行区的修建性详细规划》、《湘潭高新区绿心地区产业规划及项目策划》等三个规划的编制。

二是积极推进长株潭一体化。加强横向沟通。组织昭山示范区对株洲市云龙示范区两型社会建设的专题考察学习。九华示范区和天易示范区与长沙大河西和株洲天元示范区进行了项目及规划的对接。

（三）重规范，促整改，全力推进绿心保护工作

一是全面开展绿心地区违法违规清理整治。下发了《湘潭市对破坏绿心的违法违规行为进行清理整治的工作方案》（潭政办函〔2014〕43号）和《关于对绿心地区违法违规行为清理整治工作任务的交办函》。全面清理绿心地区违法违建行为，2014年共清理整治违法违规行为352起。

二是加强绿心地区规划及方案编制工作。九华、昭山和易俗河示范片区位于绿心范围内的控制性规划方案已基本制定完成；岳塘区、高新区城市建设用地部分已纳入中心城区控制性详细规划，并已完成规划编制、报批工作。编制《湘潭市绿心地区综合整治三年行动计划》。

三是建立市、区两级绿心地区保护责任体系。湘潭市人民政府与岳塘区、高新区、九华示范区、昭山示范区及天易示范区签订关于生态绿心地区保护工作目标责任状。2014年湘潭市新增两面立柱界牌3块、界碑20块、界桩30块。

四是配合湖南省人大做好湘潭市绿心地区执法检查工作。

五是规范绿心地区项目准入。

（四）重示范，促宣传，努力增加统筹协调合力

一是积极推进两型综合示范片区建设工作。出台了湘潭市《关于加快推进两型综合示范片区建设的通知》（潭办〔2014〕25号）文件，推进湘潭县梅林桥、九华、昭山、韶山、湘潭水府庙五个两型综合示范片区创建工作，实行"联点领导协调督促、后盾单位支持指导、责任主体具体实施"的工作机制。要求各综合片区做到"五个一"：召开一次以上专题会议、制定一个片区创建项目实施方案、建立一套项目实施责任体系、构建一个项目进度时间表、市级联点领导主持一次以上现场办公会。该项工作正在积极开展，其中韶山两型综合片区2014年提出并启动了51项创建任务，内容涉及太阳能光伏电站建设、节能产品的推广使用、环境治理、自行车系统建设以及两型理念传播等，韶山"全域两型"蓝图正在逐步变为现实。

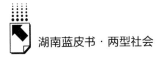

二是积极开展两型示范创建工作。湘潭市政府设立两型社会建设专项引导资金500万元，推动韶山市、湘潭县、湘乡市和岳塘区设立两型社会建设专项引导资金，全力开展两型示范创建工作。2014年全市在重点推进两型综合片区基础上，又综合评比产生两型示范单位项目20个，给予每个项目单位10万元资金支持。全年申报产生省级两型示范综合片区2个、省级示范单位3个、省级两型示范创建村庄和社区26个。

三是强化两型社会建设引导资金绩效评价工作。出台专门文件，规范资金使用。对雨湖区、湘乡市、韶山市、昭山、岳塘区等地2011～2013年获评的省市两型创建项目、单位，按照不少于20%的比例进行实地抽查，重点检查其资金使用情况和创建情况，并对这三年当中64家省级两型创建项目进行总体评估并形成评估报告。

四是扎实开展集中宣传活动。开展了四次大型两型社会建设情况集中宣传报道。从2014年1月24日开始，《湖南日报》、湖南卫视等省级媒体对韶山综合片区创建成果先后进行了采访报道，宣传报道达13篇次。3月24日至25日，湖南省委宣传部、省两型工委组织新华社、《湖南日报》、湖南卫视等十余家国家、省主流媒体来湘潭进行"两型生活美丽家园"主题宣传集中报道活动，宣传报道30余篇次。4月1日～2日，湘潭市两型办与市委宣传部一道组织湘潭电视台新闻频道、经济频道等市内各大媒体开展"走进韶山看两型"主题宣传活动，宣传报道12篇次。2014年5月开始策划制作《两型建设大美湘潭》专题电视宣传片和画册。出版《湘潭环保志愿者——两型专刊》，重点宣传湘潭市两型社会建设的亮点与特色。

五是科学部署绩效考核。下发了《关于印发〈湘潭市2014年"两型社会"建设总体方案〉的通知》（潭办发［2014］10号），将工作任务分解下达到各个相关单位。2014年7月中下旬，对全市两型社会建设情况及绩效考核目标完成情况进行督查摸底。

二　2015年湘潭市两型社会与生态文明建设思路

（一）建设目标

全面贯彻落实《湘潭市人民政府关于印发湘潭市"两型社会"建设改革

第二阶段（2011～2015 年）工作方案的通知》（潭政办发〔2011〕72 号）精神，确保全面完成两型社会建设改革第二阶段目标。2015 年实现单位 GDP 综合能耗下降 3.7%；万元 GDP 取水量 150 立方米，工业固体废物综合利用率达到 98%，城镇生活污水处理率达到 90%，城市生活垃圾资源化处理率达到 60%，城镇化率达到 56.9%，森林覆盖率达到 46.2% 以上，饮用水源水质达标率 100%。

（二）主要任务

1. 突出规划落地机制，强化生态治理提升和保护体系

（1）完善示范区及绿心地区规划体系。完成九华、昭山、天易示范区总体规划局部调整工作；实现九华、昭山、天易示范区控制性详细规划全覆盖，水府示范区完成 30% 的控制性详细规划；实现绿心地区控制性详细规划全覆盖；完成大昭山省级森林公园规划编制工作，并启动公园项目建设；抓紧做好金霞山省级森林公园申报工作，并启动规划编制；力争启动澄月湖省级森林公园的申报工作。

（2）强化规划实施及生态保护建设。贯彻落实《长株潭城市群区域规划条例》、《长株潭城市群绿心地区总体规划》和《关于落实长株潭城市群区域规划和加强生态绿心保护的若干规定》，在绿心地区启动一批生态修复、林相改造等生态项目建设，争取在 2015 年实现绿心地区森林覆盖率达到 43%、禁止开发区森林覆盖率达到 56%、森林蓄积量达到 35.06 万立方米、生态公益林比例达到 54.5%；继续推进昭山景区提质改造、芙蓉大道昭山段景观建设、昭山晴岚、盘龙农业示范园等生态项目建设，启动华侨城、湘潭植物园等项目实施，提升生态保护和发展的水平。完成昭山地区生态绿心保护信息监控平台建设；完成王家晒撇洪渠和朝阳渠水系统改造等项目建设；加强绿心地区乡村清洁能源建设，完成太阳能热水器 400 台和节柴省煤灶 250 台的推广使用。

（3）建立规划编制及实施两型性审查机制。加强两型社会顶层设计对"十三五"规划、城乡总体规划修改、土地利用规划修编的指导，将顶层设计的指导思想、发展战略、发展目标作为各项规划的依据。各层面城乡规划、专项规划编制过程中应主动将两型理念、两型指标、两型要求纳入规划编制全过程，推动规划主动服务两型社会建设。落实区域性重大项目和绿心地区项目审查制度，严格项目准入。督促九华、昭山、天易、水府示范区制定实施项目两型审查的办法，建立示范区两型机构对项目的两型性准入审查、对不符合两型性的项目实行一票否决的机制。加强对示范区的规划监督，加强示范区规划实施的现场巡查、督查，强化规划执法，严肃查处违规行为。

（4）加大绿心综合整治及企业退出力度。加强对绿心地区生态环境的综合治理，完成绿心地区农村环境综合整治年度任务；督促协调相关部门争取国省对绿心生态提升和修复、农村基础设施建设、水土保持及水环境治理、矿产资源保护、殡葬改革试点等政策和资金支持。逐步启动对湘潭市绿心范围20多家以化工、建材为主的传统产业退出，建立企业退出实施方案，明确退出时间表；完成绿心地区50头以上和湘江流域500~1000米以内规模养殖关闭退出，并及时形成总结经验进行推广。

2. 突出生态文明改革，探索建立资源环境利用保护制度体系

（1）健全自然资源资产产权制度和用途管制制度。按照省政府的工作部署，启动不动产统一确权登记的相关工作，在全市积极推进农村土地承包经营权确权登记颁证工作和土地承包权依法有序流转，耕地流转率达到45%以上；建立农村土地、集体资产和资源的产权中介评价体系。在湘乡市开展农村土地承包经营权抵押贷款试点。探索健全自然资源资产管理体制，统一行使全民所有自然资源资产所有者职责。完善自然资源监管体制，统一行使所有国土空间用途管制制度。执行最严格的耕地、林地和水资源保护制度，健全能源、资源节约集约使用制度；建立有效调节工业用地和居民用地合理比价机制。

（2）完善主体功能区制度。建立空间规划体系，优化国土空间布局，划定生产、生活、生态空间开发管制界限，落实用途管制。划定耕地、森林、湿地、水体等生态保护红线，建立国土空间开发保护制度，严格按照主体功能区定位推动发展；建立生态环境损害责任终身追究制和环境污染事故追究制，实施严格的生态环境损害赔偿和刑事责任追究制度。开展国家公园体制改革试点示范，探索湘乡东台山国家森林公园管理体制，完善自然保护区、风景名胜区管理体制。

（3）探索生态文明建设市场化机制。探索推行自然资源产权、使用权交易制度，建立公开、公平、公正的资源初始产权配置机制和二级市场交易体系。探索建立健全节能量、碳排放权、水权交易制度，建立吸引社会资本投入生态环境保护的市场化机制,推行环境污染第三方治理;探索建立第三方合同能源管理推广机制;开展城乡污水、垃圾处理等污染治理设施建设运行特许经营,推行第三方建设营运环保基础设施;推广竹埠港"退二进三"治理经验,运用PPP(公私合作)模式,建立吸引社会资本投入生态环境保护的市场化机制。

(4)建立资源有偿使用和生态补偿机制。坚持使用资源付费和"谁污染环境、谁破坏生态谁付费"原则,逐步将资源税扩展到占用各种自然生态空间,实施差别化资源价格制度,发挥其奖优罚劣作用。探索建立市、县(区)两级公益林生态效益补偿机制;建立健全森林、湿地、水资源生态效益评估机制;探索建立完善森林(湿地)生态效益补偿长效机制。推动湘江流域生态补偿机制建设,把责任区分至县(市)区级,探索对涟水等跨县域河流进行跨境河流生态补偿试点。

(5)建立生态文明考核评价体系和责任追究制度。充分发挥生态文明考核评价体系的"指挥棒"作用,建立健全生态文明目标管理责任制,实行分类差异化考核制度。对绿心保护区和限制开发区适当降低生产总值考核指标;建立健全环境信息公开制度和举报制度;加快构建政府依法监管、企业主体负责、公众监督参与的环境保护管理体制机制;探索编制自然资源资产负债表和保护环境责任清单;在韶山推进绿色GDP考核评价指标试点;在昭山开展生态法庭建设试点;推广雨湖区PDA移动执法系统建设试点成果和经验,探索建立环境监测、污染控制、行政处罚一体的环境联合执法机制。

(6)推动区域合作"飞地经济"模式。加强与国省相关政策对接,推行"园区加生产基地"模式,探索湘潭高新区西进东升(园区整体向西拓进、东部产业提质升级)"飞地经济"发展模式,提升园区产业承载能力;围绕3个特色镇的发展,推进天易示范区与花石镇、湘乡经开区与棋梓镇、韶山高新区与银田镇合作,发挥工业对农业的带动作用。

3. 突出融城发展,强力推进长株潭一体化

(1)加强规划对接协调。加快完成城市总体规划的修改,加强与新版《湖南省长株潭城市群区域规划》等上位规划的协调,实现与长沙、株洲城市总体规划的无缝对接;各示范区加强战略合作框架协议的落实,每年至少一次与长沙市、株洲市各示范区之间的规划对接。

（2）加强项目对接协调。完善城际快速交通体系，建设向北与长沙对接的湘潭鹤龄至南谷公路、伏林大道、九华大道、湘江风光带、昭山大道，向东与株洲对接的昭云大道、百合大道、铜板路、武广大道等城际快速道；争取长沙地铁 3 号线南延至九华沪昆站、长沙地铁 5 号线南延至湘潭，争取渝长夏铁路线路规划经过湘潭，协调抓好长株潭城际铁路及配套站场建设。按差异化发展原理，重点打造风电新能源产业集群、以矿山机械为主的专业机械制造产业集群及以汽车零部件制造为主的产业集群项目；争取由省级层面调整编制长株潭城市群产业发展规划，明确区域性产业集群和主导产业，优化整合三市产业布局，遏制产业趋同、恶性竞争的产业发展势头。协调推进湘江流域综合治理等环境保护项目，重点实施《湘潭湘江流域重金属污染综合整治实施方案》。积极协调和争取省会展中心、艺术中心、体育中心、长株潭科技馆等长株潭区域性重大公共设施项目和文化产业项目在三市中心地区（昭山、九华示范区）选址建设，实现公共文化资源三市共享。

（3）建立一体化发展的体制机制。加强区域规划、产业发展、城际交通、生态保护、要素保障等方面的一体化发展对接机制建设。建立长株潭国家自主创新示范区和一体化项目对接协调机制，明确项目规划设计、建设标准和建设时序等对接要求；各示范区建立与长沙市、株洲市各示范区之间的常态化交流机制，及各示范区之间的交流沟通机制和协调平台。加大与示范区及市直部门的联系，及时了解收集最新区域性动态，研究出台相应的政策及措施，并向上反映湘潭市在推进一体化方面的诉求和建议。

4. 突出循环低碳要素，加快产业结构转型升级

（1）优化产业结构。始终扭住转方式、调结构主线，大力引进和培育新业态、新技术、新主体，适应新要求，加快以资源节约、环境友好引领产业转型步伐，将三次产业结构由上年 8.4∶58.9∶32.7 优化为 8.3∶58.3∶33.4。重点加大对以湘电风能、兴业太阳能、泰富重工为代表的先进装备和华拓数码万人级交付基地、全创科技等为代表的电子信息等新兴产业的培育力度，为湘潭市经济社会发展提供新的动力；加快以湘钢、湘电、江麓为代表的精品钢材及深加工、吉利汽车为代表的汽车及零部件和槟榔、湘莲为代表的食品加工等传统产业的转型升级步伐，稳定湘潭市经济基础；强力推进中国网库等高端生产性服务业项目和湘潭万达广场等现代商贸物流基地、盘龙农业示范园和韶之红农业科技有限公司等现代农业示范基地、韶山红色旅游基地和高中职院校职业教育基地建设力度，为湘潭市特色经济发展提供支撑。

（2）抓好两型重大项目建设。进一步完善两型项目库，加快推进八大工程建设，重点推进示范区建设，锰矿、竹埠港重金属污染治理等重大项目建设，培育发展两型企业。组织策划包装一批有特色的两型项目，积极做好省级两型综合示范项目的申报和推进工作。坚决落实两型重大项目的调度制度，尤其是对列入省市考核的重大工程项目，要进行月调度、季通报、年总结，推动两型重大项目建设。

（3）大力推进循环发展项目。紧紧围绕"企业循环式生产，产业循环式组合，社会循环式消费"的循环经济发展理念，指导园区科学规划、合理布局产业格局，大力推进园区基础设施建设，有针对性地开展招商引资工作，引进循环用水、节能降耗示范性企业，打造循环园区。

（4）继续推广清洁低碳技术项目。力争完成湘潭锰矿区域九华示范区红星村历史遗留混合综合治理工程、湖南华凌湘潭钢铁有限公司球团竖炉脱硫改造等项目建设；重点推进天易、高新区、昭山和凌天科技清洁低碳技术推广试点；统筹推进九华、昭山、天易示范区和高新区，开展可再生能源建筑应用集中连片推广；积极推行政府两型采购制度，发布两型产品政府采购目录；加快步行和自行车交通系统建设，倡导绿色出行、低碳生活。

5. 突出示范创建，加快两型花园打造步伐

（1）强力打造示范区核心增长极。以率先形成示范效应为目标，强力推进两型主导产业发展，高起点推进高新区和示范区建设。高新区：要积极对接国家自主创新示范区相关政策，发挥先行先试优势，加强在技术转移、成果转化、股权激励、科技金融等方面政策措施的探索，建设成为湘潭创新驱动发展引领区、科技体制改革先行区、军民融合示范区、中西部地区发展新的增长极。九华示范区：要充分依托综保区新平台，全面提升经济发展活力；重点推进泰富重二期、威胜智能产业园、吉利新能源汽车、恒润高科整车生产基地等项目建设，把园区打造成企业壮大的孵化器。昭山示范区：要大力发展现代服务业，加快中建仰天湖、昭山晴岚、昭山风景区提质改造三大战略项目建设，培育生态旅游、高端商务、文化创意三大主导产业集群发展，打造成一座具有国际品质的生态新城。天易示范区：围绕示范区"3＋2"产业体系，全面推

动园区改革建设，切实推进好南方阀门、中建混凝土、盛德昌等产业项目，争取傲农饲料、莲美食品、杰萃生物、鑫华特钟钢、傲派设备、中科纳新等项目全面竣工并进入试生产，着力创建千亿园区。

（2）广泛深入开展两型示范创建。创新生态教育模式，完善群众参与两型社会示范创建常态化机制。广泛开展十大类别两型示范创建工作，按照"两型五进"要求，让两型理念更加深入人心。推广两型示范创建模式，将市域内好的创建模式以交流、观摩等形式加强学习与推介。发挥好两型社会引导资金的引导作用，并整合各级各类资源，通过典型引路、以点带面，打造一批新的两型示范创建亮点，同时注重集中连片。

（3）继续深入推进两型综合示范片区建设。按照"政府引导、市场运作、群众参与、项目载体、务实推进"的原则，推广韶山两型综合示范片区建设模式，结合各自发展优势与特色，在湘潭先行先试，大胆探索，率先走出一条集中连片、颇具示范效应的两型综合示范片区建设之路。重点抓好湘潭县梅林桥、九华、昭山、韶山、湘潭水府庙五个两型综合示范片区创建工作，集中政策、资金、人才等各种资源向五个综合示范片区倾斜。

6. 突出内引外联，加快扩大对外开放程度

（1）推进湘潭综合保税区建设。全面呼应国家"一带一路"战略布局和国家扩大内陆开放的历史机遇，立足湖南"一带一部"战略定位，大力引进一批保税加工型、保税物流型、保税服务型外向型企业和项目，把综保区建成服务于长株潭、辐射湖南中西部的外向型高端制造业集聚区、国际物流集散区、配套服务样板区、改革创新先行区、进口商品展示交易中心和对外开放的大平台、经济发展的新动力，带动全市外向型经济，提高湘潭市经济发展的外向度和外贸竞争力。

（2）严格选商择资。严格以两型、环境评价、生态评价、选址评价等为主要门槛，把科技含量高、税收效益高、带动效应高的项目作为选商标准，对高污染、高能耗项目实行一票否决。

（3）强化工作交流。加强与长株潭"3+5"城市群各市交流合作，构建优势互补、互促共赢的区域发展格局；强化县市区、示范区之间的相互工作交流，取长补短，共赢发展；加大湘潭市两型系统与外界的学习交流，实施"走出去"战略，把外地特别是其他综改区好的做法经验引进来。

衡阳市2014～2015年两型社会
与生态文明建设报告

衡阳市两型办

2014 年是全面贯彻落实党的十八届三中全会精神的开局之年，也是经济发展变速换挡、构建新常态的元年。在湖南省委、省政府及省两型工委的正确领导下，衡阳坚持按照《省委生态文明体制改革专项小组 2014 年改革工作要点》的精神和要求，坚持做到改革与建设工作两手抓、两不误、两促进，取得了较好成效。

一 2014年衡阳市两型社会与生态文明建设主要成效

2014 年，衡阳市聚焦经济发展、环境保护和资源节约三大中心工作，做到镜头不换、主题不变，积极稳妥有序推进两型社会和生态文明建设，较好地完成了年初预定的目标任务。

1. "三量齐升"得到巩固

2014 年，全市实现地区生产总值 2395.56 亿元（初步核算，下同），增长 9.9%；人均生产总值达到 33060 元，增长 10.1%，三次产业结构调整为15.2：46.8：38.0，总量、均量、质量实现更为均衡、更有效益的提升。其中，产业加快转型升级成为推动经济发展的核心驱动力，通过"一流转五服务"和农村资产确权颁证改革，全面激发农村发展活力。通过优化市场环境，实施"开放带动"和"创新驱动"战略，积极对接融入"一部一带"经济圈等措施，二、三产业呈现交互融合式发展态势，"有烟工业"加快向"无烟工业"转变，服务业由传统服务业"一枝独秀"加快向生产、生活服务业"双翼齐飞"转变，高新技术产品增加值增速快于规模工业增加值增速 2 个百分点，物

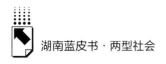

流、金融等现代服务业表现亮眼。

2. 人居环境更加宜居

积极实施"一号工程"，设立水体保护红线，划定了湘江干流 1000 米、一级支流 500 米的畜禽禁养殖区；关停并转涉重金属污染企业 111 家，完成重金属污染源治理项目 47 个，污染减排工程治理项目 86 个，环保工程项目 82 个，城区饮用水水质达标率达到 100%，地表水功能区达标率为 93.8%。大力推进石漠化治理、退耕还林等工作，完成造林面积 34 万亩，全市森林覆盖率达 45.9%。城镇垃圾无害化处理率保持 100%，污水处理率达到 85%；启动实施《大气污染防治行动计划》，城区空气环境质量优良率达到 97%，PM$_{10}$ 平均浓度下降 1.33%，化学需氧量、氨氮、二氧化硫、氮氧化物排放总量完成省定任务，成功创建全国生态典范城市。

3. 资源利用节约高效

推广清洁低碳技术，全市单位 GDP 能耗下降 7.1%，基本完成"十二五"目标，单位工业增加值能耗下降 11.5%。严格水资源"三条红线"，全市用水总量控制在 33.6 亿立方米以内，人均综合用水量 440 立方米，同比减少 33 立方米；万元工业增加值用水量下降到 95 立方米以下；农田灌溉水有效系数提高到 0.47；工业用水重复利用率达到 76%；工业固体废物综合利用率保持在 80% 以上。循环经济稳步发展，松木经开区、湖南机油泵国家级循环化改造试点园区（企业）取得较好成效，成功创建省级循环经济示范城市，并被湖南省推荐申报国家循环经济示范城市。

二 衡阳市建设两型社会与生态文明的主要经验及问题

一年来，衡阳市坚持按照"五位一体"的总体布局，把两型和生态文明建设放在更加突出的位置，着力构建社会参与、产业兴旺、制度完备的建设格局，主要做好了五个方面的工作。

1. 开展了一批两型宣教活动

开展了"两型宣传月"活动，市级及县市区共开展了 13 场主题活动，累计发送两型宣传信息 1000 万余条，确保全市人均可以收到一条以上的两型宣传信息。在全市小学发放了《小学生两型知识系列读本》，开展了中小学生

"两型在我心"征文活动。在衡阳党政门户网上开设了两型社会建设专栏；丰富市县党校"两型社会建设"授课内容、增加学习课时，提升领导干部的两型意识和抓两型建设的能力。同时，将更多的两型元素融合到"文化下乡"、"广场旬旬演、社区周周乐"等文化活动中。

2. 出台了一批重点两型领域文件

启动了两型社会建设"十三五"课题前期研究，纳入到"十三五"规划库中。为加强对全市两型社会建设效果的量化评价，奖优惩劣，制定了《衡阳市2014年度两型社会建设综合评价工作方案》。对接湖南省两型工委要求，按照"可看、可学、可复制"的要求，编制完成了《衡阳市云集镇创建省级两型综合示范片区的实施方案》，着力把云集打造成为继白沙示范片区之后，衡阳第二个两型综合示范片区。出台了《最严格水资源管理制度实施方案》、《实行最严格水资源管理制度考核办法》、《湘江保护与治理第一个"三年行动计划"实施方案》、《大气污染防治行动计划实施方案》、《公共绿地设计施工及竣工验收标准》、《关于加强森林资源流转工作的意见》、《关于建立衡阳市河道采砂长效管理机制的意见》、《关于城区及旅游风景区畜禽规模养殖区域划定的通告》、《湘江两岸及蒸水河城区段500米范围内规模养殖场关停搬迁实施方案》等政策文件，确保各条块的两型建设有章可循、有规可依。

3. 推进了一批重点两型项目建设

继续开展"项目建设年"活动，把项目建设作为两型社会建设"落地生根"的基本保障和实际体现抓好、抓实。

湘江保护和治理项目，把湘江保护和治理确立为"政府一号工程"，盯准未来9年，制定了湘江治理3个"三年行动计划"，并启动实施了458个具体项目。

清洁低碳技术推广项目，祁东官家嘴风力发电厂、衡阳县100MW太阳能屋顶光伏产业园、城区16.6MW光伏发电等新能源利用项目进展迅速；更换欧Ⅲ型环保公交车辆736台；市城区4吨以下燃煤锅炉已全部淘汰，城区内大型宾馆、医院的锅炉实现煤改气。全市火电、水泥行业脱硝脱硫设施基本建成，完成水泥立窑淘汰。建成节能建筑面积75万平方米，设计阶段建筑节能强制性标准执行率、施工阶段建筑节能强制性标准执行率均为100%。

生态建设项目，启动总投资390亿元的来雁新城、总投资133亿元的滨江新区建设，"两岸新区"将依托衡阳市区位、交通、旅游、资源、人口、产业优势，真正建成带动全市发展的重要增长极和两型衡阳的靓丽名片。积极实施"两岸新区"建设和"一江四水"风光带建设，以南湖公园、酃湖公园、虎形山公园等城市公园建设为重点，切实抓好城区88万平方米绿化提质改造，为创建森林城市打下了良好基础。

4. 深化了一批生态体制改革

通过与省生态改革小组衔接学习，结合衡阳实际，出台了《衡阳市2014年生态文明体制改革工作实施方案》，推进了"一划定八机制"共23项改革任务，具体来看：实现排污权上市交易；实行项目用能初审制度；建立完善重点企业污染源监控机制，对重点监控企业实施全天候、全方位监测；正式实施居民生活用水阶梯价格；持续扩大"绿色信贷"投放规模，扶持壮大两型产业；全面铺开"一流转五服务"农村土地流转改革，激发农村发展活力；深入推进集体林权制度改革和国有林场改革；确立了水资源开发利用控制红线、用水效率红线、水功能区限制纳污红线；设立了水体保护红线，划定了畜禽禁养殖区；启动了耕地、湿地、森林保护红线划定和矿产资源统一确权登记工作。

5. 打造了一批示范创建单位

把两型学校创建工作纳入到县市区党委政府年度目标考核体系之中，印发了《关于开展两型学校创建活动的实施意见》，在全市大、中、小学选取部分学校，开展两型教育试点工作，着力推动形成覆盖各层次学校的两型知识教育课程和两型实践活动，切实发挥"教育一个学生、影响一个家庭、带动一个社区"的传导效应。进一步完善了《衡阳市两型示范创建项目库》，将2013年360多个入库项目精减为188个，确保每一个项目都有亮点、都有潜力点、都有示范点，并着力在后续工作中予以重点扶持。

2014年，我们取得了一些经验，主要是：要始终坚持"省统筹、市为主、市场化"的原则导向，在坚持全省一盘棋，各市州差异发展的前提下，通过制定完善各类优惠扶持政策，切实引导市场参与到两型社会建设中来，使市场真正起决定性作用。要牢固树立"保护生态环境就是保护生产力、改善生态环境就是发展生产力"的发展理念，坚决摒弃黑色GDP，务求绿色GDP。要坚持以体制机制创新和科技创新为核心驱动力，充分激发潜在红利，努力培育新产品和新市场，引导形成新观念，促进生产、生活和消费方式的两型化发展。

虽然衡阳市两型社会建设取得一定成绩，但原创性改革欠缺，资金压力加大，污染存量较大，产业层级不高等仍是制约衡阳市两型社会建设的难点所在，需要在下一步工作中加以解决。

三　2015年衡阳市两型社会及生态文明建设重点

2015 年，是两型社会建设第二阶段收官之年，也是全市生态文明体制改革深入实施之年。做好2015 年的工作，对于实现两型社会建设平稳有序转段、生态文明建设全面突破具有重要意义。为此，衡阳市将着力做好六个方面的工作。

1. 深化重点领域两型化改革

一是推进生态文明体制改革。建立权属清晰、流转有序的生态资源产权制度，完成水体、森林、湿地、矿产资源边界红线划定，推进土地、房屋、草原、林地等不动产统一登记工作，严格国土空间开发保护。建立更大范围、更大尺度的生态共建制度，着力推进农村环境连片整治机制，大气污染防治和监测预警工作。建立"谁破坏谁补偿、谁受益谁分担"的污染者付费和生态补偿制度。建立企业环境信用评估体系，全面实施排污权有偿使用和交易制度，完善排污权交易综合性管理平台。建立资源核算清晰、效益统计科学的考核机制，启动绿色 GDP 分类考核绩效评价工作。

二是推进城镇建设两型化改革。城镇规划坚持生产空间集约高效、生活空间宜居适度、生态空间山清水秀的总体方向，逐步实现生产、生活、生态空间的和谐共生。村镇规划突出集镇、中心村庄、村民聚集点、农业产业布局、生态保护区划定、路网及各类基础设施和公共服务设施的改善和优化，引领村民集约发展、集聚生活、集市共享。抓好 20 个左右小城镇示范点建设。推进"数字衡阳"建设，建立政府与民众、政府与市场的数字化互联互通平台，促进政府管理职能与服务产品及时传导到数字末端，渗透到城市生活的各个方面。市城区全面实行环境卫生市场化外包，试点启动绿化管护外包，其他各县市选取 3~5 个中心集镇，推行环境卫生外包试点。严格城市公共设施管护，制定完善教育为主、处罚为辅的管护措施，引导全社会形成"爱我家园"的向上向善正能量。

三是推进清洁低碳技术全面落实。通过政府和市场"两只手"，驱动技术创新和体制创新"两个轮子"，带动两型社会建设。加强税收优惠，对风电、生物质发电、太阳能发电等可再生能源的发电量，由电网企业按照国家规定价格全额收购；对符合条件的资源综合利用产品及劳务按照国家税法规定落实增值税和企业所得税。积极整合国家、省、市三级专项资金、科技示范资金等资源，通过财政补贴、贷款贴息等手段，吸引和带动社会各方面投资，为技术推广项目提供资金支持；全面落实绿色信贷政策，推进排污权、合同能源管理、合同环境服务管理等未来收益权质押业务（保理）。

2. 建立健全两型宣教体系

一是强化媒体宣传。在报纸、广播、电视等媒体上开辟两型专栏，进行两型知识、标准、政策和两型社会建设改革宣传。以短信、手机报等形式开展两型宣传教育。二是深化课堂教育。编印《两型教材》，在中小学校开设两型课程，在大学开展两型讲座，在市县党校增加两型授课内容。依托党员干部教育学院和远程教育网，提高两型授课比例。开展两型课程进机关、进村庄、进企业、进社区活动，促进机关、村庄、企业、社区两型教育自主化、常态化。三是丰富主题活动。集中实施"两型宣传月"活动，开展两型技术产品展销会、两型社会建设文艺汇演、两型知识竞赛、两型演讲比赛、"宜居家园"随手拍、"厉行节约、践行低碳"等主题宣传活动。

3. 着力抓好两型产业发展

一次产业方面。推进"一流转五服务"工作，加快农村土地承包经营权、土地流转经营权确权登记颁证，全年流转土地600万亩以上，加快建立新型农业经营体系，走产出高效、产品安全、资源节约、环境友好的现代农业发展道路。推广"公司＋基地＋农户"、农民专业合作社及"家庭农场"等模式，力争新发展农民合作社和家庭农场各200个以上。加强资源与资本合作，打造"一村一产业"、"一村一特色"的现代农业格局。引领生态种植、清洁养殖和绿色有机农产品等产业发展，推进衡阳国家农业科技示范园、衡阳国家油茶生物产业园、衡南县10万亩油桐种植基地、常宁市塔山山岚茶开发基地以及常宁市高山有机茶基地建设。

二次产业方面。抓好重点用能产业和企业节能，推进合同能源管理，强化能源消费总量和强度双控制，促进节能降耗。加快机械、煤炭、冶炼、化工、食品、纺织等传统产业两型化改造，形成新的增长亮点。进一步淘汰落后工艺装备，关闭不符合国家产业政策的"五小企业"。推进电子信息、先进装备制造、生物医药、新能源等高新技术产业集群集聚发展，支持富士康、五矿金铜、特变电工、南岳电控、汉森制药、共创光伏等企业做大做强。推广节地、节能、节材的发展模式，在全市11个省级及以上产业园区中，推行300万平方米多层式标准厂房建设。加强资源循环利用水平，争取衡阳申报成功国家级循环经济示范城市，水口山地区申报成功国家级循环化改造示范试点。

三次产业方面。加快国家服务业综合改革试点城市建设，推进华耀城、共创国际广场、崇盛国际中心、美美世界、白沙物流园、天子山火文化公园及衡山科学城等现代服务业项目建设。大力发展"低碳经济总部"，积极打造湘南医疗中心、湘南金融中心、湘南物流中心、湘南旅游中心和湘南研发中心，推进中心城区现代商贸、高开区高新科技孵化及电子商务、衡山科学城软件开发及健康产业等总部基地建设。

4. 推进"清绿净"生态工程建设

坚持把优美的生态环境作为两型基础加以打造，以项目为载体，切实做好"水、绿地、气"三篇文章。

一是加强水体生态清洁工程建设。推进"一号工程"建设，加强湘江、蒸水、耒水流域的重金属污染治理。实施"一江四水"滩涂湿地生态修复治理。严格湘江干流1000米，一级支流500米以及饮用水源保护区一公里范围内的畜禽禁养区红线执法，确保红线范围内畜禽规模养殖现象不反弹。加快耒水国家湿地公园、常宁天湖国家湿地公园、衡南莲湖湾国家湿地公园、衡山萱洲国家湿地公园等4个国家级湿地公园试点建设，推进东州岛、鄢湖、幸福河、雁栖湖等湿地生态公园建设，提质南湖湿地公园，全面构建水域生态安全屏障。

二是加强陆地生态绿化工程建设。着力在"增绿、透绿、护绿"上下功夫，大力开展植树造林、封山育林，深入推进衡邵干旱走廊、紫色页岩石漠化治理、"一江四水"风光带等绿地生态屏障建设，力争森林覆盖率提高到46.3%。推进"秀美村庄"建设，"秀美村庄"创建面达到90%以上，率先把

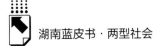

市城区 147 个村庄创建成为"秀美村庄",实施农村生活垃圾处理五年计划,完成 400 个行政村的人居环境整治任务。深入推进"通道绿化三年行动计划",加快实施 10595 公里通道绿化工作,完成率达到 90% 以上。市城区绿化做到"见缝插绿",在沿街建设小游园、小绿地,努力建设"房在绿中现,人在绿中行"的绿色城市。

三是加强大气环境净化工程建设。落实《衡阳市大气污染防治行动计划》,完成振弘公司燃煤锅炉取代,大唐发电厂 1 号、2 号机组二氧化硫治理,华菱衡钢 340 机组轧机除尘、恒生制药燃煤锅炉烟尘治理等 283 个污染治理项目建设,持续改善全市空气质量。

5. 做好两型示范创建工作

一是提质白沙示范片区。推进衡阳综保区建设和发展,把综保区打造成为衡阳融入"一带一部"经济圈的桥头堡和"开放高地"。做好主导产业发展规划,促进富士康大屏幕电视机和精密模具等项目做大做强,实现清洁低碳技术产业占比达到 95% 以上。提高片区绿化覆盖率和垃圾污水处理率,完善街道、社区、村庄、商场、学校等社会单元,加快促进"产业园区"向"新型城区"转变,打造独具特色的省级两型示范片区。

二是培育两型综合示范区。在各县市区及园区选定一个区域、突出一个主题,培育一个富有特色的两型综合示范区、推进一批两型标志性工程建设。

三是扩展示范创建领域。在学校、社区、城镇、村庄、文化等重点领域,开展专项创建,实现宣传推介一批、打造成熟一批、策划储备一批的创建格局,稳妥有序推进两型创建工作。

6. 启动实行两型综合评价

围绕资源节约、环境友好、经济社会三个方面,选择务实性强的社会经济发展指标(共 36 个),启动对 12 个县市区和白沙示范片区 2014 年度两型社会建设综合评价工作。通过开展两型社会建设综合评价,充分发挥评价指引、舆论监督作用,分析存在的问题及薄弱环节,对不同地区下阶段工作制定差异化的工作措施,实现两型社会建设定向着力、精准发力。

邵阳市2014～2015年两型社会
与生态文明建设报告

邵阳市两型办

2014 年，邵阳市紧紧围绕湖南省委、省政府的决策部署，以"八个建成"、"三个高于"贯穿于全市两型社会建设的全过程，有力地推进了邵阳市两型社会建设各项工作。

一　2014年邵阳市两型社会与生态文明建设情况

1. 两型产业蓬勃发展

产业结构持续优化，2014 年，三次产业比由上年的 22.5∶38.9∶38.6 调整为 21.8∶38.2∶40，第三产业比重上升。

工业经济规模扩大。规模工业增加值达 491 亿元，增长 11.6%，增速高于全省 2 个百分点，排全省第 4 位、中西部市州第 2 位。产值过百亿产业达到 4 个。工业园区实现规模工业增加值 313 亿元，占全市规模工业增加值的 63.8%，其中宝工区实现规模工业增加值 45 亿元，增长 39%。湘商产业园建设中，注重以两型为导向，做好规划和建设工作。

农业现代化水平提升。新增国家五星级农庄 1 家、农业产业化企业 20 家、农产品基地 9.8 万亩、农民专业合作社 60 家。新建新农村重点村 22 个、畜禽标准化养殖场 80 个。推广农机具 4.5 万台（套），综合机械化水平达 58%，提高 4 个百分点。

现代服务业加速发展。电子商务、互联网、金融等新兴业态加快发展，洞口雪峰蜜橘在渤海交易所整体挂牌上市，中国卤菜交易网、老百姓易购网、邵东购、宝庆佬农产品网上商城等一批电商品牌进入市场，邮政快递、电子商务以 50% 的速度增长，移动 4G 网络成功实现商用。编制完成旅游发展总体规划和西部生态圈文化旅游规划。崀山创 5A 景区通过国家景观质量评审，新宁成为湖南首个全国旅游标准化示范县。成功举办 2014 中国湖南国际旅游节、南山六月六山歌节等有影响、有实效的旅游促销活动。接待游客 2257 万人次，增长 18.8%；实现旅游综合收入 167.4 亿元，增长 19.4%。

2. 基础设施建设加快推进

2014 年，全市安排重点建设项目 337 个，完成投资 495 亿元，为年计划的 103.8%，比上年增加 90 亿元，增长 21.6%。

区位优势明显提升。怀邵衡铁路在邵阳市境内投资 180 亿元，已全线开工。沪昆高铁邵阳段全面建成通车，邵阳北高铁站站房按 1 万平方米规模建成投入使用。邵阳武冈机场项目可行性研究报告获批，试验段工程竣工验收，场内工程全面开工建设。邵坪高速进展顺利并超额完成年度投资计划，武靖高速基本完成征地拆迁工作，控制性工程已提前开工。新改建干线公路 266.6 公里，完成农村通畅工程 642.4 公里。

城乡面貌极大改善。中心城区加快扩容提质，加快了交通拓城、文化秀城、产业融城步伐，"最美十条街"改造全面铺开。东互通世纪大道、南互通敞口工程、邵石南路、桃花路、大祥立交等建成通车，邵坪 L2 连接线正在进行拆迁和路基土石方施工，城网改造工程火车南站及东互通 110kV 输变电站工程已竣工，即将进行线路施工。各县积极实施扩容提质工程，水、电、路、气等基础设施都有显著变化，新宁、邵东、洞口等县城镇化率显著提升，18 个建制镇被评为全国第二批重点镇，5 个传统村落保护发展规划通过审查，绥宁侗寨申遗进展顺利。

能源大市创建提速。邵阳市把风电产业作为全市结构调整、产业转型、改善生态的重要项目来抓，在全省率先出台鼓励发展风电产业的文件，率先完成了风电编制规划，制定了各县（市）年度风电开发任务。《邵阳市风电消纳规划》已通过省电力公司初审。南山一二期、新宁风雨殿、洞口苏宝顶、隆回宝莲和望云山等 6 个风电场、装机 30 万千瓦容量已建成；新邵龙山、邵东蒸乡、城步牛排山等 11 个风电场、装机容量 60 万千瓦在建；还有 17 个共 100 万千瓦风电项目在开展前期工作。同时，农村电网管理体制改革工作在全省率先完成，已有 97 个自供区共计 593 个村完成改革任务。湖南省电网公司已接收邵阳市全部小型自供区电网，供区电网改造规划和可研编制基本完成。"气化邵阳"方面，湖南省同意邵阳市邵阳－邵阳县、邵阳－邵东县、邵阳－洞口－武冈等三条天然气支线管道项目开展前期工作，正在编制项目可研报告。

3. 生态环境逐步改善

2014年，全市共排查排污单位1095家。龙须塘老工业区环境污染综合整治、市污染集中处理工程、城区煤改气工作顺利推进，"四水"治理和中小河流治理全面实施。启动实施农村环境卫生综合整治，新建垃圾池3.5万个，配置垃圾筐3.3万个，修建垃圾中转站56处，新建填埋场160余处，购置垃圾拖运车1705台，清运垃圾145万吨。"三边三区三年"绿色行动深入推进，完成植树造林39.61万亩，封山育林39.12万亩，创办城郊荒山造林、油茶、楠竹新造和速丰林造林等各类大规模示范基地156处，办点面积4.2万亩，巩固退耕还林成果工程和石漠化治理工程进展顺利。全市森林覆盖率达到60.6%，比上年提高2.1个百分点。绥宁、武冈、新宁、邵东、邵阳县等纳入全国第二批水土保持监督管理能力建设县，城步南山草原荣获"中国美丽田园"称号，隆回县虎形山获国家级生态乡镇称号。

4. 两型相关改革深入推进

在全省率先平稳关闭落后小煤矿65家，被誉为"邵阳模式"，经验在全国推介。市本级行政许可项目由301项精减到121项，非行政许可项目由150项精减到37项。注册资本登记制度和工商登记前置审批制度改革扎实推进，新登记企业5443户，增长47.1%；新增注册资本227.4亿元，增长62%。隆回国有林场改革经验在全国推介。

5. 创建工作取得实效

成功创建省级园林城市，市区绿地率达到31.46%，绿化覆盖率达到35.12%，人均公园绿地达8平方米。创建国家卫生城市取得阶段性成果，新建公厕28座，提质改造778座，新建垃圾中转站30座，提质改造34座；改造升级农贸市场42家，已竣工使用28家。新增和更新公交站牌150座，候车亭40座，枫林公交停保场竣工投用。桂花渡水厂取水泵房改造主体工程竣工，江北污水处理厂试运行。拆除违法建筑36.7万平方米，违法建设不断减少。全面推行城市"牛皮癣"清理、干道清扫保洁、资江邵水垃圾打捞市场化运作，市容秩序、环境卫生、渣土运输、户外广告等专项整治效果明显。

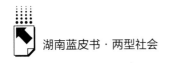

二 2015年邵阳市两型社会与生态文明建设思路

1. 坚持用两型规划引领"十三五"发展蓝图

充分发挥规划的战略作用、前瞻作用、引领作用，将两型导向贯穿"十三五"规划，切实谋划好总揽全局、影响长远的"十三五"发展蓝图，全面提高邵阳市综合实力，推动邵阳科学发展。

2. 坚持用两型理念助推产业发展

一是推进工业两型化。以湘商产业园建设为契机，加快发展新型工业。以园区标准厂房的建设为抓手，加快再生资源、金银花、特种纸业等专业园区建设，确保全年竣工239万平方米、投产129万平方米标准厂房，力争园区工业产值过300亿元、技工贸收入350亿元。继续抓好"四百工程"，引进工业项目120个以上，开工130个以上，投产120个以上，新增规模企业150家以上。支持机械、纺织、食品、建材等传统产业做强做大，实现轻工业产值过600亿元，建材、食品产业过300亿元。推进老工业城市核心区域龙须塘片区搬迁改造工作，实现邵阳市老工业区转型提质示范发展。

二是大力发展现代农业。全面实施现代化产业示范园建设、水利建设、"封山育林"绿色邵阳、农村环境卫生整治、农产品质量安全等五年行动计划，协同推进"百城千镇万村"新农村建设工程及"六到农家"试点工程，做优做强"菜篮子"工程。做强特色优势产业，积极引导药材、油茶、畜牧、林果、奶业、蔬菜等特色产业的战略转型，进一步做响南山奶粉、雪峰蜜桔、邵阳油茶、富硒大米、隆回金银花、武冈卤菜、新宁脐橙等品牌，积极深化农业产业化和农产品精细加工。

三是壮大服务业规模。出台《关于推进服务业加快发展的若干意见》。积极围绕发展现代物流、现代商贸、旅游、金融、房地产、文化创意、居民服务业、健康养老、电子商务和科技信息十大产业领域，着力实施重点项目带动、领军企业培养、服务业集聚，服务业标准建设和服务业品牌培育五大示范工程。着重抓好火车南站站前区、宝庆新城、资江两岸等重点区域服务业发展，加快湘西南物流城、金罗湾国际商贸城、邵阳高铁新城等一批服务业集聚区建设。争取引进一批供应链物流企业、商贸业品牌企业和新兴服务业企业，建设一批冷链物流。加快推进崀山创建 5A 景区步伐，加大南山、黄桑、云山、虎形山、白水洞等景区投入力度，扎实推进"美丽乡村旅游扶贫工程"和特色旅游小镇建设。力争全年接待国内外游客 2700 万人次以上，实现旅游总收入180 亿元以上。

3. 坚持用两型思路推进城乡一体化

一是构建宜居宜业的中心城区。加快整体推进最美十条街速度，改造提质一环路，畅通完善二环路，加快推进三环路。"一环"方面：完成西湖南路建设和宝庆路的改造及资江一桥的除险加固。"二环"方面：加快雪峰桥和雪峰桥至宝庆路段建设，开工建设魏源路江北广场至雪峰桥段。"三环"方面：加快推进新城大道、虎形山路、金鸡路、邵西大道建设前期工作，尽快启动建设。充分利用国家棚改政策，推进棚户区改造五年行动计划，着力完成小江湖半岛片区、资江南岸片区、龙须塘片区、双清路片区等"十四大片区"的改造工作。大力推动"两供两治"工程。继续推进"三区三边"绿化行动，不断提升城市绿化水平。加大对城区文化健身设施、道路照明停车设施、人防设施等改造更新，组织实施好国家中西部地区中小城市基础网络完善工程及城市社区公共服务平台建设专项工作。

二是构建特色鲜明的美丽村镇。继续推进东西部区域快速路网、城乡居民便捷公交、居家养老等各项工程，努力缩小城乡差距，加快城乡一体化发展步伐。全力推进东部城市群建设，拉通南城快线，开工东城快线，完成西城快线前期工作。加快西部生态圈基础设施建设、旅游产业发展。加快推进县城及重点小城镇建设，进一步优化发展规划，精心打造核心镇区，推动扩权强镇试点工作。逐步提升广大镇村的硬件建设和软件服务水平，重点打造美丽乡村特色村，抓好民族特色与民居保护，推进美丽乡村旅游扶贫工程。加强农村水利设施建设，重点加快推进衡邵干旱走廊综合治理、犬木塘水库、木瓜山第二水源建设工程建设，继续推进农村饮水安全、大型灌区续建配套、病险水库维修、四水治理、小流域治理、水土保持等一系列项目建设，完成103 座小型病险水库、3 座大型病险水闸的除险加固，做好 7 座大中型病险水库和 18 座大中型水闸前期工作，切实抓好"五小"水利工程建设，新建集中供水工程 342 处，解决 48 万农村人口饮水不安全问题，让水利基础支撑美丽乡镇建设。

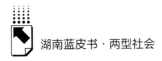

4. 加快绿色能源建设，构建保障有力的能源体系

积极打造湘西南电网枢纽城市和电源输出城市，确保邵阳市能源节约、清洁、安全、可持续发展。

电网改造方面，加快推进全市电力主网和配网工程建设，全面完成农村电网改造工程，将全市未纳入改造范围的村全部纳入改造计划，完成投资20亿元。开展优化电网建设环境和用地秩序整治专项行动。

新能源建设方面，以新能源示范城市创建工作为抓手，大力发展太阳能、风能等新能源利用项目建设，推进宝工区、大祥、洞口、武冈等光伏发电项目，积极在城区开展"煤改气"和垃圾焚烧发电工程建设，提高新能源在能源消费总量中的占比，减少污染物排放，改善居住环境，顺利通过国家对邵阳市国家新能源示范城市创建的验收。

风电开发方面，建成龙山、寨子背、大云山、蒸乡、牛排山等风电场，开工建设金坪、十里平坦、金紫山、宝莲二期、宝莲一期扩容工程等风电场。

"气化邵阳"工程方面，开工建设市区-邵东、市区-邵阳县两条天然气输气管网工程，争取完成市区-隆回-洞口-武冈-新宁天然气输气管道前期工作。积极推进天然气分布式发电项目，加快LNG调峰储气库建设，有序推进全市CNG和LNG加气站规划建设，加强城镇燃气配套基础设施建设，提高城镇居民天然气的普及率。

5. 全面建设生态文明

紧紧围绕绿色发展、循环发展、低碳发展的要求，把生态文明建设的理念融入到经济、文化、社会建设的各方面和全过程，深入开展"碧水工程"、"蓝天工程"、"绿化工程"，做好生态空间保护、三边造林、石漠化治理、农村户用沼气、大中型沼气、巩固退耕还林工程等十项工作，深入实施十大环保工程，为人民群众创造良好的生产生活环境。

岳阳市2014～2015年两型社会
与生态文明建设报告

岳阳市两型办

2014 年，在湖南省委、省政府以及省长株潭两型试验区工委的决策部署下，岳阳市以全面建成小康社会为总抓手，着力深化改革开放、转变发展方式、统筹城乡发展、注重生态保护，两型社会与生态文明建设取得了新成效。

一 2014年岳阳市两型社会与生态文明建设情况

一年来，全市上下以生态文明建设为主线，狠抓两型社会综合配套改革、两型产业培育、两型城乡建设、示范片区建设等工作，有力地推进了全市经济社会持续健康发展。全年实现地区生产总值2676亿元，增长9.5%，完成公共财政预算收入256.1亿元。万元GDP能耗降低6%，化学需氧量、氨氮、二氧化硫、氮氧化物分别削减1%、5%、12%、12.5%，空气质量优良率在全省6个重点监控城市中排第一。岳阳获评"中国最具幸福感城市""中国最具文化软实力城市"，是全国唯一同时获两项殊荣的地级城市。

1. 两型综改有新动作

坚持以生态文明体制改革为主题，着力推进生态补偿、资源性产品价格、农村污染治理等方面机制创新，形成了一批创新成果。

生态补偿机制改革方面，制定了《建立生态补偿机制实施方案（初稿）》，投入1000多万元用于铁山水库等库区的生态补偿，完成了339.861万亩省级以上公益林的财政补偿，东洞庭湖自然保护区被纳入财政部和国家林业局组织开展的生态效益补偿试点，获得国家湿地生态补偿及修复资金4000万元。

资源性产品价格改革方面，阶梯水电气价格改革稳步推进。邵阳市已于

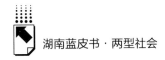

2012 年实施生活用电阶梯式价格制度，已于 2015 年 1 月 1 日在邵阳市天然气管道直达的市、县、区执行居民生活用天然气阶梯价格，将于 2015 年年底前全面实行阶梯水价。

两型产业准入方面，全面总结推广了湖南岳阳绿色化工产业园项目两型准入标准。

联合产权交易平台方面，出台了《关于推进我市公共资源交易中心统一进场的工作方案》和《岳阳市公共资源交易中心筹建工作方案》两个工作方案。

农村面源污染治理方面，争取农村环境综合整治项目 9 个，农村环境综合整治整区推进项目 1 个，综合整治农村环境"问题村"7 个。

自然资源生态空间和矿产资源的统一确权登记改革方面，完成了集体林权制度改革、不动产统一登记改革前期调研以及农村集体土地所有权外业调查及数据库建设，并在岳阳县黄沙镇进行集体土地确权登记发证试点，探索了集体土地确权登记发证工作的有效经验和做法。

生态功能红线划定方面，2014 年，全市林地面积 942.7 万亩，耕地面积 479.34 万亩，森林面积 857.8 万亩，耕地保有量、林地保有量和森林保有量均达到生态保护红线要求，湖南省林业厅确定的 2014 年度湿地保有量 281.2 万亩也已全部按要求落实到项目实施保护。

推行政府两型采购制度方面，全市共有 9 家企业 16 个产品申报了省两型产品认定，有两家企业 10 个产品被列为湖南省第一、二批两型产品，在全省市、州中居于前列。

大气污染防治方面，对 6 个城区空气治理监测站进行了提质升级，与环保部实施联网直报。空气质量优良率在全省 6 个重点监控城市中排第一。

2. 两型产业有新支撑

突出两型导向作用，着力推进经济提质增效升级，产业结构进一步优化。2014 年，三次产业结构调整为 10.8∶54.1∶35.1。新型工业化加速推进，六大高耗能行业增加值占规模工业比重下降 2 个百分点；高技术产业增加值占GDP 比重达到 17%，提高 0.3 个百分点。服务业提速发展，服务业增加值占GDP 比重同比提高 1.1 个百分点。现代农业加快发展，粮食总产达到 315 万吨，创历史新高；水产品产量 45.6 万吨，连续 25 年保持全省第一；农民合作社发展到 2017 家，新增 13 家农业产业化省级龙头企业，涉农中国驰名商标发展到 27 件。

3. 两型城乡有新面貌

高速公路"两路一桥"、临湖公路等项目加快推进，芙蓉大道湘阴段竣工通车，新建、改造农村公路 504 公里。完成 4 个 110 千伏输变电项目建设和 419 个行政村农网改造。"数字岳阳"地理空间框架建设全面完成。疏浚沟渠 2 万公里，解决农村 35.8 万人饮水安全问题。王家河流域综合治理、湖滨和马壕污水处理厂建设加快推进，南湖水上游乐项目投入运营，公共自行车租赁系统使用超过 630 万人次。拆除违法建设 2282 处 31.7 万平方米。在全省城市卫生暗访检查中排名第一。农村环境整治纵深推进，美丽乡村建设全面启动，平江茅田村获评中国最美休闲乡村。

4. 两型创建有新突破

以社区和村庄为重点，将示范创建活动向全市铺开、向基层延伸。

一是完善了两项两型标准。通过组建《岳阳市两型示范创建单位和工程项目库》，指导和总结全市各创建单位工作情况，总结推广了湖南绿色化工产业园项目两型准入标准和湘阴县两型村庄创建标准。

二是培育了 1 个综合示范片区。在全市范围内遴选一批创建基础好、示范性强的创建单位进行比对，择优选择了岳阳楼区开展综合示范片区创建，编制了《岳阳楼区两型综合示范片区创建实施方案》。

三是总结了两项创建模式。积极培育和推介湖南岳阳绿色化工产业园循环经济模式和岳阳楼区"美好社区、温馨家园"两型创建模式。

四是开展了系列集中宣传活动。结合"世界环保日"，以"节约型校园"为主题，在全市中、小学校开展"两型征文"比赛活动；在中心城区，以"低碳节能进万家"为主题，指导社区组织文艺晚会 20 余台次。2014 年，共确定 40 个市级两型示范建设单位和 19 个市级两型示范创建项目，争取汨罗市白水镇西长村、五里牌街道办事处杨树塘社区等 18 个村（社区）列入全省两型创建单位；成功争取湖南绿色化工产业园列入国家首批低碳园区试点，申报君山钱粮湖镇马颈河村社区、临湘市羊楼司镇梅池社区等 7 个社区纳入全省低碳社区试点。

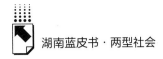

5. 片区建设有新进展

将项目建设作为加快示范片区建设的重要支撑，强力推进。2014 年，城陵矶临港产业新区成功申报"一区一港三口岸"（岳阳城陵矶综合保税区、启运港退税、进口肉类指定口岸、进口粮食指定口岸、汽车整车进口口岸），招商引资新签约项目 23 个，合同引资 38.6 亿元；汨罗新市片区的金正科技、湘王铝业、冠宏达五金、博发铜业等新建项目进展顺利；屈原营田片区投资 1.5 亿元对城区五条主街道进行了提质改造，投入 3600 多万元建成了人民医院住院综合大楼和卫生监督所；湘阴界头铺片区全面启动金凤大道、安嘉路建设，共引进各类项目 13 个，其中亿元以上项目 3 个。预计全年示范片区建设完成固定资产投资 371.4 亿元，其中城陵矶临港产业新区 66 亿元，单位土地面积 GDP 产出 0.832 亿元；界头铺片区 146.4 亿元，单位土地面积 GDP 产出 0.891 亿元；屈原营田片区 29 亿元，单位土地面积 GDP 产出 0.947 亿元；汨罗新市片区 130 亿元，单位土地面积 GDP 产出 0.78 亿元。

6. 技术推广有新变化

先后对云溪镇云龙路小城镇建设示范点等 99 个项目进行了节能审查，累计核减项目能源消费量约 10 万吨标煤；启动了排污权交易基础工作，完成了全市 429 家工业企业主要污染物初始排放量的申报、核定、公示，建立了初始排污量数据库系统；清洁低碳技术推广方式由"点"到"面"转变，组织申报了岳阳县绿色能源示范县建设等 6 个综合性清洁低碳技术推广项目，成功争取湖南绿色化工产业园能源在线监测体系项目列入省级清洁低碳技术推广试点项目。

二 2015年岳阳市两型社会与生态文明建设思路

2015 年岳阳市两型社会与生态文明建设的总体思路是：深入贯彻落实党的十八大及十八届三中、四中全会和中央、省委、市委经济工作会议及省、市政府工作报告精神，坚持以提高经济发展质量和效益为中心，以全面建成小康社会为总揽，以生态文明建设为主线，通过深化两型改革、发展两型产业、建设两型城乡、夯实两型基础，纵深推进两型社会与生态文明建设。

1. 围绕重点领域，深化两型综改

以生态文明体制改革为重点，全面深化两型综合配套改革。

一是强化大气污染防治。加快燃煤锅炉污染治理设施建设与改造，实施重点节能改造工程，加快电力、水泥等重点行业脱硫、脱硝、除尘和清洁生产技术改造，筹建排污权交易中心。加强 $PM_{2.5}$ 监控，加大渣土扬尘、机动车尾气等治理力度，继续淘汰"黄标车"，将禁烟区范围扩展至城市建成区85%以上面积。加强温室气体排放管控，推进127家重点企（事）业单位温室气体排放直报。

二是深化城乡环境综合治理。深入推进"洞庭风雷"行动，严厉打击非法捕捞、采砂、排污、营运等行为，促进人水和谐。继续开展城区"六大整治"行动和爱国卫生运动，全面推进美丽乡村建设，加强以农村面源污染、畜禽养殖污染治理、生活污水、垃圾处理为重点的农村环境连片整治。

三是加快生态岳阳建设。推进"绿色通道"建设三年行动计划，认真落实湘江保护与治理省政府"一号重点工程"，全面完成第一个"三年行动计划"，加强铁山水资源保护，抓好东洞庭湖自然保护区建设和城区"四湖两河"水域环境治理，启动华容河、黄盖湖综合治理。加强临湘桃林铅锌矿、云溪松阳湖等区域重金属污染治理，确保流域水质持续改善。实行最严格的水资源管理制度，积极参与长江、湘江、洞庭湖等跨界河湖流域联合治理和开发，抓好东洞庭湖自然保护区建设，加强汨罗江、新墙河等流域联防联治，构建绿色生态走廊。加快环南湖旅游交通三圈建设，加强金凤湖生态示范区保护与利用，努力把岳阳打造成为国内外养生养老休闲名城。

2. 紧扣国家战略，发展两型产业

抢抓长江经济带和洞庭湖生态经济区两大战略实施机遇，主动研究、探索如何进一步优化产业布局、延长产业链条、提升产业层次、丰富产业业态。

一是优化工业结构。以产业链延伸、价值链提升为重点，引导石化、食品、造纸、建材、机电、纺织等优势传统产业改造升级、兼并重组、集聚发展，重点推进1500万吨炼油改扩建及100万吨芳烃、湘江纸业环保搬迁与优化升级技术改造、临港新区食用油加工综合等项目。全面推进产业园区"135"工程，大力引进和发展新业态，培育壮大新材料、先进装备制造、电子信息、生物医药、节能环保等高新产业集群，争取引进创新型企业250家、

认定高新技术（产品）企业 30 家，实现高新技术增加值占 GDP 比重达到 20% 以上。

二是扩大服务业规模。出台岳阳市现代服务业发展三年行动方案。集中力量和资源突出发展现代物流、商贸商务、现代金融、电子商务、文化旅游等行业和领域，重点推进南翔万商国际商贸物流城二、三期和红星美凯龙城市综合体、临港国际汽车城、岳阳茶博城、中粮城陵矶产业园、华菱欣港物流总部经济、环南湖旅游交通三圈、洞庭湖国际电子商务新城、中国洞庭湖博览园等项目，创建 1~2 家省级服务业集聚区。

三是发展现代农业。全面铺开农村土地承包经营权确权登记颁证，引导土地有序流转，积极探索农村土地承包经营权抵押贷款，鼓励和引导工商资本到农村发展现代种养业。保障粮食、生猪、水产等大宗农产品稳定供给，确保粮食播种面积稳定在 800 万亩、总产 310 万吨以上。大力发展油茶、楠竹、林下经济等特色产业，积极培育休闲农业、旅游农业、城市农业等新型业态。推动正大百万头生猪项目落户建设，规划建设君山、华容 50 万亩专业蔬菜基地，推进君山黄茶产业园和洞庭湖绿色食品产业园建设。

3. 依托城乡统筹，建设两型城镇

坚持走以人为本、四化同步、优化布局、生态文明、文化传承的新型城镇化道路，努力建设宜居宜业宜游的美丽家园。

一是坚持规划引领。制订《岳阳市推进新型城镇化实施纲要》，全面完成全市镇（乡）域村镇布局规划编制，推进临湘市"多规合一"国家试点。编制金凤湖生态经济区、南湖新城区规划，完善岳阳大道（东）城市规划设计。

二是增强城镇功能。统筹推进城镇水、电、路、气等市政公共设施建设，加大城区旧城改造力度，加快湖滨片区、高铁新区等路网建设，推进岳阳东客运枢纽站、郭镇公交基地建设，完成中心城区 100 台新能源公交车更新、56 座公厕和 18 座垃圾站提质改造，加快马壕污水处理厂建设。

三是提升管理水平。加快户籍制度改革，全面实施居住证制度，加强人口基础信息库建设，有序推进农业转移人口市民化。坚持集约节约用地，开展闲置及低效用地清理，盘活存量用地，强化供地率考核。拓宽城镇建设融资渠道，探索民营资本通过特许经营方式进入城镇基础设施建设和公用事业领域。加快智慧城市建设，构筑地理信息、智能交通、社会治安、市容环境管理、灾

害应急处置等智能化数字系统。

4. 突出机制创新，夯实两型基础

重点从技术推广、宣传推介、绩效评估等方面推进和完善两型社会建设的体制机制。

一是依托示范项目，推广两型技术。注重将清洁低碳技术推广与产业发展、生态建设、群众需求有机结合，引导群众自觉实践低碳生活方式，尽快享受生态文明建设成果；进一步强化十大清洁低碳技术推广，重点推进岳阳县绿色能源示范县等综合性示范项目建设，拓宽清洁低碳技术推广面，扩大推广示范效益；完善岳阳市清洁低碳技术推广项目库，2015年重点调度50个示范性强的项目，对纳入《长株潭试验区两型社会建设重大项目库》和《长株潭试验区两型社会建设综合示范项目库》的两型项目，加强指导、督查、跟踪服务。

二是立足岳阳实际，搞好两型宣传。进一步加大两型宣传力度，巩固两型学校"小手牵大手，1+2+n"宣传阵地作用，发挥两型社区创建志愿者宣传主体作用，倡导形成低碳出行方式、节约消费模式、两型生活方式；深化示范创建，在认真总结前一阶段两型示范单位创建工作的基础上，围绕两型生产、生活、消费领域，完善两型标准体系，加大扶持力度，重点在学校、社区、村庄、园区等单位开展创建活动，力争形成30个项目的市级两型示范创建项目库。

三是量化指标体系，实施两型评价。按照省长株潭两型试验区管委会的工作部署和安排，结合岳阳发展实际，围绕资源节约、环境友好、经济社会三个方面，选择务实性强、容易操作的部分社会经济发展指标，提出量化的年度发展目标，在全市开展两型社会建设综合评价，计划2015年6月完成两型社会建设综合评价的指标统计，9月联合市统计局委托第三方技术机构撰写综合评价报告，报市政府审定，12月对全市发布。

常德市2014～2015年两型社会
与生态文明建设报告

常德市两型办

一　2014年常德市两型社会与生态文明建设情况

2014年，常德市按照湖南省委、省政府决策部署，在"智慧常德、现代常德、绿色常德、幸福常德"的总体框架下，大力推进两型社会和生态文明建设，在产业转型升级、城乡环境美化、资源综合利用等方面取得了突出成绩，两型社会的实现程度进一步提高。全年完成地区生产总值2520亿元，增长10%（预计数，下同）；财政总收入185亿元，增长10%；城镇居民人均可支配收入22842元，增长10%；农民人均可支配收入10726元，增长11.4%。

（一）发展和改造并重，不断提升产业结构

改变传统发展模式下对生产空间的污染和破坏，实行发展与改造并举，着力走资源消耗低、环境污染少的现代产业之路。

1.大力发展新兴产业

努力提高低能耗、低污染和高附加值产业比重，重大项目实现新突破。成功引进全球知名的清洁能源公司汉能集团、国内信息技术领军企业浪潮集团、中国文化旅游第一品牌华侨城集团、国内著名商业地产企业万达集团、新能源汽车银泰集团等一批战略投资者；投资300亿元的忠旺铝材以及中国中车、中联现代农装等重大项目取得实质性进展；常德电厂一期、常德烟厂易地技扩改等重大项目建设扎实推进；恒安纸业扩建、雨润食品屠宰、常德烟机技改、美华尼龙扩建等项目建成投产。2014年，规模工业增加值达到951.4亿元，增长9.5%；规模工业企业户数达到924户，净增27户。七大战略性新兴产业完

成产值296.2亿元，其中节能环保产业增长87.8%。大力发展旅游业，梦幻桃花岛水公园完成主体工程，世外桃源古镇、江湖连通等精品工程加快推进，常德市规划展示馆、鼎城花岩溪成功创建国家4A级旅游景区，全年旅游综合收入增长20%。大力发展现代农业，西湖西洞庭国家现代农业示范区建设加快推进，开展了100个小型园区建设，国家农业科技园创建工作全面启动。新增国家地理标志保护产品7个，新增省级以上农产品加工龙头企业12家。

2. 积极改造传统产业

淘汰落后产能，在传统产业中积极推广应用先进工艺技术。推进工业重点行业节能减排，实施重点节能项目11个、重点减排项目82个，全年申报淘汰澧县澧峰水泥有限公司等4家企业的落后生产线，关停常德胜利化工有限公司等32家小企业，完成了节能减排约束性指标。重点推动江北城区企业"退二进三"，全年完成技改投入396亿元，新增中国驰名商标4件；实施新能源发电、工业锅（窑）炉节能技术清洁低碳技术推广重点项目10个，累计完成投资4.87亿元；实施电机能效提升计划，指导和督促重点用电企业对照国家在用低效电机淘汰路线图制定三年改造及淘汰落后方案；推动两化融合贯标，常德烟机等企业成为两化融合贯标优秀示范企业。同时，努力强化传统产业改造的科技和人才支撑，实施省级以上科技项目111项、产学研合作项目56个，新增院士工作站5家，全年专利授权量1109件。

3. 推进资源综合利用

重点加大对矿产资源、固体废物综合利用和再生资源、水资源的循环利用，着力打造"水体、能量、尾气、废弃物"四条循环链。充分利用本地的选矿采矿废石、煤矸石、粉煤灰等废渣资源制造建材和新型墙材，变废为宝，全年固废利用量约460万吨，全市11家综合利用水泥厂（含粉磨站、20家综合利用墙材企业和1家发电厂开展了资源综合利用申报认定工作。加强再生资源回收利用和精深加工，全市有7家利用生产过程中余热余压发电企业、3家热电联产企业、2家以农作物秸秆、树皮废渣等发电的生物质发电厂、1家垃圾焚烧发电厂和1家回收二氧化碳尾气再加工企业开展了资源综合利用申报认定工作。严格执行国家鼓励的资源综合利用产品认定的相关政策和规定，2014年全市资源综合利用企业享受税收优惠9000万元左右，极大地调动了广大企业开展资源综合利用工作的积极性。

（二）治理和保护并重，不断改善生态环境

一方面以推进落实"八大环保工程"为抓手，大力治理已经存在的各种污染，一方面以生态市建设为目标，加强自然生态的保护和恢复，不断改善和增强生态空间提供生态产品和生态服务的能力。

1. 大力推进污染治理

全面启动大气污染防治行动。重点实施工业大气减排、施工及道路扬尘管理、市城区燃煤小锅炉关闭、石煤矿（粉煤厂、黏土砖厂）关闭、黄标车淘汰等5个专项整治行动，市城区应关闭或改烧的152台燃煤小锅炉（炉灶），已有44台关闭或改烧；全市136家黏土砖瓦厂有47家已停产，其中市城区20家黏土砖瓦厂已全部停产，11家已拆除设备和烟囱；全年共淘汰黄标车17859辆，超额完成省下达的9620辆黄标车淘汰任务。同时，从2013年10月开始对新上户机动车免费发放环保标志，从2014年9月开始对机动车实施免费环保检测。大力推进水环境综合治理。启动全市1000人以上的集中饮用水源保护区划定工作，全市拟划定的260多处饮用水水源保护区，已分两批上报省政府，除桃源县外的150处地表水已全部获批，以此倒逼饮用水源周边环境治理；积极探索城乡水环境治理新思路，与中科院水生所合作成立了常德市水环境工程治理中心，投入1000多万元在市城区选择了柳叶湖、滨湖公园、朝阳湖进行试点，通过科学栽植水生植物和投放水体动物，采用生物技术改善水体水质，现已取得初步成效，2015年向全市推广；积极解决饮水安全问题，全年投入资金7.7亿元，建设饮水工程281处，解决了151万人的饮水安全问题，相当于过去五年的总和。

2. 加强自然生态保护

加强湿地保护，安乡珊珀湖和明塘湖湿地保护与恢复工程、桃源县乌云界国家级自然保护区基础设施建设二期工程验收并获通过，澧县北民湖基础设施建设、汉寿县西洞庭湖自然保护区建设与完善、西洞庭湖国际重要湿地保护与恢复工程二期建设项目等项目进展顺利，安乡县书院洲国家湿地公园湿地保护与恢复工程、桃源县乌云界国家级自然保护区基础设施建设三期工程、鼎城区鸟儿洲国家湿地公园试点、石门县仙阳湖国家湿地公园试点等项目展开向上申报工作。大力开展植树造林，全市农村造林27万亩，完成封山育林18万亩，

全市参加义务植树共达318万人次，尽责率达80%，植树1100万株。推进生态县和生态乡镇建设，石门县、桃源县通过省级生态县考核验收，新命名国家级生态乡镇17个、省级20个，省级以上生态乡镇总数达到158个、生态村达到331个，继续保持全省领先。

（三）城市和农村并重，不断扩大宜居空间

统筹推进新型城市化和新农村建设，加强环境综合治理，努力让城市有乡村的生态，乡村有城市的整洁。

1. 提升城市品质

加强城市规划设计，基本完成高速公路环线内500平方公里总体城市设计，优化了城区空间发展布局。重点工程建设加快，太阳山通道建成，白鹤山、芦荻山和机场通道即将通车，桥南人防工程、柳叶湖环湖大道等项目进展顺利。"三改四化"深入推进，路改年度任务全面完成，武陵桥、朗州桥、七里桥、柏园桥4座城市景观桥梁建成通车；水改强力攻坚，穿紫河、新河渠、护城河改造工程加紧施工；棚改稳步实施，改造城市棚户区10419户；绿化、美化、亮化、数字化加快推进，丁玲公园建成开园，武陵阁步行城美化提质抓紧建设，城市亮化全面铺开，云计算中心、智能交通、智慧城管、数字防控、地理空间框架系统建成运行。全面开展交通秩序、市容市貌两项整治，城市卫生保洁水平有新提高。

2. 整治农村环境

一是加快设施改善。2014年，各市级示范村共计新修硬化农村公路414公里、机耕道363公里，硬化疏浚沟渠474公里，整治堰塘333口，解决饮水安全5.3万人，完成电力改造1.5万户。二是加快民居改造。农民新建和翻修住房的热情高涨，全市共计新建住房1025套，改造危房885套。安乡县、津市市出台了村民建房管理办法。三是加快环境整治。全市示范村共计添置清运设施302台套，植树造林38.6万株，争创绿色村庄、绿色庭院、绿色家园蔚然成风。津市市推进"绿色津市"建设，创建生态示范户1500户；柳叶湖太阳谷示范村出台了庭院建设管理"九大标准"，推广户户种乌梅。四是完善村庄公共服务设施。大力推进"一部两中心三室一场一园"建设，即村部，村民活动中心、便民服务中心，村民议事室、计生卫生室、图书阅览室，村民休

闲广场，合格幼儿园。全市百村示范村共计新建翻修村部 60 个，90% 以上的村扩建或新修了村民活动中心和村民休闲广场。据统计，全市共整合各类资金 6.8 亿元，大力推进"百村示范、千村创建、村村整治"行动，涌现了石门秀坪、柳叶湖太阳谷、桃源枫树、安乡出口洲等一批示范亮点。

（四）试点和示范并重，不断增强工作推力

以试点为手段推进改革，以示范为方式推进两型单位创建，让各个地方、各个单位开展两型社会建设"做有动力，学有样板"，努力形成两型社会建设的浓厚氛围。

1. 推进改革试点

委托中国环境规划院编制《常德市生态文明示范市建设规划》，是目前湖南省率先启动生态文明体制、机制改革的市州。2014 年将生态文明改革 6 大重点任务细化分解为 32 小项改革具体任务，每一小项具体改革任务分别明确了牵头单位、责任单位，积极开展改革试点。湖南省国土资源厅已将常德市澧县列入开展不动产统一登记试点县，为出台《常德市不动产统一登记实施办法》进行有效的实践探索；石门县成为国家主体功能区建设试点，正在编制规划；开展湿地生态效益补偿试点，向西洞庭湖下达了 300 万元的湿地生态补助资金，并将汉寿、澧县、安乡纳入湖南省洞庭湖生态经济区生态补偿试点。同时，加强环境应急管理，编制了《常德市重污染天气应急预案》和《常德市突发环境事件应急预案》，妥善处置了新源合作煤矿污染道河应急事件，关闭了有 2000 多名职工的青峰煤矿，维护了河流沿线公众环境安全；实施环境信息公开，在网上发布空气质量指数、空气质量级别和首要污染物情况，动员全社会参与环境管理。

2. 开展示范创建

开展了两型村庄、农民专业合作社、园区、企业、学校、社区、景区、小城镇、机关 9 大领域的创建活动，突出在两型社区、两型村庄、两型学校、两型企业方面形成了较好的创建模式，社区方面建立了"3＋N"治理模式、"一本三化"服务管理体系，即以人为本、信息化支撑、网格化管理，特别是社区网格化管理工作获得中央综治委肯定，湖南省社区党建和社区建设工作会议在常德市召开；村庄方面建立了"3＋X"建设模式，按照"三分四模式"大

力开展农村环境综合整治，引导居民集中居住，推动家庭对太阳能、沼气等清洁能源的普及利用；学校方面建立了新建工程一律体现节能环保要求的机制，以组织"学生跳蚤市场"、"争当环保小卫士"等参与性活动形式在学生中倡导节约资源、保护环境观念，均取得了良好效果。企业方面，在食品、纺织、建材、机械等重点行业自愿开展清洁生产审核，2014 年全市共有 7 家企业通过了自愿性清洁生产审核，项目投资 1876 万元。

3. 抓好示范区建设

加强项目建设，切实强化大河西示范区常德经开区片区和柳叶湖旅游度假区片区两型示范区特色。常德经开区预计全年完成地区生产总值 80 亿元，同比增长 11.2%；完成规模工业总产值 260 亿元，增长 15.6%；完成固定资产投资 117.5 亿元，增长 35.3%；新动工建设标准化厂房 30 万平方米，全区已建成并投入使用约 35 万平方米，出租率达 70% 以上。全年新签约项目 15 个，总投资 92 亿元，其中投资过 10 亿元的项目有两个。柳叶湖旅游度假区继续在发展符合两型要求的生态旅游业上进行探索，全年完成固定资投资 22 亿元，重点兴建了柳叶湖环湖路、沾天湖南岸堤防整治工程、太阳山森林公园基础设施建设工程、沾天湖东岸栈桥工程、柳叶湖东岸堤防整治工程、柳叶湖停车场、环湖道路及景观工程等一批旅游基础工程，推进了柳叶湖文化产业园项目、桃林花海项目、武陵文化创意产业园项目、湘西北旅游集散中心等项目，形成了旅游大发展的巨大潜力。

二　2015年常德市两型社会与生态文明建设思路

2015 年，常德市两型社会和生态文明建设的主要思路是：按照建设四个常德的总体要求，以"守住环保底线、留住青山绿水"为核心，加强生态文明体制机制创新，努力促进生产空间集约高效、生活空间宜居适度、生态空间山清水秀。重点为六个方面。

（一）调整产业结构，推动产业转型升级

一是优化产业结构。加强对各产业发展前景、国策导向的研究，着力做好各产业"十三五"发展规划，培育一批优势特色产业，创建一批国家、省级

产业制造中心、交易中心，如泛湘西北甚至全国的放心食品集散基地、湖南 – 国际工程机械制造技术（常德）交易中心等。

二是发展新兴产业。对电子信息、生物医药、新材料、新能源等战略性新兴产业，采取招商引进、技术改造、产研对接、战略转型等多管齐下的方式，实现项目聚集、提质升级、做大做强。特别是要加强市经开区新材料产业基地、"三创"大楼、武陵区移动互联网产业园等创新创业基地建设，为战略性新兴产业发展提供优质平台。力争战略性新兴产业全年完成产值 300 亿元，增速高于规模工业 5 个百分点以上。

三是培育产业集群。围绕打造"一廊两城三基地"、培育六大产业集群，率先发展烟草、装备制造、生物食品等优势产业集群。四是促进"两化"融合。引导企业加强信息技术的信息化，推进产品研发和设计的信息化、生产装备与生产过程的信息化，提升工艺水平和生产效益，推进企业、园区"两化"融合发展示范试点。

（二）狠抓节能降耗，提高资源利用效率

认真落实节能环保产品目录及相应税收优惠政策，积极引导企业开展节能技术改造和推广应用节能新技术、新产品，调动企业等经济运行主体节能降耗的主动性和自觉性。

一是进一步强化工业节能目标责任考核和重点用能企业督导。加大对各县市区重点企业的巡查督导力度，全面掌控重点能耗企业的情况；严密监测工业能耗变动情况，重点加强对占全市年规模工业能源消费量 70% 左右的三大火电厂、四家氮肥厂、五大水泥厂、创元铝业、湘澧盐化、雪丽造纸共 15 家高耗能企业的跟踪监测及指导。

二是进一步淘汰高耗能行业中的落后产能，加大节能执法和监督检查力度。帮助企业从管理、工艺、装备等方面找差距，提升企业节能降耗的工作水平，稳步实施淘汰落后产能。对仍在使用国家明令淘汰设备的企业坚决执行差别电价和惩罚性电价，促使落后产能企业自动淘汰出局。开展重点用能行业单位产品能耗限额标准执行情况和高耗能落后机电设备（产品）淘汰情况监督检查。

三是进一步推进资源综合利用，大力发展循环经济。严格执行国家鼓励的

资源综合利用产品认定的相关政策和规定，加强矿山尾矿、农作物秸秆等资源综合利用工作。抓好一批循环经济、清洁生产、资源综合利用示范项目，鼓励企业循环式生产，推动产业循环式组合，重点加大对矿产资源、固体废物综合利用和再生资源、水资源的循环利用。

（三）加强污染治理，持续改善生态环境

以"碧水蓝天净土行动"为抓手，加快推进生态城市、绿色城市及生态文明示范区建设，努力实现经济社会环境的相互促进与协调发展。

一是推进大气污染防治工程。按照《常德市大气污染防治行动计划实施方案》，淘汰市城区所有黏土砖瓦厂和10蒸吨以下燃煤锅炉，加快取缔服务型单位的燃煤茶水炉，加快"五县一市"天然气管道建设，实现市城区燃气管网的全覆盖，加强建筑工地扬尘监管，对渣土运输车辆采取全封闭运输和全过程监控，扩大机动车环保标志管理范围到全市，淘汰已到报废年限的"黄标车"。

二是推进城乡水环境保护工程。新划定的260多处饮用水水源保护区实施标示管理，关闭排污口，搬迁、整治周边污染企业。加强重点湖库水质监测，落实湖库禁投措施，争取将更多的湖库纳入国家重点湖泊保护计划。争取省环保厅支持，力争实施澧水流域生态河流保护工程。

三是推进土壤污染综合防治工程。开展土壤污染状况详查，建立土壤污染档案，澄清底子。推动以石门雄黄矿为重点的土壤污染综合治理项目建设，加快工程进度。推进土壤污染综合防治示范区建设。

四是推进环境监管执法工程。严格按照"矿山限采、敏感区畜禽限养、自然水体禁投、高污染行业禁入"的思路，坚持产业准许、环境容量许可、污染和生态总体达标可控的原则，严把项目环评准入关口，提高落户项目质量，促进经济结构转型升级。

（四）统筹城乡建设，努力打造宜居常德

一是创建国家森林城市。认真对照国家森林城市的40项评价指标，已经达标的继续巩固，没有达标的加快进度；以举办常德创森摄影大赛、"森林城市杯"广场舞大赛等活动为载体，开展高密度、全方位的创森宣传，继续加大宣传力度，让创森的理念深入人心，提高创森的参与率与知晓率。

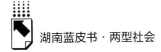

二是推进美丽乡村建设。抓好示范引领，继续开展"百村示范、千村创建、村村整治"行动，重点推进 100 个美丽乡村示范村建设。突出环境整治，积极开展旧村改造，完善农村垃圾处理、面源污染防治、水环境治理和畜禽集中养殖污染治理措施。鼓励和引导农民积极建设美丽家园，广泛动员社会力量领建援建美丽乡村。继续开展"3 + X"乡村治理模式试点。

三是继续推进城市提质。坚持"多规合一"，完成中心城区 160 平方公里控制性详规，做好城市产城融合、特色塑造、历史文化延续、江南江北统筹、三大水系风光带连通规划。抓好城镇雨污分流、穿紫河水系改造，完成棚户区改造 3.6 万户，抓好重点区域美化亮化工作，进一步完善智慧城管、智能交通、数字防控运行体系。继续推进柳叶湖、白马湖、智慧谷、江南新城、德山城区等重点片区建设。

（五）开展示范创建，提升示范引导效果

常德经开区坚持以《二次创业行动纲要》为指引，着力建设千亿园区、保持主要经济指标 20% ~ 30% 增速。重点推进德山老城片区和东风河片区开发建设，用 4 年时间将老城片区打造成集办公、酒店、休闲、娱乐、教育、卫生、体育等公共设施于一体的大型城市综合体；东风河片区重点是提档升级湘西北综合物流园、宜达物流园，加快红星美凯龙项目建设进度，推进保税仓项目建设，打造东风河景观带，努力建成集商务商贸、公共服务、生产物流、孵化基地等功能于一体的区域次中心。柳叶湖旅游度假区尽快完善湖区基础设施建设，加快路网与管网的实施进度，加快柳叶湖文化产业园、武陵文化产业园、湘西北旅游集散中心等项目的建设进度。加强生态建设和环境保护，做好柳叶湖水质监测，加大环境综合整治力度，加大对污染企业的查处力度，防止关停企业死灰复燃，2015 年将彻底关闭沿湖周边的养猪场。

（六）加强探索创新，深化生态文明改革

继续深化全市两型社会综合配套改革，健全完善生态文明制度，明确全市生态文明体制改革的路线图、任务书、时间表，力争在生态文明制度、大气污染防治、生态补偿等方面迈出实质性步伐。

一是建立大气污染联防联控机制，认真落实《湖南省大气污染防治条

例》。淘汰10蒸吨以下燃煤锅炉，全面深化面源污染治理，加强城市交通管理，继续控制工业污染，健全监测预警和应急体系，建立一整套的大气污染联防联控机制。

二是加快建立和完善对沅江、澧水等重点流域、重点生态功能区、自然保护区、水源保护区的生态补偿机制。建立横向补偿机制，鼓励开发地区、受益地区与生态保护地区，流域上游与下游自愿协商建立横向补偿。开展湿地生态效益补偿试点，创新生态林补偿机制，推行差别化补偿政策。完善矿山生态补偿制度，推动矿山复绿、土地复垦。

三是实施绿色消费政策，推行政府两型采购制度，完善清洁低碳技术研发和推广运用机制，支持绿色、低碳、循环发展。研究制定遏制过度包装、奢侈消费和浪费行为的综合经济政策措施。推行政府两型采购制度，建立完善政府保障型住房、政府投资项目、大型公共建筑优先采购和使用清洁低碳技术和产品的政策措施。完善清洁低碳技术研发和推广运用机制，支持绿色、低碳、循环发展，组织实施餐厨垃圾、生活垃圾、建筑垃圾资源化利用和两型住宅、地（水）源热泵等重大技术推广项目。

B.19

张家界市2014~2015年两型社会与生态文明建设报告

张家界市发展和改革委员会

一 2014年张家界市两型社会与生态文明建设基本情况

2014年，张家界市认真贯彻落实"四化两型"战略，坚持旅游带动、科学发展，围绕建设国内外知名的旅游胜地总目标，立足国家旅游综合改革试点、武陵山片区区域发展与扶贫攻坚、国际航空口岸等平台，深入推进生态保护和两型示范创建工作，加快实施两型产业振兴、基础设施、节能减排、生态市建设、城乡统筹发展、两型示范创建等工程，两型社会建设取得了显著的成效。

（一）顶层设计不断完善

自开展两型社会建设工作以来，先后出台了《关于加快推进"两型社会"建设的实施意见》、《关于印发〈张家界市两型示范创建工程实施方案〉的通知》，并成立了张家界市两型社会建设领导小组。2014年，在此基础上，根据工作需要，对领导小组进行了调整充实，并明确了市两型社会建设办公室人员和职责。同时，以市委、市政府文件形式下发了《"两型社会"建设重点工作职责分工》和《2013~2014年张家界市"两型社会"建设工作考核办法》，将考评情况纳入了市直部门绩效考核内容，强化了相关部门责任，为全力推进绿色张家界和两型社会建设提供了制度保障。

（二）宣传引导全面开展

成立了全市两型社会建设宣传工作小组，在《张家界日报》、张家界电视台等市级主流媒体上开辟专栏，把绿色张家界和两型社会建设作为常态化的宣传内容。2014年共刊发转发两型社会建设相关各类报道40余篇，在市电视台播放两型社会建设系列公益宣传6次。同时，发动各部门广泛开展两型社会建设公益活动，市文明办牵头组织开展了"关爱自然——建设两型社会"系列学雷锋志愿者活动和"保护山川、义务植树"志愿服务活动，团市委牵头组织开展了争当"两型小先锋"和"两型青年志愿者联盟"活动，市总工会牵头组织开展了"我为节能减排做贡献"劳动竞赛活动，并成立了张家界市节能减排义务监督员队伍，一系列宣传和公益活动的开展，为全市两型社会建设营造了良好氛围，有力推动了两型工作开展。

（三）两型创建扎实推进

坚持将示范创建作为两型社会建设的先导工程，紧紧围绕产业发展、城乡建设、生态文明建设、深化改革创新、扩大对外开放、保障民生发展等领域扎实推进两型示范创建活动，取得了显著的成效。认真制定并发布了张家界市两型企业、两型机关、两型园区、两型村庄、两型合作社、两型学校、两型门店等10余个创建标准。创建市级两型示范单位35家。申报省级两型示范创建单位7家，争取两型社会建设专项资金180万元。同时成功将张家界市整体纳入全国首批湖南唯一的国家主体功能区建设试点示范市、国家生态文明先行示范区和全国生态文明示范工程试点市，将张家界森林公园纳入全省首批低碳景区试点。

（四）两型产业加快发展

一是旅游转型升级扎实推进。深入开展旅游综合改革试点，加快旅游转型项目建设，强化旅游市场监管，旅游业整体发展势头强劲。全年全市景区景点共接待旅游人数3884万人次，同比增长12%；接待过夜游客1644万人次，同比增长16%；实现旅游总收入246亿元，同比增长16%。自驾游、自助游和散客比重加快增长，旅游消费水平不断提高。旅游转型项目加快实施。碧桂园凤凰酒店、华天酒店、禾田居国际度假酒店已经建成营业，盛美达休闲酒店二期、远大蓝色港湾酒店群一期等项目建设进展顺利，武陵源万达文化旅游项目准备启动，目前全市在建大型酒店共有7家，拟开工建设7家，正在项目洽谈

153

4 家，投资金额超过 100 亿元。旅游管理水平不断提升。继续深入开展"平安满意在张家界"活动，推进智慧旅游创建，全面推行"一诚通"旅游目的地管理信息系统，"安导通"项目正式运行，旅游环境和服务质量明显改善。

二是加快新型工业化发展。大力实施工业产业提质升级"135"行动计划。工业投入不断加大。全年完成工业固定资产投资 54.8 亿元，同比增长 25%，其中工业技改投资 40.5 亿元，同比增长 25%。园区经济发展良好。全市园区共完成基础设施建设投资 4.9 亿元，同比增长 37%，园区规模工业增加值同比增长 14.5%。张家界市经开区入园企业达到 65 家，建成投产企业 45 家。工业科技水平不断提高。全市高新技术企业达到 39 家，其中省级高新技术企业达 7 家，全年实现高新技术产值增加值 5 亿元，同比增长 36.2%。信息产业稳步发展。全市信息产业产值达到 2.5 亿元，同比增长 64.6%。

三是稳步推进现代农业发展。按照"特色化、规模化、产业化、品牌化"的要求，着力实施农业产业提质升级"523"行动计划和扶贫攻坚"四基工程"。创办"新合"生态旅游农业示范园区、桑植萝卜、张家界七姊妹辣椒等10 大基地。全市农产品加工企业达到 797 家，市级以上龙头企业达到 98 家，灵洁公司、大湘西魔芋等 4 家龙头企业成功晋级为省级龙头企业。农民合作社达到 825 家，市级以上龙头企业达到 132 家。农村安全饮水、农田水利、农网改造、农村公路、农村能源等项目加快实施，完成农村水利建设投资 3.74 亿元，解决了 11.8 万人饮水安全问题。

（五）生态文明建设成效显著

一是生态环境不断改善。继续实施环境整治六大专项行动，积极开展大气污染防治，全市共取缔拆除燃煤炉灶 106 家，实施煤改气（油）117 家，大力实施城市周边绿围工程，全年共完成营造林 8.5 万亩，森林蓄积量达 2470.5 万立方米，全市森林覆盖率达 69.62%，森林覆盖率继续居全省首位。切实加强湿地保护，全市湿地面积有 17356.03 公顷，湿地保护率达 51.75%。大力推进城市绿化建设，城区绿化覆盖率达 32.61%，城市空气质量优良率继续保持在 90% 以上，景区空气质量全年达优，全市各省控地表水监测断面水质常年保持在Ⅱ类以上，集中式饮用水源地水质达标率为 100%，城市声环境质量达到环境功能区划要求，辐射处于安全水平，绿色张家界实至名归。

二是节能减排任务基本完成。强化全社会节能管理。加强节能目标责任考核，预计全年全市万元GDP能耗同比下降3%，超额完成省定目标。加强节能评价和监察，突出抓好重点领域节能工作，启动了温室气体排放报告工作，张家界市有18家单位纳入报告范围。组织节能宣传周活动，积极开展节能灯推广工作。切实加强环境监察、环境监测能力建设及重点减排项目监督管理，全市各级监测站实现了监测能力全覆盖，可控国家重点污染物监控企业全部建设在线监测系统。全市建立了6个覆盖两区两县的空气质量自动监测站，实现了国省市县四级联网。严格抓好重点减排项目监督管理，化学需氧量、氨氮、二氧化硫、氮氧化物减排指标、重点减排项目建设管理及重金属污染治理完成省定任务。

三是生态市创建扎实推进。认真抓好农村环境综合整治项目。全面完成武陵源区农村环境综合整治整体推进示范项目。不断强化生态环境保护，加大对八大公山国家级自然保护区和大鲵自然保护区的生态监察力度。大力实施生态修复工程，指导、督促各区县编制完成土壤污染防治规划，推动建立生态补偿机制，新争取国家重点生态功能区转移支付资金26982万元。积极开展农村饮水安全工程建设，重点开展农村生活污水、生活垃圾、畜禽研制污染专项治理，逐步启动乡镇级饮用水源保护区划定工作。切实推进群众性绿色创建专项行动，启动市级以上生态村创建185个，省级以上生态乡镇创建13个，武陵源区成功创建省级生态区。截至目前，全市建成国家级生态示范区1个、生态乡镇6个、生态村3个；省级生态区1个、生态乡镇38个、生态村121个；市级生态村531个。

虽然张家界两型社会与生态文明建设取得了重大进展和明显成效，但受政策、投入及市情条件制约，与其他地区发展水平仍存在较大差距，存在诸多不足和困难问题。突出表现在：一是加快发展与生态保护矛盾突出。一方面，张家界作为后发地区发展不快、不足、不优的问题仍然突出。经济总量小，人均量少，发展质量不高，与全面建成小康社会的目标要求有较大差距，亟待加快建设与发展。另一方面，张家界作为国内重点旅游城市和重点生态保护区，生态环境保护形势依然严峻，如何平衡发展与保护至关重要。二是资金政策支持有待加强。国家、省对两型社会建设项目布点和资金投入重点放在"3＋5"城市群，其余地区所占份额很少，影响协调发展。同时，张家界作为重点生态保护区和武陵山区的绿心，转型发展的任务繁重，需要国家、省在多方面加大支持。三是生态创建机制不健全，绿色 GDP 考核制度、碳排放试点、生态补偿机制还未建立到位，绿色低碳经济的技术研发基础薄弱。四是社会参与度不够。两型社会的践行群体主要集中在机关、企业和园区，民众的参与度还不够高。同时两型理念有待深化，还存在部分企业、单位对两型社会建设认识不高，改革创新动力不足。

二 2015年张家界市两型社会与生态文明建设思路

2015 年是"十二五"规划收官和"十三五"规划编制之年，是全面深化改革的关键之年，是全面推进依法治市的开局之年，也是张家界市提质升级战略加速推进、重大交通基础设施建设、城市"两区两带"建设、重大产业项目落地建设的关键之年。张家界将继续按照"四化两型"战略部署，以建设生态市、国家环保模范城市、绿色张家界为目标，积极推进生态文明建设，大力实施两型产业振兴、基础设施、节能减排、生态张家界建设、城乡统筹发展、两型示范创建等六大工程，打造绿色、低碳、宜居、宜游的美好家园。

（一）着力推进两型示范创建

1. 全面推进两型示范工程

按照《张家界市两型示范创建工程实施方案》，加快推进两型产业发展示范、两型城乡建设示范、两型生态文明建设示范、深化改革创新示范、扩大对外开放示范、保障民生发展示范等六大示范工程。促进产业、城乡建设两型化发展，加快生态环境治理，构建促进两型建设的制度体系，构建促进两型建设的制度体系。

2. 大力推广清洁低碳技术

重点推广新能源发电技术、城市矿产再利用技术、重金属污染治理技术、脱硫脱硝技术、工业锅（窑）炉节能技术、绿色建筑技术、餐厨废弃物资源化利用和无害化处理技术、污泥垃圾焚烧技术、城市公共客运行业清洁能源和节能与新能源汽车、沼气化推动农村畜禽污染治理和资源化利用技术。

3. 深入开展两型示范单位创建活动

认真总结两型示范创建经验和成果，进一步强化两型示范创建标准，继续推进两型示范机关、两型示范街道、两型示范园区、两型示范企业、两型示范学校、两型示范社区、两型示范村庄、两型示范家庭、两型示范建筑、两型示范景区、两型示范酒店等创建活动，切实加强对省级示范创建项目和单位的指导和培育。

4. 切实加强两型宣传推介

进一步加强舆论引导宣传，重点做好《张家界日报》、张家界电视台、张家界政府公众信息网等市级媒体专栏宣传工作。注重提炼提升全市两型社会建设各领域、各行业、各地方的好案例、好做法、好模式。强化两型教育培训，继续加快两型青年志愿者联盟、两型小先锋等队伍建设，积极开展节能宣传周、世界环保日、世界无车日等公益活动。

5. 扎实做好两型基础工作

进一步建立健全两型社会建设的目标任务分解、考核评价、结果运用的征集考评机制。建立联席会议制度，定期研究重大改革建设问题。切实加强市县两级两型办系统队伍建设，加强两型统计、分析和政策研究工作。

（二）加快推进产业转型升级

1. 推进旅游产业转型升级

开工建设中心城区南门口、武陵源特色街区项目，启动澧水半岛旅游度假区、大坪旅游度假区、武陵源万达文化旅游等项目建设，加快碧桂园、华天城、禾田居二期及远大蓝色港湾酒店群、金赛银酒店群等高星级酒店建设，规范完成武陵源绿景休闲园、天门洞体育公园二期项目建设，积极支持天子山索道改扩建工程、游客服务中心、锣鼓塔生态停车场和旅游航道等旅游服务设施项目建设，大力开发户外、红色和乡村旅游产品，精心培育发展休闲度假、商务会展、文化体验、康体疗养等旅游新业态。协同抓好"平安满意在张家界"专项活动，提升游客美誉度和满意度。

2. 推进新型工业发展

全面实施工业产业提质升级"135"行动计划，加快园区基础设施配套项目建设，抢抓全省实施创新创业示范园区"135"工程的机遇，加快园区工业标准厂房建设，完善园区道路和污水处理等工程，支持发展"飞地"经济，加强园区招商，大力扶植园区久瑞生物、卓达新型材料、康尔佳、恒亮新材料和华新水泥等优势骨干企业做大做强，重点支持生物医药、新型材料、清洁能源、食品加工和旅游商品领头企业发展。针对企业生产经营存在的实际困难，开展为企业排忧解困行动，狠抓简政放权落实，切实加大税费、就业和融资支持。

3. 推进现代农业发展

全面实施农业产业提质升级"523"行动计划，加快商品蔬菜和大鲵产业发展。实施高标准农田建设规划和农产品加工振兴，扶持新型经营主体。大力推进农村水、电、路、讯基础设施建设。建立健全农村土地流转服务体系、农业经营体系、农产品市场体系和农产品安全监管体系。

4. 推进现代服务业发展

重点推进现代物流、现代金融、文化体育和商贸零售业加快发展。编制现代物流业专项规划，支持张家界商贸物流园、汽贸城等项目建设。积极发展移动电子商务、文化创意、合同能源管理等新兴服务业。加快升级传统服务业，推动科研服务、工业物流、商贸流通、社区服务等行业改组改造，提升服务业现代化水平。

（三）切实促进城乡统筹发展

1. 实施城镇化提质行动

坚持"人本化、特色化、生态化、产业化"发展方向，围绕"幸福城镇、魅力城镇、生态城镇、富裕城镇"建设目标，以文明城市创建为总揽，统筹推进卫生城市、森林城市、环保模范城市、园林城市、交通管理模范城市，实现"六城"同创，全面提高城市序化、净化、绿化、亮化、美化水平。加快推进"两带两区"和特色街区建设，科学实施道路建设、排污排涝、棚户区改造、绿化精品等"四大工程"，不断提升中心城区集聚承载和辐射带动功能。加快推进武陵源城区"一轴五组团"建设，以慈利蒋家坪、桑植老观潭新区开发为龙头，加快县城扩容提质步伐，加大"两房两棚"投入，全面推进"两供两治"，提升城区地上设施承载功能和地下设施配套功能。大力实施旅游城镇建设提质升级行动，集中力量建设好一批旅游风情镇，提升镇域经济发展水平。

2. 继续实施湘西地区开发

扎实推进武陵山片区区域发展与扶贫攻坚、湘西地区开发和大湘西地区全面小康战略，突出抓好产业深度开发和集群发展，推动完成湘西地区开发第四轮25个省规划产业项目建设任务，启动实施湘西地区开发新一轮文化旅游等重点产业项目，支持各区县发展1~2个特色优势产业链。稳步推进湘西地区开发产业园区基础设施建设，全面支持三个产业园区标准化厂房、工人廉租房、为生产服务的园区道路等基础设施建设，积极做好产业园区承接产业转移尤其是农副产品加工型产业转移工作。进一步加强项目管理，积极申报武陵山片区规划内项目、以工代赈项目和湘西地区开发项目扶持资金，着力争取西部开发、武陵山片区发展等优惠政策落实。

（四）稳步实施生态文明建设

1. 着力开展生态文明建设试点

统筹推进国家主体功能区建设试点示范，全国生态文明先行示范区、全国生态文明示范工程等试点工作，编制年度实施计划，启动试点方案实施，明确责任分工，加强评估考核，争取相关政策，确保取得明显成效。国家主体功能区建设试点示范工作，重点是按照国家重点生态功能区要求，合理划分城镇发展空间、农业生产空间和生态保护空间，力争在优化空间布局、提供生态产品、发展生态经济、改善公共服务及加强政策配套等方面取得先行先试成果。全国生态文明建设先行示范区工作，主要是探索健全自然资源资产产权和用途管制制度、领导干部评价考核体系和区域联动机制的新模式；全国生态文明示范工程建设试点工作，重点围绕推进主体功能区建设、转变经济发展方式、优化产业结构、保护修复生态环境、引导绿色低碳消费、完善生态示范推广体系、加快宜居城乡建设、健全生态文明保障制度、完善生态文明建设体制机制等方面先行先试。同时，积极争取国家公园体制试点，加强核心景区生态环境保护，抓好低碳景区试点工作，尽快启动第三期核心景区移民建镇工程，着力推进桑植县生态建设和环境保护工程。

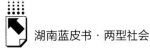

2. 切实强化节能减排

继续严格实施能评制度,强化能评前置约束作用,加强节能监察能力建设,健全节能监察监管体系。完善重大企事业单位温室气体排放报告制度。落实《张家界市"十二五"节能减排综合性工作方案》,确保全面完成节能减排目标任务。继续扎实开展生态市创建、绿色张家界和两型社会建设,协同推进环境整治六大专项行动,努力打造美丽家园。

益阳市2014～2015年两型社会
与生态文明建设报告

益阳市两型办

2014年，益阳市围绕"建设区域性中心城市、打造丽都益阳"的目标，团结拼搏，务实奋进，实现了经济的平稳较快发展和社会大局的和谐稳定。全年实现地区生产总值1253.15亿元，增长10.8%；完成公共财政总收入94.9亿元，增长10.3%；城镇居民人均可支配收入20688元，增长9.3%；农村居民人均可支配收入11304元，增长11.6%。

一 2014年益阳市两型社会建设情况

1.产业结构调整优化

2014年，全市产业结构比由上年的19.0∶45.2∶35.8调整为18.7∶44.1∶37.2。农业产业化取得新进展。农产品加工业销售收入达到584亿元，利润总额39.6亿元。全市有国家级农业产业化龙头企业4家，省级龙头企业40家，市级龙头企业282家。农民专业合作组织发展到2169个，新增792个。国家级畜禽标准化示范场达到9个，新增1个；省级畜禽标准化示范场达到25个，新增6个；通过验收的国家级水产健康养殖示范场30个，新增4个。农业生产综合机械化水平达67.5%，同比提高1.2个百分点。新型工业化加快推进。规模工业实现增加值537.5亿元，增长11.6%，增速居全省第4位。新增高新技术企业13家，全市高技术产业增加值达到54.6亿元，增长15.3%。新增湖南名牌14个。六大高耗能行业增加值占全部规模以上工业的比重为18.2%，比上年下降1.8个百分点。第三产业逐步提升。第三产业增加值增长13.5%，交通运输、现代金融、休闲旅游、电子商务、信息咨询、现代物流等服务业较快发展。

2. 发展方式逐步转变

节能减排效果明显。单位生产总值和规模工业增加值能耗分别下降5.5%和10.6%，超额完成省定目标。主要污染物减排指标完成省定任务，其中二氧化硫减排提前完成"十二五"减排目标。

环境保护得到加强。重点推进重金属污染防治、大气污染防治和"两河"治理，中心城区空气质量优良率达93.7%，洞庭湖和资江益阳段10个断面全部达到国家地表水Ⅲ类标准，主要饮用水源监测合格率达到100%。

生态建设扎实推进。开展国家生态市创建工作，安化县、南县、沅江市纳入国家和省级重点生态功能区。加大了城市规划区自然山体水体保护力度。大力发展高效生态林业，完成各类造林24万亩，森林覆盖率为54.4%。

科技创新能力不断增强。实现专利授权980件。益阳市获批为信息惠民国家试点市。国家黑茶产品质量监督检验中心获准筹建。中国黑茶产业技术联盟创新服务平台、沅江船舶制造产业集群公共服务平台成为湖南省首批科技创新与服务平台。

3. 城乡统筹深入推进

城乡统筹工作力度加大。县域统筹城乡专项规划全面完成，48个乡镇完成村镇布局规划。"四位一体"村级基层组织治理机制覆盖99.7%的行政村。续建和新建农民集中居住区36个。农村清洁工程、涉农资金整合等工作深入推进。城镇建设步伐加快。全市城镇基础设施建设投资完成81.04亿元，比上年增长21.7%。中心城区垃圾焚烧发电等"两供两治"和"两房两棚"项目建设扎实推进。全市共完成保障性住房5.6万余套，资阳区棚改模式在全省推广。

4. 两型建设全面推进

一是在全省率先全面打造"八大"县级两型综合示范区和全市"十大"两型标志性项目。在各区县（市）选择1个面积在3~5平方公里、各方面基础设施相对较好、两型元素相对集中的区域，作为县级两型综合示范区进行打造。目前"八大"县级综合示范区共计投入近20亿元进行基础设施建设。在全市选择10个两型特色鲜明、投资规模较大、示范作用好、在近二年能建成或基本建成的重点项目，纳入两型考评内容，进行重点调度。全市"十大"

两型标志性项目累计完成投资15亿元，绝大部分项目顺利完成年度目标任务。

二是全面启动市直两型机关创建。实施市直两型机关创建三年行动计划，将2014年确定为"市直两型机关创建起步年"，制定年度创建计划，2014年重点对市直机关办公区域完成节电节水改造。

三是全面推进两型示范创建。建立市级示范单位评审制度，制定了市级示范单位评审程序，规范了评审流程。2014年从村庄、社区、学校、企业、机关、景区、农村专业合作社等七个领域评选香炉山村等37个单位为市级两型示范单位。联合市妇联以家庭为单位深入开展两型示范家庭创建活动，组织评选市级两型示范家庭9户、市级两型示范家庭提名奖19户。高新区谢林港镇清溪村等13个单位成功申报省级示范创建单位。培育益阳东部新区管委会机关、资阳区长春镇保安村、赫山区赫山街道银东社区成功获批省级两型示范单位。

四是持续推广清洁低碳技术。重点解决工业污染、城镇生活污水、农村生活垃圾、农村面源污染等突出问题，打造了一批清洁低碳技术推广应用样板。筛选了中科恒源、桃江新兴机械申报省级清洁低碳技术推广企业。推荐龙岭工业园获批为省级清洁低碳技术推广综合试点园区，长春经开区获批为省级清洁低碳技术推广试点园区。

五是不断加强两型理念渗透。以两型宣传月活动为抓手，促进理念渗透。2014年5月开展了以"两型共创、你我同行"为主题的宣传月活动。全市主流媒体开辟专栏集中报道。印制《两型知识宣传手册》近3万册，集中开展两型知识进机关、进社区、进企业、进学校、进村庄的"五进"活动。两型社会建设专题纳入市委党校轮训班课程和市县两级中心组学习内容。

六是全面开展绩效考评。市委、市政府一直把绩效考核作为推进两型社会建设的一个重要抓手。市政府办连续四年出台了两型社会建设目标任务和考评办法，逐步完善了考核内容和考评办法。围绕两型社会建设工作，突出考评两型社会建设在重点领域、重点环节、重点项目、重点工作等方面取得的工作绩效。

5. 示范区建设纵深推进

一是加大示范区范围内的基础设施建设力度。两型社会示范区共完成各类投资80多亿元，东部新区鱼形山大道和内环线建设进展顺利，江南古城项目

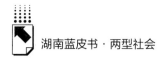

第一期开街。全面推进示范区范围内的水、电、路、气等基础设施以及大型医院、学校等公益项目的建设。

二是重点建设和引进了一批符合两型要求的产业项目。产业建设项目累计完成投资 64 亿元，新招商引资 128 亿元。按照规划要求，在工业方面重点推进新材料、新能源、汽车零配件为主的工业项目，三产方面重点推进以农副产品、花卉苗木为主的物流园建设。通过加大招商引资力度，世纪爱晚工程、新凌能源、双汇、王老吉等一批项目在示范区落户。

三是完善示范区范围内的工作协同推进机制。建立了全市两型社会建设工作月调度会制度，由市委、市政府主要领导定期调度面上工作，不定期调度两型重点项目。先后出台了理顺示范区规划管理体制、规范示范区税收及行政事业和服务性收费管理等文件。

二　2014 年益阳市生态文明体制改革情况

《市委生态文明体制改革专项小组 2014 年改革工作要点》7 大类 33 项改革任务全面启动，《市委全面深化改革 2014 年工作要点及责任分工》中明确深化两型社会建设综合配套改革，健全完善生态文明制度 7 项任务，稳步推进，进展顺利。

1. 启动自然生态空间和矿产资源统一确权登记和生态保护红线划定工作

一是完成矿产资源统一确权发证。加强全市范围内采矿权的清理，按时完成全市矿产资源的确权发证。全市现有国土资源部和省级发证矿山 53 个（煤矿 15 个，金属矿 32 个，其他 6 个），市级发证矿山 41 个（2014 年新立采矿权 1 个），县级发证矿山 309 个。

二是启动土地、房屋、林地等不动产统一登记调研工作。市国土资源局与相关部门开展土地、房屋、林业等不动产统一登记调研工作。摸清了相关情况，形成了翔实的调研报告。

三是划定耕地、森林、湿地、水体等生态保护红线。制定了《益阳市生态功能红线划定试点工作方案》，逐步推进生态保护红线工作。严格划定和永久保护基本农田，完善耕地数量和质量占补平衡机制，建立国土空间开发保护制度，严格按照主体功能区推动发展。其他森林、湿地、水体等生态红线划定工作正在进行。

2. 加快研究建立与主体功能区相适应的分类考核绩效评价体系

启动研究对划定的生态红线区域、限制开发区域和生态脆弱的国家扶贫开发重点县取消地区生产总值考核的具体措施。2014 年对属于限制开发区的沅江市、南县、桃江县、安化县人均 GDP 指标未进行单独考核，而是将人均 GDP 指标分值分解到经济结构指数等指标中，并按照工作措施 20 分、工作实效 80 分实行百分制计分，对提升幅度排名第一位的区县（市），市委市政府通报表彰、给予奖励；对排名最后一位的区县（市），要求说明情况，提出整改措施。

3. 制定《益阳市大气污染防治实施方案》，建立大气污染联防联控机制

市政府出台《益阳市大气污染防治实施方案》，方案提出了全市大气污染防治的主要工作目标和重点任务，将主要工作任务和重点实施项目分解落实到市直各部门和各区县（市）政府。全年共实施项目 138 个，涉及资金近 6 亿元。确定取缔关闭 86 家、停产整治 69 家、限期治理 380 家涉污企业。开展了机动车尾气的监督管理。中心城区和各区县市都建立了机动车尾气监测站进行检测，实施了机动车环保标志管理，全市共发放新注册机动车绿色环保标志 1.7 万多套，淘汰黄标车 8300 辆，超额完成 2014 年黄标车淘汰任务。

4. 实行最严格的生态环境保护制度，探索建立生态补偿机制

一是切实加强中心城区生态环境保护，出台了《加强益阳市城市规划区内自然山体水体保护的决定》。编制了《大通湖生态环境保护实施方案》、《柘溪水库生态环境保护实施方案》和《关于加强资江益阳段水资源保护的决议》；二是实施十大环保工程，重点推进重金属污染防治、大气污染防治和志溪河、兰溪河流域综合整治；三是划定了益阳市饮用水水源保护区范围，编制了《益阳市饮用水水源地环境保护规划》，制定了《益阳市饮用水水源保护区标志牌设立方案》和《益阳市城区饮用水水源保护区管理办法》，建立了饮用水水源保护的风险名录共计 544 家；四是为加强新、改、扩建取用水项目的节水管理，相继出台《益阳市最严格水资源管理制度实施方案》和《关于印发区县（市）水资源管理控制指标的通知》。

5. 实施绿色消费政策，推行政府两型采购制度

公示公开相关文件，并将执行情况纳入了区县（市）财政局年度政府采

购监管考核。实现政府两型采购两项：一是益阳市城市公园直饮水设备采购招标项目。选定的两型产品是湖南生命伟业科技有限责任公司生产的直饮水设备，采购金额为82万元。二是市环保局空气检测网建设项目。采购的产品是湖南省"两型产品"、国家节能产品、环保产品、自主创新产品，共计335万元。

6. 完善清洁低碳技术研发和推广应用机制

支持绿色、低碳、循环发展。一是对餐厨垃圾、生活垃圾、建筑垃圾资源化利用方面进行了调研摸底工作。二是东部新区的所有建筑全部执行绿色建筑标准。2013省省住建厅已将东部新区列入全省首批强制性推行绿色建筑的试点区。三是重点推进清洁低碳技术推广项目。推进益阳电厂2#机组脱硝、赫山链条锅炉节能改造、畜禽养殖污染治理等10个清洁低碳技术推广项目，完成投资额15亿元以上。

7. 完善居民阶梯电价政策，逐步在全市推行阶梯水价

益阳市阶梯电价改革已经完成，阶梯水价已经举行听证会，完善相关阶梯水价改革方案后，报市政府和省发改委审定后实施。

三 2015年益阳市两型社会与生态文明建设思路

2015年是全面深化改革的关键之年，完成"十二五"规划的收官之年。2015年益阳市两型社会与生态文明建设的思路是：认真贯彻落实党的十八大、十八届三中、四中全会精神，围绕全面深化改革这条主线，全力推动益阳市经济社会建设重点领域、关键环节实现新突破，为经济社会发展提供有力支撑。

1. 加快洞庭湖生态经济区建设

加强规划衔接。紧紧围绕解决"粮"、"水"、"路"等关键问题，突出生态环保、饮水安全、综合交通体系、特色产业发展、特色城镇建设五大工作重点，把洞庭湖生态经济区建设规划和项目及时落实到"十三五"规划及全面小康建设规划之中。突出项目实施。务实推进省"511工程"项目库中益阳区域项目建设；千方百计落实益阳市已经规划的566个重大项目；扎实推进全面小康22个重点项目建设；月月落实"双百工程"重大项目建设。继续认真抓好桃花江核电项目的前期工作。抓好项目协调。加大对重大项目的统筹协调力

度，明确责任分工，按照前期项目、新开工项目、在建项目分类分步推进，形成开工一批、竣工一批、储备一批的良性循环。

2. 全面推进生态建设

深入推动国家生态市创建工作。组织全市生态文明改革创新案例评选，进一步加强生态文明改革经验的总结、推广，激励加大改革力度，形成更多的创新成果。严格落实《益阳市城市规划区自然山体水体保护与利用管理办法》。加强湿地保护，做好南洞庭湖晋升国家级自然保护区申报工作。大力推进"矿山复绿"行动。全面推进高效生态林业建设，加强薄弱地区的生态恢复，保护生物多样性。完成造林23万亩，其中重点工程造林10.6万亩。加强节能减排和环境保护。认真贯彻新《环保法》，强化环保工作责任。着力调整产业结构，淘汰落后产能。突出抓好减排项目落实，实施排污权的储备、有偿使用和交易，实现主要污染物排放量持续下降。深入推进"两河"治理，抓紧谋划实施中心城区"两年治污计划"。继续加强农村面源污染治理、城镇污水垃圾处理，抓好重金属污染、大气污染和水污染防治。

3. 深化重点领域改革

继续抓好已经启动的各项改革的成果巩固和纵深推进。深化行政审批制度改革。认真做好国务院和省政府下放行政审批事项的承接落实，继续抓好行政审批事项的取消和下放。抓好政府机构改革。进一步精简政府机构，规范机构设置，完善市县政府功能，理顺条块关系。深化财税体制改革。认真贯彻新《预算法》，推进预算管理改革，健全全口径预算管理体系；推进财政绩效管理改革；推进"营改增"改革；继续加强税收协控联管。强化《智慧益阳总体规划（2014～2020）》的推进工作，突出统筹规划、市场驱动、安全可控、示范带动。深化投融资体制改革。积极研究和采用PPP模式，拓宽政府投融资路子，激活民间资本参与基础设施和公用事业建设。抓好农村综合配套改革。加大农村土地确权颁证力度，推进农村产权制度改革；进一步完善实施方案，抓好全国现代农业综合配套改革试验。推进政府购买服务。在保障性住房后续管理、公路养护、环境治理、法律援助、投资评审等服务项目购买上取得突破。

4. 务实推进两型建设

规划"十三五"重大两型项目。注重与省市"十三五"发展规划衔接，

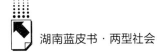

并根据本地国民经济和社会发展特点，组织编制专项发展规划，使之成为指导各领域发展、决定重大工程项目建设和安排政府投资的依据。重点推进示范区建设。继续强力推进示范区项目建设、基础设施建设，加强调度，统筹协调，健全工作落实考核机制，确保示范区建设各项工作顺利高效有序推进。注重示范创建推进。强化调度"十大"两型标志性项目和"八大"县级示范区建设工作机制。健全"八大"县级示范区建设推进机制；完善现有两型建设标准；培育省级示范创建单位10个。完成市直两型机关创建"三年行动计划"工作任务。继续推广清洁低碳技术。健全市、县两级清洁低碳技术项目库台账，推进园区试点，继续加大对绿色建筑示范创建项目、余热余气余压发电项目、城镇生活垃圾无害化处理项目和益阳餐厨垃圾处理项目及清洁低碳技术试点园区建设的指导和扶持力度。

5. 强化两型理念渗透

加强媒体宣传造势。注重两型改革创新成果和示范创建典型的宣传，强化与中央、省级主流媒体的合作，市级媒体办好两型专栏，组织"两型家庭看两型"专题报道。开展"两型达人"评选活动。组织主题宣传活动。组织市直单位，动员益阳义工、两型志愿者等社会组织，围绕国际性、全国性的重大节日，开展两型公益宣传活动。全面开展两型培训。加大各级领导干部两型理念和两型知识的培训力度，继续将两型知识纳入市委中心组学习和市委主体班培训内容。区县（市）将两型知识纳入党校培训班和各级党委（党组）中心组学习内容。

郴州市2014～2015年两型社会与
生态文明建设报告

郴州市发展和改革委员会

一　2014年郴州市两型社会与生态文明建设情况

2014年，郴州市认真贯彻落实湖南省委省政府"四化两型"战略，积极应对经济下行压力和挑战，统筹做好稳增长、调结构、促改革、惠民生等各项工作，郴资桂两型社会示范带建设呈现持续健康发展态势，全市两型社会与生态文明建设取得新成效。

1. 稳中求进，郴资桂两型社会示范带经济社会适应新常态

一年来，郴资桂两型社会示范带大力实施"产业主导、城乡统筹、生态支撑、改革推动"战略，示范带经济社会发展实现稳中有进，稳中提质。2014年示范带实现地区生产总值1114.7亿元，同比增长11.7%，比全市平均水平高0.8个百分点；公共财政收入160.8亿元，增长10.4%；节能减排完成预定目标，万元GDP能耗下降5.1%。结构持续优化，三次产业投资结构调整为7.8:55.6:36.6，二产业投资份额总体稳定，三产业投资份额持续加速增加；新兴产业来势较好，高加工度工业、高新技术产业增加值分别增长24.7%和42.1%，整个经济向中高端迈进的态势非常明显。城乡居民人均可支配收入分别达25100元、14600元，分别增长10.1%、11.8%。投资增长稳健，2014年示范带全社会固定资产投资1038亿元，增长22.9%；496个两型重大项目完成投资744.5亿元。郴州机场纳入长江经济带综合立体交通规划并通过选址评审；107国道提质改造项目顺利完工，"十二五"干线公路6个续建项目基本完工。富十产业园、宝石产业园、上海中昆总部产业项目，卜里坪等城市基础设施项目，湘昆苑等民生和社会事业项目顺利竣工。

2. 务实创新，改革开放增强新活力

认真贯彻落实中央、湖南省委全面深化改革各项部署，实施9大类48项改革和15项改革试点，重点推进7大类20项改革。商事登记制度改革、"三证合一"登记管理试点全面推进，新登记企业数、注册资本分别增长101.7%、130.5%。清理、取消市本级行政许可项目92项，减幅达57.4%，审批服务时限压缩65.6%以上。争取湖南省政府下放61项省级管理权限取得积极进展。统筹城乡六项改革、财税改革、公共资源交易等改革加快实施。2014年市本级共完成公共资源交易1192项，实现交易金额82.61亿元。资兴市获批全省农村集体经济经营性建设用地使用权流转试点单位。开放型经济再创佳绩，郴州铁路口岸公共保税仓获批建设，广州港郴州内陆港正式挂牌运行，郴州至广东黄浦"五定"班列开通，纳入广东往来港澳公路跨境快速通关改革试点城市，无水港城市和通关便利化建设加快推进，国际化口岸通关体系正在形成。成功承办湘南承接产业转移"三位一体"大会。

3. 转型升级，两型产业收获新成绩

产业结构不断优化，"产业转型发展三年计划"目标基本实现，2014年，全市三次产业比重由上年的9.8∶57.6∶32.6调整为9.7∶56.8∶33.5，更趋合理。新型工业化加快推进。全年淘汰落后产能187.3万吨，关闭"六小企业"80户、煤矿65个，六大高耗能行业增加值增长12.4%，低于规模以上工业增加值12.5%的增速。新认定国家高新技术企业12家，高加工度工业、战略性新兴产业、高技术产业增加值分别增长24.7%、18.6%、42.1%；高加工度工业、高技术产业增加值占规模工业增加值的比重分别为24.3%和9.2%，同比分别提高3.4个和2.2个百分点。金贵银业、浩伦生化、炬神电子等3家企业获科技部高新技术企业认定公示；恒达选矿、高鑫铂业、丰越环保等企业被评为湖南省中小企业"专精特新"示范企业。稀贵金属和LED产业列为省级创新型产业集群，有色金属产业成功打造为全市首个千亿产业集群。湖南有色金属（郴州）指数网站上线、指数研究中心正式成立。园区经济规模继续壮大，园区规模工业增加值增长15.3%，工业集中度同比提高17.5个百分点。郴州出口加工区（郴州高新区）提前一年实现"千亿园区"目标。桂阳工业园获批国家级循环化改造示范园区。永兴县承担的国家级循环经济标准化试点工作顺利通过专家组评估验收，综合得分在已通过的国内试点城市中居第一位。现

代服务业加快发展，重点实施了"加快推进服务业转型发展三年行动计划"，出台了《关于加快发展现代服务业的决定》，编制完成《郴州市服务业中长期发展规划（2014～2020年）》，并配套商贸流通、房产开发、旅游文化、金融等13个专项规划和支持意见。创建金融生态良好城市进展顺利，郴州农商行挂牌营业，金贵银业顺利上市，电子商务、现代物流行业迅速发展。农业现代化水平不断提升。大力发展庄园经济、现代烟草等现代农业。大力推广改造中低产田和建设高标准农田，新建25个高标准现代农庄，郴州大道休闲农业长廊已具雏形。永兴、宜章列入全国农产品产地初加工试点县，全国小农水重点县实现示范带全覆盖。

4. 协同推进，城乡统筹实现新突破

城乡规划体系不断完善，"大十字"城镇群经济社会发展规划印发实施。永兴、宜章纳入郴资桂示范带一体化建设，郴资桂两型社会示范带和郴州市"大十字"城镇群核心区域实现空间合一，新型城镇化和两型社会建设政策实现耦合叠加，2014年城镇群794个投资过亿元的"五同"重大建设项目完成投资1071亿元。大力实施扩城战略，城镇发展提速提质。全面完成了城区主次干道和背街小巷的改造升级，建成数字地理空间框架和数字城管平台，大力开展公路治超、限摩规电、治污拆违，推进城市亮化、净化、美化、序化，主要街道建筑立面改造基本完成。大力建设改造供水管网、污水管网，东江湖引水工程顺利开工。资兴市获批全国新型城镇化综合试点。新农村建设和扶贫攻坚有力推进，郴资桂两型社会示范带区域全部纳入原中央苏区县范围，北湖区列入国家富民强县试点县，宜章县成功创建省级可持续发展实验区。郴州大道沿线初步形成全省首个百里新农村示范带。美丽乡村建设在一些关键环节和重点领域率先取得突破，建成省级美丽村庄8个。

5. 综合施策，生态文明发挥新效应

强力推进城乡绿化，成功创建国家森林城市，纳入全国生态文明示范工程试点，森林覆盖率提高到66%。"三年城乡绿化攻坚"任务超额完成，累计投入造林绿化资金138.2亿元，完成荒山荒地及迹地更新192.7万亩，示范乡镇绿化168个、示范村庄绿化626个。持续开展"绿城攻坚"，启动实施城市绿荫行动，市城区绿化覆盖率、绿地率分别达到42.4%和40.2%，人均公园绿地面积达11.06平方米，新建和提质改造公园、游园64个，城市道

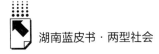

路、水岸全面绿化，"一圈两环、蓝脉绿网、十山十湖"的城市生态体系初步显现。

节能环保工作成效明显，2014年全市新开工的节能环保类两型项目投资规模达48.2亿元，其中示范带区域占78%。湘江流域（郴州段）重金属污染治理、大气污染防治、农村环境综合整治和东江湖水环境保护、三十六湾及陶家河流域、翠江流域等环境综合整治项目强力推进。空气优良率保持93%以上，饮用水源地水质年均值优于Ⅲ类标准。市城区取缔燃煤锅炉和窑炉32家，新增新能源公交车350台，公共自行车租赁工程500辆自行车投入使用。生活垃圾无害化处理率达100%，污水处理率达89.4%。

生态创建成果丰硕。全国水生态文明城市建设试点工作有序推进，陂菜水库竣工蓄水。宜章县等纳入南岭山地森林及生物多样性生态功能区国家级示范试点范围。郴州市荣获"首批创建生态文明典范城市"称号，三合村、苏仙岭—万华岩风景名胜区分别列入全国生态文化村和全国生态文明教育基地。以两型示范创建、清洁低碳技术推广带动生态文明建设，积极申报以生态文明建设核心的两型改革项目，评出5家市级两型示范旅游景区，北湖区三合村等12家单位成功申报2014年省级两型示范创建项目，嘉禾坦塘工业园、安仁工业集中区成功纳入2014年省级清洁低碳技术推广试点。

二　2015年郴州市两型社会与生态文明建设思路

2015年郴州市两型社会建设的总体思路是：全面贯彻党的十八大和十八届三中、四中全会精神，主动适应经济发展新常态，牢牢把握生态文明建设主核心，深入改革创新，坚持转型发展，推动城乡统筹，注重惠及民生，务实推进郴资桂两型社会示范带建设，着力在两型重点改革、两型示范创建、两型区域统筹、两型技术推广等方面取得实效。

1. 继续深化改革

积极抓好重点领域和关键环节改革。加快建设郴州市资源交易中心，建立并完善统一的公共资源市场交易体系。加大投融资体制改革，鼓励非公经济发展，广泛拓展民间投资领域，深入推进金融改革创新，加快资兴农信社改制，抓好资兴、桂阳农村产权抵押融资改革试点。深入推进统筹城乡六项改革，探索推进以产权制度改革为核心的农村综合改革。深化行政审批制度改革，优化政务服务，突出抓实商事登记改革和"三证合一"试点工作。

2. 加快转型发展

按照效益导向、高端取向和集约化方向，大力实施产业发展提质工程。推进工业高端化发展。加快实施有色金属"五个一"战略体系建设，加快推进有色金属冶炼企业整合，加大桂阳工业园冶炼加工区建设力度。加快推进格兰博等电子信息产业建设。支持飞利浦等半导体照明企业发展，进一步做大 LED 产业集群。认真实施加快培育战略性新兴产业发展规划。大力发展绿色循环经济，积极推进国、省级循环试点工作。推动现代服务业提速发展。积极稳妥推进房地产行业多元化发展。促进现代农业高效发展，全面推广标准化生产。大力发展庄园经济，重点在郴资桂、郴永宜、107 国道、槐万公路打造一批精品休闲农庄。大力推进农民专业合作社发展，规范引导农村土地经营权有序流转。

3. 深化开放合作

大力实施开放承接提质工程，争取在更大范围更广领域更高层次推进开放承接。加强口岸物流中心、铁路口岸配套、电子口岸等建设。提升园区承载功能，加速形成"一园一创业园、一园一主导产业、一园一特色"的园区发展格局。推进园区扩区提质工作，加快完善园区配套建设，提高园区的承载和配套能力。力争高新区成功创建国家级高新区，出口加工区升级为综合保税区。扩大招商引资实效，大力开展产业链招商，重点引进一批引领型、补链型、核心型项目。

4. 优化城乡统筹

大力实施城乡统筹提质工程，推进城区、城镇与农村的协调发展。进一步完善规划体系，组织编制一批专项规划、控制性详规和修建性详规。积极推进村镇规划工作，完成一批省级历史文化名村规划、村镇布局规划。实施中心城区提质改造工程，重点推进一批道路交通设施项目、保障性住房和棚改项目、生态建设提质项目。继续开展"绿城攻坚"活动，实施城市绿荫行动"七大工程"。力争成功创建"国家卫生城市"。坚持组团式推进、特色化建设、差异化发展，推进打造一批特色卫星城镇。积极推进郴宜大道、郴州机场等重大项目建设。做好两型创建项目、清洁技术推广、生态文明改革试点项目落地建

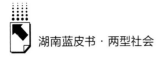

設。完善城乡基础设施建设，不断提升城乡公共服务均等化水平。全力统筹城乡"十大示范工程"建设。

5. 打造生态文明

大力实施生态环境提质工程，全面推进生态文明建设。巩固森林城市创建成果，全力开展全国生态文明示范市、国家生态园林城市、国家环境保护模范城市创建。继续实施荒山荒地及迹地更新造林工程，实施生态廊道提质工程，对禁伐区全面实施封山育林。全面实施森林景观提质工程，打造以郴州大道、郴永宜大道为框架的高品质生态景观带。启动一批生态文明示范工程建设，开展生态文明体验区建设，努力建设生态文明建设先行区、示范区。深入推进全国水生态文明建设试点工作。扎实推进环境综合整治，突出推进重金属污染治理、东江湖水环境保护、翠江流域治理。推动中心城区河湖水系连通项目建设。严格环境执法和监管，抓好污染源头治理工作。切实抓好节能减排，实施一批节能减排工程。积极发展生态工业，推广资源综合利用技术。

永州市2014~2015年两型社会与
生态文明建设报告

永州市发展和改革委员会

2014 年，永州市按照两型社会建设要求，以承接产业转移示范区建设为总抓手，以实施"锦绣潇湘十大工程"为龙头，大力加强环境保护和生态文明建设，加快推进品质活力永州建设，全市两型社会建设成效明显，生态优势更为凸显。

一　2014年永州市两型社会与生态文明建设主要成效

1. 发展势头稳定向好

2014 年，全市地区生产总值完成 1299.9 亿元，增长 9.9%；财政总收入完成 113.4 亿元，增长 13%；城乡居民收入分别达到 20193 元和 9925 元，分别增长 9% 和 12%；三次产业比调整为 21.9 : 37.8 : 40.3，主要经济指标增速高于全省平均水平，在全省排位稳步前移。

2. "生态优先"扎实推进

制定了实施生态优先战略的《意见》和《工作方案》，明确了目标任务、重点工作、责任分工和保障措施。编制了省内第一个市级主体功能区规划，主体功能定位细化到乡镇，开发秩序得到规范。

试点示范工作积极开展。江华、蓝山、新田、宁远、双牌纳入国家主体功能区建设试点示范，湘江源头区域（蓝山、江华、宁远）国家生态文明先行示范区获国家批复设立。永州经济开发区、道县工业集中区进入了全省循环经济试点示范园区。

节能减排工作力度加大。全市万元地区生产总值能耗下降率超额完成省定任务，提前一年实现"十二五"规划目标。大力开展大气污染防治，出台了《永州市贯彻落实〈大气污染防治行动计划〉实施细则》，实施大气污染治理

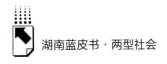

项目 18 个。湘江重金属污染治理取得较好成效。

林地保护持续加强。2014 年,全市完成造林面积 53.02 万亩;林地保有量达到 2320 万亩,新增 22 万亩;森林面积 1843.5 万亩,新增 102.5 万亩;森林覆盖率 61.89%;生态公益林保有量稳定在 843.7 万亩。新增湿地保护区、保护小区 47 个,扩建湿地公园 1 处,湿地面积达 45866.04 公顷,现有湿地保护率达到 62.43%。永州市双牌、宁远、蓝山、新田等县区已列入南岭山地森林及生物多样性生态功能区范围;东安、江永、江华等县已列入武陵山区生物多样性与水土保持生态功能区范围。

3. 项目治理成效显著

取缔关闭零陵区邹东升造纸厂等 99 家非法企业,对东安县大地锰业等 59 家企业实行停产整治,对宁远县莲花水泥等 72 家企业实行限期治理,对江永县潇湘化工等 41 家企业的违法行为进行了立案查处,完成整治验收 201 家。2014 年全市没有发生重特大污染事故和生态破坏事件。零陵区朝阳办事处柳子街社区、祁阳县白水镇竹山村、双牌县泷泊镇良村纳入省两型项目示范试点。永州市祥瑞生物科技有限公司、湖南恒惠食品有限公司和湖南大自然制药有限公司列入省循环经济示范企业试点等。一大批重点项目的清理整治和试点示范,有力促进了永州两型社会与生态文明建设。

4. 城镇面貌大为改观

确立了"潇湘文化之源、品质活力永州"的城市定位,中心城市三年扩容提质计划加紧实施,湘江风光带、河东城市综合体、城南大道、湘江东路、湘江西路、阳明大道、芝山北路等项目进展顺利,20 条断头路、98 条背街小巷改造和 29 个农贸市场改造、55 个城中村整治基本完成。创建工作成效显著,成功创建国家卫生城市、省级园林城市,正在积极创建国家历史文化名城、国家交通管理模范城市、国家森林城市。文明卫生县城和品质活力乡镇建设成效明显。永州上榜"中国幸福城市 20 强"。

总体上看,通过切实加大两型产业培育和城乡环境整治力度,永州市环境质量不断改善,生态优势更为凸显,近几年常年空气质量优良率达 100%,江河水质 90% 以上断面达到国家 Ⅱ 级以上标准,总体环境质量位居全国地级市前列。这些,不仅为永州市当前和长远发展奠定了基础、拓展了空间,也为全省生态建设和经济社会发展增添了动力、作出了贡献。

二 2014年永州市两型社会与生态文明
建设的主要做法

1. 落实工作责任

出台了《关于实施生态优先战略的意见》、《永州市实施生态优先战略工作方案》和《考核方案》，成立了市委书记、市长挂帅的永州市生态优先工作领导小组、永州市湘江保护协调委员会和重金属治理委员会、农村环境污染治理工作领导小组等关乎全局性的保护生态工作机构。对两型社会与生态文明建设工作中的重点工作，永州市将年度任务分解落实到各县区，明确到各项目，并由市政府与各县区政府签订了目标责任状，纳入目标责任考核，年底进行考核评比，形成了一级抓一级，层层抓落实的工作局面。

2. 建设"绿色永州"

一是开展植树造林。全市完成造林总面积54.66万亩，占计划任务49万亩的112%，全市有林地面积达到1741.85万亩，活立木蓄积量达到5460.27万立方米，森林覆盖率达到62%。二是加强湿地保护。出台落实"美丽湿地"建设三年行动计划，2014年以来共新建各类湿地保护区29处，湿地保护面积增长率达20.4%，其中江华涔天河、双牌日月湖已批准为国家湿地公园试点，东安紫水国家湿地公园也已报至国家林业局即将获批。三是严保林地红线。严格落实森林限额采伐制度，实行木材采伐指标进村入户"阳光工程"。四是推进矿山复绿。严厉打击无证开采、乱采滥挖、非法转让、超深越界等违法行为，实施复绿矿山4个，面积204.67公顷。

3. 提升生态质量

以推进"十二五"规划绿色环保十大工程、"锦绣潇湘十大工程"为契机，"绿色永州"为抓手，加强湘江源头生态保护和综合治理，实施流域重金属污染治理、农村环境综合整治、巩固退耕还林工程、雨雪冰冻灾害森林生态恢复重建工程、矿区植被恢复保护与生态治理，深入实施长江防护林体系建设、珠江防护林体系建设等林业重点工程，抓好水土保持综合治理，深入开展节能减排攻坚战，做好城市、区域、潇湘二水和湘江的空气、污染物、噪音管理和监控，减少对城乡生态环境的污染破坏。

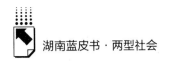

三 永州市两型社会与生态文明建设存在的困难和问题

对照两型社会建设要求，永州市生态保护和建设也还存在一些不容忽视的问题，生态环境优化的空间还很大。

1. 生态意识有待加强

少数干部群众认为永州山好水好，生态总量大，环境容量大，因而没有树立强烈的生态危机意识，没有把生态资源当作永州市最可宝贵的物质财富和竞争优势，无视生态、轻视生态甚至破坏生态的现象时有发生。

2. 部分区域生态功能退化

一些林区森林砍伐量过大，导致水土流失严重；城镇废气、污水治理不力，高能耗、高污染项目控制不力，导致大气污染和水污染日益严重；农村环境保护重视不够，面源污染日益恶化；特别是一些重点矿区，乱采乱挖、滥采滥挖现象严重，造成植被大量破坏，污水肆意横流，生态基本摧毁，有的地方甚至变成"无人区"，一些河流变成"死水河"。

3. 生态治理任务十分繁重

由于长期粗放发展等历史原因，一些矿区、企业关停后遗留的生态恢复任务十分艰巨，并难以在短期内得到解决。仅以零陵区的锰矿区为例，废弃的采矿坑达1000多个，破坏的植被近20平方公里，需处理的尾渣500万吨以上，需治理的大小尾矿库600余个、河流100余公里，工程十分艰巨。

4. 生态建设投入难以筹措

生态建设投入大、见效慢、筹资难，以治理重金属污染耕地为例，永州市现有此类耕地44万亩，按每亩治理经费5000元计算，需要22亿元。如果没有国家和省里的支持，单靠自身财力极为有限。

四 2015年永州市两型社会与生态文明建设思路

当前，国家把生态文明建设提到了前所未有的高度，一系列政策措施正在加紧出台，永州市一定要积极抢抓机遇，把生态建设和两型社会建设提升到新的水平。

1. 继续深化思想认识

要坚决克服"永州生态环境已经很好,搞不搞生态建设无所谓"的盲目乐观情绪,始终坚持把资源和环境作为经济社会发展的第一名片、第一推动力、第一核心竞争力,加强生态文明宣传教育,倡导绿色生产生活方式,在全社会形成爱护生态、保护生态、发展生态的良好氛围。

2. 切实加强生态保护

要始终坚持绿色引领,以创建国家园林城市和国家森林城市为目标,扎实推进绿色永州建设工程,大力开展植树造林和封山育林,不断提高森林蓄积量和森林覆盖率。要全面落实大气污染防治行动计划和湘江污染防治三年行动计划,打好以土地污染治理为重点的农村环境综合整治攻坚战,推进节能节水节地节材,降低能源、水、土地消耗强度。强化节能减排工作,加快城镇污水垃圾集中处理设施建设,持续推进水土流失治理、水源保护、矿山整治等生态环保工程,强化生态脆弱地区的生态保护和修复,努力使永州的天更蓝、地更绿、水更清。

3. 加快发展两型产业

坚持以两型标准为引领,大力发展电子信息、新能源新材料、生物医药等战略性新兴产业,改造提升冶炼、化工、建材、造纸等传统产业,坚决淘汰高能耗、高排放、高污染、低效益的落后产能。加强农业先进技术研发、推广、利用,提高农业规模化、集约化、产业化水平。积极运用信息技术和科技手段推动现代服务业发展,着力做大做强文化、旅游等特色优势产业,加快发展物流、金融、信息服务等生产性服务业。大力发展循环经济,全面构建两型产业体系,努力把两型产业培育成新的经济增长点。

4. 积极争取政策支持

一是加大中央生态建设转移支付资金争取力度,力争每个县区都能进入国家支持笼子。二是在蓝山、宁远、江华进入湘江源头区域生态文明建设先行示范区的基础上,争取将全市所有县区都纳入湘江源头区域,全部成为国家生态文明建设先行示范区。三是积极做好国家生态补偿资金争取准备工作。目前,国家正在探索建立资源有偿使用制度和生态补偿制度,我们要密切关注、紧密跟踪,有效做好应对准备,争取先人一步、快人一着,力求最

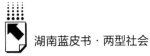
大利益、最好效果。四是力争省里将永州全面纳入全省湘江流域旅游总体规划，对九嶷山、阳明山、舜皇山以及东安、零陵、冷水滩、祁阳等湘江干流沿河风光带建设等，给予相应的政策和资金扶持。督促做好林业生态建设、土壤重金属治理、产业结构调整、污水垃圾处理设施建设、矿山环境治理等各方面工作。

怀化市2014～2015年两型社会与
生态文明建设报告

怀化市两型办

2014年，怀化市按照"四化两型"的建设要求，围绕"建设新怀化，奋力创新业"的战略目标，调整结构、转变方式，创新管理、激发活力，改善民生、促进和谐，努力实现经济发展可持续，生态环境更优美，人民生活高品质。

一 2014年怀化市两型社会与生态文明建设情况

（一）以两型为引领，经济社会保持了平稳健康发展的良好态势

2014年，永州市始终坚持稳中求进、改革创新，着力稳增长、调结构、促改革、惠民生，确保了经济社会总体平稳发展。全年实现地区生产总值1181亿元，增长5.1%；完成规模工业增加值300亿元，增长7.1%；完成公共财政收入100.1亿元，减少9.4%；城乡居民可支配收入分别达到16620元和6660元，分别增长9.5%和11%；万元GDP综合能耗、主要污染物减排等约束性指标均实现了预期目标。国家发改委、国家林业局批准怀化市纳入国家第二轮西部地区生态文明示范工程试点范围，国家能源局批准怀化市入围第一批新能源示范城市，湖南省发改委、省财政厅批准怀化市通道、芷江、洪江区三个县（区）列入湘西地区开发文化旅游特色县市区氛围建设试点。

（二）节能减排工作卓有成效

2014年，怀化市积极申报争创新能源示范城市，着力规范能源开发利用

秩序,加强了重点行业、重点企业环境整治。

1. 狠抓了节能与环资工作目标考核管理

一是研究出台工作规范。先后出台了《关于进一步落实节能统计指标体系、监测体系和考核体系实施方案的通知》、《关于印发〈怀化市节能降耗预警应急调控方案〉的通知》(怀政办函〔2011〕177号)、《关于印发〈怀化市"十二五"节能减排综合性工作方案〉的通知》(怀政办函〔2012〕1号)、《怀化市民用建筑能耗和节能信息统计实施方案》(怀政办函〔2011〕126号)、《关于加强建筑节能产品(材料)管理的通知》(怀建发〔2011〕60号)等一系规范性文件,进一步理清了全市节能和环资工作的思路、任务、重点和责任,为搞好全市节能与环资工作奠定了坚实基础。

二是落实目标考核责任。把节能和环资工作纳入了绩效考核评估体系,编制了节能与环资工作年度计划,由市政府与各县(市、区)、市直相关部门分别签订了考核责任目标,明确了具体的工作职责和目标。同时,落实了"万家企业节能低碳行动"企业的节能目标任务,签订了"十二五"万家企业节能低碳目标责任书,确保全面完成本省下达的考核目标。

三是加强执法监督检查。研究制定了《怀化市固定资产投资项目节能评估和审查办事指南》,拟定了114项主要耗能产品能耗限额指导目录。一年来,先后对100余个项目实施节能评估与审查,累计净核减用能总量折合标煤达1.5万余吨。明确部门责任,市经信委牵头对全市重点用能企业节能目标完成情况和节能措施落实情况进行评价考核,90%以上重点用能企业达标。市质监局对重点耗能企业(单位)锅炉进行了能效测试,锅炉能效达70%以上的占80%。市住建局提出了建筑节能产品备案目录,新建建筑施工阶段节能强制性标准执行率达95%。市财政部门设立专项奖励资金,支持可再生能源建筑应用工程项目。

2. 狠抓了节能与环资领域工程项目建设

一是启动了一批节能环保重点项目。骏泰浆纸黑液综合利用、大唐华银石煤综合利用发电、金大地资源综合利用、华洋铜业铜资源循环利用、华能苏宝顶风电场、大唐华银西晃山风能发电等一大批节能与环资重点项目陆续开工建设,节能环保产业正在着力成为全市经济新的增长点。

二是实施了一批企业节能技改项目。怀化市以抓好工业燃煤锅炉(窑炉)

改造、电机系统节能、能量系统优化、工业余热余压利用、绿色照明工程为重点，全面推进企业节能技术改造，先后有洪江锰业电解工艺设备改造、辰溪中盐株化气烧石灰节能技改、湘维聚乙烯醇生产装置能量系统优化技改等一大批项目成功申报国家财政奖励的节能技术改造项目。

三是建成了一批城镇污水垃圾处理项目。近年来，怀化市争取中央预算内资金2.53亿元，先后建成了13座城镇污水处理厂和13座生活垃圾无害化处理场。目前，县以上城镇生活污水处理率和生活垃圾无害化处理率分别达到75%和70%以上，有效改善和保护了怀化市城乡人居环境。

3. 狠抓了节能低碳产业和循环经济发展

一是开展了企业节能低碳行动。研究出台了《怀化市万家企业节能低碳行动实施方案》和《万家企业能源利用状况报告工作方案》，对于年耗能1万吨标准煤以上的37家重点用能企业，建立了监控备案制度，开展了企业节能低碳行动业务培训，对企业节能低碳行动进行年度目标考核。近年来，37家重点企业先后启动实施省级年节约标煤5000吨以上节能技改项目10个、国家级年节约标煤1万吨以上的节能技改项目5个，总投资达2.6亿元，投产后可实现年节约标准煤15万吨。

二是淘汰了一批落后产能。加大产业政策执行力度，建立与落实全市落后产能退出机制，对电解铝、铁合金、电石、烧碱、水泥、钢铁、黄磷、锌冶炼等高耗能行业实行差别电价，淘汰一批规模小、能耗高、附加值低的落后产能。2014年，全市规模工业万元增加值能耗下降16.7%，累计下降为26.35%，超进度目标16个百分点。

三是狠抓了循环经济发展。围绕"十二五"期间资源产出率提高15%的目标，编制了《怀化市"十二五"循环经济发展规划》和《怀化市"十二五"循环经济重点项目库》，洪江区循环经济工业集中区申报为省循环化改造示范园区，湘维、金大地、骏泰浆纸、贤胜油业、恒光科技等企业成功申报为省循环经济试点示范企业。

（三）"碧水、青山、蓝天"工程取得实效

2014年，是怀化启动"碧水青山蓝天"工程第四年，随着目标逐一顺利实现，怀化市在生态文明建设的道路上越走越自信，越走越好。

碧水工程。怀化市以河道综合整治为重点，紧紧围绕"净水、增绿、治污、除脏"的目标，突出集中整治和工程治理相结合，通过深入开展河道采砂专项整治，严格河道采砂准入，严厉打击违法采砂淘金行为，清理整顿采砂场地，扎实推进河道清障工程，全面清除历史采砂尾堆，实施河边绿化、河道划界、中小河流治理、水保治理和城市堤防建设等整治和工程措施，有力推动碧水工作的扎实开展。完成河道综合整治113公里，河道清淤清障和采砂尾堆清理460万方，整顿和取缔采砂淘金船只和非法捕捞渔船129艘，规范采砂场地83处，取缔非法吊装码头39处；实施中小河流治理、"四水治理"防洪堤建设及水土保持工程32处，完成投资58673万元；完成"河边"绿化269公里7350亩，真正做到"防洪、水清、流畅、岸绿、景美"。

青山工程。人工造林2014年已完成新造43.5万亩、补植补造10万亩，分别占任务的109%、100%。完成投资3.5亿元，占投资任务的115%。油茶基地建设2014年已完成新造2.6万亩，抚育改造3.5万亩，分别占任务的75%、100%。完成投资8000万元，占投资任务的82%。国省道绿化提质项目，2015年，完成南北走廊453公里的沿线绿化。全市共投入资金5200万元，完成苗木栽植435公里，栽植苗木55.3万株。

蓝天工程。截至2014年12月，怀化市区空气优良天数达355天，环境空气优良率为98.9%，县级以上城市环境空气质量均达到国家二级标准，达标率100%。城市区域环境噪声平均值为53.6分贝，低于国家标准。全市42个地表水监测断面有39个达到Ⅰ-Ⅲ类水质标准，达标率92.9%。14个集中式饮用水水源取水口水质达标率为100%。全市上下坚持在发展中保护，在保护中发展，积极探索代价小、效益好、排放低、可持续的两型发展新道路，在推动经济快速增长的同时，全市环境保护和生态建设取得新的突出成效，COD、SO_2、氨氮、氮氧化物等主要污染物排放总量不断下降，全市环境质量不断改善，市本级及12个县（市、区）被国家环保部命名为"国家级生态示范区"。

（四）加强对两型社会建设组织领导

建立了两型社会建设调度会制度，定期由市长亲自主持召开各县（市、区）、各部门专题调度会，跟踪进展情况研究重大问题。市委经济工作会议报告和市人大会政府工作报告都将两型社会建设纳入重要内容，予以重点安排部署。建立考核激励机制，逐项分解目标任务，纳入全市绩效目标管理。

（五）示范创建活动深入开展

怀化市十分重视两型示范创建工作，大力推动两型进机关、进城镇、进企业、进学校、进园区等五进活动，让示范创建的过程成为加强两型宣传、凝聚两型共识、共享两型成果的过程。将示范创建工作纳入全市两型社会建设的年度重点工作内容予以安排和落实，着重推动两型进进机关、进城镇、进企业、进学校、进园区，让示范创建的过程成为加强两型宣传、凝聚两型共识、共享两型成果的过程。在省两型办的关心支持下，2014年全市已组织申报4个创建单位。

一是切实加强对创建项目和单位的指导培育。组织首批示范创建项目和单位进一步完善创建实施方案，编制年度创建工作计划。进一步调整充实了市本级两型示范创建储备项目库，指导项目单位开展前期工作。深入项目和单位了解示范创建工作情况、督促创建单位及申报单位进一步加大工作力度，切实帮助解决问题。创建单位和申报单位的主要领导都亲自研究调度示范创建工作，安排专门班子负责抓协调、抓落实，安排专人对示范创建项目实行台账管理，每季度调度示范创建工作情况。

二是制定两型示范标准。在认真学习和消化省两型示范标准体系的同时，结合怀化实际，经过多次的修改完善，出台了包括两型企业、园区、社区、学校、医院、机关、旅游景区、两型乡镇等在内的多个两型标准，为各单位和企业两型示范创建活动提供了依据、指明了方向。

二 2015年怀化市两型社会与生态文明建设思路

展望2015年，怀化市已进入经济新常态下转型升级的关键时期，不确定因素和潜在风险将可能影响经济的稳定增长，但随着"一带一路"、长江经济带、武陵山片区区域发展与扶贫攻坚等国家战略和省级区域发展战略的相继实施，将极大拓展怀化市发展空间；随着高铁经济的到来和立体交通网络的完

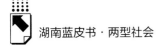

善，怀化市将汇聚更多的人流、物流和资金流，为招商引资和产业发展创造了有利条件；市委、市政府为稳定经济增长在产业园区、城市提质等方面采取的一系列决策举措，将更加坚定社会发展信心和市场主体预期。面对挑战和机遇，我们需要保持定力、增强信心，积极做好各项应对工作。

2015年怀化市确定了坚持稳中求进的工作总基调，以全面建成小康社会为总揽，有力促进"三量齐升"，围绕建设"一个中心、四个怀化"，努力实现特色产业发展、中心城区综合提质改造、深化改革开放、文明创建"四个新突破"，突出创新创业，着力转型升级，加强民生保障，注重底线思维，切实提高经济发展质量和效益，推动经济平稳健康发展和社会和谐稳定。在两型社会和生态文明建设方面，主要是：

（一）推进两型产业发展

加强传统产业的两型化改造，推进传统产业的技改升级，加快淘汰落后产能。积极发展新兴战略产业，注重招商引资向招商选资转变，大力引进高新技术、生态环保、节能降耗、循环经济项目。突出发展园区经济，促进各类产业向园区集中，实行污染集中处理。

（二）加强两型建设

认真落实"五城同创"战略，坚定不移地推进创建两型城市和两型县（市、区）工作，努力打造城乡两型示范工程，提升中心城市和小城镇品质。全面推进两型企业、两型机关、两型社区、两型村庄、两型家庭、两型旅游景区、两型学校、两型医院等行业或领域的两型示范创建工作，把创建过程变成深化宣传、强化共识、凝聚合力、共享成果的过程。

（三）大力营造"碧水、青山、蓝天"

坚决落实新建项目环保"第一审批权"和"一票否决权"，积极推进规划环评和项目环评工作，加强建设项目环保准入把关。扎实开展环境综合整治，突出抓好重金属污染治理、饮用水源保护、农村环境整治，切实解决一批突出环境问题。深入开展环保执法专项行动，严肃查处各类环境违法行为，从严整治突出环境安全隐患，积极防范和应对处置环境突发事件，全力保障环境安全。大力开展封山育林、退耕还林、植树造林，扩大森林覆盖面，提升活立木蓄积量。

（四）广泛开展宣传

大力开展两型宣传，普及两型科学知识，倡导绿色生产和绿色消费模式，推动两型文化建设，促进两型文明理念在全社会牢固树立。各类企业要增强两型意识，自觉履行两型要求，开展达标排放，推进清洁生产。广大干部群众要从身边的点滴小事做起，大力节约资源、善待环境，积极营造爱护环境光荣、破坏环境可耻的良好社会风尚，共同建设两型社会。

B.24

娄底市2014~2015年两型社会与
生态文明建设报告

娄底市两型办

两型社会与生态文明建设是一项利在当代、功载千秋的伟大事业。娄底市以两型社会与生态文明建设作为"融城发展、科学跨越"的主导工程,认真贯彻中央和湖南省有关方针政策,扎实推进"四化两型"战略,取得了初步成就。

一 2014年娄底市两型社会与生态文明建设情况

2014年,娄底市冷静面对老难题,积极应对新常态,按照"缓中转型,创新跨越"的思路,把全面深化改革与两型社会建设结合起来,把生态文明建设与转型发展结合起来,狠抓重点改革、示范创建、结构调整、技术推广、园区发展与生态环保,在转型阵痛与常态过渡期孕育发展新机,两型社会与生态文明建设取得持续向好的显著成效。节能减排圆满完成省下达的目标任务,九大环保工程、锡矿山地区环境整治与生态修复示范区建设等项目加快推进。争取国家批准发行12亿元湘江流域重金属污染治理专项债券,推进了砷碱渣无害化处理等项目。湘江保护一号重点工程、四水三库保护治理取得阶段性成果。全市地表水水质显著改善,饮用水源水质达标率为100%。实施大气污染防治计划,中心城区全年环境空气质量达标率94%。主要推进了以下六个方面的工作。

1. 着力深化重点改革

改革是最大的政策红利,娄底市把改革作为两型社会建设的突破口,扎实抓好湖南省两型工委要求的五大重点改革和娄底市明确的三大专项改革。

一是排污权交易改革。目前正开展全市主要污染物排污权初始分配工作。

二是资源性产品价格机制改革。在阶梯电价方面。自2012年7月1日起已全面推行阶梯电价制度，为完善居民阶梯电价制度，巩固居民生活用电阶梯电价执行成果，目前正加快实施居民用电"一户一表"改造工程。并严格落实差别电价、惩罚性电价政策，淘汰类企业执行的电价加价标准由每千瓦时0.20元提高为0.30元。原有89家高能耗企业大部分已关闭、停产或转产。在阶梯水价方面，开展了有关调研、测算等前期工作。

三是产业转型升级机制改革。以全国循环经济示范城市建设作为转型发展的重要载体，出台了《关于进一步开展资源综合利用的若干意见》等政策性文件，同步正在积极争取省政府出台支持娄底传统老工业区转型发展若干意见。

四是农村环境污染治理机制以及再生能源利用改革。积极推进乡镇污水处理厂建设，截至目前，涟源市杨市镇污水处理厂已建成并投入使用，涟源市桥头河镇污水处理厂已完成项目可研专家评审工作。

五是绿色建筑推广机制改革。出台了《娄底市绿色建筑行动实施方案》（娄政发〔2014〕2号）。

六是推进投资体制改革。按照"能减即减、应减必减、能放必放、重心下移"的原则，规范行政审批行为，着力推动简政放权，出台了《娄底市市本级政府投资项目管理办法》（娄政发〔2014〕16号）、《娄底市政府核准投资项目管理办法》、《娄底市政府核准的投资项目目录（2014年本）》（娄政发〔2014〕12号），进一步健全完善了对政府投资项目的监管，有利于进一步规范政府投资行为，有利于政府科学决策有效控制政府债务。

七是产权制度和要素市场改革。市政府出台了《娄底市公共资源交易管理暂行办法》，进一步明确了"一委一办一中心"的职能职责，强调了"五统一"原则，重点规定了娄底市公共资源交易中心的运行规则、入场范围、信息发布、专家抽取、监督检查等，将市国企改革产权交易中心等7家等公共资源交易服务机构，整合并入市公共资源交易中心。

八是工业园区管理体制改革。根据省发改委和省长株潭试验区工委的意见，按照"一区多园"的方式理顺万宝新区管理体制，积极探索"飞地管理"等园区发展新模式。

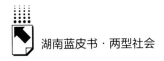

2.扎实推进两型示范创建

"四化两型"战略的纵深推进，需要全社会的广泛参与，娄底市以两型示范创建作为两型社会建设的总动员，深入发动，全面推进，完善2项两型标准、总结2个创建模式的目标任务超额完成，培育1个两型综合示范片区的正在启动。下发了《娄底市2014年两型示范创建实施意见》，建立了全市两型示范创建项目储备库。设立了两型引导专项资金，制定了《娄底市两型专项资金管理办法》，培育了一批两型示范单位。申报省级示范创建单位14家，省级示范单位4家。锡矿山地区转型发展综合示范片区建设已完成前期工作，《冷水江锡矿山转型发展建设传统矿区环境整治生态修复示范区实施方案》已报省政府批复，目前正在有序实施。2014年6月8日，参加了在长沙组织的2014湖南节能宣传周暨第六届湖南（长沙）节能和循环经济博览会，集中宣传了娄底市两型社会建设与循环经济示范城市创建的显著成效。

3.加快发展示范片区

娄底市以东部新区作为新型工业基地、以万宝新区作为现代服务业基地，改革创新，先行先试，强劲引领全市转型发展。东部新区以娄底经济开发区获批国家级开发区为契机，主动调整招商思路和策略，紧紧围绕主导产业和产业链条，"抓好点、画好圈、多条线、连成片"加快产业集群的培育。园区规模工业企业平稳较快发展，三泰新材、乐开口、九都科技等22家企业实现满负荷生产，通达金属材料、大金新材料、裕德科技等30余家企业生产经营形势好于上年同期50%以上。东部新区完成规模工业增加值45亿元，同比增长8.5%。完成两型固定资投资54.3亿元。完成区财政总收入8亿元，同比增长13%。完成地方公共财政预算收入5.5亿元，同比增长14%。共签约项目14个，合同引资49.35亿元；到位外资1.3亿元，同比增长63.3%；内联引资67.63亿元，同比增长53.97%。提前一年完成"二次创业"财政收入倍增目标。万宝新区以两型为引领、以项目为抓手，着力打造两型产业发展高地，高铁南站枢纽一体化广场部分、孙水河大桥、天客物流、大石新村棚户区等项目即将竣工，中国诚通物流园、新世界建材城、万通国际汽贸城、天客物流、娄底国康食品药品物流中心、仙女寨悠活五星级酒店、豪布斯卡国际综合街区等项目建设得以顺利推进，商贸物流产业的聚集格局初步形成。万宝新区全年完成社会固定资产投资81.23亿元，增长23%；完成重点项目投资62.1亿元，为年度目标任务的 109%；实际到位内资 44.38 亿元，增长 27%；实际到位外资 3980 万美元，增长 20%；实现财税收入 2 亿元；在建标准厂房面积 5.05 万平方米。

4. 深入推广清洁低碳技术

针对工业偏重、能耗较高的产业现状，娄底市把推广清洁低碳技术作为两型社会建设的主体工程，狠抓节能降耗，推广实施了一批重点项目。大熊山风电场已吊装 9 台风机，完成塔基 17 座，于 2014 年 8 月底正式投产。双峰兴达大型沼气工程主体工程已建成。已出台《娄底市绿色建筑行动实施方案》（娄政发〔2014〕2 号）。湖南宜化工业窑炉改造项目正在进行升级改造。华菱涟钢 130 平方米烧结机脱硫工程项目已经完成。湖南海螺 1#5000 吨熟料生产线脱硝工程项目已基本完成。积极推广高效节能照明产品。下发了《关于印发娄底市 2014 年财政补贴高效照明产品（节能灯）推广实施方案的通知》。娄底市沼气化推动农村畜禽污染治理和资源化利用技术重点项目已全部启动建设，治污效果明显，废弃物资源化利用率高。2014 年新建项目 4 个总投资 1436 万元，其中中央投资补助 412 万元，并自筹配套资金建污水处理池。建成投产后，累计可产沼气 53 万立方米、可发电 26.2 万度、处理粪便污水 12.5 万吨。

5. 加快推进产业转型

经济下行，是结构落后的必然后果，也是产业转型倒逼动力。娄底市应势而动，着力改造传统产业，培育新兴产业，取得了一定成效。

一是积极发展循环经济。创建国家循环经济示范城市，通过大力发展循环经济，推动传统产业改造升级，有效地降低了成本，提高了效益。2014 年启动了 20 多个循环经济项目。重点推进建立煤炭、钢铁、电力、建材、化工等产业的"资源—产品—废弃物—综合利用"循环发展模式。全市新产生的粉煤灰、钢渣、脱硫石膏等产业固废综合利用率达到 100%，实现了由"储"向"用"的转变。涟钢利用"三余"发电，实现自发电量 2.4 亿度/月，自发电比例达到 73%。

二是接续产业加快发展。新材料、电子信息、医药、食品、先进装备制造等新兴产业依靠技术创新、品牌优势，表现出很强的竞争力和成长性。全市高加工度工业、高技术产业累计实现增加值 76.52 亿元，增长 14.1%，高于全市规模工业增速 4.5 个百分点。农业产业化进程加快,全市农产品加工企业实现营业收入 94 亿元,同比增长 15.1%;休闲农业企业接待游客 300 万人次,实现经营收入 12 亿元,同比分别增长 25%、21%。

6. 稳步推进生态文明体制改革

生态是新资源、生态经济是新动力。娄底市把生态文明体制改革生态文明建设作为转型发展的主引擎。先后出台了《娄底市深化生态文明体制改革实施方案(2014~2020)》和《娄底市深化生态文明体制改革 2014 年度工作要点》,在实施阶梯式水、电、气价制度的基础上,狠抓了四项重点改革与建设工作。

一是加快建立大气污染联防联控机制。编制出台了《娄底市落实〈大气污染防治行动计划〉实施方案》,分解目标任务,共计拟定落实重点工程 169 个,淘汰黄标车 27017 台,预计项目总投资 43286.59 万元。2014 年度全市计划完成火电厂、化工、水泥、钢铁、燃煤锅炉以及油气回收、黄标车淘汰等重点工程项目 13 类,49 个,8207 辆,预计投资 22397 万元,目前已经完成了 30 个项目。制定出台了《娄底市中心城区空气中 $PM_{2.5}$ 污染防治实施方案》,加强大气污染监测应急体系建设,年内空气自动监测站将增加至 5 个并新增 $PM_{2.5}$ 检测设备,预计 2015 年初将 $PM_{2.5}$、CO、O_3 三项指标纳入环境空气质量评价体系,并向社会发布。

二是大力推行政府两型采购制度。组织申报两型产品。市财政局会同市科学技术局组织了娄底本地企业积极申报湖南省财政厅、湖南省科学技术厅组织的两型产品申报。目前市经信委正在组织企业积极申报《湖南省两型产品目录》。支持两型产品采购。市财政局向市直各单位、各县市区财政局及各政府采购代理机构先后转发了有关规范性文件和两型产品采购目录。开展政府采购监督检查。根据推行政府两型采购改革工作计划安排,下发了《关于开展政府采购代理机构监督检查的通知》(娄财购函〔2014〕85 号),并于对采购代理机构进行了监督检查,其中对各代理机构在执行两型产品采购制度情况进行了重点检查。

三是加强污水垃圾处理设施建设。积极开展生活垃圾处理方式调研,起草了《娄底市生活垃圾处理方式考察报告》。启动了孙水、涟水沿线乡镇污水处理厂建设。

四是加快重点地区生态环境治理。继续推进"绿色娄底"四年行动计划,以联村建绿、三边一区、城市生态圈、风光带、林荫大道、生态绿道建设为重点,努力打造"山清水秀、鸟语花香、林城相依、人与自然和谐"的国家园林城市。全市累计完成人工造林面积60万亩,义务植树3800万株,封山育林面积100万亩,全市有林地面积达到497万亩以上,森林覆盖率达到50%以上,林木蓄积量达到1400万立方米以上。成功将水府庙水库列入国家良好湖泊生态环境保护专项,锡矿山地区建设传统矿区转型实施方案获省政府批准。深入开展孙水流域环境综合整治,取缔无证采砂船58艘,取缔无证采砂场38处。

二 娄底市两型社会与生态文明建设存在的主要问题和困难

受国际国内大气候的影响,娄底市经济运行遭遇了前所未有的困难,直接影响着两型社会建设重点任务的实现,主要表现在以下几个方面。

一是发展基础相当薄弱,两型建设任重道远。娄底市作为全国传统老工业基地和全省重要能源原材料基地,资源型产业结构与国家宏观调控政策要求相背离,面临绝地重生的严峻挑战。2014年,全市三次产业的结构比为14.6:53.7:31.7,第三产业偏弱;而且,在工业体系中,传统的钢铁、水泥、煤炭比例高达44.6%,三者都承受压缩产能、市场萎缩、价格下跌等重重压力。转型发展深陷迫在眉睫而又支撑乏力的艰难处境之中。这对娄底市两型社会建设而言既是动力也是压力。

二是经济下行压力继续加大,地方财力明显不足。2014年,地区生产总值仅增长8.1%,增幅低于上年同期2.5个百分点,处于2000年以来最低水平。财政收入、固定资产投资、规模工业等主要指标呈现下降趋势。同时财税压力巨大。2014年,全市完成财政总收入95.35亿元,仅增长0.3%;完成地方财政收入58.91亿元,下降2.9%。这让娄底市两型社会建设所需要的投入难以得到保障。

三是工业经济企稳动力不断减弱,低碳清洁技术推广受阻。由于娄底市工业主要以钢铁、煤炭、水泥等传统产业为主,受宏观调控的冲击较大,钢铁、煤炭等工业产品价格下跌，企业效益下滑，特别是涉煤行业生产经营艰难，钢铁、煤炭等传统支柱产业收益锐减，技改收入捉襟见肘。2014 年，全市规模工业实现利润总额 73.05 亿元，同比下降 8.9%。特别是融资难问题进一步凸显，由于企业产品库存和应收账款同时增加，加上银行到期贷款过桥、民间高息融资等问题，部分企业流动资金紧张，甚至出现了资金链断裂的情况，直接影响技术改造项目的实施。这让娄底市两型社会建设的难度进一步增大。

三 2015年娄底市两型社会与生态文明建设思路

经济下行是创新与发展的压力，也是改革与转型的动力，要坚持转型升级不动摇，改革创新不止步，力争在两型社会建设中取得新的突破。

1. 推进传统工业的改造升级

加快千亿不锈钢产业基地的推进。加大冷钢普钢—不锈钢产能置换的报审报批工作，争取尽快获得国家批复。积极指导帮助双峰经开区打造不锈钢特色产业园区。围绕已投产的 VAMA 汽车板项目积极引进上下游配套企业，重点是实质性推进长株潭先进汽车零部件制造及配套产业基地建设，全年引进 5 家以上骨干企业。煤炭企业按照企业集团化、采掘机械化、质量标准化、管理信息化的要求，大力推进煤矿整顿关闭、煤矿企业的兼并重组和产业升级，努力提高煤炭产业的综合效益。实施火电、水泥、钢铁、有色等行业企业的脱硝设施改造，降低排放。

2. 全力提升服务业发展水平

针对当前 GDP 增速的急剧下滑，主要是第三产业的关联指标增长不力的原因，迅速召开第三产业协调领导小组会议，通报情况、查找问题、寻求对策、明确任务、落实责任，力促第三产业企稳回升。要紧盯省里即将出台的服务业发展意见，结合"服务业发展四年行动计划"，研究制定娄底市加快服务业发展实施意见。抓住娄底被列入国家二级物流园区布局城市为契机，出台扶持物流业发展的专项政策。加快推进服务业项目建设，确保华天城酒店、新世界建材城一期等项目尽快投入使用，清泉华羊达广场国际大酒店、千客物流信息楼等 8 个项目年内竣工。

3. 做优做特农业

以高端、高效设施农业为重点，在粮食、畜禽、果蔬、油料、茶叶、竹木等主导产业领域扶持一批自主创新能力强、加工水平高、辐射作用广的龙头企业，延长产业链，促进农业规模化、集约化、标准化，夯实农业发展基础。大力发展黑猪、黑牛、黑茶和食用菌"三黑一菌"特色农业，力争全年出栏黑猪25万头、黑牛3万头，工厂化生产食用菌鲜品1万吨以上。积极探索桥头河农业产业示范镇建设。

4. 抓改革增活力

在全市经济面临较大下行压力的当前，全面深化改革将为稳增长、调结构、防风险、惠民生提供原动力。全市各级各部门、各专项领导小组，将密切关注中央和湖南省的改革动态，及时了解和掌握新情况新进展，早做谋划，围绕9大类46项重点改革任务，按照"问题倒逼、时间倒排、责任倒查"的原则，促进各项改革任务落地生根，以改革激发活力、增添动力、释放红利。围绕提高政府效能，进一步深化行政审批"两集中、两到位"改革，进一步简政放权。按照省委部署全面启动市县政府职能转变和机构改革，力争年底基本完成。全面完成项目审批核准备案和监管制度。改善市级公共资源管理体制和运行机制，建立健全统一规范、上下衔接的公共资源交易平台。加快推进工商登记前置审批制度改革。积极探索农村土地承包经营权确权登记颁证等农村工作的改革。改革投融资体制，形成政府、企业、社会资本多元投入格局。

5. 抓建立两型综合评价制度

娄底市将参照湖南省两型工委制定的综合评价指标体系，借鉴其他市的成功经验结合娄底市实际建立两型综合评价制度。总结各县市在两型社会建设中取得的成绩和不足，指出发展方向。

湘西自治州2014~2015年两型社会与生态文明建设报告

湘西自治州发展和改革委员会

2014年面对经济下行复杂局面,湘西自治州以深化改革为动力,以扶贫开发、新型城镇化和生态文化旅游为重点,加快实施绿色湘西工程,把城乡同建同治定位为推进发展、改善民生、维护稳定的总抓手,全州城乡面貌发生新变化,生态环境保护成效显著,森林覆盖率达到66.9%,空气质量为全省最优。

一 2014年湘西自治州以城乡同建同治促进两型社会建设情况

(一)城乡同建同治成效明显

1. 环境整治巩固提升

城乡环境整治不断深化,主要街道、单位院落、公共场所卫生管理更加规范,背街小巷、城乡结合部、城中村、农贸市场、河道公路沿线等重点部位整治力度不断加大,占道经营、出店经营、车辆乱停、杂物乱堆、广告乱贴等突出问题得到有效治理,城乡环境面貌进一进改观。据不完全统计,全州共参与人数223.44万人次,清除卫生死角4.2万处,拆除乱搭乱建0.66万处,整治出店经营2.39万家,清理"牛皮癣"35.54万处,规范物品摆放12.37万户,开展农村垃圾分类减量处理47.85万户,查处交通违法行为8.73万起。

2. "五同"实事全面完成

2014年年初安排部署的"五同"20项工作60件实事全面完成,城乡环境得到有效整治。

3. 文明意识普遍增强

城乡同建同治在改变环境面貌的同时，也在悄然地影响和改变人们长期以来的不良行为习惯，乱吐乱丢、乱泼乱倒、乱堆乱放、乱贴乱画等不文明现象明显减少。许多基层干部和群众自觉参与配合同建同治工作，带头讲文明、爱卫生、树新风、治脏乱，用自己的言行影响身边的人。城乡同建同治理念更加深入人心，社会公众的知晓率、认同率、参与率不断提高。

4. 长效机制逐步完善

一是常态化保洁机制基本建立。凤凰、花垣、泸溪、龙山、保靖、古丈等县实行了城区环卫服务外包，保靖县财政投入431万元将所有公路保洁服务实行了外包，古丈县财政投入66万元将城区市容管理（出店经营、占道经营、乱搭乱建、杂物乱堆、"牛皮癣"治理等）实行了外包，泸溪县部分村组（社区）实行了环卫服务承包。全州每个村至少落实了1名保洁人员经费，村组公共区域基本实现了专人保洁。二是垃圾无害化处理逐步规范。截止2014年底，全州已建垃圾焚烧炉144个，点火运营102个，集镇垃圾基本做到了日产日清。农村垃圾分类减量处理全面开展，可回收垃圾收购网络体系逐步建立。三是工作经费投入不断加大。据不完全统计，全州投入城乡同建同治工作经费8469.18万元，整合项目资金30.41亿元，各县市工作经费投入均达到500万元以上。

（二）推进城乡同建同治的主要做法

1. 围绕工作内容拓展，狠抓了思路调整

一是提高了工作定位。州委州政府把城乡同建同治定位为推进发展、改善民生、维护稳定的总抓手，指出湘西州推进新型城镇化必须走城乡同建同治之路。二是拓展了工作内容。完善了"五同"内容，实现了工作思路和重点由抓环境卫生向"五同"统筹推进转变。三是优化了考评办法。修订完善了《湘西自治州城乡同建同治考核评比办法（修订)》，将"五同"重点工作细化量化为20项工作60件实事，并纳入全州绩效考核。

2. 围绕五同统筹推进，狠抓了任务落实

一是抓任务分解。根据《湘西自治州城乡同建同治考核评比办法（修

订)》，州直有关单位于3月中旬前将"五同"20项工作60件实事指标全面分解下达到各县市、湘西经开区。二是抓工作调度。州同建同治办分别于4月上旬、6月底、9月底、11月底，4次对"五同"任务完成情况进行了全面调度，督促工作滞后的单位加快进度。

3. 围绕工作纵深开展，狠抓了考评奖惩

一是严格考评。州同建同治办目前已完成6次暗查、6次明检，在《团结报》和湘西电视台公布了6次对各县市、湘西经开区和一批优秀乡镇（街道）、整改乡镇（街道）考评排名结果，兑现奖金720万元、罚金120万元。二是认真点评。先后于4月9日、7月10日组织召开了全州城乡同建同治工作点评会议，总结点评了第一、二季度工作。三是典型推动。10月23日在花垣县召开了全州城乡同建同治工作经验交流会，组织参观了花垣典型现场，花垣县作了全面经验介绍，泸溪、龙山、凤凰分别作了交流发言。通过现场会进一步统一了思想，推介了典型，交流了经验，促进了工作平衡发展。各县市（区）普遍加大了考评奖罚力度，共开展城乡同建同治工作考评1767次，兑现奖罚资金1677.74万元。

4. 围绕突出问题整改，狠抓了巡查调研

州领导高度重视城乡同建同治工作。各部门分管领导多次出席全州城乡同建同治工作点评会议并作讲话，对各县市、湘西经开区工作进行总结点评。州同建同治办组织开展了系列巡查和调研活动，先后开展了春节期间环境卫生专项巡查、吉首市城区卫生死角死面集中巡查、部分乡镇垃圾焚烧炉建设管理情况现场核查、部分乡镇抗灾及灾后工作指导、凤凰县城区环卫服务外包调研等。同时，针对凤滩、碗米破电厂库区灾后垃圾清理问题进行了专门衔接。巡查发现的问题得到州委主要领导的高度重视和批示，促进了有关问题的整改落实。全州开展督查调研活动1.95万人次，整改各类问题1.46万个。

5. 围绕文明素质提升，狠抓了宣传教育

召开了全州城乡同建同治宣传工作会议，组织策划了一系列电视宣传活动，编印了《湘西州城乡同建同治工作掠影》。据不完全统计，全州共召开城乡同建同治工作会议3094次，开展宣传活动8720次，发放宣传资料228.32万份，设立固定宣传牌栏5513块，播出电视新闻、专题1003篇，发表报刊、网页稿件897篇，编发工作简报576期。州直有关单位组织开展了"除陋习、树新风"系列活动，各县市区普遍开展了"小手牵大手"、文明劝导志愿服务、农户"大评小奖"等一系列宣传教育活动，城乡同建同治更加深入人心。

二 2015年湘西自治州以城乡同建同治 促进两型社会建设的思路

（一）总体思路

认真贯彻执行党的十八届三中、四中全会精神和省委系列重大决策部署，围绕州委、州政府"五大建设"、"四个湘西"、"两个率先"的发展思路和"深化改革、依法治理、项目推进、发展提速"的基本要求，坚持建治齐抓、统筹推进，进一步深化环境整治，办好"五同"实事，提升居民文明素质，发挥示范引领作用，全面提升城乡同建同治工作水平，为把湘西自治州打造成国内外知名生态文化公园奠定坚实基础。

（二）目标

到2015年底，全州城乡环境质量持续改善，城区生活垃圾无害化处理率达90%以上，集镇垃圾焚烧炉覆盖率、点火率达100%，农村垃圾分类减量处理率达80%以上；城区污水处理率达到90%以上，基本实现雨污分流、达标排放；水体环境明显改善，全州90%以上饮用水源达到Ⅲ类标准；村庄绿化覆盖率达60%以上；以管道天然气为重点的城镇清洁能源体系初步建立。城乡容貌交通秩序明显改观，占道经营、出店经营、车辆乱停、违章搭建、乱堆乱放杂物等现象明显减少；基本取缔国省道、县乡道两侧马路市场；所有县城实现城管数字化；全州园林式单位覆盖率达50%以上，共创建生态村100个以上，创建和谐社区50个以上，创建文明集市50个以上。

（三）重点

1. 深化环境卫生整治，实现城乡面貌新变化

一是制定全州环境整治工作标准。结合湘西州实际，制定《湘西自治州城乡环境整治工作标准》，提交州人民政府常务会研究通过。二是推进环卫保

洁市场化运作。按照"政府购买公共服务"思路,引导城镇区域(农村墟场)环卫服务外包,实现城乡保洁队伍专业化、作业精细化、工作常态化。三是加大城乡薄弱环节整治力度。抓好城区背街小巷、城中村、城乡结合部、河道公路沿线等薄弱环节卫生容貌管理,大力整治占道经营、出店经营、车辆乱停、杂物乱堆等突出问题。四是扎实开展专项治理工作。上半年集中治理户外广告,下半年集中整治农贸市场。五是解决好乡村垃圾处理问题。强力推进农村垃圾分类减量处理,做到垃圾基本不出户。坚持政府引导,市场运作,建立完善可回收垃圾收购网络体系。加强乡镇集镇垃圾焚烧炉运营管理,确保运营规范有序。

2. **突出"五同"重点实事,实现民生建设新突破**

城乡同规划方面,重点抓好《湘西自治州国内外知名生态文化公园建设规划》编制;抓好乡镇控规、乡规划、村庄规划、中国传统村落规划编制。设施同建设方面,重点抓好城区所有背街小巷硬化、亮化,强力推进农村入户道路硬化工程;抓好重要生态功能区、饮用水源保护区、景区景点等主要区域内的乡镇污水处理设施建设;抓好八县市城区农贸易市场标准化改造,建设乡镇农贸市场,取缔马路市场;抓好乡镇文化场所建设、村(社区)宣传文化阵地建设;抓好乡镇便民服务中心、村(社区)办公场所(便民服务点)标准化建设;结合湘西土家族、苗族两条生态文化村镇游精品线路开发,抓好湘西特色民居(村寨)保护工作。产业同推进方面,重点抓好工业园区标准厂房建设;抓好千亩以上农业示范园(标准园),发展农民专业合作社。环境同整治方面,重点抓好背街小巷、城中村、河道公路沿线、旅游景区景点等薄弱环节整治,推进环卫保洁市场化运作,扎实开展专项治理,解决好乡村垃圾处理问题。事务同管理方面,重点抓好网格化管理工作,建立专门机构和队伍,实现州、县市(区)、乡镇(街道)、村(社区)四级联网运行;完善查询、受理、交办、销号系统功能,实现以人查房、以房查人,及时上报和办理群众诉求事项。抓好县市(区)城区城管数字化管理平台建设,实现资源共享、管理规范、运行有序。抓好党员干部结对帮扶工作;抓好村(社区)班子建设,加大村级经费投入,改善村干部经济待遇;落实村干部轮流坐班制,提升基层组织服务群众能力。

3. **强化文明素质教育,实现文明意识新提高**

一是编印《湘西自治州城乡同建同治文明创建知识读本》。发送全州广大干部群众，进农家书屋。二是深入开展"除陋习、树新风"七进活动。由州、县市文明办牵头，以行业系统为单位开展系列活动，让文明素质教育进机关、进企业、进学校、进社区、进村寨、进家庭、进景区。三是加大新闻媒体宣传和曝光处罚力度。充分运用州、县市主要媒体平台，加大城乡同建同治工作新闻、专题、专栏宣传密度。坚持以正面宣传为主，采取电视问政、媒体曝光等形式，重点聚焦一些工作推进力度欠缺的部门单位，曝光一些群众反映强烈久拖不决的环境整治突出问题。四是完善倡导宣传文明行为的固定标牌标语。在高速公路下线、城区出入口、主街道商业区、车站、广场、公园、社区居民活动中心等地段合理设置倡导文明行为的固定标牌标语，大力宣传"神秘湘西"生态文化旅游品牌，营造浓厚的城乡同建同治工作氛围。

4. 发挥典型示范作用，实现城乡协调新发展

一是继续抓好四类示范点的建设管理。2015年各县市、湘西经开区除了抓好州级示范点外，要增加创办四类示范点各2个以上。示范街道要整合特色民居改造项目，实施"穿衣戴帽"工程。示范社区要整合棚户区改造项目，实施老旧院落改造工程。示范乡镇要全面实施硬化、亮化、绿化工程，规范户外广告，改造农贸市场。示范村庄建设要结合传统村落保护，突出特色和亮点。加强各类示范点环境卫生和容貌秩序管理，真正发挥示范带动作用。二是大力推介基层工作典型经验。坚持按季度点评一次工作，适时召开流动现场会，进一步加强县市区、乡镇（街道）之间交流，宣传推介好的典型经验，促进工作平衡发展。

专题篇

Special Reports

B.26
加快构建湖南系统完整的生态文明
制度体系研究

湖南省人民政府发展研究中心课题组*

　　加快生态文明制度体系建设，是落实党的十八届三中全会精神，推进绿色湖南建设的必然要求。湖南需在两型改革试验的基础上，加强顶层设计、理顺管理体制、完善考评机制、完善社会参与机制，围绕源头严防、过程严管、后果严惩主线，加快构建系统完整的生态文明制度体系。

一　湖南生态文明制度体系建设的有益探索

1. 初步构建了生态文明制度体系的框架基础

　　一是法规框架。湖南以法治创新推动和保障生态文明建设，先后出台了《湖南省长株潭城市群区域规划条例》、《长株潭城市群区域规划条例实施细

---

* 课题组成员：梁志峰、唐宇文、彭蔓玲、刘琪、廖勇强。

则》以及《湖南省长株潭城市群生态绿心地区保护条例》等一系列法律法规，初步奠定了生态文明建设的法律框架基础。

二是规划框架。全省以资源节约、环境友好社会建设为着力点，建立了由《长株潭城市群区域规划（2008~2020 年)》为龙头，以及 10 个专项改革方案、14 个专项规划和 87 个市域规划组成的改革建设规划体系。

三是组织框架。在基本建立覆盖省、市两级两型社会工作机构的基础上，专门成立了生态文明体制改革专项小组，负责推进全省生态文明改革及制度建设。

2. 不断完善了生态文明制度体系的具体内容

一是政策法规方面，目前省直相关部门已经制定出台了公共建筑节能、生态环境保护、两型产业发展等 100 多个政策法规文件支持生态文明建设，初步形成了重点突出、多点支撑的政策体系。

二是评价考核方面，探索建立了两型综合评价体系。建立两型目标考核等考评机制，把节能、节水、节地、节材等方面的指标及工作完成情况，纳入省、市绩效考评体系；在新型工业化、新型城镇化两个考评体系中，资源节约、环境友好占比均在 30% 以上。建立绿色 GDP 评价体系，探索将生态、资源效益纳入 GDP 核算。

三是监督管理方面，实现对建设项目环境保护事前、事中、事后全流程监管，制定并严格执行项目的规划、用地、节能、环保等准入标准。探索形成了包括 16 项两型标准和 23 项节能减排标准的两型标准体系。建设"数字环保"系统，对重点企业进行 24 小时监控。加大资源环境信息发布力度，设立公众监督热线，开通"12369"环保举报热线，构建政府、社会的立体监管体系。

3. 积极探索了构建生态文明制度体系的具体方法

一是资源节约方面，建立价格调节机制，大力推进资源性产品价格改革。试行分质供水和阶梯式水价，落实"两高"行业专项电价加价政策，对可再生能源发电进行政策补贴。长沙、株洲启动国家绿色建筑、可再生能源示范城市试点。实施长株潭公交电动车三年计划。

二是生态保护方面，出台《主要污染物排污权有偿使用和交易管理办法》，积极开展排污权交易试点。探索环境保护的市场化运作机制，对湘江流域内 51 个市县实行省级财政生态补偿，颁布城镇生活垃圾收费管理办法，加大污水处理费征收力度，实施环境污染责任强制性保险试点。出台财政投入补助政策，创造了农村环保自治和垃圾"户分类、村收集、乡中转、县处理"分类处理模式以及"分区包干、分散处理、分级投入、分期考核"工作机制。

三是产业发展方面，制定并严格执行产业项目用地、节能、环保、安全等准入标准，限制"两高一资"和投资过热的行业进入。运用政策引导、市场倒逼、合理补偿等手段，加快老工业区的落后产能淘汰。推动融资改革，争取国家批准设立长株潭两型产业投资基金。

二 湖南生态文明制度体系建设面临的主要问题

1.经济政策体系不完善，生态产权制度不明晰

一是自然资源资产产权制度不健全。资源性资产的家底不清，所有权、行政权、经营权混乱，归属界定不清。自然资源的使用权、经营权、勘探权、开采权等产权没有充分与国家所有权充分分离，导致产权形式较为单一，造成了土地集约利用程度不高、荒山沉睡的现象。另外现行的自然资源法律法规没有规定具体的资源产权主体代表，在自然资源制度设计上没有明确规定中央政府、地方政府、部门以及所在地居民的权利和义务。自然资源所有人与经营者在自然资源利用过程中的权利与义务没有从法律中得以体现，造成使用权与所有权不分，由此产生了管理上的混乱。

二是排污权、碳排放权交易制度刚起步。存在如下问题：（1）总量控制指标难以确定；（2）相关法律制度尚未确立，交易后合法的排污量难以界定；（3）指标的原始分配难以做到公平；（4）排污权交易信息平台和交易市场不完善。

三是生态补偿机制不完善。（1）生态补偿的融资渠道和主体单一，主要依靠政府的转移支付和专项基金两种方式；（2）以部门为主导的生态补偿，责任主体不明确，管理职责交叉，整治项目与资金投入难以形成合力；（3）生态补偿领域过窄、标准偏低；（4）补偿方式缺乏稳定性和持续性。

四是有利于资源节约、环境保护的价格体系尚未形成：（1）资源性产品价格形成机制不顺，资源产权市场化程度低，资源性产品价格没有体现资源的全部价值；（2）从价格体系看，再生资源价格高于初始资源价格，许多企业

宁愿缴纳排污费也不愿意治理污染物。

2. 监管监督机制不完善，生态违法成本过低

一是执法不严、监管不力。一些环境监管人员在执法时流于形式，执法行为不规范。有些地方保护主义严重，为了引进大项目，放松对生态文明的要求。一些环保部门在对检查发现的问题的处理中，不是积极配合，而是说情保护或抢先处罚。

二是排污收费标准偏低，对超标排污行为的惩罚过低。湖南省的排污收费标准普遍低于治理成本，对于超标排污的违法行为，按规定只加收一倍缴纳排污费。许多企业宁愿缴纳排污费，取得合法的排污权，也不愿意投资建处理设施，甚至部分企业建了环保设施也不运行，特别是一些中小企业的违法成本远远低于守法成本，对生态环境保护较为漠视。

三是环境法规规定的行政处罚方式以罚款为主，而且数额过低。按照国家规定，《大气污染防治法》对超标排污行为规定罚款最高限额为 10 万元；《环境影响评价法》对违反环评擅自开工建设行为规定罚款最高限额为 20 万元。而对造成严重后果的违法行为，《水污染防治法》和《固体污染防治法》规定的罚款最高限额为 100 万元；《大气污染防治法》规定罚款的最高限额为 50 万元。远远低于行为主体从其违法行为中所获得的收益。

3. 决策管理体制不完善，多头管理现象严重

一是环境与发展综合决策机制不完善。在实践中重经济轻环保的现象一直存在，许多地方以牺牲资源环境为代价来发展经济，经济发展方式粗放，环境与发展一直都是"两张皮"，环保部门与经济部门相互合作和制约机制不强。

二是资源、环境和生态管理部门职能分工不合理。湖南资源管理、环境保护分属不同部门主管，生态保护职能分散在许多部门，两型办的统一协调作用有待进一步发挥。

三是区域、流域环境管理体制亟待改革。目前仍然缺乏有效的议事程序和争端解决办法，致使解决跨区域环境问题困难重重，尤其体现在流域水污染防治方面，湘江流域综合治理跨区域合作的体制机制障碍仍然存在。

4. 社会参与机制不完善，生态保护氛围不浓

一是公众参与的渠道不够畅通，公示的环境信息还不多。目前，公众参与环境保护仅局限在一定的范围内，而且关心的公示信息面太窄，对监督重大环

境问题的信息掌握的更少，公众参与的平台较少，大多停留在表面和浅层上，没有形成制度化、常态化和组织化的公众参与机制。

二是忽视公众团体组织的介入，西方国家的经验表明，生态文明建设真正富有成效的公众参与，主要是非营利机构、企业、社区等非政府组织的参与。而目前湖南省民间环保组织的独立性不够，很多甚至与政府存在一定的经济关联，难以真正发挥作用。

三是宣传教育不够，公众接受生态文明建设教育的机会较少，参与监督的能力弱。特别是在一些农村地区，农民参与生态文明建设的教育体系还未建立，工作推进氛围不浓、难度较大。

三 以源头严防、过程严管、后果严惩为主线，加快构建湖南系统完整的生态文明制度体系

当前，湖南湘江源头区域和武陵山片区两片区域被划进国家生态文明先行示范区，其中湘江源头区域将重点探索实行资源有偿使用和生态补偿机制、创新区域联动机制、探索建立源头区域承接产业转移的负面清单制度和动态退出机制三方面的体制创新，而武陵山片区将重点探索健全自然资源资产产权和用途管制制度、建立体现生态文明要求的领导干部评价考核体系、创新区域联动机制三方面的体制创新。湖南应结合国家生态文明先行示范区以及长株潭两型社会综改试验区建设，加快构建"源头严防、过程严管、后果严惩"的完整的生态文明制度体系。

1. 建立健全源头严防的制度体系

一是健全自然资源资产产权制度。一方面是建立自然资源资产数据采集制度。开展湖南地理省情普查，全面查清湖南省土地上的自然地理要素，落实自然资源的空间分布、位置、面积、范围等，逐步完成各类自然资源资产数据采集，加强湖南自然资源资产产权管理数据库建设，为自然资源的所有权人、使用权人和监管者履行职责、维护权益，提供基础信息支撑和服务保障。另一方面是建立自然生态空间统一确权登记制度。以不动产统一登记为基础，根据国家不动产统一登记的总体部署，按照统一登记机构、统一登记簿册、统一登记依据和统一信息平台的四统一要求，整合登记职责，由单独一个机构负责所有

不动产的登记工作。在此基础上，试点探索对水流、森林、山岭、草原、荒地、滩涂（湿地）等自然生态空间进行统一确权登记，逐步建立和完善自然生态空间统一确权登记的制度体系。

二是健全自然资源资产产权管理制度。一方面积极运用信息化管理手段，搭建自然资源资产产权信息管理平台，按照"一张图"统一管理自然资源的要求，有机衔接"建库、搭台、上图、入网"各步骤，健全自然资源资产产权信息管理制度。另一方面，在自然资源资产产权归属清晰、权责明确的基础上，探索开展自然资源资产评价，对自然资源实行资产管理。依照国家政策导向和顶层设计，建立自然资源国家所有地方政府行使所有权、集体所有集体行使所有权、集体所有个人行使承包权的管理制度，构筑科学合理、严格清晰、操作性强的自然资源资产产权管理制度体系。

三是完善自然资源监管体制。根据自然资源资产的社会经济属性的不同进行分类，一类是包括自然保护区、风景名胜区、国家地质公园、国家森林公园以及公益林等特殊生态保护区域和政府的各种公共用地在内的公益性资产；另一类则是包括经营性建设用地和农业生产用地以及经济林木、矿产等资源在内的经营性资产，另外还可以对包括基本农田在内的出于公共目的的资源作为特殊经营性资产对待，并对其实行严格的行政管制。对经营性自然资源资产建立独立于行政管理部门的管理机构，并统一按国有收益性资产管理的原则进行管理和考核。对公益性的自然资源资产管理，则要进一步明确其具体的代理或托管机构，与之对应的行政管理主体，在此基础上逐步完善包括资产登记、核算和审计等制度和措施在内的自然资源资产监管制度体系，以有效加强对其的监督。

四是加快推进主体功能区制度。优化国土空间布局，探索划定耕地、森林、湿地、水体等生态保护红线。针对不同区域经济发展水平和生态环境水平的不同，实施差异化的扶持政策，对经济发展水平较高、生态环境质量较差的地区，实行最严格的生态环境保护红线制度；对经济发展水平相对较低、生态环境质量相对较好的地区，设定生态环境保护红线时可留有适当余地，为当地经济社会发展提供空间。开展以县级行政区为单位的资源环境承载能力评价，出台差异化区域发展产业、财政政策和绩效考核体系，取消对包括划定的生态红线区域、限制开发区域和生态脆弱的扶贫开发工作重点县等在内的特定区域

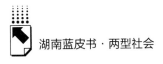

的地区生产总值考核。

五是完善空间规划体系，建立自然资源用途管制制度。对现行的由上级政府批准下级行政区规划的体制进行改革，规划由本地人民代表大会批准，这样既可以加强当地民众对规划的认知度，对本地中长期发展有更明确的预期，也方便当地居民监督规划的落实。在市县层面，要实现"多规合一"，遵循"山水林田湖"是一个生命共同体的原则，逐步建立覆盖全面、科学合理、分划清晰、责任明确、约束性强的用途管制制度。根据不同的主体功能定位，合理划定生产空间、生活空间和生态空间的开发管制界限，明确划定居住区、工业区、城市建成区、农村居民点、基本农田以及林地、水面、湿地等生态空间的边界。当前，可以首先选择若干县开展用途管制制度改革试点，组织编制试点县主体功能区规划和建设实施细则，推进开发管制界限工作。然后在此基础上在全省范围内推广试点。

2. 建立健全过程严管的制度体系

一是完善资源有偿使用制度。首先，进一步加快全省自然资源及其产品价格改革的推进力度，争取尽早在全省范围内实行阶梯式水、电、气价制度。其次，建立健全森林、湿地、林木、水资源生态效益评估机制，真正做到生态资源的有偿使用。最后，要合理调节工业用地和居住用地比价，提高工业用地价格，缓解房价上涨压力。

二是完善生态补偿制度。首先，在现有的流域、森林、矿产资源和自然保护区生态补偿试点的基础上，进一步扩大生态补偿范围。在对生态环境状况和生态资产全面评估的基础上，依据结果确定生态补偿的先后顺序，合理分配有限的补偿资金，提高其利用效率。将大气环境、耕地和土壤环境等有重要保护功能的区域，湿地、生物多样性保护区等具有生态敏感性的区域，以及部分生态功能价值较高的限制开发区纳入生态补偿的范围，进一步扩大和补充生态补偿领域。其次，积极争取中央财政生态补偿转移支付力度，同时，各级政府要将生态补偿资金纳入财政预算安排，在各级财政预算中增设生态补偿相关科目，并尽量提高其额度。加大各种资源费中用于生态补偿的比重，加大水土保持生态效益补偿资金的筹集力度，鼓励社会资本参与到生态环境建设和修复中来。加强对生态补偿资金分配使用的审计和监督，提高其使用效益。最后，积极运用碳汇交易、排污权交易、水权交易、生态产品服务标志等补偿方式，探索市场化补偿模式。

三是完善资源环境承载能力监测预警机制。首先，明确环境监测体系建设的目标，建立覆盖省内所有省、市、县行政区域比较科学完善的环境监测评价体系，覆盖所有国控重点排污单位、运行稳定规范的环境监测监管体系。其次，强力推进环境监测网络体系建设，进一步加强对土壤、大气、水体和生物等生态资源的监测网络建设，建立健全资源环境承载能力监测预警机制。再次，制定出台相关政策，实行以奖代投，支持企业加快生态环境监测设施配套建设。最后，将监测体系建设和监测工作纳入对市、县环保部门考核体系中。

四是以污染物排放许可制为重点，落实企事业单位污染物排放总量控制制度。排污许可制是目前上国际很流行的一种环境管理制度，以美国、日本为代表的很多发达国家以及中国台湾、香港地区都已对水、大气、噪声等污染排放实行许可证管理。湖南应逐步将现行以行政区划为单元，通过层层分解最后落实到企业，以及仅适用于特定区域和特定污染物的总量控制办法，改变为更规范公平的以企事业单位为单元、覆盖面包含主要污染物的总量控制制度。

3. 建立健全后果严惩的制度体系

一是建立生态环境损害责任终身追究制。探索编制自然资源资产负债表，对领导干部进行自然资源资产离任审计，在领导干部离任时，对该地区的水资源、环境状况、林地、开发强度等进行综合评价，对生态环境破坏很大的地方，即使其经济发展较快，也要对领导干部进行责任追究，避免个别领导单纯追求任期内经济增长，而忽视环境保护和资源节约利用，导致潜在的生态环境破坏。

二是建立严格的损害赔偿制度。提高严重破坏生态环境的企业和个人的违法成本，让其掏出足额的真金白银，对造成严重后果的，要依法追究刑事责任。首先，按"排污费标准高于治理成本"的原则，建议对企业违法超标排污行为按其超标倍数加倍征收排污费。其次，大幅提高违法行为罚款额度。如对违反"环评"和"三同时"制度的项目，按其投资总额的一定比例征收罚款。再次，创新环境违法行为惩罚手段。对未通过环评审批就擅自开工建设、未通过环保验收就擅自投产使用，以及闲置环保设施、偷排污水、超标排污等具有连续性的违法行为，执行上不封顶的"按日计罚"。最后，进一步完善

"环境公益诉讼"制度，把环境污染造成的间接财产损害和人民群众健康损害等考虑进去，增强制度的人性化程度和可操作性。

四 构建湖南系统完整的生态文明制度体系，需加强顶层设计、理顺管理体制、完善考评和参与机制

1. 加强顶层设计和整体部署

站在全省全局的高度研究推进解决生态文明建设中面临的重大和突出问题，加强顶层设计，有效整合各方力量，统筹部署解决跨地区跨部门的重大事项。把生态文明建设要求贯穿和融入到全省经济、政治、文化和社会建设的方方面面和整个过程。加紧制定出台全省生态文明建设的总体方案、时间表和路线图，进一步明确当前全省生态文明制度建设的重点领域，建立健全工作责任制，层层分解目标任务，落实责任。

2. 理顺管理体制

应按所有者和管理者分开、一件事由一个部门管理的原则，探索建立统一行使全民所有自然资源资产所有权人职责的资源管理部门。管理部门既可以按水、国土、生态、环境保护等资源要素设置，也可以按经济增长与产业联系的关系设置，避免国土空间管理碎片化，也应防止职能交叉。对国土、环保、农业、水利、林业等部门管理的生态保护区应统筹规划，减少"九龙治水"现象。强化国土资源和环境保护主管部门的监管职能，加大执法力度，特别要注重加强基层监管队伍和能力建设。加快建立区域、流域间环境协同共治机制。加强政府、企业、公众联动，形成公共治理结构。

3. 完善考评机制

一是建立体现生态文明要求的经济社会发展评价体系。把经济发展方式转变情况、资源节约利用情况、生态环境保护情况、生态文明制度建设情况、生态文化培养情况等作为重点纳入到评价体系中来，探索建立有利于促进绿色低碳循环发展的经济核算体系和体现自然资源生态环境价值的资源环境统计制度，探索编制自然资源资产负债表。

二是科学确定干部政绩考核指标体系，以增强干部绿色 GDP 观念为导向，

进一步完善干部政绩考核制度，对党政领导班子的考核，要加强节能减排、循环经济等方面指标的权重。要考虑各主体功能区的定位不同，在考核指标的选择上要有所侧重，实行差别化评价；对各部门的考核评价，也要根据其在推进生态文明建设中的不同权责，设置各有侧重的考核评价体系。

三是将生态文明政绩考核结果与干部任免奖惩挂钩，以达到"奖优、治庸、罚劣"的效果。根据各地生态文明建设任务的完成情况，确定各级财政转移支付和生态补偿资金的拨付数额，增强生态文明建设考核的硬约束能力；建立健全问责追责机制，对不重视生态文明建设或发生重大环境事故的，要坚决问责和追责，在评优评先、提拔等方面实行一票否决。

4. 完善社会参与机制

一是建立完善的生态文明教育机制，大力弘扬生态文化，倡导绿色生活和消费，广泛深入地宣传生态文明理念和环境保护知识，创新宣传教育方式，根据不同群体的特点采用有针对性、更贴近其生活的方式，寓教于乐，使其上课本、进社区、入工厂，提高全民生态文明意识。

二是加强生态环境信息披露，保障公民的知情权，利用信息手段推动公众参与。政府相关部门应通过公报、新闻发布会以及电视、报刊、广播、网络等形式定期公开发布生态环境信息；大力推动企业环境信息公开制度，根据企业污染级别及潜在危害程度，对其实行分级管理。增强社会公众对企业污染的知情度，使对企业环境行为的监督由目前的行政监督为主转向"行政监督、公众监督、市场监督"三足鼎立，推动企业实现自主环境管理。

三是建立健全多渠道环境保护对话机制。环保部门要组织公众与企业之间加强直接沟通和协商，如定期组织环保部门、企业和居民共同参加的企业污染防治报告会；定期组织环保部门领导与非政府环保组织及普通公众的直接对话；加强环保决策过程中的公众参与度，涉及群众利益的重大建设项目决策，应广泛听取专家和社会公众的意见和建议。

B . 27

节能环保产业前景广阔、大有可为

——关于湖南省节能环保产业发展情况的调查与思考

中共湖南省委政策研究室*

为全面摸清湖南省节能环保产业"家底"与"现状",进一步推进贯彻落实国务院关于加快推进节能环保产业的相关意见,湖南省委政研室组织人员深入相关企业、省直部门、基层一线,通过现场调研、数据分析、开展座谈等形式,对全省节能环保产业发展情况进行了深入了解和研究。总的感觉是:湖南省充分发挥全国两型社会建设综合配套改革试验区的优势,将发展节能环保产业作为转方式、调结构、惠民生的重要着力点和突破口,以技术为支撑,以市场为导向,以工程为依托,以政策为保障,走出了一条颇具特色的节能环保产业发展之路,节能环保产业在经济下行压力持续存在下保持了高速增长,展现了广阔前景。

一 朝阳产业方兴未艾

节能环保产业作为"朝阳产业",近年来在全球范围内引起普遍关注,并迅速成为推动全球高新技术产业发展的新兴力量。湖南省节能环保产业起步于20 世纪70 年代,经过30 多年的发展,已形成跨领域、跨行业、多形式的综合性新兴产业,为推动全省节能降耗、污染治理、生态环境改善和可持续发展提供了十分重要的物质基础和技术保障。主要呈现出四个方面的特点。

(一)产业规模逆势增长

近年来,湖南省节能环保产业飞速发展,2013 年全省节能产业总产值突

---

* 课题组成员:刘山、李先吉、李钦、王俊。

破 380 亿元；环保产业总产值 2013 年达 1073 亿元，成为湖南省第 11 个千亿产业，规模居全国前 10 位，前进 7 位。2014 年全省节能产业总产值预计达 450 亿元，同比增长约 21%；环保产业总产值达到 1350 亿元，同比增长 30% 以上。目前全省共有节能服务公司 300 余家，其中国家备案节能服务公司 162 家。环保装备制造业成为先进装备制造业的新生力量，环保服务业范围已经拓展到环保工程总承包、环保设施专业化运营、合同环境服务等。2014 年全省从事环境污染第三方治理单位约为 220 家，从事环境保护产品生产的企事业单位约为 115 个，从业人员总数 1.5 万人左右，产出环境保护产品项（系列）数量为 160 个左右；从事环境友好产品生产的企事业单位约为 123 家，从业人员总数 2.3 万人左右。随着世界经济持续缓慢复苏，以及我国低成本竞争优势被逐步削弱，很多产业出现下行态势。而在下行压力步步紧逼之下，湖南省节能环保产业依然保持了持续平稳较快增长的良好态势，产业基础不断夯实，后劲日益增强，2014 年增幅超过 30%，是增长最快的产业之一。目前已形成了长沙高新区、长沙再制造产业基地、汨罗和永兴"城市矿产"示范基地、娄底和湘潭资源综合利用"双百工程"示范基地等一批环保产业集聚区，涌现了永清环保、凯天环保、中联重科环境产业等一批节能环保骨干龙头企业。

（二）技术研发亮点颇多

高度重视节能环保技术产品研发推广，节能环保技术研发资金占财政收入比重逐年增加。2014 年，湖南省本级财政安排节能技术研发资金达 6000 万元左右，占地方财政收入比重达到 3‰左右。

搭建了一批创新服务平台。充分发挥湖南省科研院所密集、科技资源丰富的优势，拥有中南大学、湖南大学、湘潭大学、长沙理工大学、长沙矿冶研究院、湖南省环境保护科学研究院等一批从事节能环保技术研究单位。以企业为主体，组建 62 个产业技术创新战略联盟，成员单位超过 700 家。组建国家光伏装备工程技术研究中心、国家能源风力发电研发（实验）中心、亚欧水资源研究和利用中心等 20 多个重大协同创新平台。国家重金属污染防治工程技术研究中心自获批建设以来，先后承担了 863 计划、国家科技支撑计划等 20 多项国家课题，获得专利近 20 项，1 项成果获得国家技术发明二等奖。

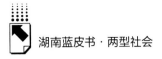

突破了一批关键核心技术。针对节能环保领域的关键技术瓶颈，2010年以来，在节能环保领域投入财政科技经费16亿元，带动企业投入近100亿元，启动实施了包括10个省科技重大专项在内的一批科技攻关与示范项目，承接了包括863计划、国家科技支撑计划在内的一批国家科技项目，集中突破210余项节能环保的关键技术，为节能环保产业的发展提供了丰富的技术储备。

促进了一批成果示范运用。通过科技成果转化计划等专项引导支持，选择一批成熟度高的节能环保技术，在有色、化工等重点行业转化和推广。通过重点技术的产业化应用，大大提升了产业整体素质，增强了产业竞争实力。

（三）重点工程带动力强

先后实施水污染治理、大气污染治理、土壤污染修复试点、污水垃圾处理设施建设、园区循环化改造等一批投资规模大、辐射面广、带动力强的节能环保重点工程。通过这些重点工程的实施，有效促进了消费和投资增长，大力推进了节能环保产业蓬勃发展，一大批高耗能、高污染产业被淘汰。比如以湘江流域水污染治理为重点，启动实施省政府"一号重点工程"，三年来，国家先后支持湖南省55亿多元，省本级安排专项资金14亿元，发行重金属污染治理专项债券67亿元，加上企业投入，湖南省在湘江重金属污染治理方面的投入达170亿元，启动湘江流域重金属污染治理重点项目711个。比如在长株潭城市群投资800多亿元，启动工业锅（窑）炉节能技术、新能源发电、生活垃圾污泥焚烧及水泥窑协同处置等十大清洁低碳技术推广工程，实施800多个重点项目建设。比如长株潭推广太阳光伏发电技术，利用三市工业园区闲置的屋顶安装发电设施，带来至少120亿元的直接投资。

（四）支撑力度逐步加大

资金投入持续增长。大力争取中央财政支持，近几年先后争取建筑节能类补助资金、节能产品惠民工程资金、节能家电的推广资金、国家节能减排财政政策综合示范资金、中央可再生能源电价附加补助资金以及淘汰落后产能、节能技术改造、合同能源管理资金等多个中央财政节能环保专项资金。重大工程项目资金与产业引导资金大幅增长，筹集湘江保护和治理第一轮"三年行动计划"资金598.4亿元，安排重金属污染防治专项资金12亿元，争取土壤重金属污染治理资金 11.56 亿元，安排专项资金 4 亿元用于联防联控工程、建筑节能工程、两型社会示范创建、国控重点污染源自动监控、工业企业清洁技术研发、能耗在线监测、清洁生产、节能示范项目以及节能量奖励等方面。2014年 1～11 月，中央及省预算内资金共下达环保资金 91873 万元。

政策体系不断完善。先后出台绿色建筑技术、重金属污染综合治理等多项综合措施，制定混凝土搅拌站、餐厨垃圾处理等单项环保政策，发布工业产品能耗限额标准、LED 路灯标准等行业节能标准，倒逼和激励节能环保产业发展。严格落实税收支持政策，鼓励企业节能节水。大力推进"两型产品"政府采购，在全国率先推行政府采购两型产品制度，组织完成两批共计 444 个产品的发布工作。2014 年 1～9 月，两型产品销售收入 114.98 亿元，同比增长18.9%。落实节能产品惠民政策，推荐 46 家企业 1592 种产品申报国家节能产品惠民工程目录。

产业服务有效创新。组织 41 家企业进入国家节能服务公司备案名单，全省获国家备案的节能服务公司达到 162 家。成立全国首家由服务企业、科研单位、金融机构自发组成的综合性节能服务产业联盟。作为全国首个环境服务业发展试点省份，发布《湖南省环境服务业发展试点方案》，大力推行合同环境服务、综合环境服务、环保设施第三方运营等环境服务模式。2014 年全省实现环境服务总额约 180 亿元，同比增长 50.5%。

绿色信贷蓬勃发展。加大对长株潭两型社会建设、绿色建筑、湘江重金属污染治理、资源循环利用等领域的信贷支持力度，对钢铁、水泥、有色、玻璃等"两高一剩"行业中的劣质企业，加快调整退出存量信贷投入，对不符合国家、省环评要求的企业实行贷款审批"一票否决制"。针对水资源利用和环境保护领域、环境治理领域、节能环保产业链、资源循环利用等领域，创新推出节能减排技改项目融资模式，支持企业对现有设备和工艺进行更新和改造，引进高效节能的生产线。

二 提质升级任重道远

虽然湖南省节能环保产业获得了长足发展，具备了进一步做大做强的基础。但从适应"新常态"的要求看，与发达国家和发达地区相比，仍有很大

差距，提质升级任重而道远。特别是节能环保产业对经济整体走势反映"滞后"，虽然目前能够保持"逆势上扬"，但随着经济下行压力的持续存在，如果不能及时提升产业素质、拓展产业内涵，势必会影响产业持续健康发展。

（一）产业发展"快而不大"

虽然近年来湖南省节能环保产业飞速发展，但产业整体规模偏小，企业大都处于初创阶段，与发达省份相比差距较大。比如江苏省 2012 年节能环保产业实现主营业务收入 4690 亿元，山东省 2014 年节能环保产业产值将突破 5000 亿元；而湖南省环保产业 2013 年刚刚突破千亿，节能产业 2014 年约为 450 亿元。在环保龙头骨干企业中，全省只有永清环保一家已上市，缺乏发展能力突出、品牌效应强大的旗舰型企业。同时，区域发展不平衡，长沙、郴州、岳阳、衡阳、湘潭 5 市产业产值占全省 75% 以上；大型节能环保企业主要分布在长株潭城市群；节能环保设备制造企业和服务企业主要集中于长沙，资源利用企业主要分布在郴州、汨罗和衡阳。随着经济下行的进一步压力加大，将逐步削弱企业节能降耗的内生动力。根据省发改委近期对 48 家重点用能单位监察的结果显示，近 40% 处于停产或半停产状态，高耗能高污染企业的节能环保需求空间受到较大挤压。

（二）市场程度"进而不快"

虽然近年来湖南省节能环保产业发展迅速，但受体制、观念和诚信体系等方面制约，湖南省节能环保市场发展相对滞后，节能环保服务供给与需求难以有效对接。全省真正与环保企业签订合同环境服务协议的仅个别县市。能源阶梯价格、能效领跑者制度、节能量交易、排污权交易、碳交易等市场化机制推广还不够，湖南还没有纳入国家碳汇交易、碳排放交易权试点范围。节能环保市场潜力没有得到充分释放，企业自主推进节能减排的积极性、主动性还不够。市场门槛较低，低价低质无序竞争现象比较突出，技术、项目信息不对称，资金成本过高，新技术认同难、落地难。节能环保市场监管体系还不健全，节能环保监察执法力度还有待强化，监管倒逼的作用没有充分体现。省发改委监察的 48 家重点用能单位中，超过 22% 的企业因为市经济负荷生产，产品单耗起伏大，节能量呈停滞或下降趋势。

（三）技术研发"多而不强"

虽然湖南省节能环保技术创新亮点颇多，但存在的问题也不少。主要是：企业研发能力不强，以企业为主体，产学研相结合的技术创新体系还不完善；全省节能企业研发经费占企业主营业务收入的比重仅在2%左右，采用国家标准、行业标准和企业标准的环境保护产品采标率只有78.5%；大多数企业仍以模仿和代理国外技术或设备为技术战略，自主知识产权技术和产品的研发投入不足，形成的专利、核心产品和技术标准等重大创新成果还比较少，尚未真正形成创新驱动的发展模式。据对上千种节能环保产品的调研发现，约有1/5的产品由于可靠性、通用性、产品工业设计上的欠缺，面临被淘汰的危险，约有2/5的产品需要改进提高。

（四）政策机制"有而不全"

近年来，国家和省出台了多个与节能环保产业发展相关的规划、政策和意见，包括主体功能区规划、生态文明先行示范区规划、各地区中重点区域污染治理规划、加快节能环保产业意见、加快节能服务产业意见、节能环保产业税收优惠政策等。但在规划、政策和意见落地过程中，系统配套的实施细则或办法还有欠缺，导致相关规划、政策及意见对产业发展的促进作用没有得到充分发挥。节能服务企业税收减免、节能产品推广财政补贴等措施尚没有配套实施办法，合同能源管理财政奖励资金省配套部分难以落实。节能市场监管和引导相对欠缺，对节能新技术新产品的认证工作滞后，产业的统计核算体系不完善。一批有关节能环保法规和标准体系迟迟不能出台，节能环保标准体系建设在很多方面还是空白。比如工业锅炉节能由于缺乏强制性标准和配套政策，大部分企业很少主动开展节能改造；泥窑协同处理生活垃圾，缺乏总体规划、垃圾补偿标准、工艺规范标准、配套政策，技术很难推广。

三　行业前景相当广阔

节能环保产业是一个应时代需求而生的新兴产业，几乎渗透于经济活动的所有领域。国际金融危机导致发达国家经济严重衰退，新兴市场国家经济增速大幅放缓，主要经济体把发展节能环保等新兴产业作为解决经济困境的新举措和推动经济发展的新引擎，发展绿色经济已成为全球共识。在日趋严重的资源和环境压力倒逼之下，节能环保产业正在开启全新的需求空间，即将迎来发展的黄金期。

（一）从转型要求看

随着我国经济逐渐进入"新常态"，潜在增长率下降、资源环境压力加大，我们"做不到"也"受不了"像过去那样高增长。湖南作为中部省份，与发达地区相比，资源能源利用效率低，环保欠账多，生态保护任务重，以土地换资金、以空间求发展、以环境为代价的传统粗放式发展模式已难以为继，转变经济发展方式刻不容缓。节能环保产业作为新兴产业，具有潜在市场大、带动能力强、就业机会多的优势，是当前刺激消费、增加投资、稳定出口一个很好的结合点，是转变经济发展方式、促进可持续发展的有效途径。大力发展节能环保产业，提升节能环保技术、装备、产品、服务水平，切实解决经济发展中存在的高耗能、高排放问题，是推进产业结构优化升级的战略任务，也是破解发展困局和难题的必由之路。

（二）从市场需求看

尽管在国际市场上对传统消费品和投资品的需求有所减弱，但对新能源和节能环保产品的需求仍在快速增长。据联合国环境规划署估算，全球环保产品和服务的市场需求达 1.3 万亿美元/年，12 年后将翻一番。今后 3 年，我国高效节能设备的推广、终端用能产品的升级换代和节能服务产业的发展预计将形成 1 万亿元左右的市场需求。同时，近期国家发布了一批生态环保重大工程，"十三五"期间还将进一步加大相关领域投资力度。省委、省政府大力推进湘江保护和治理"一号工程"、大气污染防治行动、城镇"两供两治"基础设施、园区循环化改造等重大工程，将直接带动节能环保领域投资需求快速扩张。可以预见，在投资和消费需求的共同牵引下，节能环保产业发展的市场空间十分巨大。

（三）从技术创新看

供给创造需求。历史经验表明，每一次经济危机及调整都孕育着新的技术突破，催生新的产业变革。"技术进一小步，市场进一大步"，科学技术的新增或改进能催生一个巨大的市场空间。比如此前水泥行业的治理技术更进一步，水泥治污市场就多出了 100 亿~200 亿元市场潜力。可以预见，技术仍然是推动今后节能环保产业跨越发展的重要因素。当前，全球正处在信息技术深度应用与新一轮科技革命孕育兴起阶段，信息科技、材料科技、节能环保科技等领域，都酝酿着激动人心的重大突破，与新兴产业发展更加紧密融合、互相推动促进，给经济增长提供了新引擎、带来了新机遇。近期召开的中央财经领导小组第六次会议，对推动我国能源生产和消费革命作出部署。抓住历史机遇，顺应世界经济发展和产业转型升级的潮流，以发展新能源和节能环保产业为突破口，培育新的经济增长点，有利于形成新的竞争优势。

（四）从政策导向看

2000 年以来，中央相继出台了《节能中长期专项规划》《节能环保产业发展规划》《国家环境保护"十二五"规划》《关于加快推行合同能源管理促进节能服务产业发展的意见》《合同能源管理项目财政奖励资金管理暂行办法》《公共机构节能条例》等一系列推进节能环保的规划和政策措施，并于 2013 年下发了《关于加快推进节能环保产业的意见》，把环保产业作为战略性新兴产业重点培育，推进实施了资金扶持、金融支持、税收减免等系列政策措施，刺激节能环保市场的形成和发展，为节能环保企业的发展提供动力。近日，国务院办公厅又印发《关于加强环境监管执法的通知》，意在密集采取行动防污、治污和加强节能减排工作。2014 年 12 月 3 日的国务院常务会议决定，在湖南省长株潭以及东中西部一些地方再建设一批国家自主创新示范区。2014 年中央经济工作会议指出，要坚持不懈推进节能减排和保护生态环境，既要有立竿见影的措施，更要有可持续的制度安排，坚持源头严防、过程严管、后果严惩，治标治本多管齐下，朝着蓝天净水的目标不断前进。诸多利好政策出台，节能环保产业发展也有望进一步提速。

四　政策激励大有空间

促进节能环保产业加快发展，是一项事关全局和长远的重要任务。下一

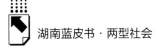

步，要继续把发展节能环保产业作为建设两型社会的重要抓手，把发展节能环保产业与稳增长、调结构有机结合起来，着力提高产业技术水平和竞争力，大力推进经济结构调整和发展方式转变，为推动全省绿色、低碳、循环发展注入强劲活力。

（一）突出技术引导

加强技术创新。切实抓住长株潭自主创新示范区建设机遇，重点支持以企业为主体，与科研院所、高校共建节能环保相关的产学研用合作平台，实施联合攻关，形成联合开发、优势互补、成果共享、风险共担的产学研用合作机制。对于新认定的国家和省级工程研究中心等给予奖励。

加强成果运用。加强节能环保重大技术成果鉴定和成果转化，积极推进工业节能、环保、资源综合利用等关键技术、成套设备和装备产业化示范，加强先进适用技术装备的推广运用。

加强人才储备。坚持把平台建设、项目实施与人才培养相结合，努力打造优势、高端人才团队。加强优秀青年后备人才的培养，积极推荐、支持节能环保领域技术人才优先申报湖湘青年科技创新创业平台等项目。

（二）突出需求牵引

加强政府引导。健全两型采购机制，对列入两型采购清单的产品优先采购。有关财政资金同等条件下对使用省产环保产品、资源再生利用产品的项目优先支持。

加强监管倒逼。制定完善并强制执行污染物排放标准，加强环保执法，严厉打击各类环境违法违规行为，形成倒逼机制，通过监管倒逼企业加大环境治理投入。

加强项目带动。继续实施湘江污染防治一号工程、大气污染防治、城乡垃圾污水处理设施建设、土壤污染整治等重大工程，带动环保产业全面铺开。

加强消费拉动。支持扩大省内需求特别是消费需求，广泛宣传绿色消费模式，探索商贸流通领域环保评星制度，培育节能环保终端产品市场消费需求。

加强奖励刺激。发挥财政资金直接刺激作用，对于符合政策的首台（套）

重大节能环保技术装备，按照有关规定给予奖励；对于湖南节能环保企业参与省外大型项目或政府采购中标的，按照一定标准给予奖励。

（三）突出市场培育

推行合同能源管理。借鉴上海等地经验，成立合同能源管理办公室，统一协调组织城市圈内的合同能源管理工作。加大能源合同管理概念的传播、普及、培训、宣传、推介力度，对有关机构提供系统帮助和支持。探索建立专业合同能源管理信用担保公司。

推广合同环境服务。设立环境服务业专项引导资金，重点扶持环境服务业发展；完善市场培育与准入政策，建立公开、平等、规范的服务业准入制度；推进有条件的地区逐渐将环境服务采购纳入政府采购范围，探索研究财政资金优先支持政府采购环境服务的可行性；以环境安全敏感行业为试点，在涉及危险化学品、重金属等高风险行业和区域推行污染治理设施运营企业的环境污染强制责任保险。

激发市场潜在需求。进一步完善能源阶梯价格、能效领跑者制度、节能量交易、排污权交易、碳交易等市场化机制。加强对"十三五"节能环保市场化机制的前期研究，探索建立节能量、排污权和碳交易的统一市场，切实激发节能环保市场潜在需求。

（四）突出要素保障

破解资金瓶颈。协调设立节能环保产业和循环经济发展专项引导资金，用于扶持重大环保基础设施、重大环保产业、循环化改造、资源综合利用、环保新技术研发等领域发展。优先将符合条件的节能环保企业纳入省重点上市企业后备资源库，力争到2017年新增5家左右节能环保企业上市。创新融资模式，鼓励引导天使投资、风险投资支持节能环保产业发展，支持民间资本参与污水、垃圾处理等市政公用设施建设，扶持开展节能环保设备融资租赁。

实施税收减免。全面落实国家关于能源节约、环境保护、资源综合利用等税收优惠政策，出台相关税收减免认定办法，用好用足国家对小微企业、高新企业的税收优惠政策。

保障土地供应。对纳入意见支持的重点基地、国家和省级环保领域示范园

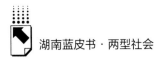

区项目建设用地给予重点保障，土地出让底价可按所在地相应工业用地出让最低标70%执行。

促进绿色信贷。探索将节能环保特许经营权、环境服务合同权益等纳入项目融资担保品范围，探索节能环保企业无形资产质押贷款等，对于节能环保不达标企业或发生环境污染事件的企业，实施信贷黑名单管理。

（五）突出改革驱动

理顺体制。理性界定政府和市场的关系，让市场真正成为配置创新资源的力量，让企业成为产业发展的主体。深化行政体制改革，理顺管理体制，切实解决节能环保相关单位职责交叉、权责脱节、推诿扯皮、多头管理、效率低下等问题。落实相关联席会议制度，强化分工协作，落实决策部署，协调解决重大问题。

创新机制。健全污水、污泥、生活垃圾、建筑垃圾、餐厨垃圾等各类废弃物处理收费机制，促进废弃物产生源头主动减排。建立再生资源回收利用机制，对建筑垃圾、废旧金属、工业固废等进行强制回收，积极扶持和发展再生资源综合利用产业。建立再生资源综合利用产品推广机制，主要通过设立绿色标识和政府采购、政府投资项目优先选用等方式给予支持。

优化环境。逐步完善节能环保相关法律法规体系，研究出台《湖南省固体废物污染环境防治条例》《湖南省大气污染防治条例》等地方性法规，修订和完善《湖南省环境保护条例》。尽快出台《关于加快环保产业发展的实施意见》等政策性文件，全面落实和强化有关财税、金融等政策措施，规范市场秩序，优化发展环境。加强产业标准体系建设，支持行业污染防治技术等相关环保标准的制订。完善统计体系，为研究合理政策、引导产业健康发展提供数据资料支撑。

长株潭城市群 $PM_{2.5}$ 污染现状与治理对策

陈晓红*

近年来,我国城市雾霾频现引起了全社会极大关注。2013 年第一季度我国共出现了 11 次大范围雾霾天气,波及 25 个省份,100 多个大中型城市,影响面积覆盖了我国将近一半的国土,影响人口超过 6 亿人。《中国气候公报》公布,2013 年平均雾霾天数为 36 天,创 52 年来最高纪录。在中国的主要城市中,就大气污染而言,有估算表明,每年有 17.8 万人由于大气污染的危害而过早死亡,每年因大气污染致病而造成的工作日损失达 740 万人/年,大气污染尤其是细微大气颗粒物对人体健康的危害每年至少达 540 亿美元。

针对我国大中城市出现的长时间大范围重度大气污染及其严重后果,党和国家领导人多次在不同场合表示高度重视。2014 年,习近平主席在国际工程科技大会上表示,将着力解决雾霾等一系列问题,努力建设天蓝地绿水净的美丽中国。在北京市考察时又作出重要指示,要求加大大气污染治理力度,应对雾霾污染、改善空气质量的首要任务是控制 $PM_{2.5}$。李克强总理明确要求,下更大的决心,以更大的作为,扎实推进大气污染治理工作。张高丽副总理要求采取稳、准、狠的措施坚决治理大气污染。

一 长株潭城市群 $PM_{2.5}$ 污染现状与特征

$PM_{2.5}$ 是空气颗粒物中环境空气动力学当量直径 ≤2.5 微米的颗粒物,也称细颗粒物或可吸入肺颗粒物。由于 $PM_{2.5}$ 粒径小,重量轻,在大气中的滞留时

---

* 陈晓红,湖南商学院校长,中南大学商学院名誉院长,教授、博导。

间长，因此可以被大气环流输送到很远的地方，造成大范围的空气污染。粒径在 10 微米以下的颗粒物对环境和人体健康危害最大，尤以 $PM_{2.5}$ 造成的污染最为严重，其也是导致雾霾的罪魁祸首。

据湖南省环保厅发布的《湖南省 2013 年度环境保护工作年度报告》显示，长株潭三市 2013 年城区空气质量优良率分别为 54%、59%、53.4%，三市的首要污染物均为 $PM_{2.5}$，其次是 PM_{10}。据湖南省空气质量实时发布平台显示，2013 年 8 月中旬 23 个空气质量监测站点空气质量等级均为"重度污染"，由此导致湖南省气象台拉响了霾黄色预警。2014 年 6 月至 11 月全国空气污染排行中，177 天内长株潭有 40 天至少 1 个城市进入空气污染最严重城市前三名。尤其是 10 月以来，长株潭有 4 天包揽了污染最严重城市的前三名。以 $PM_{2.5}$ 为首要污染物的区域大气复合污染已成为制约长株潭城市群区域经济发展与生态文明建设的重大瓶颈问题。

随着长株潭经济的发展，该地区人口逐渐增加，高密集的人口，高强度的经济活动消耗大量燃料，释放出大量气溶胶状污染物（如粉尘、气烟、飘尘）和有害气体（如硫气化物、氢氧化物、光化学烟雾等），改变了该区域原有的区域大气成分。目前对环境和人类产生危害的大气复合污染物约有 100 种，其中影响最广的污染物有颗粒物、二氧化硫、氮氧化物等。本文搜集了湖南省空气质量发布平台上 2013 年全年和 2014 年 1 月、2 月的各污染物浓度小时值进行整理，绘制图表，通过分析观察得出污染物浓度与时间的变化规律。

1. 长株潭城市群 $PM_{2.5}$ 污染的日变化特征

根据 2013 年长株潭城区 23 个监测点 $PM_{2.5}$ 的每天（从当日 01:00 到次日 00:00）实时浓度的监测数据可分别得到长株潭 3 个城市（长沙市选取 10 个监测点，株洲市选取 7 个监测点，湘潭市选取 6 个监测点）$PM_{2.5}$ 的小时平均值。小时平均值为除去异常数据后 400 多天每天该时间点的小时数据平均值，所得数据能很好地代表该区域 $PM_{2.5}$ 浓度的小时平均水平，并在此基础上绘制出长株潭城区 $PM_{2.5}$ 日变化图，详见图 1。

根据图 1 可以清晰地反映出长沙、株洲、湘潭三市城区中 $PM_{2.5}$ 日变化规律十分相似，故将 3 市中共 21 个监测点的小时平均值再取平均值，拟合得到长株潭城区中 $PM_{2.5}$ 日变化总图，详见图 2。

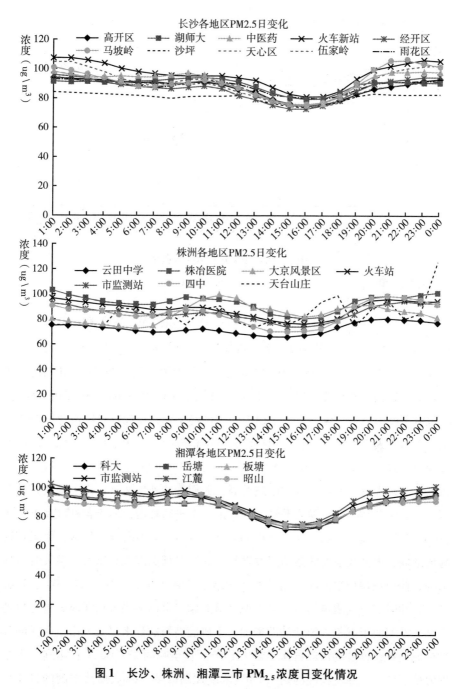

图1　长沙、株洲、湘潭三市 PM$_{2.5}$浓度日变化情况

数据来源：湖南省环保厅空气质量发布平台实时监测数据。

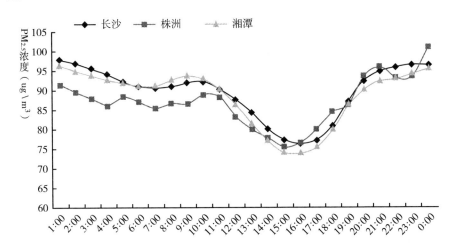

图 2　长株潭城区 PM$_{2.5}$日变化

数据来源：湖南省环保厅空气质量发布平台实时监测数据。

从图 2 中可以看出，01：00 ~ 00：00 的每小时 PM$_{2.5}$浓度随时间的浮动变化。总体来说，长沙 PM$_{2.5}$的变化区间段为 75 ~ 106ug/m^3，株洲 PM$_{2.5}$的变化区间段为 74 ~ 94ug/m^3，湘潭 PM$_{2.5}$的变化区间段为 75 ~ 98ug/m^3。从日变化规律来看，大体呈双峰趋势。三个城市 PM$_{2.5}$浓度在 01：00 ~ 06：00 都相对较高，但也有下降的趋势，可能是由于白天积累的污染物在夜间也难以快速稀释和扩散，但由于人们减少了户外活动，向大气中排放的各种污染物总量减少，加上夜间温度降低，不利于 PM$_{2.5}$的二次生产，所以其浓度呈下降趋势。随着太阳逐渐升起，辐射量增加、空气温度升高，人们开始外出活动，污染排放开始累积，因此颗粒物浓度也随之升高，并在上午上班高峰后，由于各种机动车的运行以及各工厂施工工作，在 9：00 ~ 11：00 达到一个小高峰。午后，太阳辐射有所减弱，大气及地面的累积温度继续升高，局部温度差异增大，空气流动性增强，使得颗粒物浓度随之稍稍有所缓解。并在下午 14：00 ~ 17：00 达到最低峰，此时的空气质量相对一天来说是最好的，可以适当开窗通风，进行户外活动。然而由于下午人类活动的增加，下班晚高峰的到来以及城市夜生活的各种能源消耗，颗粒物污染再次呈攀升趋势。直至晚间 23：00 左右达到一天中的峰值。此后，随着夜晚的到来 PM$_{2.5}$浓度逐渐降低。PM$_{2.5}$质量浓度的日变化高低起伏更多地受到人类活动的影响，这跟其自身颗粒小，不易沉降的特性有很大的关系。

2. 长株潭城市群 PM$_{2.5}$污染的月变化特征

利用 2013 年 1 月 ~2014 年 2 月长株潭地区各个区县监测点的 PM$_{2.5}$月平均浓度数据数据绘制长株潭地区 PM$_{2.5}$浓度月变化折线图，如图 3 所示。

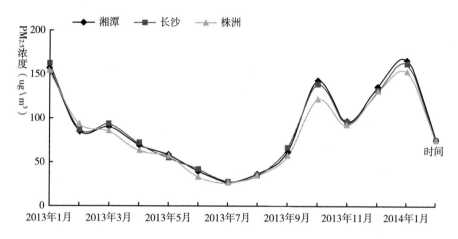

图 3　长株潭城市群 PM$_{2.5}$污染月变化

数据来源：湖南省环保厅空气质量发布平台实时监测数据。

由图 3 可以看出长株潭的 PM$_{2.5}$浓度呈现明显的三峰形式，其中两个明显的高峰出现在 10 月和 1 月。10 月的高峰极有可能是长株潭地区农民大量在露天燃烧秸秆稻草，造成空气中颗粒物含量迅速升高，使空气质量下降。1 月的高峰是由于冬季寒冷干燥，随着冬季供暖期的开始，燃煤等能源消耗显著增加。由此产生的人为颗粒物源也随之增加，造成颗粒物排放显著增加。在 1 月隆冬时节达到最高。此后，随着冬季结束天气转暖，颗粒物浓度逐渐降低。3 月小高峰的出现很有可能是新春佳节烟花爆竹的燃放和交通繁忙的结果。在 6 月、7 月、8 月 PM$_{2.5}$的浓度达到一年的最低值，这是因为此时长株潭地区天气晴好，降水多，对污染物的扩散和稀释都起到了重要的作用。另外，盛夏时节，植被生长茂盛，使得叶面积显著增加，湿润且具有一定粗糙度的叶片最利于颗粒物的吸收和滞留。因此也能有助于降低大气中的颗粒物。

3. 长株潭城市群 PM$_{2.5}$污染的季节变化特征

根据 2013 年长株潭地区各个监测点 PM$_{2.5}$的每天实时浓度的监测数据可求

得长沙、株洲、湘潭三市的季平均值，并在此基础上绘制长株潭 $PM_{2.5}$ 浓度的季节变化曲线如图4所示（其中由于湘潭市板塘监测点数据误差显著，计算季节平均值时将其舍去）。此处的季节划分按照农历惯用的季度区分，即春季为3~5月，夏季为6~8月，秋季为8~11月，冬季为12~2月。

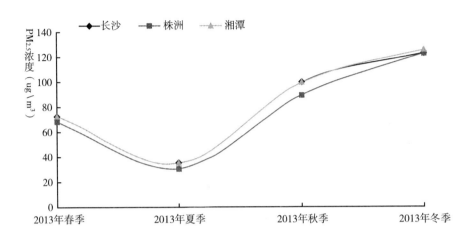

图 4　长株潭城区 $PM_{2.5}$ 季节变化

数据来源：湖南省环保厅空气质量发布平台实时监测数据。

由图4可知，长株潭 $PM_{2.5}$ 浓度月平均浓度呈现显著的季节变化特征，即冬季污染较重，在采暖期结束后的整个春季尽管有所波动但呈持续降低的趋势，而在夏季达到最低。$PM_{2.5}$ 浓度最高的月份为1月，其次为12月、2月，冬季的平均浓度为128ug/m^3，夏季是36ug/m^3，冬季的 $PM_{2.5}$ 的平均浓度是夏季的4倍。这与采暖季节密切相关，也与长株潭地区冬季取暖主要以燃煤为主，而部分供电取暖的居民的电力也是由火力发电得来，这又加重了空气中颗粒物的浓度。加之长株潭地区冬季温度低，干燥少雨，不利于颗粒物的沉降和稀释。

另外值得注意的是，就长沙、株洲和湘潭三个城市的比较来看，株洲明显较其他两个城市低。其原因可能是株洲便民公共基础设施的完善，如株洲公共自行车的普及和电瓶公交车系统的实施，这些措施对于节能减排，减少化石能源的利用起到了一定作用，同时也降低了空气中 $PM_{2.5}$ 的浓度。

二 长株潭城市群大气复合污染治理的对策与进展

由以上的污染现状分析可以看出，长株潭城市群空气呈现典型的大气复合型污染特征，三市 PM$_{2.5}$的来源基本相似，对 PM$_{2.5}$贡献最大的为机动车尾气，其次为工业源，约占 20%。此外，煤烟尘、餐饮油烟和扬尘贡献率也都在10%以上。

长株潭城市群作为国家两型社会建设综合改革试验区，一直是国家推进大气污染联防联控工作的重点区域，2010 年 5 月，国务院办公厅转发了环境保护部等九部委《关于推进大气污染联防联控工作改善区域空气质量指导意见的通知》，将长株潭城市群纳入国家"三区十群"联防联控重点区域，要求通过采取联防联控措施，加大污染防治力度，改善区域空气质量，提升区域可持续发展能力和群众满意度。2012 年 10 月，环境保护部、国家发改委、财政部联合制定的《重点区域大气污染防治"十二五"规划》中也把长株潭城市群列为我国大气污染重点区域，率先推进大气污染联防联控工作。湖南省政府与有关部门均把完善大气污染联防联控机制，改善空气质量列为近期的工作要点。

1. 加强组织领导

湖南省现已建立了省委、省人大、省政府、省政协有关领导以及省直相关部门主要负责人参加的环境保护联席会议制度。长株潭三市分别成立由市长任组长，发改、环保、交通、财政、公安、住建等相关职能部门及各县市区人民政府、管委会主要负责人为成员的大气污染治理工作领导小组。

2. 大力推进政策先行

按照国家《重点区域大气污染防治"十二五"规划》、《关于推进大气污染联防联控工作改善区域空气质量的指导意见》等文件精神，湖南省人民政府出台《湖南省人民政府关于推进长株潭大气污染联防联控工作的意见》（湘政发〔2012〕22 号）全面贯彻落实国家的各项要求。省人民政府将长株潭大气污染联防联控列入全省环保十大工程中。长株潭三市也分别制定了大气污染联防联控工作实施方案，建立健全了机动车排气污染防治、清洁能源使用、市区扬尘污染防治等相关具体政策与措施。

省委生态文明体制改革专项小组明确指出，着力推进以长株潭为重点的大气污染防治。建立完善大气污染防治工作责任机制和监测预警应急体系。启动《大气污染防治条例》起草工作。建立长株潭大气污染联防联控机制，签署大气污染防治分工合作协议。加快淘汰落后产能，实施落后产能企业"烟囱落地"工程。在长株潭三市开展城市建设施工扬尘排污收费试点。建立机动车船尾气检测治理、绿色标识管理和加快淘汰黄标车等工作机制。长株潭试验区工委工作要点也明确提出完善大气污染联防联控机制。完善长株潭地区大气污染联防联控机制和监测网络，加强长株潭区域大气 $PM_{2.5}$ 源解析和长株潭城市环境空气质量预警预报工作，分批启动其他市州城市、重点工矿城市大气监测网络建设。其中长沙市 2014 年 3 月制定并印发了《长沙市大气污染防治行动计划实施方案》，涉及燃煤小锅炉整治、挥发性有机物污染治理、黄标车淘汰、落后产能淘汰、绿化生态建设等 9 大类大气污染防治项目 138 个，总投资77.6 亿元。同年 11 月，结合长沙实际又出台了《长沙市应对霾天气全社会联动方案》，进一步明确了不利气象条件、霾天气多发时机，强化政府、企业、市民等全社会联动。然而目前仅有极少数针对长株潭城市群大气颗粒物污染来源解析与防控对策的研究。

3. 积极夯实资金与基础设施保障

各级政府进一步加大了对大气污染防治工作的投入，同时积极建立和完善引导机制，采取"以奖代补"、"以奖促治"等方式，激励企业加大投入，以合同环境服务、发行专项债券等方式吸引社会资金参与，多渠道融资，切实保障《规划》项目实施。省财政从 2013 年开始每年安排一千万元资金用于机动车污染防治，市、县政府在本级财政预算中按比例进行配套。

目前，长株潭三市的 24 个监测点位 $PM_{2.5}$、CO、O_3 项目监测设备已全部安装到位，长株潭区域空气质量实时传输、实时发布及预警预报平台已建成，并已正式试运行。大气污染事故预报、预警和应急处理预案进一步完善。重点企业全部安装了自动监测设备并与环保主管部门联网。加强机动车排气检测体系建设，长沙市建成 10 家机动车排气定期检测站点，37 条检测线；株洲市建成 4 家机动车排气定期检测站点，16 条检测线；湘潭市建成 4 家机动车排气定期检测站点，9 条检测线。

三 治理长株潭城市群大气复合污染的出路

表面上看大气复合污染防治需解决的重点问题是酸雨、灰霾和光化学烟雾污染等，但深入研究发现对应的重点污染物是二氧化硫、氮氧化物、颗粒物、挥发性有机物等；因此为了达到综合治理，需要建立区域大气复合污染防治技术体系有效控制一次污染物和二次污染物。

1. 建立完善区域大气复合污染立体监测网络体系

（1）由于我国不断扩大城市规模和日益加速的城镇化进程，超大的城市群区域在逐渐地形成，大气污染也由单一城市向城市群区域性污染发展，我国原有的按照功能区划设置的大气监测网络已不能准确有效地监测并反映目前的复合型大气环境污染现状。环境空气监测点的合理分布关系到能否客观、准确地反映环境空气质量，因此各级政府管理者和相关研究者要合理有效地优化现有监测网络和布设的监测点位，适当的增加监测点位。另外，现行自动监测将积累海量的大气环境数据。依据《国家环境监测"十二五"规划》可以推算，到 2016 年，随着监测指标体系完善，加入 VOCs 监测指标，将有约 4.7 亿数据产生，按照采样点布设标准可以保守推算，到 2020 年我国大气环境累计数据量将达 8 亿。如何高效利用这些环境大数据为区域大气污染防治政策提供数据支撑应是下一步工作的重点。因此，建立区域大气复合污染防治的技术体系应首先建立区域环境空气质量立体监测网络，从区域尺度考虑监测点位的布设；建立我国区域大气复合污染监测指标体系，实现区域监测信息共享。

（2）结合我国污染源普查、环境统计、总量减排核查等数据，利用现有的通过科研和调查已经掌握的非常规性污染物排放系数，研发建立长株潭城市群区域环境空气质量监测管理污染源排放清单，特别是针对挥发性有机物（VOCs）和颗粒物（PM）排放源清单。

（3）加强区域重点污染源（如长沙市内交通、株洲冶炼行业、湘潭钢铁行业等）在线监测系统建设，加大区域内针对重点污染源的联合环境执法力度。

2. 建立先进的大气污染预警和执法监督体系

（1）筛选区域空气质量管理模拟模型，建立我国区域空气质量管理型模型和法规型模型，反映区域大气污染物排放量削减与区域空气质量改善之间的响应关系，为区域内城市大气污染传输影响分析和实施区域内分区管理提供技术支持。

（2）建立区域性大气环境污染诊断与识别技术体系。基于区域污染源清单和气象资料，应用现代高科技的激光雷达、空中温风观测仪、卫星遥感等手段得到的观测数据与常规大气环境监测数据，诊断与识别区域大气复合污染，包括区域性大气污染输送通道诊断识别技术、区域性大气污染物辐合汇聚带诊断识别技术、区域性污染综合诊断软件和区域性污染敏感源筛选识别技术。

3. 建立区域空气污染综合防治调控及其决策支持体系

基于区域环境容量和大气污染物的临界水平与生态系统的临界负荷，构建区域大气复合污染控制指标体系，确定区域内各行政单位的减排目标，研发区域污染物排放总量控制技术和分配技术，构建区域大气复合污染区域调控的多目标决策支持平台，建立区域协调机制与管理模式。基于区域性大气环境资源承载能力开展大气过程与环境容量关系的研究。基于区域发展规划和区域生态承载力，研究经济快速发展区域的城镇空间布局、产业布局、能源结构等对区域大气环境质量的影响与调控技术和对策。开发建立包括大气环境总量控制技术、环境政策模拟分析、污染控制成本分析、费用效益分析等在内的区域大气环境规划综合决策支撑平台。

4. 控制区域污染和研发大气多污染物协同控制技术

（1）纵观我国电力行业大气污染控制历程，我国一直在实施单一污染物的控制策略，经历了消烟除尘、二氧化硫控制等过程。经过多年的努力，烟尘和二氧化硫排放总量的增长趋势已得到了有效遏制，酸雨的主要因子已经由二氧化硫逐渐转为氮氧化物。随着氮氧化物污染的日趋严重，氮氧化物的总量控制迫在眉睫。同时由于氮氧化物是形成复合型污染的重要前体污染物，在控制氮氧化物污染的同时，更应该兼顾臭氧、挥发性有机物等其他污染物的协同控制，以达到改善环境质量和降低污染减排成本的目的；此外，也应兼顾二氧化碳、汞等的协同控制。

（2）在区域污染控制方面，着力研发区域大气复合污染的相互影响及调控技术，以及控制区域大气细颗粒物、超细颗粒物、氮氧化物、臭氧以及空气有毒有害污染物的技术和对策。综观各学者的观点，区域大气多污染物协调控制技术大致包括：大、中型燃煤工业锅炉烟气二氧化硫和氮氧化物同步控制技术与设备、适应更加严格的排放标准的烟气脱硫脱硝集成化技术与成套设备和工业排放有毒有害有机污染物的控制技术。

湖南大气污染治理亟须破解四大问题

孙 蕾*

湖南东以幕阜、武功诸山系与江西交界；西以云贵高原东缘连贵州；西北以武陵山脉毗邻重庆；南枕南岭与广东、广西相邻，北以滨湖平原与湖北接壤，处于云贵高原到江南丘陵和南岭山地到江汉平原的过渡地区，呈现东、南、西三面环山，中部丘岗起伏，北部湖盆平原展开，四水汇聚的洞庭湖水系和朝东北开口的不对称马蹄形地形。十四个市州位于"湘、资、沅、澧"四水河谷走廊，受纵贯四水走廊大气流场的控制，呈现大气环流空气污染物汇集与难消散区域特征。秋冬以西北风为主，夏季东南季风主导，受这种地形地貌组合形成的大气环流控制影响，一旦城市污染排放增加，就呈现空气污染物汇集与难消散特征。2013 年全省空气质量平均达标天数 314 天，省会长沙达标天数仅 197 天，在全国 74 个重点监控城市中空气质量排名第 54 位，中部六省第 2 位。

一 颗粒物是湖南大气污染形成的主因

影响湖南空气质量的首要污染物是颗粒物，超标天数中以细颗粒物（$PM_{2.5}$）为首要污染物的天数占 94.8%。长沙市的 PM_{10} 中，$PM_{2.5}$ 占 72.3% ~ 91%，$PM_{2.5}$ 是形成雾霾的主要因素，全省空气污染呈现明显的季节性，10 月到次年的 5 月污染较重，夏季较轻。长沙春秋冬雾霾占全年雾霾日总数的 97.2%，夏季占 2.82%。

分析长沙市雾霾年际变化可以看出全省雾霾天气变化与城市、经济发展的关系，1970 ~ 1977 年，无霾日出现；1978 ~ 1986 年，全年霾日都在 10 天以

---

* 孙蕾，长沙环保职业技术学院副院长、研究员。

下；1987～1999 年，平均年雾霾数 30 天；2000 年霾日由 1999 年的 33.5 日/年降低到 17 日/年，表明这一阶段经济发展稳定，重污染工业企业外迁至工业园区，城市生活用煤逐渐由天然气替代，污染治理力度加大，与此同时，房地产开发尚处于初期，房屋竣工面积 587.40 万平方米，机动车保有量相对较低（20.4 万辆），真实体现了多种因素综合作用的结果即雾霾日减少；2001～2013 年，霾日急剧上升（见图 1），2011 年和 2013 年霾日达 129 天和 148 天，这是 2001 年后湖南城市建设规模迅速扩大，机动车量保有量急剧增加的直观反应。2013 年房屋竣工面积 6201 万平方米，机动车保有量 118.9 万辆，较 2000 年分别增加 955.7% 和 482.8%。

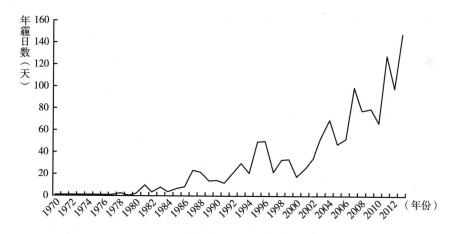

图 1　长沙市 1970～2013 年霾日年际变化

长沙重度雾霾出现的天气模型为降水少、低气压、小风、强日照、低相对湿度、大气层结稳定，辐射逆温强且频繁。在这一天气形势下，往往施工强度大，交通扬尘污染严重，直接导致重度雾霾频发。

全省工业、机动车、建筑扬尘对环境空气 PM_{10} 的贡献率分别为 54.9%、35.7%、9.5%，这充分体现了工业排放颗粒物绝对量大、机动车急剧增长以及城市建设是影响大气环境的主要因素。

1. 工业排放颗粒物绝对量大主要源于湖南能源结构仍以燃煤为主，占 60.8%，能耗水平高，产业结构不合理

湖南能源需求增长高于全国水平，需求旺盛。能源对外依存度达 55%。

燃油和燃气占比分别为 11%、1.5%，较全国水平低 8% 和 4%，燃气占比未达到全国水平的 1/3。2005~2012 年，湖南能源消耗增长了 72%（全国 53%）；2012 年万元产值能耗 0.832 吨/万元（全国 0.697 吨/万元），在中部六省排第四位，较江西 0.560 吨/万元、安徽 0.722 吨/万元、河南 0.799 吨/万元分别高 32.7%、13.2%、4.0%，较湖北 0.870 吨/万元、山西 1.596 吨/万元分别低 4.6% 和 91.8%。本研究表明，湖南能耗每减少 1 万吨，工业 NOx 排放减少 38 万吨。NOx 是臭氧（O_3）、细粒子等二次污染形成光化学烟雾的重要前体物，是湖南省总量控制指标之一，其减排目标为十二五期间工业 NOx 排放量较 2010 年降低 9%，即全省减排量 5.44 万吨。因此，严格控制能耗增加是控制 NOx 的主要手段。

在工业用煤中，电力、冶金、建材、化工四大行业燃料煤占比 75.8%，四大行业能耗占比减少 1%，工业排放烟粉尘和 SO_2 分别减少 16.37 万吨和 3.17 万吨，且湖南煤炭含硫量高，灰分大，这些都是造成湖南工业排放总量仍较大的原因。

在产业结构中，第二产业的污染强度最大，占比越高，环境压力越大。湖南 2012 年三产结构比为 13.6∶47.4∶39.0，全国三产结构比为 10.1∶45.3∶42.5，美国三产结构比为 1.3∶20.3∶79.6。湖南第三产业平均占比 39.02%，较全国水平 42.47% 低 3.45%，且占比近年呈下降趋势。本研究表明，湖南第二产业占比增加 1%，NOx 排放量增加 1.8 万吨；第一、三产业烟粉尘随产业占比增加而增加，第一产业和第三产业占比增加 1%，SO_2 排放量分别增加 1 万吨和 1.9 万吨。

上述数据表明：（1）第一产业烟尘随其产值增加的同时排放增加明显；第三产业烟粉尘和 SO_2 随产值增加的同时排放增加明显，说明第一、三产业烟粉尘和 SO_2 治理力度需进一步加大。（2）湖南第二产业烟尘治理取得了较好的效果，污染治理强度大于因产值增加所带来污染的强度。由此看出，湖南产业结构还不尽合理，第一、二产业比例偏高，三产比例低于全国水平 3.5 个百分点。同时，湖南第一、三产业随着产业占比的增加，烟粉尘、SO_2 和 NOx 污染治理强度远低于第二产业。因此，二产比重大，一、三产治理力度不够也是造成湖南工业排放总量大的主要原因。

2. 汽车尾气及汽车扬尘已成为湖南城市主要的大气污染源

机动车污染特点是局部性强，对人的污染感受影响直接。全省机动车保有量从 2005 年的 311 万辆增加到 2012 年的 826 万辆，年增长率 15.1%，交通污染排放 NOx 分担率由 14.3% 增加到 28.7%。机动车污染已由局部性转变为连续性和累积性。尤其是城区路段断头路多，高峰交通量大导致的道路拥堵使机动车处于怠速状况的排放量更大。

湖南道路交通存在的问题有：路网层次低，道路服务水平差，2012 年，人均城市公共交通运营车数 0.048（全国 0.055，河南 0.069，山西 0.063，江西 0.061，安徽 0.056，湖北 0.050）标台/万人，人均公共交通负荷量 20.7（全国 18.26，河南 14.54，山西 15.9，江西 16.3，安徽 17.74，湖北 19.96）万人次/辆，在中部六省中运营车数最少，负荷量最大。交通规划与管理落后，无独立的自行车道，人行道建设标准低，绿色出行条件缺乏；超标排放车辆监管不到位；城市居民交通意识薄弱，非机动车与行人随意穿行严重导致拥堵与交通事故频发。

3. 城市建设中生态理念的缺失是造成城市大气污染的深层次原因

主要体现在：（1）城市建设中没有坚持可持续发展的基本原则与思路；（2）城市规划与建设中环境管理的缺位与缺失；（3）对城市发展的规律性及其产生的问题认识不够，既缺乏天人共泰的自然思想，又缺乏前瞻性和预防控制体系；（4）城市发展的高速化及其过程中土地利用的趋利性、随意性、盲目性与粗放性凸显城市管理水平的落后；（5）城市规划、交通规划与环境规划的融合度不够，绿色交通体系严重缺失。湖南 30 多年的城市发展中，缺乏对自然环境的尊重，具有自然地理人文特征的山水遭到大面积破坏，得天独厚的丘陵和湖泊众多的自然生态优势没有得到充分利用。城市建设连片开发，水泥森林林立，供城市休养生息和必要的休闲空间很少，绿地规划控制不力，湖南人均绿地面积 7.86（全国 18.55，广东 45.99）平方米，居中部六省末位。湖南绿地覆盖率 37.0%（全国 39.6%，山西 38.6%，安徽 38.8%，江西 46.0%，湖北 38.9%，新加坡 70.0%），在中部六省排第五位。长沙绿地覆盖率为 32.9%，中心城区人均绿地面积仅 3.5 平方米。与生态市人均绿地 11 平方米和生态园林城市绿化覆盖率 41% 的标准相差较大，远远满足不了城市休闲功能和城市生态化发展的需要。

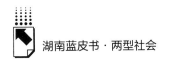

二 治理湖南大气污染需要解决的关键问题

1. 解决政府主导的城市发展理念，强化公众环境意识，构建科学的城市环境管理体系

解决大气污染的根本是重建城市发展理念，转变城市发展模式，充分发挥政府在城市生态建设与发展中的主导作用。城市环境管理是以促进经济社会总体可持续发展为核心目标，既包括防治污染与保护生态，更包括提升人们工作和生活的舒适性、便利性及经济社会可持续发展。只有当城市政府和居民真正意识到环境污染对人类造成的危害以及环境保护对经济社会发展的巨大意义，城市环境管理才能真正深入到城市运行当中。湖南近年来在经济、城市建设等方面取得了极大发展，但在生态环境保护，特别是山水和气候资源优势的发挥和自然文化特色的保持方面仍面临重大考验，迫切需要转变经济社会发展理念和战略，以可持续发展的生态城市建设为目标，以生态环境承载力为基础构建城市生态建设与管理体系。

2. 解决政府主导的经济发展与环境关系的协调问题，构建低碳的社会发展模式

以两型社会建设为契机，制定低碳经济发展战略，在社会生产、流通、消费各个领域和经济、社会发展的各个方面，切实保护生态环境，合理利用各种资源，建立一种低消耗的生产体系、理性消费的生活体系、持续循环的资源环境体系、稳定高效的经济体系、不断创新的技术体系、开放有序的贸易金融体系、注重社会公平的分配体系和开明进步的社会主义民主体系。开展社会经济发展碳排放强度评价，指导和引领政府、企业、居民的行动方向和行为方式。积极构建"低碳经济发展区"和工业、农业、林业、交通、建筑、生活等城市低碳排放标准和排放系统，选定典型城市进行试验试点，以低碳经济为切入点，探索湖南社会、经济转型发展之路。

三 破解湖南大气污染治理的四个着力

解决湖南大气污染的关键是控制颗粒物排放。"十一五"期间，湖南加大了对工业污染的控制力度，对第二产业污染的控制效果也很显著，但大气颗粒物污染却更加突出的显现出来，现状控制措施已难以满足治理要求。因此，有效解决湖南大气污染现状，尤其是灰霾污染的思路为：以保护人民身体健康为出发点，以改善城市大气环境质量为目标，坚持社会发展转型与生态城市建设同步推进，强化环境管理机制创新和科技支撑与监控预警体系建设，构建立足城市、面向区域、政府统筹、多部门协调的联防联控机制，从工业、机动车、城市建设和管理转型四个方面进行系统化控制。

1. 优化能源、产业结构，进一步控制工业排放总量

减少工业排放总量的有效途径：一是加大能源结构调整，加大天然气等清洁能源结构比，降低能耗。具体措施：全面实现用能技术的先进化，通过多种政策措施大范围普及先进高效技术能源转换、着重发展一些具有国际领先地位的重大清洁能源开发、转换和利用技术；大力发展使用可再生能源技术，如风力发电、水电要进一步大规模普及，光热发电、光伏发电技术要进行接近商业利用的示范；合理发展核电，使其在一次能源中的比重占据重要位置；有效提高燃油和燃气占比；取缔城市燃煤电厂，对产能过剩行业加大淘汰力度；制定有效措施促进全民参与，改变生活方式，寻求低碳排放的消费行为；发展低碳农业，增加森林覆盖面积。二是优化产业结构，控制高耗能工业，减少和控制高耗能产品出口，调整经济到一个低能耗高效的产业结构。控制二产规模，加大二产能源结构调整，以精细化管理和技术创新降低万元产值能耗；构建有效政策与平台推动发展以绿色服务业、生态物流业、生态旅游业等新兴第三产业发展；在继续加强第二产业治理的同时，急需加大第一、三产业治理强度，完善治理政策与措施。

2. 创新交通管理模式，建立绿色立体交通体系

政府需要提高公共交通水平并制定相关法规控制机动车尾气排放，解决交通问题应从以下方面着力：以运输效率最大化和生态环境损失最小化为目标构建绿色交通政策与实施体系，推进绿色交通规划；修改交通建设的优先权，将公共交通、步行、自行车出行方式置于优先位置，作为公交系统的辅助系统因地制宜的发展自行车网络，限制其远距离出行，推行公共自行车服务系统模式使其成为近距离出行主导方式；科学优化布局人行道两侧的绿化建设，为步行交通提供良好环境；在城市中心区以外设置停车换乘系统，换乘停车场免收停

车费，同时免费乘坐公共交通；通过"绿波带"管理，进行信号配时的优化，减少车辆在交叉口停留的时间及不必要的停车加速，可有效缓解交通阻塞，同时大大减少汽车对空气的污染；在道路设计时考虑预留生物廊道；充分利用城市的铁路客货运资源，大力发展城市绿色共同配送系统，解决城市货运车辆的污染问题；将小汽车发展的总量控制在道路交通条件和城市环境能够承受的范围内，实施机动车限牌限行；鼓励节能环保小排量汽车产业发展，限制柴油车和摩托车，强制淘汰"黄标车"；加大交通执法力度，违反交通法规者重罚；在全面交通诊断的基础上提出城市交通的生态修复方案，以智能交通系统技术实现高效的城市交通管理；优先发展公共交通，建立有轨交通为骨干，以公共交通为网络，以绿色环保出租车为补充的多方向、多层次的立体公共交通体系，最终建成安全步行和非机动交通优先，具有高效、便捷和低成本的综合公共交通系统的生态城市。

3. 根治城市大气污染，根本出路在于构建城市生态体系

以生态省和生态市建设目标和指标体系的设定分析作为开展生态湖南建设规划的研究平台。针对城市社会生态、产业生态、人居生态、环境生态和交通生态进行现状分析、诊断、研究，以城市园林改造、生态交通建设以及城市用地优化和旧城区改造与人居环境的生态修复为重点提出城市建设修复与规划方案。具体措施：

（1）建立以自然生态系统如湘江流域和以社会经济发展水平与自然禀赋相关性强的如长株潭城市群或以典型城市为基础的单元，分析支持单元发展所需要的各类自然资源和生态系统服务的供需关系，分析水资源、土地资源、湿地资源、耕地资源、森林资源的资源禀赋和利用状况，对其质量特征、数量特征、时空分布特征进行定量化，提出合理利用方式和最优调配方案，以实现城市资源的可持续利用。

（2）城市绿化和生态景观布局与城市生态系统功能服务、城市生态文化有机结合，通过人工环境、开放空间（如公园、广场）、街道桥梁等连接点和自然要素（水系、山体、林地、湿地、城市轮廓线）的优化、整合，创造功能完善，文化内涵深厚，生态效能高的生态景观系统。

（3）探索建立生态产业体系的途径。宏观方面，以法律为基础，以制度为约束，以激励为杠杆，以宣传为手段构建社会发展低碳体系；中观方面，制定循环经济发展一揽子计划,推动清洁生产、节能减排、城市矿产开发等有效实施;微观方面,大力发展环境技术和环保产业,将环境技术的全面推进作为湖南经济实现"跨越式"发展的引擎。

(4)从政策、规划、标准系统设计,制定城市生态功能恢复与重建方案。打造城市生态建筑文化,推进节能低碳建筑发展。构建以水域为核心,山、林为依托的自然生态斑块、城市人工生态斑块以及廊道与辐射道的源的规划与建设,包括绿色道路廊道、城市绿带廊道、河流绿色廊道设计,发挥廊道栖息地、过滤、隔离、通道、源和汇的功能作用,优化绿色斑块、绿色节点并进行不同植物生态效能研究与选育。大力推进生态居住区设计,主要体现在:①绿色空间设计,通过碳氧平衡计算,规划总体绿化面积,并对绿色空间的获得性进行分析规划,包括阔叶林绿化、灌草结合绿化、屋顶绿化等;②水资源系统设计,对供水、雨水、污水、景观水等进行全面的规划、设计;③能源系统设计,对风能、生物能、太阳能进行规划设计,预计节电50%;④垃圾处理,把垃圾分为有毒有害垃圾、厨余垃圾、难降解垃圾等三类,进行分类收集处理;⑤道路与居住环境设计,把道路分为步行、自行车和汽车三种交通方式分级、分序协调。实施全面绿化硬化工程。限制施工期限,合理组织施工,加强施工期监控与公众参与。设立公众参与城市建设的信息管理平台。

4. 推动环境管理模式转型,构建预警、监控、联动、信息发布、公众参与机制

多年来,我国城市环境管理的思路往往是对城市建设形成的结果进行评价与干预,其重点在污染点源治理和各类城市的评比,这一模式无法适应日益复杂的城市环境问题,也和城市环境管理的内涵与规律相悖。城市环境管理不仅仅是简单的环境污染防治与环境质量改善,环境保护已演变成一个综合性的概念,是以促进经济社会总体可持续发展为核心目标,改善居民生活质量,提供新的经济发展动力和契机,增加就业,提高社会稳定度。因此,城市环境管理必须从城市发展目标、城市规划、产业规划、交通布局等全方位介入,实现城市环境管理的前置。具体措施为:

(1)建立环境管理的协调机制。成立由环保厅、发改委、建设厅、交通厅、气象局等组成的环境质量委员会,以解决环境管理行政机构权威缺乏造成环境管理缺位和我国现行环境管理体制由于部门立法、利益分割的问题、统管

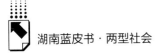

部门与分管部门关系不明确，不同机构环境管理职能重复与冲突现象严重问题，履行地方法规、行政规范制定，部门之间的协调，低碳体系、循环经济体系、生态城市建设各环节的管理推进。

（2）加强环境技术研究与创新，强化各类数据的开发应用，每年出台基于大数据技术系统分析的具有前瞻性和指导性的关于湖南生态文明建设、城市环境保护、低碳排放、循环经济、产业、能源发展的分析及其相关建议，充分发挥环境智库功能。

（3）环境管理思路必须转变。由个别项目审批向政策、布局、规划和社会经济运行管理转变，由重审批向强化日常监管转变，由以管为主向以服务为主转变，由单一部门、单一监管方式为主向利用全社会尤其是民间环保组织和公众及网络力量转变，解决公众参与机制的匮乏导致的环境管理工作缺乏有效的外部监督，环境管理机构履行职责不力，管理效率低下问题，明确公众参与的范围、程序、公众参与的物质保障。

（4）以空气质量达标管理为核心，加大环境监控网络的覆盖，建立环境实时监控系统以及动态、畅通的公众信息发布平台满足公众环境知情权和监督权，提升环境执法科技含量，加强环境执法机构自动化环境监控能力。

（5）全省统一部署开展雾霾污染监测和源解析及复合型污染成因分析，增加 O_3、VOC、能见度等指标监测，完善全省空气质量监测站点布局，组织开展大气复合污染成因及综合防治技术研究重大专项，建设大气污染防治重点实验室平台，开展雾霾形成机理、源解析的基础研究，大气污染事件预警预报和防治对策关键技术研发，强化对大气环境管理的决策支持，构建以科研为支撑，以规划为基础，数据得到充分、合理开发，动态监控与信息发布，形成政府主导，企业负责，公众积极参与，环境管理在经济社会领域广泛延伸的良好机制。

湖南省全面融入长江经济带策略研究

朱 翔*

长江是中国的"黄金水道",长江经济带是新时期国家空间开发的重大战略。长江经济带涉及上海、江苏、浙江、安徽、江西、湖北、湖南、贵州、重庆、四川、云南 9 省 2 直辖市,经济腹地广阔,发展潜力巨大。国家规划进一步做大做强长三角城市群、长江中游城市群和成渝城市群,推进长江中上游腹地开发,进而带动我国中西部加速发展。

2013 年 11 月,习近平同志在视察湖南时提出"一带一部"战略定位,明确阐述了新时期湖南的发展方向。2014 年洞庭湖区获批国家级生态经济区。抢抓长江经济带开放开发的重大机遇,切实发挥湖南承东启西、连南接北的区位优势,全面融入长江经济带,是湖南"十三五"期间扩大开放、转型提升、加速发展的重要任务。

一 加强岳阳口岸功能

岳阳北临长江,南扼洞庭湖及湘、资、沅、澧四水,境内有京广线、京广高铁、京港澳高速、随岳高速、杭瑞高速等交通干线经过,是洞庭湖区的中心城市,也是长江中游的重要港口。近年岳阳口岸建设取得显著成效,获批肉类进口口岸、汽车整车进口口岸、粮食进口口岸和固体废物进口口岸,建立了综合保税区。在岳阳三合正修建新的机场。要从长江经济带、南中国的角度来谋划岳阳的发展。岳阳位于长株潭、大武汉和昌九城市带之间,具备发展成为现代化口岸城市的基本条件。岳阳作为湖南对接长江经济带的枢纽城市,核心资源在口岸,竞争优势在口岸,发展潜力也在口岸,现阶段的关键任务,就是充

---

* 朱翔,湖南师范大学教授、博士生导师。

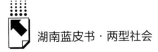

分发挥区位交通优势，兴建高水平的口岸经济走廊，引领湖南主动对接长江经济带。

岳阳的开放开发，不能囿于湖南的范畴，必须着眼于长江经济带的整体建设，从国家的层面，基于经济全球化的视野，来审视城市和产业的发展。岳阳地处长江、京广线两大国家一级开发轴线的交会处，现状基础较好，水资源极为丰富，应以此为基础构建特大型工业集群和现代服务业集群。

岳阳拥有163公里长的长江岸线，其中一部分属深水岸线。对于湖南这样一个内陆省来说，显然是非常宝贵的，必须想方设法，用足用好岳阳的长江岸线。城陵矶港现有3个五千吨级以上集装箱专用泊位和1个散货泊位，年设计吞吐能力30万标箱，2013年运量已逾20万标箱，但仍大有潜力可挖。港口二期工程拟建7个泊位，建成后集装箱年吞吐能力将超过100万标箱。考虑到湖南未来的开放发展，建议在此基础上进一步扩大港口规模。

岳阳的长江深水岸线毕竟有限，本着"深水深用，浅水浅用"的思路，在岳阳临长江一线建设一系列中小型港口，用于中小型货轮装卸作业。诸如华容县的塔市驿和洪山头，云溪区的道仁矶和陆城新港，临湘市的儒溪—鸭栏港和江南港。

港口建设不局限于港口本身，还要着力开发经济腹地。岳阳港的经济腹地涵盖湖南的大部分，抓紧疏浚洞庭湖和湘、资、沅、澧四水航道，对主要港口进行扩容提质，尤其是提升湘江、资水、沅江的通航能力。

结合国家全面疏浚长江、加强航运建设的规划，在城陵矶港尽快开通万吨海轮，加强与武汉、九江、芜湖、南京、南通、上海、宁波等港口的航运联系，实现城陵矶与港澳台、日本、韩国、东南亚的近海直达航运。

尽管岳阳有不少大型工业企业，但多属于传统型，以炼油、石化、造纸、电力为支柱。岳阳的当务之急，是依托滨江区位，构建新型工业走廊，上马一系列大型工业项目，形成高效益的产业集群，发展壮大港口经济。岳阳的滨江产业建设，应作为湖南"十三五"规划的重中之重。

依托岳阳港口和肉类进口口岸、粮食进口口岸，新建特大型肉联、粮食制品、水产类、罐头、豆制品加工企业。依托深水良港，兴建新能源、循环工业、环境保护装备制造基地，建立新材料和新型建材制造基地，以及高性能船舶制造基地。对岳阳石油化学基地进行扩容改造，石油年加工能力由目前的

1000 万吨（长炼 800 多万吨，岳化 150 万吨）扩大到 3000 万吨。对岳阳造纸厂进行改造提升，除利用本地的芦苇、杨树等造纸外，主要依靠废纸、进口纸浆造纸，一来提高纸张品质和附加值，二来有效控制制浆环节所造成的环境污染。

岳阳作为长江中游、我国中部的交通物流枢纽，健全提升海关和保税功能，形成水陆并举的"大流通、大通关、大口岸"的发展格局。着力加强岳阳的水陆联运功能，加快物联网、智能网的建设，构建高效率的集装箱多式联运系统，打造高效能的综合运输枢纽。依托城陵矶整车进口口岸，形成汽车进出口的双向物流，以推动湖南的汽车生产、汽车消费和汽车贸易。除综保区、汽车口岸、肉类口岸、粮食口岸外，岳阳还要抓紧申报以能源口岸为重点的各类口岸，大力发展保税加工，为创建内陆自由贸易试验区奠定基础。

二　推进临湘滨江开发

推进岳阳楼区—云溪区—临湘市一体化建设，构建岳阳滨江产业走廊。将临湘纳入滨江开发范畴，主要基于以下考虑。

第一，临湘地处湘鄂边境，紧邻湖北赤壁，西隔长江与湖北洪湖相望，境内有京广线、京港澳高速、107 国道通过，工业以有色金属、白云岩、建材、食品加工、制茶等为主。临湘西北临长江，拥有 35 公里长的长江岸线，鸭栏—儒溪、江南为长江港口。较大湖泊如黄盖湖、洋溪湖、冶湖等，有水道连接长江，可开发为长江内港。

第二，临湘经济区位优越，交通运输便利，水资源极为丰富。鸭栏—儒溪、江南一线可布局特大型产业集群。桃林、羊楼司一带可布局边贸型物流园区。儒溪—鸭栏一带可建设精细化工园区，对应长岭炼油厂和岳阳石化基地，推进沿江炼化一体化发展。江南一带可建设农产品深加工园区。临湘市区侧重发展以物联网和湘鄂边贸为支柱的现代服务业。羊楼司镇为湘北重镇，紧邻湖北赤壁赵李桥镇，可与湖北联合建设边贸市场，发展边境贸易和跨省旅游。

第三，作为湘鄂边界旅游枢纽。临湘旅游名胜有五尖山森林公园、大云山森林公园、6501 国防工程、桃林铅锌矿工业旅游区、黄盖湖、龙源水库、长江等，其中黄盖湖、五尖山森林公园、6501 国防工程作为开发重点。黄盖湖

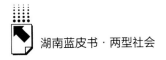

是湖南第二大内湖，水域面积311平方公里，其中2/3属湖南，1/3属湖北，两省可共事旅游开发和生态建设。临湘可与湖北洪湖共建跨江旅游线路。

第四，修建岳阳城区—城陵矶—松阳湖—道仁矶—陆城—儒溪—黄盖湖滨江大道，作为岳阳临江开发的主要通道，沿线布局产业集群和物流园区，并与湖北积极对接。

三 加强长株潭与长江的对接

长株潭三市的综合实力占到湖南的四成以上，研发力量更占到全省的2/3，区位交通优势日益凸显。基于长江中游城市群建设的背景，长株潭与岳阳应形成双星式开发结构，长株潭为核心，岳阳为门户，京广线为纽带。

长沙作为对接长江经济带的核心，应在湘江新区、高铁新城等区域重点突破，在高新技术、文化创意等领域率先发展，推进与株洲、湘潭的一体化建设。加强长株潭与岳阳的交通联系，构建高效率的快速通道，并以此为依托形成新型工业和现代物流走廊。

湘江长沙枢纽工程即将全面建成，坝址位于望城蔡家洲，下距城陵矶146公里。枢纽船闸为双线2000吨级，设计年通过能力9400万吨。位于航电枢纽上游的长沙霞凝新港，是湘江流域最大的内河港口，也是我国中部重要的物流园区。考虑到航电枢纽的建设，长沙市应选择湘阴县漕溪港作为长沙市的外港。对漕溪港进行大规模的改造扩容，主要是新建一系列深水泊位，使其具备中转换装、装卸存储、多式联运、国际货运、信息服务和通关商检等功能，并加强与长沙霞凝港和金霞物流园的协调合作，成为连接长株潭与城陵矶港的内河枢纽港口。

通过岳阳口岸，长株潭应加强与武汉城市圈、鄱阳湖生态经济区的发展联系，全面对接长江经济带，力争成为我国中部崛起的主体增长极。以岳阳—长株潭为开发开放的枢纽地带，促进湖南全面对外开放，实施由内陆型向开放型的主体转换。由长株潭到岳阳的物流采取高速公路运输方式，再由岳阳走长江实行江海直达的水运方式。考虑构建长株潭—岳阳港区的无障碍物流通道。

推进长沙市—湘阴市、汨罗市的经济一体化建设，改造提升汨罗循环经济产业园、湘阴轻工产业园，扩大园区规模，并承接长沙市外迁的一部分产业功能。湘阴、汨罗两市与长沙市构建循环工业集群、农产品深加工集群和现代物流产业集群。

四 推进"借江出海"战略

第一，推进澧县、津市一体化建设，对接湖北荆州市。澧县、津市同处澧水下游，洞庭湖区西部，与长江直线距离80多公里，自古就有"九澧门户"之称。澧县规模较大，支柱产业有食品、汽车零部件、建材、医药等。津市规模较小，支柱产业有汽配、盐化工、食品、纺织等。澧县、津市城区相距仅8公里。津澧两地同根同源，从地理环境、经济发展、历史人文等方面来看，两地都有着密不可分的联系。将澧县、津市合并为澧州市，土地面积2633平方公里，总人口120万人。二广高速常德段现已开通，在澧县、津市皆设有互通。从澧县互通到湖北荆州仅90公里。澧县、津市借此可实现"借江出海"战略，带动湘西北地区积极参与长江经济带的开发建设。澧县、津市历史文化资源丰富，共同打造西洞庭湖黄金旅游线路。澧县、津市作为一个整体，作为常德市的副中心，与常德市形成双星式发展格局。澧州、津市主要辐射带动澧阳平原乃至澧水流域，作为湘西北对接长江的门户。

第二，加强安乡、南县、华容的发展联系，经湖北石首对接长江。安乡、南县、华容三县彼此相邻，北距长江也比较近，应主动对接长江产业带的建设，实施"借江出海"战略。疏浚藕池河（包括东支、中支和西支）和虎渡河，扩大洞庭湖区北部与长江的联系。黄山头镇地跨安乡与公安两县，可与湖北共同开发跨省观光旅游。加强岳常高速与安慈高速的衔接，构建洞庭湖区北部东西向大通道。

第三，加强岳阳—常德与安乡—慈利两条高速公路的衔接，构建临湘市—云溪区—岳阳楼区—君山区—华容县—南县—安乡县—澧县—津市—临澧县（合口）—石门县（夹山）—慈利县（苗市、零阳）的湘北大通道，沿线与京港澳高速、随岳高速、二广高速、常张高速相接。该通道作为横贯洞庭湖区北部的东西向发展轴，与长江大致平行，并通过多个通道与长江衔接，全面带动洞庭湖区的开放开发。

将生态文明贯穿湖南六大国家级发展战略之中

刘解龙[*]

将生态文明建设贯穿于经济发展的各方面与全过程，这是我国总体发展战略的新布局，也是经济新常态的重要内容与要求。湖南自 2007 年底获批国家建设资源节约型环境友好型社会综合配套改革试验区后，相继获得了多项国家级战略。笔者看来，除了两型社会建设试验区外，武陵山片区扶贫开发、大湘南承接产业转移示范区、湘江流域重金属污染治理、洞庭湖生态经济区、长株潭国家自主创新示范区等国家级战略，是影响湖南未来发展的主要内容。因此，当我们思考生态文明建设时，必须与这六大战略结合起来，一方面，将生态文明建设贯穿于这六大战略的构建和实施的各方面与全过程，另一方面，将生态文明建设作为一条红线，有利于将六大战略更好地整合为一个支撑湖南转型发展升级的有机大系统，成为湖南全面建成小康社会的主要支撑力量。

一　生态文明建设与六大战略的相关性

1. 新型城镇化进程中整体生态文明：两型社会建设与生态文明建设

两型社会建设是生态文明建设的基础，生态文明是两型社会建设的升级版和更高阶段。对于长株潭城市群来说，要全面把握生态文明建设与两型社会建设的内在统一性与互动性。生态文明是人类文明发展的新阶段，因而是人类文明发展的必然趋势，是人类社会发展的规律。但是，这个阶段是建立在工业化和城市化的基础之上的，也是工业化城市化进一步发展的客观要求与必然选

---

[*] 刘解龙　长沙理工大学发展规划与政策法规处处长，湖南省生态文明研究会副会长，二级教授。

择。在我国的工业化城市化进程中，仍然出现了发达国家工业化城市化进程中所面临的资源约束趋紧、环境污染严重、生态系统退化等严峻形势，两型社会建设就是抓住了解决这一严峻问题的关键，因此，两型社会建设的本质，就是要通过突破传统的工业化和城市化发展模式，探索新型工业化与城市化的发展道路，缓解和防止人类社会工业化城市化进程中出现的经济社会发展与生态环境之间的冲突与矛盾。在长株潭城市群的发展中，在新的阶段，应当确立以两型社会建设保障生态文明建设，以生态文明建设提升两型社会建设的新方略，增强两者之间的统一性与互动性。这也说明，长株潭城市群，不仅拥有良好的生态文明建设的基础，也承担着突出的生态文明建设的责任。或者说，作为全国两型社会建设的试验区，确立生态文明建设样本的目标与责任，是其题中应有之意。

由于湖南的两型社会建设是以长株潭城市群为载体和核心区域的，这也就提出了城镇化与生态文明建设的严峻问题，生态环境污染甚至出现了立体化趋势。具体到生态环境问题来说，长株潭城市群生态文明建设中要从源头上扭转生态环境恶化趋势，必须重视三大工作。

一是防止出现"生态掠夺"。在城市化进程中，还要特别重视城乡生态关系的协调，防止出现城市对周边地区的"生态掠夺"，诸如"古树进城"、与产业外移相伴的污染外移。在城镇化发展中，长株潭城市群发展，一般会出现人口与产业的集中，会导致总体城市规模的进一步扩张。这一趋势，一方面，生态消费随即增加，需要更多的生态资源供给，这样就会产生生态吸纳效应，导致一定区域范围内的生态稀释，尽管生态资源具有自然的流动性与自我均匀机制，可这种生态流机制的作用受到一系列因素的影响，作用半径是有限的，而且，存在边际递减现象。所以，城市化的发展往往在给周边地区带来经济社会发展的同时，客观上也导致了生态资源的存量稀释、质量下降与可持续能力弱化。另一方面，在城市化发展的同时，还形成了污染的集中化，加重了一定区域而不仅仅是城市范围内的生态承载压力。

二是防止出现对"绿心"的"生态围剿"。随着长株潭城市群"核心增长极"地位提高和功能强化，资源消耗与环境影响也会随之扩大。众所周知，生态环境的系统性与整体性是十分突出的，但往往也是渐进的和不可逆的，作为围绕绿心发展的长株潭城市群生态文明建设特别要重视"绿心"保护。在发展进程中，要更加从生态系统运行发展规律的角度深化认识与规范行为，在长株潭城市群的群化发展中，如果对此重视不够，就可能形成对"绿心"的"生态围剿"，如果出现生态围剿，绿心就可能成为"孤岛"或"荒岛"而难以发挥作用。

三是保护好城市群的"主动脉"。湘江是湖南的母亲河，更是长株潭城市群发展能否具有可持续性和生命力的"主动脉"。把湘江流域重金属污染治理与湘江流域生态文明建设结合起来，能够更好地将其作为"从源头上扭转生态环境恶化趋势"首要工程。

这三个方面，都要特别重视生态文明制度体系建设，建立健全长株潭整体区域中的生态文明建设制度体系，培育长株潭城市群可持续发展（永续发展）的长效机制。所以，对于长株潭城市群的生态文明建设来说，必须更加注重整体性与全面性，也就是说，长株潭城市群是真正落实和体现"五位一体"总体部署和发展战略的最好平台和重点区域，更好将生态文明建设立体性地贯穿于经济社会发展的各方面与全过程，创造城市群化发展中的生态文明建设的新途径、新标准和新典范。

2. 依托自然资源优势建设生态文明：武陵山片区扶贫开发与生态文明建设

一般来说，生态文明是人类社会发展在总体上更加文明与大自然关系也更加和谐的一种发展模式与发展状态。然而，对于武陵山片区来说，生态与文明的差距几乎处于撕裂状态。湖南的大湘西地区，生态基础最好，经济社会文化发达水平最低，这是不争的事实。与此相关且极其重要的问题，一方面，正是这一区域的生态资源必须从更加宽广更加长远的角度来对待，更好发挥生态功能核心区的功能。国家发展，在总体战略上决不以牺牲环境为代价去换取一时的经济增长，可对于局部贫困地区来说，则往往会出现相反的追求。另一方面，这一区域是发展压力最大、发展冲动最强的区域。把生态资源保护好的前提是把经济社会的文明发展上去。我们在实践中知道，经济发展离开了生态环境保护则是竭泽而渔，生态文明建设离开了经济建设是缘木求鱼。这种现象是否会在这一广泛区域重演，决非杞人忧天。大湘西是十分重要的生态功能区，也是扶贫开发的重点区域和难点区域。从根本上改变这一地区的人民生活，探索这一地区经济社会发展的新途径，提高经济社会发展水平与质量，是根本所在。对于这一地区来说，转变发展方式是为转变该地区内的人民的生活方式服务的。将自然资源的消耗性开发利用，工业化开发利用，转变为保护性开发利用，服务化开发利用，市场化利用，这是转变发展方式的要点与主线。由于经济活动对人们其他方面的基础性决定性影响，转变发展方式是转变生存方式的前提。因此，在扶贫工作中，着眼于改变扶贫对象的生活方式，居住条件，教育条件，公共设施，只是条件与环境，并不是重点所在。

为了更好地促进发展方式转变，将生态功能区的重要性通过经济指标来体现价值，有效推进生态资源产品价格改革，建立科学的生态补偿制度和有效的补偿机制，才能真正建立长期的和长效的生态环境生态资源的保护修复机制。

与此同时，要将精准扶贫与生态文明建设相结合。这无论是对于扶贫开发还是对生态文明建设，都是全新的工作内容与发展要求。处理这二者之间的关系，形成互动机制，主要应当重视两个方面的问题。一是贫困地区良好生态资源的扶贫化开发利用，总体上不能牺牲生态环境资源谋取眼前的发展，但更不能不顾当地人民贫困的生活与落后的经济现状而简单地保护生态环境，也即不能将它们对立起来，不能扩大和加剧相互之间的矛盾。而且这种开发利用，也要体现精准原则与要求，将精准扶贫与生态环境资源的精准开发与精准保护有机结合起来。二是贫困地区的发展同样要重视生态文明建设。我们知道，尽管生态文明建设首先是或现阶段主要是生态环境的保护修复等问题，但前面对我国生态文明建设的特定内涵与基本特点分析时，说明了我国的生态文明建设与工业化城镇化是相联系的，具有支撑与引导的关系。因此，要重视开发生态文明建设中的各种经济机遇与利益内涵，将贫困地区的生态文明建设作为扶贫开发的致富工程。特别是要将扶贫工作与现代的新兴的市场需求与市场交易相对接，利用好生态补偿机制、碳汇交易等新的制度机遇与新型市场发展机遇，创造新兴的而富有特色的脱贫项目与脱贫途径。否则，如果囿于传统的发展内容和发展方式，不仅扶贫的空间很小，而且即使脱贫了，也很容易出现返贫现象。只有让贫困地区的人们真正处于具有自身的优势与特色的产业链条和市场体系之中，扶贫的目的才能真正实现。

3. 在新型工业化进程中建设生态文明：大湘南承接产业转移示范区与生态文明建设

湖南的大湘南地区，是最接近华南沿海地区的中部地区的前沿地带，在产业结构升级过程中出现的产业转移，是一般的经济发展规律，具体到区域经济发展方面来说，它也是一般规律。因而，国家批准在大湘南地区设立承接产业转移示范区，对于区域经济发展，实现发达地区与欠发达地区的经济结构的双赢性提升，加强区域经济协作，加速总体上的工业化进程是完全符合经济发展规律的正确决策。近几年来，以承接产业转移为转型发展机遇和内容的大湘南，获得了新发展，无论是政策支持还是各种投资，力度不断加大，因而，从经济总量到产业结构都发生了重要变化，在整个湖南的板块结构中，影响力也在不断提升。必须看到，大湘南地区以承接产业转移为机遇和方向的生态文明建设，也是存在某些矛盾与风险的问题。所以，探索新型工业化进程中的生态文明建设，促进生态文明建设与新型工业化的结合与相互促进，创造新的工业化发展模式和新的生态文明建设模式，是大湘南承接产业转移示范区的机遇与特色，也是重要责任。

笔者认为有四个问题是重要的。一是探索具有总体性与战略性的新型工业化与生态文明相结合的模式。而且，承接产业转移是提升本区域工业化速度与质量的一条捷径，可仅仅以本地区的发展水平作为评价产业的先进性标准，显然是落后的。因此，要真正将生态文明的理念、方法与内容贯穿到整个发展战略之中，需要建立严格的产业转入评价标准和防范机制，推行绿色制造，发展循环经济，防止脱离生态文明建设要求的经济发展与产业转移，遏制低端产业转移中广泛存在的"两高一资"（高消耗、高污染、资源性）转移现象，并将这些系统化为相应的制度体系。二是注重推动生态环保产业和其他新兴产业（如旅游产业、物流和贸易产业等）的集群化发展，以此改变产业结构；注重绿色发展、低碳发展、循环发展在整个产业体系中的运用，提高产业质量和产品附加值，而不是简单进行承接，同时要动态地加强产业承接过程中的生态环境保障能力与社会责任的严格评价。三是将本区域范围内生态文明建设的各种有利资源与产业转型升级相结合。大湘南地区的生态环境资源总体上是有一定基础和优势的，大规模的产业转移，会对原来的自然资源产生影响，改变原来的生态环境承载力。这就要求通过加强生态文明建设，从生产过程减轻单位产值的生态环境需求与压力，同时，从增强大自然生态环境能力的角度，来促进生态文明建设物质基础的持续扩大和巩固。四是大湘南是湘江的上游，承担着保护湘江的特殊责任，特别要处理好与湘江流域重金属污染治理的结合关系。也就是说，保护湘江、保护水源，是大湘南地区承接产业转移的前提，是生态红线，也是生态文明建设的基本硬件和重要标志。

4. 流域生态文明建设：湘江流域重金属污染治理与生态文明建设

湘江流域重金属污染治理是湖南生态文明建设中的"一号工程"。这说明问题严重，影响重大与任务艰难。湘江流域是湖南经济社会文化发展的先进区域和集中区域，但这基本上是在传统的工业化进程中发展起来的。由于当时的大自然的承载与化解能力远比今天强，尽管生产的技术与工艺不如今天，可由于规模数量、广泛性和密集度上存在巨大差异，生态环境问题在临界状态之内。改革开放以来，流域经济的快速发展，特别是工业化的快速推进，污染的迅速增加，使潜伏的老问题随着新的污染一起发作出来了。

用现在的眼光来看，湘江流域重金属污染，是典型的缺乏生态文明意识与技术的工业化的产物。可我国在总体上仍然处于工业化快速发展时期，就湖南的经济发展来说，在未来的发展中，尽管湘江流域是工业化污染最严重的区域，但工业化的进一步发展，湘江流域仍然是湖南推进工业化（即使是新型工业化）的基础最好，力量最强的主要区域，也就是说，湘江流域是承担湖南工业化使命和带动湖南工业化进程的主体力量，在生态文明建设过程中，仍然需要这一区域发挥龙头作用。而在所有的产业中，工业仍然是最具有"两高一资"（高消耗、高污染和资源性）特征的产业，即使追求新型工业化发展，也难以从根本上改变这一特征。而且，在流域结构中，广泛存在经济社会发达程度与生态保护影响和责任不对称现象。因此，以科技支撑新型工业化和促进生态文明建设，也应当集中在这个区域。然而，湘江流域重金属污染治理，具有突出的专项性与专业性，而生态文明建设则更强调整体性与相关性。因此，对于湘江流域重金属污染的治理，需要置于生态文明建设的总体框架和大背景之中。

如果仅仅从工业化的角度来看，湘江流域也是湖南的文明程度最高的区域，可用"生态文明"的要求来看，确实存在"文明"与"生态"的明显反差，甚至还存在某种加剧趋势。因此，湘江流域是湖南总体发展引领责任最大和生态环境压力最重的区域。切实改变这一现状，必须将"文明"与"生态"有机结合起来，这样才能真正建设好体现经济社会科技发展与生态环境良好的流域生态文明。进一步说，从发展的角度来看，湘江流域是湖南推进生态文明建设的重点区域。一方面，生态文明建设需要工业化文明做支撑，离开了工业文明，生态的文明性就缺乏基本的物质基础与技术保障。这个在人类发展的历史长河之中，更加具有规律性与一般意义。因此，以湘江流域推进生态文明建设，会建设出更加具有文明意义的生态文明。另一方面，我国建设生态文明，并不是要在工业文明的后续阶段建设，而是要贯穿于工业化进程之中，建设具有生态文明的工业化。因此，以湘江流域为重点，将生态文明贯穿于工业化之中，将建设出最具有生态文明内涵的工业化，这才是真正意义上的新型工业化，同时也可以进一步彰显生态文明建设与新型工业化的有机结合的建设成效。这也是湖南新型工业化与生态文明建设的一种独特模式。

5. 湖区生态经济区建设中的生态文明，洞庭湖生态经济区与生态文明建设

在我国，不少拥有良好生态基础的区域都在这些年的发展中成为了生态问题集中区，或者说成为生态隐患与危机区。这样的区域，从表面上说是生态环境保护，可深刻层次的问题仍然是发展，而且是转型发展，不能走过去的老路，不能简单地成为发达地区的产业转移承接区。可以说，洞庭湖区域就属于拥有良好生态基础，同时也面临紧迫深刻的发展问题和转型问题的区域。有生态而文明发展程度不高，生态受到的压力与挑战就无法从根本上缓解。利用良好的水生态与区域优势，探索新的环湖区域的发展模式，这种模式是建立在生态保护修复、经济加快发展、模式必须转型的三位一体结构系统之中的。就是建设完整的和真正意义上的生态文明。

与其他几个国家级战略相比，洞庭湖生态经济区尽管在内容与目标上与其他几个战略不一样，但各方面的相关性不仅广泛存在，而且必须高度重视和处理好发挥好。异同何在，值得深思和深入研究。就其特殊性来说，有三点是非常明显的。一是跨省级行政区域的水生态文明，依托环洞庭湖生态经济区推进生态文明建设，在生态文明建设推进省际合作，同时向武汉城市圈与长株潭城市群的两型社会扩散渗透。可以将西部地区的各种优势更好地通过武汉城市圈与长株潭城市群向中部寻找合作发展机遇，带活龙尾，使龙腰更坚实，舞动的空间更加开阔，从而更好地发挥其贯通东西、带动南北的巨大作用，由此可见洞庭湖生态经济区的区位优势与区位功能。二是依托长江战略，洞庭湖生态经济区居于"长江龙"的龙腰，一方面，可以更好地发挥承东启西的功能，舞活龙头，将东部的技术管理市场和开放优势更好地向西传递，进而在国家一路一带战略中推进生态文明建设，以洞庭湖为连接点，将湖南经济与长江经济带更好对接融合,是发挥湖南在全国总体布局中的一部一带功能的要点所在。如果将这种关系的空间进一步延伸,则会发现,长江经济带是与我国的丝绸之路经济带、21世纪海上丝绸之路紧密相连的。长江经济带一头连着丝绸之路经济带的新起点重庆,另一头连着21世纪海上丝绸之路的重镇上海,显而易见,这三大国家战略,一方面范围更加宽广,另一方面,相互之间连成一体,对于未来中国的影响重大而深远。三是与其他几个战略重叠的生态文明,除了武陵山区开发这一战略,其他几个都与这个战略影响直接,甚至有许多重叠。这说明洞庭湖生态经济区的生态文明比其他战略更加明显地受到外部的生态文明建设的影响。

由此可见,湖南独特的地理结构,从湖泊与河流的主要特点来看,水向洞庭聚,通江达海。如果将湘江流域与洞庭湖区域的生态文明建设结合起来,一江一湖,进而将湖南流入洞庭湖的四大水系作为生态系统中的流动性动态子系统,四水一湖,那么,湖南的经济就构成了独特的"江湖经济",生态文明建设也形成独特的"江湖生态文明"。

6. 生态文明的科技支撑与创新:长株潭国家自主创新示范区与生态文明建设

创新是一个国家的灵魂所在,是赢得竞争,赢得未来的主要依靠,因此,建设创新驱动型发展模式是我国发展战略转型的基本方向。然而,在我国的发展中,最紧迫的现实问题是切实解决好工业化城镇化进程中面临的生态环境问题,探索出新型工业化新型城镇化的可行途径与成功模式。最重大的战略问题是能够更好保障可持续发展。因此,国家自主创新示范区、技术创新、产品与产业创新、知识创新、组织创新、管理创新等,一方面要贯穿生态文明的要求,另一方面要为生态文明建设服务,将自主创新示范区建设成为智慧与生态文明共荣的示范区。

对于湖南来说,国家设立长株潭国家自主创新示范区,具有非同寻常的战略意义与现实意义,这个创新示范区,是继北京中关村、武汉东湖高新、上海张江、深圳国家自主创新示范区,以及苏南自主创新示范区后的又一个国家级自主创新示范区。从生态文明建设的角度来说,为其他战略的生态文明建设提供更加强大的科技与创新支持支撑,应当是这一战略的题中应有之义。如果脱离了这些,即使自主创新成效不错,也是有缺陷的。众所周知,湖南的国家级

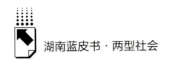

战略，都需要相应的创新驱动和创新支撑。因此，这个自主创新示范区，应当突出围绕其他几个战略发展推进重大问题前沿问题的研究与创新，应当成为生态文明建设的自主创新示范区，使长株潭既是两型社会建设和生态文明建设的示范区和核心带动区，更是自主创新的增长极与火车头。

以上围绕六大国家战略而推进的生态文明，彼此之间尽管各有侧重，但显然具有内在联系。这是湖南建设富有特色的生态文明形态与模式的典型代表。

二　以生态文明建设提升六大战略的实施成效与品质

既然在六大国家级战略中，生态文明建设是一条主要线索，那么紧紧抓住这条主线，不仅是推进生态文明建设的重要内容与途径，更是增强六大战略之间的相关性，防止和克服六大战略各自为政及可能导致的彼此分割的矛盾性竞争，发挥相互促进作用和提升战略实施品质的重要保障。为此，重点要持续做好以下几项工作。

1. 编制六大战略协同建设生态文明的总体规划

仅仅就六大战略的各自的名称、功能与目标来看，彼此的内存相关性并不容易认识与把握，而且，它们各自还有自己的行政主管主体与经济利益主体。在这个总体规划中，加强对六大战略的生态文明建设的统筹管理和分类指导。主要是须处理好四个关系。一是充分尊重每个战略的使命、特点与目标。二是将生态文明这条主线贯穿于各自战略的各方面与全过程。三是每个战略要承担起所在区域的生态文明建设的重要职责。四是每个战略和战略所在区域，要更好服从和服务全省的生态文明建设。

2. 加强六大战略生态文明建设的组织与制度建设

保护生态环境就是保护生产力，推进生态文明建设，关键在人，关键在思路。要牢固树立生态红线的观念，在生态环境保护问题上，既要绿水青山，也要金山银山，不能越雷池一步，否则就应该受到惩罚。完善经济社会发展考核评价体系，彻底转变观念，再不以 GDP 增长率论英雄，把资源消耗、环境损害、生态效益等体现生态文明建设状况的指标纳入经济社会发展评价体系，使之成为推进生态文明建设的重要导向和约束。一是建立六大战略生态文明建设组织机构与专家机构，二是加强制度建设，与各种制度相比，规划再权威也多少有些"软"。要把规划的引导性、指导性与制度的规范性、约束性、强制性结合起来。特别要将三中全会提出的生态文明制度建设任务落实到具体工作之中。

3. 加强六大战略的生态文明建设信息平台建设和技术共享机制建设

六大战略的实施时时刻刻都产生着影响，都发生着变化，彼此之间的关系需要适时进行调整和优化。因此，需要在信息上建立共享机制。另外，由于生态文明建设具有很强的公益性，关系人民福祉，关系后代发展，如果出现了新的技术，则需要建立相应的技术共享与促进机制。

4. 共同建立六大战略重大项目的生态文明职责与功能评估机制

尤其是对于占用各种资源较多，对生态环境影响较大的项目工程。基础设施建设、经济开发、产业发展等，都必须进行联合的生态文明建设的功能与职责定位，避免生态环境成本与风险向外部、其他区域和后人转嫁现象发生。

5. 共同建立六大战略生态文明建设基金

六大战略都有大量的资金投入，对于所有的投入资金，都需要进行重要性与收益性评估。由于生态文明建设的特殊性，不如具体项目那样直接具体，但深刻而长远。因此，要通过多种途径筹集生态文明建设基金，为生态文明建设提供较为坚实的金融保障。

B.32

构建两型园区评价指标体系
加快推进生产方式绿色化

梁志峰　唐宇文　彭蔓玲　黄　君　戴　丹*

一　构建两型园区评价指标体系对推动生产方式
绿色化具有重要意义

党的十八大和十八届三中、四中全会对生态文明建设作出了顶层设计和总体部署，2015年3月中央政治局会议审议通过了《关于加快推进生态文明建设的意见》，要求当前和今后一个时期，协同推进新型工业化、城镇化、信息化、农业现代化和绿色化，加快推动生产方式绿色化，加快推动生活方式绿色化，把生态文明纳入社会主义核心价值体系。

两型社会建设是生态文明建设的题中应有之义，是推进绿色化的具体实践。园区是工业发展集聚区，是技术创新和实现绿色发展、循环发展、低碳发展的主要载体，是地区转方式、调结构的核心和引擎。两型园区建设是推动生产方式绿色化的主战场，是工业领域实践生态文明建设的重要抓手，对两型社会和生态文明建设起着至关重要的作用。

构建两型园区评价指标体系，可以强化园区发展过程中资源节约和环境友好措施的实施，有利于减少园区在规划建设和生产管理过程中对能源资源的消耗和对生态环境的破坏，有利于形成科技含量高、资源消耗低、环境污染少的产业结构和生产经营方式，是加快推进生产方式绿色化的有效手段，对引导和

---

* 梁志峰，湖南省政府发展研究中心党组书记、主任、博士；唐宇文，湖南省政府发展研究中心副主任、研究员；彭蔓玲，湖南省政府发展研究中心宏观处处长、副研究员；黄君、戴丹，湖南省政府发展研究中心研究人员。

规范园区的两型建设，促进园区可持续发展，进而提高全社会两型发展和生态文明水平具有重要意义。

二　两型园区评价指标体系构建原则

两型园区评价指标体系的构建，遵循以下原则。

1. 绿色、循环、低碳、高效原则

绿色发展、循环发展、低碳发展、高效发展是两型社会建设的基本途径，也是两型园区规划建设的基本途径，因此，构建两型园区评价指标体系应能体现绿色、循环、低碳、高效原则。既充分考虑资源节约和环境友好，又充分考虑创新发展和可持续发展，围绕"节约、循环、低碳、绿色、高效、可持续"主题科学遴选园区评价指标。

2. 科学性原则

评价指标体系应设置科学，能够反映两型园区的主要特征，具有合理的层次结构，定性与定量有机结合，数据来源准确、处理方法科学，具体指标能够反映出两型园区建设主要目标的要求和实现程度。

3. 可操作性原则

评价指标体系尽可能全面反映两型园区的各个方面，同时考虑指标量化的要求以及数据的可获得性和可靠性，力求各项指标和要求有明确清晰的含义，保证既能全面反映两型园区的各种内涵，又能有效地利用统计资料和有关规范标准，符合湖南省两型园区建设的实际。

4. 普适性原则

评价指标体系应对湖南省两型示范园区进行统一要求和管理，适用于各类型工业园区、工业集聚区开展两型园区建设工作，实现园区管理的整体性和一致性。

三　两型园区评价指标体系总体框架

两型园区评价指标体系的构建借鉴层次分析法的思想，根据评价的目的，对评价对象的结构进行深入的系统剖析，把两型园区发展分解成不同的侧面，并在此基础上提出反映各个侧面的衡量指标。

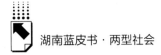

评价指标体系的框架主要从四个大的方面考虑。

一是对资源节约的要求。主要从节约能源、节约集约利用土地、节约用水、清洁能源利用、资源综合利用五个方面进行考虑。

二是环境友好的要求。主要从一般性要求、水污染控制、废气污染控制、固体废物控制、噪声控制、绿化和绿道等六个方面进行考虑。

三是园区发展两型性的要求。主要从创新发展和可持续发展两方面进行考虑，通过创新能力的提高、两型技术和两型产品的应用、企业转型、产业升级体现园区两型特点。

四是园区管理两型性的要求。主要从体制机制、管理制度、两型服务、两型宣传四个方面进行考虑，通过政策、制度、文化引导和规范园区的开发建设。

总体框架见图1。

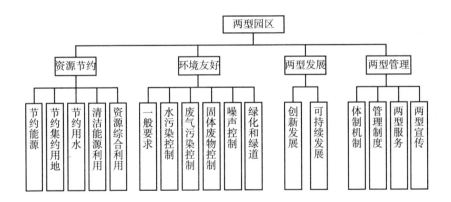

图1　湖南省两型园区评价指标体系框架图

四　两型园区评价指标体系

1. 评价指标

湖南省两型园区评价指标体系在借鉴《中华人民共和国节约能源法》、《中华人民共和国循环经济促进法》、《中华人民共和国清洁生产促进法》、《中华人民共和国环境保护法》、《节约集约利用土地规定》（中华人民共和国国土资源部令第61号）、《关于实行最严格水资源管理制度的意见》（国发〔2012〕

3 号)、《国家发展改革委、财政部关于推进园区循环化改造的意见》（发改环资〔2012〕765 号)、《综合类生态工业园区标准》（HJ 274）、《取水定额》（GB/T 18916)、《节能建筑评价标准》（GB/T 50668)、《绿色工业建筑评价标准》（GB/T 50878)、《污水综合排放标准》（GB 8978)、《一般工业固体废物贮存、处置场污染控制标准》（GB 18599)、《大气污染物综合排放标准》（GB 16297)、《环境空气质量标准》（GB 3095）等相关法规、政策和标准的基础上，充分考虑湖南省两型园区建设的总体要求和实际情况，深入研究未来两型园区建设的方向和趋势，从资源节约、环境友好、两型发展、两型管理四大类进行具体指标的设计。评价指标体系共包含 4 个大项，17 个分项，66 个小项。具体评价指标见表 1。

2. 评价指标值的确定

两型园区评价指标体系包含了定性和定量两类指标，由于各项指标背景数据来源渠道不同，指标值的确定方法也不同。定性指标主要根据相关法律法规、政策、规划等确定；定量指标的指标值确定大部分参照国家和地方相关标准，少部分根据湖南省园区的经济、资源、环境实际数据，采用趋势外推、回归分析、类推预测等方法推算得出，最后通过专家审查认可。具体指标要求及指标值见表 1。

3. 评分

评价指标的评分分值分三档：5 分、10 分、15 分，按内容的重要性赋分，很重要的赋 15 分，较重要的赋 10 分，一般或鼓励类指标赋 5 分。

本评价指标体系评分分值的确定，是综合 15 位专家和 15 个园区的赋分结果得出的。评价总分值为 600 分，其中，四个大项的分值分别为：资源节约 190 分、环境友好 220 分、两型发展 110 分、两型管理 80 分。评分细则见表 1。

表 1　两型园区评价指标体系及评分细则表

项　目	要求和细则	分值		
		大项	分项	小项
一、资源节约		190		
1. 节约能源			45	
综合能耗	优化用能结构，单位工业增加值综合能耗≤0.5 吨标准煤/万元			15

续表

项 目	要求和细则	分值		
		大项	分项	小项
用能效率	综合能耗弹性系数≤0.6			10
设备能耗	企业单位产品能耗满足国家限额标准要求;用能产品和设备满足国家能效标准要求			10
建筑节能	新(改、扩)建建筑执行节能建筑标准,设计阶段标准执行率达到100%。新建标准厂房执行绿色建筑标准			10
2. 节约集约用地			40	
用地要求	项目建设的投资强度、容积率、建筑系数、绿地率、非生产设施占地比例符合国家和地方用地控制标准			10
标准厂房	适宜建设标准厂房的园区,新建厂房的标准厂房建设率达到100%			10
工业地产	工业地产用地符合国家和地方相关政策规定			5
土地产出	单位工业用地工业增加值≥9亿元/平方公里			15
3. 节约用水			40	
新鲜水耗	用水符合GB/T 18916和DB43/T 388的要求,单位工业增加值新鲜水耗≤9立方米/万元			15
用水效率	新鲜水耗弹性系数≤0.55			10
重复用水	工业用水重复利用率≥75%			10
再生利用	中水回用和再生水利用符合当地有关政策和标准要求			5
4. 清洁能源利用			20	
分布式能源	鼓励在可利用区域推广应用可再生能源利用技术,建设分布式能源设施			10
太阳能屋顶	厂房等适宜的建筑屋顶利用太阳能发电,标准厂房按光伏发电要求设计			5
绿色照明	公共区域节能灯具使用率100%;新建道路安装光伏、风电等节能照明设施的比例≥50%			5
5. 资源综合利用			45	
废物利用	工业固体废物综合利用率≥85%			15
共建共享	公共基础设施和配套设施共建共享			10
集中供应	推广热电联产技术,鼓励建设集中供热设施			5
循环利用	建立水、气、垃圾等循环利用处理链条			10
降低消耗	不使用高耗低效设备、材料和产品,推广应用节能、节地、节水、节材技术			5
二 环境友好		220		
1. 一般要求			30	

续表

项　目	要求和细则	分值		
		大项	分项	小项
环评能评	新(改、扩)建项目应进行环境影响评价和节能评估;环境影响评价符合 HJ/T 2.1 的要求,节能评估符合国家有关政策的规定			10
三同时	防治污染的设施与主体工程同时设计、同时施工、同时投产使用,执行率达到100%			5
清洁生产	强制性清洁生产企业通过验收率达到100%			5
排污控制	污染物排放总量和浓度不超过国家和地方控制指标,企业污染物达标排放			10
收集处置	具备完善的废物收集系统和处理处置设施			10
排污监测	具备环境在线监测系统,排污企业安装污染源自动监测设备			10
2. 水污染控制			50	
废水产生量	单位工业增加值废水产生量≤8 吨/万元			10
工业废水	工业废水排放达标率100%			10
COD 排放	单位工业增加值 COD 排放量≤1kg/万元			10
氨氮排放	单位工业增加值氨氮排放量≤0.1kg/万元			10
生活污水	废水分类收集、分质处理,生活污水集中处置率100%			10
3. 废气污染控制			50	
排放要求	废气排放符合 GB 16297 要求			10
SO_2 排放	单位工业增加值 SO_2 排放量≤1 千克/万元			10
氮氧化物排放	单位工业增加值氮氧化物排放量≤0.5 千克/万元			10
CO_2 排放	CO_2 排放量符合国家和地方相关要求			10
空气质量	推广应用工业废气治理技术,环境空气质量达到 GB 3095 二类功能区要求			10
4. 固体废物控制			45	
固废产生量	合理选择和利用资源,单位工业增加值固体废物产生量≤0.1 吨/万元			15
工业固废	一般工业固体废物的贮存、处置符合 GB 18599 的要求			10
危险废物	危险废物处理处置率100%			10
生活垃圾	生活垃圾分类收集,无害化处理率100%			10
5. 噪声控制			10	
排放要求	工厂噪声排放符合 GB 12348 要求			5
环境噪声	采取减噪、减震措施,环境噪声符合 GB 3096 的要求			5
6. 绿化和绿道			15	

续表

项　目	要求和细则	分值		
		大项	分项	小项
绿化设施	建设公路绿化带、公共区域绿化设施			5
立体绿化	推广屋顶绿化、垂直绿化、复层绿化等立体绿化			5
绿道系统	鼓励建设绿道系统，采用绿色交通工具			5
三、两型发展		110		
1. 创新发展			50	
科研经费	R&D 经费支出占 GDP 的比重≥2.7%			15
技术创新	支持研发推广应用两型技术和关键共性技术；专利授权量≥50 件/万人			15
创新平台	有孵化器等创新和成果转化平台			10
协同创新	鼓励园区内产业链上下游合作创新			5
金融创新	鼓励发展低碳金融			5
2. 可持续发展			60	
产业集聚	支持发展与原有产业相关联的配套项目，主要产业应形成集群，主导产业主营业务收入占营业总收入的比重≥50%			10
两型产业	鼓励发展两型产业和高新技术产业，支持传统产业转型升级，主要产业体现两型特性			15
两型企业	推动企业两型改造提升，提高两型企业的比重			10
两型产品	推广应用两型产品，政府采购产品目录中两型产品的比例≥10%			5
发展速度	园区工业增加值三年年均增速不低于所在地级市以上城市水平			5
人均产值	人均工业增加值≥15 万元/人			15
四、两型管理		80		
1. 体制机制			40	
责任制	建立健全资源节约、环境保护工作责任制，配备了专职负责两型工作的人员			10
准入机制	不引进限制类或淘汰类项目；企业和项目入园符合国家和地方相关标准和政策的要求；鼓励制定产业准入负面清单			10
退出机制	有序关停并转落后产能和列入国家淘汰范围的企业			10
第三方治理	推行合同能源管理，鼓励开展合同环境服务			5
示范创建	积极开展两型示范创建			5
2. 管理制度			20	

项　目	要求和细则	分值		
		大项	分项	小项
两型制度	有完备的两型管理制度			15
执行报告	制定两型工作年度实施方案,编写两型执行情况年度报告			5
3. 两型服务			15	
服务平台	搭建了节能减排诊断、能耗监测、两型技术研发与推广等公共服务平台			10
信息平台	有完善的信息平台			5
4. 两型宣传			5	
形式和活动	有两型宣传栏、宣传标语、标识、宣传资料;有志愿者队伍;每年组织开展两型主题活动2次以上			5

B.33

正确认识水循环与水量平衡规律
推进湖南省人水和谐水环境建设

郭辉东　邓润平 *

一　实现良性水循环与水量平衡是有规律可循的

水循环是指地球上的水在太阳辐射和重力作用下，以蒸发、降水和径流等方式进行的周而复始的运动过程。水量平衡是指地球任一区域在一定时段内，收入水量与支出水量之差等于该区域内的蓄水变量。在顺应自然的基础上，采用人为因素，在一定区域和一定时段内实现水量的相对平衡。地球上的水分是不断循环的，水分总量也是相对固定和平衡的。在一定条件下，一定区域之内，不仅可以而且能够加速实现水资源的良性循环，也能在一定时空范围内实现水量平衡。要揭示水循环与水量平衡的奥秘，就要把水循环与水量平衡作为一个不断运动变化的整体进行系统研究，特别是要把影响水循环与水量平衡的耦合嵌套关系作为重点研究，才能正确认识水循环与水量平衡规律。湖南地势格局总体为三个阶梯的复式盆地，第一梯级海拔高程为 30 米左右，包括洞庭湖区及长株潭和益阳、常德的水面，长沙湘江航电枢纽工程运用后，长沙至株洲初定蓄水位是 30 ~ 31 米，正常蓄水位是 29.7 米。第二阶梯中的洪江市、洞口县、邵阳市、涟源市、水府庙以及永顺县罗依溪、张家界市永定区的一些地方，海拔高程均为 200 米上下，这就给开凿运河提供了地形地势条件。世间万事万物都是有规律可循的，一个设想只要符合自然和社会发展规律，顺应自然又能动地巧妙地改造自然，梦想迟早是能够成真的，设想终究是能够变成现实的。

* 郭辉东，湖南省人民政府原参事，湖南省政府发展研究中心研究员、正厅级退休干部；
邓润平，湖南省政府发展研究中心办公室副主任、助理研究员。

二　湖南具有建设人水和谐的水环境的自然地理优势

湖南地处云贵高原向江南丘陵、南岭山脉到江汉平原过渡地带，在全国地势总轮廓中，属自西向东呈梯级降低的云贵高原东延部分。境内东南部的罗霄山脉和南岭山脉都向北倾斜，形成朝东北开口的不对称马蹄形，湘、资、沅、澧四水汇聚于洞庭湖，后经岳阳城陵矶注入长江。在中国"一江春水向东流"的区域构造中，湖南却是"湘江北去"。湖南省土地面积211829平方公里，洞庭湖水系控制了全省96.7%的土地面积，河流发源地在湖南而流向鄱阳湖水系和珠江水系的面积仅占全省面积的3.3%。这种地质构造，使自然界的大气、水体、土壤与生物之间的生命元素迁移转化过程，可在一个区域构造单元内进行（在国内唯有江西与湖南略同），并实现物质能量在循环转化过程中的不断平衡。湖南特有的地质地貌形成了具有建设人水和谐水环境的自然地理优势。比如：雨水、地表水、地下水、土壤水的相互转化和循环，在本区域构造内能够实现基本平衡。

三　湖南丰富的水资源能够有利于实现洞庭湖
水系的水循环与水量平衡

洞庭之水天上来，奔腾到海又复回。水的气、液、固三态转化特征是产生水循环的内因，太阳辐射、气流输送和重力作用是水循环过程的动力。湖南属亚热带季风湿润气候区多山丘的内陆环境，具有气候温和、四季分明、雨量充沛、热量富足、冬寒期短、无霜期长等气候特征，多年平均降水量1450毫米，比全国的年均649.9毫米多800毫米。全省水资源总量1689亿立方米，居全国第六位。截至2006年底，湖南已建水库13295座，总库容366.7亿立方米。湖南拥有一个大的淡水湖——洞庭湖，加上河流、山塘、水库和地下水，全省常年保有水量能够达到数百亿至一千亿立方米，这无疑是一笔令人倾慕的巨大财富。据计算，要较好地调控汛期洪水，四水干支流尚需增加约50亿立方米防洪库容，桑植县贺龙水库、澧水宜冲桥水库应当早日兴建。五强溪水库至凌津滩45公里河道安全过流能力每秒仅为18000立方米，而凌津滩以下过流能力已达23000～25000立方米的泄洪瓶颈问题。

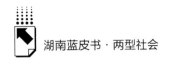

四　以湘资沅澧四水可持续发展为轴线，全面推进湖南人水和谐水环境建设

洞庭湖水系有天然形成的湘、资、沅、澧四水与洞庭湖的"四水一湖"格局，湖南90%以上的县市城镇坐落在四水流域干流和支流两岸，要以四水可持续发展为轴线，采取生物措施和工程措施相结合的办法进行综合治理，把通航、电站建设和流域治理开发相结合，建设主要河流梯级枢纽水电工程时，应尽力使已有水利工程充分发挥配套作用。20世纪60、70年代湖南修建的水利工程，像一根南瓜藤上结了很多瓜一样，大小水库和灌区用渠道相连，大多至今运行良好。而近些年修的水库大多只发电和蓄洪，没有形成互连的自流灌溉系统。要构建互连自流灌溉系统，就要全面提高河道安全行洪和船舶航运能力，全面加快水利基础设施建设和农田水利建设，抓好山塘、河流清淤疏浚和病险水库除险加固工作，实现县城以上城镇污水处理全覆盖，开展清洁水源、田园、家园和绿色村庄创建活动，力求使湘资沅澧四大流域和洞庭湖成为水旱无忧、水域秀美的典范。

五　以人类复合生态系统理论为指导，转变经济发展方式，倡导适度消费生活方式

人类复合生态系统又称社会——经济——自然复合生态系统，是人类社会与自然环境构成的多级复合生态系统。社会——经济——自然复合生态系统是由自然子系统、经济子系统、社会子系统组成。推进湖南人水和谐水环境建设，就要按照统筹城乡布局合理的原则，以人类复合生态系统理论为指导，转变经济发展方式，倡导适度消费生活方式，坚持以宜居宜业为方向，在强化城市产业支撑的同时，规范城市开发秩序，完善市政公共设施，增加公共产品供给，加强绿地保护，改善城市管理，不断提高城市综合承载能力。

六　救船、救水、救鱼，还给江河多种功能

1969年11月，曾思玉、刘丰和张体学三人随汪东兴走进东湖宾馆毛主席

的住处，汇报在三峡三斗坪地区兴建高层大坝枢纽水电站的方案，实现毛主席高峡出平湖的宏伟理想。毛主席摆摆手说："望你们在设计施工中，不要把长江变成短江，要做到'三救'，即救船、救水、救鱼"。毛泽东早在45年前提出要做到救船、救水、救鱼，真是高瞻远瞩，见人之未见，对当今湖南人水和谐水环境建设仍具指导意义。60多年前湖南的大小江河都可通船，当年湘军打下南京以后曾国荃等人能将大量战利品用船直接开到湘乡老家。但是，1958年大兴水利工程以后，东安县在境内修建了湘江电站湘江第一坝，因未建船闸，致使湘桂水运基本中断。全省大小江河的数百个水坝陆续兴建，船不通了，水不流了，鱼虾不能畅游了。在湖南人水和谐水环境建设中，必须兼顾发电、防洪、灌溉、航运、过鱼、泥沙处理和环境保护等方面的要求，统筹城乡、区域、经济、社会、人与自然的和谐发展。在东安湘江电站、永兴二级电站、水府庙水库、柘溪水库等处，可先行采取因地制宜的工程措施，用小船坐电梯、大船坐楼梯的办法救船、救水、救鱼。今后平原地区修建桥梁，应当留足有利于船舶通行的高度与跨度，最好是修建隧道过江。

七　借鉴古今中外开凿运河与打造水环境的成功经验，能够绘制一幅三湘四水新的水系图

借鉴古今中外开凿运河与打造水环境的成功经验，能够绘制一幅三湘四水新的水系图。

（1）开凿湘资沅运河。从资江干流冷水江市金竹山乡至岩口镇开凿一条约20公里的运河到涟源市，将资江连接涟水，经娄底市、水府庙水库、湘乡到湘潭市的湘江。从安江镇的沅江干流起，经深渡乡（海拔高程200米）、龙水坪河，在雪峰山下开凿10多公里城门型隧洞与洞口县长塘河相连，由赧水汇入资江干流。

（2）把凤滩水库的水引入张家界永定区。沿焦柳铁路开凿凤滩水库罗依溪至张家界永定区澧水的沅澧运河，把凤滩水库的水引入张家界永定区，使沅江支流酉水与澧水干流相连。该处有从南到北和从北到南的两条溪流，有利于运河开凿。分水岭南北阻隔的距离约15公里。

（3）开挖湘浏运河。在长沙市雨花区开挖湘江至浏阳河的约10公里湘浏

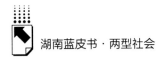

运河连接湘江和浏阳河,其中段可与圭塘河相连,有利于改善和优化长沙市区水环境,还可起到分解湘江和浏阳河在长沙市区的抗洪压力。

(4)开挖浏阳河与捞刀河相连运河。在浏阳河黄花镇至金井捞刀河,可开挖一条连通浏阳河与捞刀河的运河。

(5)开凿连接东江至西河的郴资桂运河。以小东江水库 145 米处为引水起点,桂阳县同和乡大回湾西河出境处海拔 135.2 米为终点,从东到西有东江、郴江、西河等多条河流,北部永兴二级电站形成一个关闭的出水口。

(6)在岳阳市区开挖运河使几个湖泊连通。该运河能够把东洞庭湖、南湖、东风湖、白泥湖、黄盖湖相连,流动的水能打造出清净的岳阳城市水环境。

八 长江大拐弯处的洋溪兴建无坝引水工程,能够让洞庭湖平原与成都平原的"天府之国"竞相争辉

三峡水库以下 100 公里长江大拐弯处的枝城洋溪居于上荆江制高点,拥有分流所需的水资源,芦家河江心有一块巨石叫鄂脑石,将长江水道分为左右二槽,洋溪街到松滋县小南海处有一座小山,适宜开凿类似都江堰的宝瓶口水道,若能在此兴建一个无坝引水工程与相距 20 公里的松滋河相连,三峡水库下泄的清水就能够自流到洞庭湖,不仅能够从根本上解决洞庭湖枯水期缺水的问题,而且能够使洞庭湖平原出现一幅比"八百里洞庭"更加浩浩荡荡、横无际涯的美好图景,能够使洞庭湖平原与成都平原的"天府之国"竞相争辉。本文第一作者 2010 年 2 月 25 日提交过《关于兴建长江至洞庭湖无坝引水工程的建议》,时任湖南省委书记张春贤 3 月 22 日作出批示:"请明华并来山同志阅。"常务副省长于来山 3 月 26 日批示:"请水利厅阅研。"2015 年春节之后分管水利工作的张硕辅副省长带队到洋溪和松滋口一带实地考察,有望近期之内启动此项工程的前期工作。

九 洞庭湖湖口筑坝能收到江湖两利的效果

长江科学院数学模型计算结果表明,至 2032 年末,"藕池口至城陵矶段,

最大冲刷量 16.6 亿～23.48 亿吨，发生在枢纽运用 40～60 年，河床平均冲深 5.3～7.5 米"。三峡水库运行后使荆江河道清水冲刷下切，降低了分流河道口门水位，引起荆江南岸松滋、太平、藕池三口分水分沙减少，三口河道流量减少甚至断流，冬春季已引起洞庭湖区水资源短缺、人畜饮水困难、水环境恶化等问题。城陵矶位于长江与洞庭湖交汇的右岸，若在世界第三大河与中国第一大淡水湖交汇的三江口所在地城陵矶兴建岳阳综合枢纽工程，就不会使高于长江的洞庭湖水白白流走。

十　启动湘桂运河工程把长江水系与珠江水系连接起来

湘桂运河是我国沟通长江水系和珠江水系的第一条历史航运水道，对湘桂运河的整修、改进和利用，无疑会成为我国一项令人瞩目的水利工程。2100多年前的秦始皇时代能修建灵渠，并通行到 20 世纪初期，当今的现代人应当沟通湘桂运河把长江水系与珠江水系连接起来。应争取国家有关部门的支持和广西的合作，尽早启动湘桂运河工程。远期要争取启动湘桂运河工程，把湘江建设成为南联珠江入南海、北接长江入东海，并连接长江以北的运河大网络，形成长达数千里的南北水运大动脉。

十一　长江中上游水库科学调度，适时适量给下游补水

长江上游来水量大，年径流量一般是 4510 多亿立方米。长江流域干流石鼓以下及主要支流已建、在建和规划的控制性水库共 38 座（其中已建 22 座、在建 9 座、规划 7 座），总库容 2485.4 亿立方米，防洪库容 769.24 亿立方米，占长江流域主要防洪水库防洪库容的 91.4%。2030 年控制性水库全部建成投运后，将在长江流域防洪、供水、发电、航运等方面发挥巨大作用。解决长江中下游和洞庭湖区以及四水流域枯水期缺水问题，长江中上游水库实时联调，适时适量给下游补水，三峡水库在枯水期某些时段能够加大下泄水量。

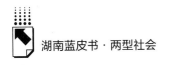

十二　充分利用天上降水和再生中水，
实现洪水资源化利用

　　按照国际上生态城市的做法，饮用水、生活用水、环卫用水以及雨水与污水的输水管道，一般是分开铺设的，再生的中水已广泛用于清洁、绿化、工业循环冷却和景观用水。湖南境内每年白白流走的洪水有 500 亿立方米。洪水资源化的重大举措有三项：（1）继续大力植树造林，充分发挥森林"绿色水库"的储水作用，并在河流两岸 500～1000 米范围内建立茂密的多层植被，有效阻止水土流失；（2）对江河湖库塘进行疏浚和清淤，提高地面水体的储水功能；（3）在低洼地带即本来是自然湖泊的地带深挖一批大型人工湖泊，挖出一方土就能多装一方水，还可将洞庭湖挖出的淤泥直运南海造岛，有了六七寸厚的沃土，就能季季年年长出庄稼，世世代代造福子孙。

十三　洞庭湖湿地应当建设成为多种
动植物繁衍生息的乐园

　　湿地被科学家称为"地球之肾"，具有无法替代的多种功能和价值，湿地所产生的效益在所有自然生态中是最高的。据美国科学家研究，每公顷湿地生态系统每年创造价值达 4000～14000 美元，分别是热带雨林和农田系统的 2～7 倍和 45～160 倍。洞庭湖区是全国最大的淡水湿地，是全球最重要的湿地之一，洞庭湖湿地应当建设成为多种动植物繁衍生息的乐园作为试验示范区。

十四　采用新技术新工艺，加快节水防污型社会建设

　　当前要以壮士断腕的气魄治理水污染和重金属污染，把四水和洞庭湖打造成清洁之江、清洁之湖。2008 年 4 月以来，湖南已投资 174 亿元加强湘江流域水污染综合整治，当前要确保已建的污水处理厂正常运行，实现县城以上城镇

污水处理全覆盖。要以壮士断腕的气魄,坚决淘汰污染企业,决不以牺牲环境为代价换取经济的高速发展。水生态环境、城市和工业防污减污以及节水净水的新技术新工艺,主要包括水体污染防治、节水减污、中水回用、污水处理回用、污泥处置的新技术新工艺。目前,比较实用的有:河流与湖泊水体污染防治技术,湖泊和人工水库含藻水处理技术,地表水生物预处理与深度处理技术,臭氧活性炭吸附、离子交换和膜分离等净水技术,受污染水源水的组合净化工艺,二级处理生化除磷脱氮工艺,三级深度处理滤除可溶性有机物工艺等。要实现污染物达标排放与总量控制相结合的制度,确保生活饮用水、地表水源水质稳定达到国家规定的标准。

十五　从东江水库引水直供长株潭

湘江的长株潭河道,缺水期需补充流量每秒为 200～300 立方米,共需补给水量 25 亿～30 亿立方米。考虑湘江流域有可能出现严重干旱缺水的情况,为了满足长株潭城市规模扩大以后的饮用水需要,使长株潭人民喝上优良的饮用水,现在已从浏阳株树桥水库引水供应长沙,远期应从东江水库引水直供长株潭。东江水库总库容 91.48 亿立方米,常年蓄水量 80 亿立方米左右,坝顶高 294 米,正常蓄水位 285 米,能够直流长株潭。对东江湖水源保护地区应当实行水源地补偿政策,确保水源地世世代代永续利用。

十六　准确把握发展度、协调度、持续度的平衡点

"顺自然生态规律者兴,逆自然生态规律者亡"。这是人类社会发展的一条铁的定律,古今中外概莫能外。哲学上的度,是指某种事物保持质的规定性的数量界限,也就是通常所说的尺度、分寸、火候。在度的范围内,量的变化不会引起事物质变;超出了度的范围,就会引起事物质的改变。湖南人水和谐水环境建设,应遵循科学性、前瞻性、系统性、可行性、区域性的原则,着重解决长远性、战略性、全局性的重大问题,立足当前,着眼长远,先易后难,先急后缓,统一规划,分步实施。如果缺乏超越时空的远见卓识,远无战略,近无策略,再好的蓝图也是难以变成现实的。

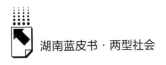

十七　以湘资沅澧四水为轴线，把长株潭两型社会建设示范区和洞庭湖生态经济区有机结合，湖南能够绘制一幅巨型生态美好的人水和谐山水大画

　　2014 年 4 月 14 日，国务院正式批复同意洞庭湖生态经济区规划，要求湖南湖北两省及国务院有关部门把洞庭湖生态经济区建成"更加秀美富饶的大湖经济区"。长株潭、湘南、武陵山区板块和洞庭湖区相继进入国家战略层面，对湖南的发展构成了有力支撑，为湖南加快发展提供了前所未有的战略机遇。我们应当科学谋划，顶层设计，点线面结合，以湘资沅澧四水为轴线，长株潭两型社会建设示范区与洞庭湖生态经济圈紧密相连，高起点大手笔绘制出一幅生态美好的宜居宜业宜学宜游的巨型人水和谐山水大画。

基于生态价值的
湖南森林生态补偿资金投入研究

尹华北　廖小平*

工业化大发展条件下，生态保护责任主体与受益主体经常不一致。工业发达地区通常进行了超额生态消费，却较少承担额外的生态保护义务；重点生态保护区承担了更多的生态保护义务，具有更高的生态价值，却由于工商业发展的某些限制而缺乏生态保护资金。这种现象，带来了生态提供与生态收益行为上的"剪刀差"，经常导致全社会的"生态净损失"。进入21世纪以来，追求人类行为的生态价值，成为西方环保主义者所推崇的主要行为导向。基于此，实施生态补偿，从传统的"生态污染者付费"向"生态消费者付费"转变，就成为风靡世界各国的高频词。森林资源，因为其兼具较高的经济价值和生态价值，更成为生态补偿实施的主要载体，也成为我国各级政府绿色发展目标实施的主要手段。

一　森林生态价值与生态补偿

1. 森林生态价值远胜于其直接经济价值

森林是陆地生态系统的主体，是生态平衡的重要杠杆。森林生态系统被誉为"地球之肺"，具有涵养水源、防风固沙、保育土壤、调节径流、固碳释氧、净化空气、调节气候、维护生物多样性和区域生态平衡等作用。森林的生态价值，更胜于它所直接体现的经济价值，生态服务价值至少是其物质产品价值的5倍以上。印度加尔各答农业大学德斯教授对一棵树的生态价值进行了计算：一棵50年树龄的树，除去花、果实和木材价值外，总计生态价值约为1.96万美元。

---

* 廖小平，中南林业科技大学副校长，教授，博士生导师。尹华北，中南林业科技大学副教授，博士。

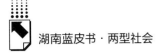

我国各级部门也日益重视森林的巨大生态价值，大量学者对各地的森林生态价值进行了评估。2010年，黑龙江省伊春市森林与湿地资源价值高达1.26万亿元人民币，其中生态服务总价值为1433亿元。另据中国生态评估网信息，2007年北京市森林资源生态服务价值为5188亿元，占森林资源资产总价值的88.2%；2010年，浙江省森林生态服务总价值3665亿元，平均每公顷林地生态效益5.54万元；怒江的森林生态服务价值达1124亿元，相当于全州当年GDP的20倍，每公顷每年生态价值达11.6万元；辽宁森林生态服务价值达3723亿元，相当于当年全省财政收入的2倍多。

2. 森林生态补偿的政府主导责任

生态补偿，在国际上通常称为生态服务付费（PES）或生态效益付费（PEB），是指对生态系统和自然资源保护所获得效益的奖励或破坏生态系统和自然资源所造成损失的赔偿。森林生态补偿，广义上是指对个人或区域保护森林生态环境的行为进行补偿，是一种对具有重要生态环境价值的对象的保护性投入。狭义上，则只包括目前进行的公益林森林生态效益补偿基金制度所涵盖的内容。

森林资源作为一种公共物品，具有正外部性。即使对经营林，市场交易通常只能实现其经济价值，而生态服务价值则难以得到体现。对于生态公益林，各国政府对其砍伐、交易、加工，做了许多限制，经济价值难以实现，极易导致森林经营者和其他工商业经营者之间的经济价值与社会价值的倒挂。因此，对于森林生态补偿，国际上过去通行的做法是由政府承担主体责任。近几年，部分国家开始逐步提升市场在生态补偿中的作用，实现由政府主体责任向主导责任的转变。

国际上的森林生态补偿实践，主要通过流域水环境管理、农业环境保护、植树造林、自然生态环境的保护与恢复、碳循环、景观保护等行为，以生态税收、水文付费、环境付费项目、碳贸易、森林景观补偿以及国家财政补偿的形式实施。哥斯达黎加通过财政统筹设立基金对提供森林生态服务的土地拥有者进行补偿；墨西哥建立森林保护基金，对生态服务提供者每年按面积给予一定的森林生态补偿；德国1999年通过立法增收生态税，2009年度的生态税收入已达175亿欧元，部分用于生态补偿。利用财政资金对公益林给予生态补偿，世界各国的标准各有不同，大部分西方国家的补偿标准都相当高，如英国、芬兰、挪威、德国、美国（纽约州）目前的森林生态补偿标准分别为85、96、102、105、

108 元/亩·年。自 2001 年开始森林生态补偿试点开始，我国中央财政对国家级生态公益林的生态补偿标准分别为 5 元/亩·年（2010 年前）、10 元/亩·年（2010~2013 年），15 元/亩·年（2013 年以后），远低于西方国家标准。

为最大程度发挥森林生态价值，国内部分省市开始了森林生态补偿创新，不仅提高了补偿标准，也开始了补偿资金筹集渠道的探索创新。如福建省政府决定从收取的水资源费中安排 35% 的资金用于生态公益林补偿，省级财政对集体或个人所经营的国家和集体公益林，另外给予 7 元/亩·年的生态补偿。对使用国家级生态公益林、省级生态公益林、重点商品区位商品林林地的法人组织，分别按照每平方米 30 元、60 元、90 元的标准收取森林资源使用费，并从涉林旅游经营收入中提取一定资金，直接用于生态公益林所有者的补偿。2012 年，广东省将国家和地方生态公益林补偿标准统一提高到 20 元/亩，以后每年还会增加 2 元。并且实行"按区位、分级别"分类补偿，2012 年Ⅰ~Ⅳ级生态公益林的损失性补偿标准分别为 80、70、50、20 元/亩。东莞市级财政从 2008 年起对农村集体非经济林给予每年 100 元/亩的森林生态补偿。2012 年开始，山西每年从省内从事煤炭及其他矿产资源开发的所有法人组织中提取 0.15 元/吨，并将矿山环境恢复治理质量保证金的 20%~30% 用于森林生态补偿。辽宁省从 1988 年开始，每年从征收的水资源费中拿出 1300 万元用于林业补偿，2013 年直接从水资源费中提取 30% 用于森林生态补偿。

总的来看，我国目前森林生态补偿仍由政府承担主体责任，资金来源以财政预算资金为主。虽有部分省市开始进行了森林生态补偿市场责任的试点，但步伐仍然很小。补偿力度、补偿范围、补偿对象等的市场主体定位仍很模糊，林业经营者的生态效益，仍很难得到经济价值体现。林业经营者积极性不高，生态破坏者生态成本意识也不强，"谁破坏、谁付费，谁受益、谁补偿"的资源有偿使用和生态补偿原则仍难以得到有效体现。

二 湖南森林生态补偿的现状与问题

1. 湖南森林生态价值与生态补偿现状

2013 年，湖南共有森林面积 1.6 亿亩，重点生态公益林面积 7314.66 万

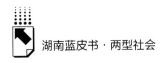

亩，占林地面积的比例达 37.6%。其中纳入生态补偿范围的国家级公益林 5860.11 万亩，省级公益林 1454.55 万亩，森林公园总数 105 个，森林覆盖率 57.5%。生态效益价值达 9000 亿元，是林业经济价值的 6 倍。

湖南从 2001 年开始"建立森林生态效益补偿机制"试点，当年补偿面积 200 万公顷，补偿标准 75 元/公顷，总资金 1.5 亿元，到 2011 年，补偿面积已达到 475 万公顷，补偿标准 150 元/公顷，总资金已达到 7.13 亿元。目前，湖南的森林生态补偿仍然以财政支出为主，执行国家标准，政府财政对公益林的补偿标准为 15 元/亩·年。2014 年 2 月，《湖南省森林生态效益补偿基金管理办法》颁布，规定对森林面积每亩提取 2.25 元管护费和 0.25 元公共管护支出，部分用于森林生态补偿。2014 年，由中南林业科技大学承担的《湖南林业经济政策创新研究》课题即将结项，试图为湖南林业发展与森林生态补偿政策实施探索新的途径。

2. 湖南森林生态补偿的资金问题

总体来看，湖南森林生态补偿还存在许多亟待解决的问题，如没有可供操作的生态公益林保护法规、对生态公益林的破坏行为缺乏针对性的处罚办法、补偿责任和主体不清、该补未补或补而未达目的、补偿标准过低、补偿标准单一、补偿范围过窄等，但其中最主要的问题则表现为森林生态补偿资金不足、资金筹集渠道单一。

资金上的制约，使湖南森林生态补偿标准居于全国较低水平，湖南林业建设投入也一直居于全国下游水平。以 2011 年为例，湖南省林业资金投入 60.9 亿元，其中直接用于生态建设的林业投资 24.43 亿元，分别居全国第 14 位和第 22 位；同期广西、黑龙江、福建和四川等省市的林业建设投入分别为 515.9 亿元、186.8 亿元、167 亿元和 143.4 亿元，远大于湖南的投入量。即便是作为非林业重点区域的山东、河南、北京、江苏等省市，2011 年林业资金投入也分别达 120 亿元、97.5 亿元、95.4 亿元、95.4 亿元，比湖南高出不少。作为林业投入资金的主要用途之一，湖南森林生态补偿资金的投入量相比也很不足，一直只能执行国家最低补偿标准，林农得到的生态补偿价值仅为森林创造的生态价值的 0.5%，不利于调动林农的积极性。

我们以 2011 年数据为基础，从林业建设投资额、生态建设投资额、生态补偿总投资额、林业支撑投资额、资金来源总体情况、国家预算投资来源、自筹资金投资来源等 7 个指标综合考虑，利用 SPSS 软件对全国 31 个省市进行了聚类分析（见表1）。结果表明，湖南林业及生态建设资金来源与投资情况的分类结果都位于较低类别，与湖南作为林业大省的实际情况不相符合。

表1　2011 年全国 31 省（市、区）森林生态资金情况聚类分析结果

聚类类别		地区分类结果
4 类	第一类层	广西
	第二类层	黑龙江、福建
	第三类层	江苏、河南、山西、四川、内蒙古、山东、辽宁、北京
	第四类层	云南、甘肃、浙江、吉林、贵州、重庆、湖北、安徽、湖南、新疆、广东、陕西、江西、河北、宁夏、青海、西藏、上海、海南、天津
5 类	第一类层	广西、黑龙江、福建
	第二类层	江苏、河南、山西
	第三类层	四川、内蒙古、山东、辽宁、北京
	第四类层	云南、甘肃、浙江、吉林、贵州、重庆、湖北、安徽、湖南、新疆、广东、陕西、江西、河北
	第五类层	宁夏、青海、西藏、上海、海南、天津

　　关于森林生态补偿标准，国内学者的意见还未统一，但大体形成了效益补偿、成本补偿、价值补偿和支付意愿补偿等四种相对明晰的观点。还有一些专家分别提出用外部收益、受偿意愿、森林资源状况、社会经济信息、森林生态服务功能、经济承受能力、边际成本、边际收益、森林蓄积、森林资源简单再生产等作为生态公益林的补偿标准。张志云、郭正福估算，综合考虑生态公益林的经营成本补偿、收益损失补偿、生态产品与服务价值补偿后，以直接和间接生产成本为基础的最低补偿标准为 315～450 元/公顷，一般补偿标准为 615～750 元/公顷，全额补偿标准为 1215～1350 元/公顷。王翊采用生态公益林经营补偿标准 = 造林成本 + 管理成本 + 护林成本 + 地租（利润）的原则，按照云南、湖南、广东三省各林分类型的面积比例和各林分类型的补偿标准加权计算，得出不分地域的公益林统一补偿标准为每亩每年 28.91 元。中山市规划，2015～2017 年生态公益林生态补偿资金分别为 80、100 和 120 元/年·亩，全市 2015 年生态补偿资金将为 1.04 亿元。在对林农的问卷调查中，67% 的被调查者提出每年至少补偿 750 元/公顷以上，才能真正发挥作用。根据湖南省林业厅胡长清副厅长的建议，湖南的生态公益林可分为 5 个等级补偿，从高到

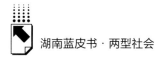
低依次递减。其中最高补偿标准为每公顷 1800～2250 元/年，最低为每公顷 450 元/年。

综合考虑上述研究结论，湖南森林生态补偿当前最合适的标准应为平均 750 元/公顷，即 50 元/亩·年，以后逐步增长到 120～150 元/亩·年。以此计算，当前湖南省级以上公益林的生态补偿总额应为大约每年 45 亿元。而湖南目前的森林生态补偿资金，远低于这个要求，2009 年、2010 年、2011 年的实际补偿分别为 3.4 亿、6.54 亿、7.13 亿元。即使按新标准，2013 年的各级财政预算，也只有 15 元/亩·年，不足 11 亿元。并且，由于市场力量发动不足，财政拨款，就成为湖南森林生态补偿资金的几乎全部来源。巨大的资金缺口，成为制约湖南森林生态补偿政策落实的重大障碍。

三　"十三五"湖南森林生态建设和生态补偿资金测算

以下，将以 2006～2012 年湖南林业建设总投入统计数据为基础，首先利用三次指数平滑法测算"十三五"期间湖南林业建设资金应有的规模，然后按历年比例，测算湖南林业生态建设资金和生态补偿资金的应有规模。

1. 测算方法与程序

从数据看，近几年湖南林业建设总投入呈加速增长态势，时间序列呈现二次曲线增长趋势，且已有时间序列数据不长，因此，测算"十三五"期间湖南林业建设资金应有的规模，应用三次指数平滑方法最为合适。又考虑到林业生态建设投入、生态补偿资金应有投入的历史数据不完善，本测算利用其投入占湖南林业建设的投入的比重，适当调整比例后估算得出资金规模。

2. 三次指数平滑计算公式及预测模型

设时间序列为：y_1，y_2，y_3，$\cdots$，$y_t\cdots$；

三次指数平滑计算公式为：

$$S_t^{(1)} = ay_t + (1 - a)S_{t-1}^{(1)}$$
$$S_t^{(2)} = aS_t^{(1)} + (1 - a)S_{t-1}^{(2)}$$
$$S_t^{(3)} = aS_t^{(2)} + (1 - a)S_{t-1}^{(3)} \quad t = 1,2,3,4,\cdots;$$

式中：$S_t^{(1)}$ 为一次指数平滑值，$S_t^{(2)}$ 为二次指数平滑值，$S_t^{(3)}$ 为三次指数平滑值；a 为加权系数，且 $0 < a < 1$。

预测模型为：

$$y_{t+T'} = a_t + b_t T + c_t T^2 \quad T = 1, 2, \cdots$$

其中 a_t、b_t、c_t 按下式计算：

$$a_t = 3S_t^{(1)} - 3S_t^{(2)} + S_t^{(3)}$$

$$b_t = [a/2(1-a)^2][(6-5a)S_t^{(1)} - 2(5-4a)S_t^{(2)} + (4-3a)S_t^{(3)}]$$

$$c_t = [a^2/2(1-a)^2][S_t^{(1)} - 2S_t^{(2)} + S_t^{(3)}]$$

3. "十三五"湖南林业建设资金投入测算

根据上述原理，测算中，分别取 a = 0.6、0.7、0.8 三个数值计算相关平滑值和测算值，经计算，a = 0.6 时的追溯测算偏差最小，结果如表 2 所示。

表2　取值 a = 0.6 时三指数平滑值及预测值计算表

单位：百万元

年度	t	实际投入额 y_t	一次平滑值 $S_t^{(1)}$	二次平滑值 $S_t^{(2)}$	三次平滑值 $S_t^{(3)}$	投入额测算值 y_{t+1}	生态补偿测算值
2006	1	322897.9	322897.9	322897.9	322897.9		
2007	2	373776.8	353425.2	341214.3	333887.7	370520.4	
2008	3	586112.83	493037.8	432308.4	392940.1	575128.3	
2009	4	644943.63	584181.3	523432.1	471235.3	653482.9	
2010	5	690228.97	647809.9	598058.8	547329.4	696582.7	
2011	6	820535.35	751445.2	690090.6	632986.1	817049.9	
2012	7	1260591.23	1056933	910195.9	799312.1	1239523	
2013	8					1772602	212712
2014	9					2635839	316300
2015	10					3829234	459508
2016	11					5352787	642334
2017	12					7206498	864780
2018	13					9390367	1126844
2019	14					11904394	1428527
2020	15					14748579	1769829

计算得：

$$a_7 = 3S_7^{(1)} - 3S_7^{(2)} + S_t^{(3)} = 3 \times 1056933 - 3 \times 910195.9 + 799312.1 = 1239523$$

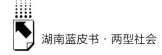

$$b_7 = \left[0.6/2(1-0.6)^2\right]\left[(6-5\times0.6)S_7^{(1)} - 2(5-4\times0.6)S_7^{(2)} + (4-3\times0.6)S_t^{(3)}\right]$$
$$= 1.875\left[3\times1056933 - 5.2\times910195.9 + 2.2\times799312.1\right] = 368000$$
$$c_7 = \left[0.6^2/2(1-0.6)^2\right]\left[S_7^{(1)} - 2S_7^{(2)} + S_7^{(3)}\right]$$
$$= 1.125(1056933 - 2\times910195.9 + 799312.1) = 165079$$

因此，预测模型为：

$$y_{7+T'} = 1239523 + 368000T + 165079T^2 \quad T = 1, 2, \cdots$$

该预测模型适用于从第 8 年开始的林业投入额的测算，模型准确程度可从对此前 6 年的追溯测算的准确程度中得以体现。从结果看，三次指数平滑法能够较好的对过去 6 年的林业投资情况进行追溯测算，可用于对后续一定时间内湖南林业投资情况的预测。

应用该模型，测算 2013~2020 年湖南林业每年的投资额，结果见表 2。

4. 测算结果验证

从测算结果看，"十二五"期间，湖南林业建设总投入额应达到 1029 亿元，而"十三五"期间的总投入额则应达到 4860 亿元。其中 2013~2020 年间林业建设投入额总计应达到 5684 亿元，年投入额约为 710 亿元。

此外，从 2006~2012 年湖南林业建设实际投入额看，年均增长率大约为 25%。以此推算，每过五年，湖南林业建设投入资金将增长为基期的 3 倍左右。因此，"十二五"期间的林业投入总额应为"十一五"期间的 3 倍左右，总额大约为 800 亿元，"十三五"期间的投入总额则大约为 2400 亿元。考虑到"绿色湖南"建设开始以来，林业在其中承担更大的作用，林业投入额增长更快。因此，"十二五"期间 1029 亿元的投入额，"十三五"期间 4860 亿元的投入额的测算，都是具有较大的可信度的。

因此，我们推算，2013~2020 年间，湖南林业建设资金的年规模应大约为 700 亿~800 亿元，其中中央财政的年均投入大约为 150 亿元，省级财政的年均投入大约为 130 亿元，其余尚有年均 500 亿元的投入将依赖社会资金融入。

5. "十三五"湖南森林生态补偿资金投入测算

根据《湖南林业发展"十二五"规划》的规划，"十二五"期间，湖南林业投入 2622 亿元，其中用于生态林业的投入占比 65%，达 1730 亿元。除掉 2011~2013 年间已经投入的以外，按照后续年份 8% 左右的年均增长率，估算

2014~2020 年间的年均湖南林业建设投入将达到 700 亿元以上。从过往数据看，当前全国各省市林业投入中的生态建设投入一般占比在 50%~80% 之间，以中值 65% 估算，2013~2020 年间，湖南林业生态建设的年均投入资金约为 450 亿元。因此，湖南生态建设林业资金规模约为每年 450 亿元，林业产业建设资金规模约为每年 300 亿元。根据国外生态建设较好国家以及国内的福建、广东等生态补偿实施较好省份的数据，用于生态补偿的资金占林业生态建设资金的 8%~15% 最为合适，以中值 12% 测算，湖南"十三五"期间林业生态补偿资金的年均规模应大约为 50 亿元左右。如此，方能实施公益林生态补偿标准 50 元/亩·年的合适标准。以生态补偿资金占林业建设投入资金的 12% 测算，湖南森林生态补偿"十三五"各年应投入金额如表 2 所示。

四 湖南森林生态补偿资金投入的路径选择

从表 2 看出，2014 年湖南森林生态补偿资金约为 31.6 亿元，以后的逐年增长比例均需达到 40% 以上，到 2020 年，生态补偿资金必须达到 177 亿元。以当前中央和地方财政预算每年 11 亿元比较，2014 年的资金缺口就在 20 亿元以上，后续年份的缺口额将会更大。因此，增加政府财政内预算、拓展补偿资金新的融资渠道、建立产权交易市场、发展林下经济以自补等，湖南森林生态补偿资金的筹集还应该继续探索新的途径。

1. 增加政府预算内资金

当前，政府还要在森林生态补偿中承担很大的责任，预算内资金仍然占补偿资金比例的 60% 以上。随着补偿标准的提高和补偿范围的扩大，政府预算内资金必须持续增加。从测算表看出，即便以政府预算占比 50% 为标准，"十三五"期间，政府预算内资金各年分别应达到 32 亿、43 亿、56 亿、71 亿、88 亿元以上。因此，在中央补助无法进一步增加的情况下，湖南省级政府应逐年增加森林生态补偿政府预算内资金，建立森林生态补偿标准的动态调整机制。

2. 拓宽森林补偿资金融资渠道

除政府统筹资金外，湖南还应该建立森林生态补偿专项资金，收取生态保证金，发展市场投资、专项贷款、国际国内援助等，以拓宽森林生态补偿资金来源。对此，国际、国内都有先进经验可以借鉴。西方国家，生态补偿财政预算资金除统筹资金外，还有各种专项资金，如瑞典、法国等的生态税和美国、德国、英国等的生态保证金。此外，市场资金也逐步增加了其在森林生态补偿中的分量，2009 年，美国森林生态补偿资金的 39% 来自于市场。国内林业发展较好的省份，也都较好地利用了非财政资金。如 2010 年，广西、江苏、福建等省份，预算内财政资金占林业投入资金的比重分别只有6.6%、12.6%、13.0%。而湖南目前的林业建设资金则主要来源于中央和地方财政无偿投入，占比一直在 70% 以上，其余也以贷款为主体。而专项资金、私人投资、市场交易等，在森林补偿资金来源中还处于开拓阶段。根据《湖南林业经济政策创新研究》课题组的测算，湖南可以对使用林地和损毁森林的行为，一次性征收森林资源生态补偿费，征收标准为：一般商品林区17.5 元/平方米、限伐林区 31.3 元/平方米和禁伐区 57.8 元/平方米。对水资源要素征收森林生态补偿费为 0.25 元/吨，对矿产资源要素生态补偿费征收标准为 5.9 元/吨。

3. 建立森林碳汇市场，鼓励林业生态价值市场交易

目前中国的碳排放量占全球的 29%，位居世界各国之首。发达国家政府正致力于建立以碳交易为主的市场机制，将需政府承担的生态补偿出资责任部分转给其国内需要减排的企业，北京、上海、天津、广东等省市也于 2013 年开始碳排放交易试点。湖南也应该建立森林碳汇市场，鼓励林业生态价值市场交易。通过森林碳汇交易，既可以培育经济主体的生态意识，真正贯彻"谁破坏，谁补偿"的生态价值使用原则，也可以缓解生态补偿政府财政资金不足问题。

4. 政策支持农户发展林下经济，提升森林生态补偿林农自补能力

发展林下经济，是重点生态公益林实现经济价值的主要途径。政府应该从政策、资金、技术等各方面对林农发展林下经济进行产业扶持，发展林下经济行业协会，提高林农的市场化组织程度，促使林农提高林下经济的经营规模，提高林农林下经济经营效益，提升林农自补能力，减少对政府森林生态补偿的依赖度。

5. 加强森林生态补偿资金的管理

首先，应推进森林生态补偿制度相关法律法规的建立，以使森林生态补偿

管理有法可依、有章可循。其次，应加强对生态补偿税（费）的征收工作，强化生态使用主体与付费主体的一致性。再次，应加强补偿资金的发放管理，确保补偿资金照标准如实、及时发放到农户手中。最后，应建立一套行之有效的对生态补偿资金用途进行监督管理和绩效评估的制度，强化评估标准和评估程序的科学性。

B.35

国内城市新能源汽车充电设施建设
模式及其对长沙的借鉴与思考

唐曙光 *

充电设施是新能源汽车大规模使用的基础。国务院办公厅 2014 年 7 月 14 日发布《关于加快新能源汽车推广应用的指导意见》（国办发〔2014〕35 号），就加快新能源汽车推广应用提出了 6 个方面 25 条具体政策措施，并明确提出"加快充电设施的建设，将充电设施纳入到城市总体规划，完善充电设施用地政策和用电价格政策"。为此，各地也加快了与新能源汽车相配套的充换电站（桩）等基础设施的建设步伐，以打通新能源汽车产业化的"最后一公里"。本文认真梳理了国内新能源汽车充电设施建设与运营模式，对各种模式进行仔细比较，并就各地充电设施建设情况进行了总结，对加快长沙充电设施建设进行了思考。

一 国内新能源汽车充电设施建设与运营模式

（一）政府主导模式

即政府作为电动汽车充电设施建设的主体，负责电动汽车充电站的建设与运营。按照政府建设与运营方式不同，此种模式可以有两种具体操作方式：一是直接主导方式，即由政府直接出资建设电动汽车充电站，建成后由政府相关部门负责经营管理；二是间接主导方式，即由政府出资建设电动汽车充电站，建成后移交给国有企业经营管理，或者委托专业机构经营管理。

---

* 唐曙光，长沙市人民政府研究室副主任。

北京市对推进电动汽车基础设施建设实施"双轮驱动",即政府主导建设布局合理的公用充电服务网络,政策引导建设自用充电设施,推进单位及个人自用充电桩建设。

表1 政府主导模式优缺点对比

优点	1. 政府投资电动汽车充电站,主要目标是推动电动汽车产业发展,而不是以盈利为主要目标,能引领和推动电动汽车及其充电站建设有序发展 2. 为市场主体提供积极信号,有助于引导市场主体的投资方向和行为 3. 有利于实现电动汽车充电站与电动汽车产业的发展同步,避免电动汽车充电站投资过热或投资不足 4. 可以实现电动汽车充电站建设与城市土地利用规划、城市电网规划等方面的有机协调,从而有序推动电动汽车充电站建设
缺点	1. 需要投入巨额资金,且由于充电站建成后的较长时间无法实现盈利,政府还需要增加相应的财政支出以维持充电站的正常运转 2. 随着电动汽车的增加、运行区域的扩大,政府还需要不断扩大充电站的规模,由此导致投资不断增加,经营难以为继 3. 由政府投资电动汽车充电站,政府往往过于关注政治目标而忽视经济目标。在这种模式下,充电站经营者由于没有实现经营效益最大化的压力,也就缺乏提高相应经营能力的动力,由此导致经营管理效率低下 4. 由于政府投资与运营电动汽车充电站,受政府特殊庇护,其他市场主体投资的充电站难以与其展开公平竞争和有效竞争,长此下去,将会阻碍电动汽车充电站市场化和商业化的步伐

(二)企业主导模式

即由作为市场主体的企业投资与运营电动汽车充电站。企业投资充电站建设的主要目的是基于以下几点:一是看好盈利前景。电动汽车是新能源利用的重要组成部分,是战略性新兴产业发展方向,与电动汽车发展相适应,充电站也将随着电动汽车的进一步发展而获得相应的社会效益和企业效益。二是占领新兴市场。充电站在一定时期特定区域内是作为稀缺资源而存在的,换言之,在特定时期和区域内电动汽车充电站不能无限制地建设和扩张,由此,企业提前建设充电站,就提前占有了相应的资源并获得了相关市场。三是转变发展方式。如石化(石油)企业投资电动汽车充电站,可以实现传统能源企业逐步向新型能源企业转变。电网企业将电动汽车充电站建设纳入智能电网有机组成部分，既可催生储能技术，又可促进清洁能源发展，实现电力资源的节约高效利用。深圳采用的是这种模式，充电站主要由普天集团和南方电网建设。

表2　企业主导模式优缺点对比

优点	1. 资金优势。投资充电站的企业主体，主要集中在国家能源企业层面，具有人、财、物等资源优势以及商业化运作经验，能够集聚充电站建设与运营所需要的宝贵资源 2. 管理优势。在企业主导模式下，企业投资充电站是围绕企业可以将充电站一并纳入智能电网储能技术进行科技攻关，从而大大提升充电站的科技含量和提高储能技术水平 3. 技术优势。由于充电站与电力系统专业技术知识密切相连，由电网企业投资与运营电动汽车充电站，可以充分发挥电网企业的专业技术优势，提升充电站的服务能力和服务水平
缺点	1. 容易导致充电站建设无序发展。作为市场主体，企业基于自身固有的局限性和盲目性，往往会以自身利益最大化出发考量投资行为，而不是从全社会资源优化配置的角度出发，这样就可能出现充电站建设投资过热或投资不足 2. 影响或制约电动汽车产业发展。企业本质是追求积极利益，以充电站实际运行成本确定充电服务收费，这样会带来充电成本过高，从而不利于电动汽车的推广运用 3. 与相关领域的协调性不足。作为市场主体，企业依靠自身力量难以实现充电站建设与城市土地利用规划、输配电网规划有效衔接，也难以完全做到充电站与电动汽车发展与消费使用等同步

（三）用户主导模式

用户主导模式，即电动汽车用户为满足自身车辆运行需要，投资建设电动汽车充电站。电动汽车用户投资充电站，是将其视为电动汽车的一项配套设施，避免受制于外部充电站以及由此给电动汽车运行带来不利和不便影响。该模式的优点是电动汽车用户可以根据自身需要建设充电设施，实现充电设施与其自身的电动汽车有效衔接，其缺点是电动汽车用户不仅需承担高额的充电设施建设和运行费用，更为重要的是会导致充电设施利用效率低和造成重复建设。上海虽然在《上海市鼓励电动汽车充换电设施发展暂行办法》中提出，为私人安装充电桩提供不超过30%费用的补贴，但是单纯由用户自主投资建设仍较少。

（四）混合建设模式

"政府＋企业"的混合模式，即政府参与和扶持下的企业主导模式。该模式可以克服单纯的政府主导模式和单纯的企业主导模式的缺点，能较好地满足现阶段充电站建设与运营的需要。目前，我国电动汽车正处于蓬勃兴起阶段，与此相适应，充电站建设与运营也在迅速发展，在此阶段，经营充电站企业难以实现盈利目标。同时，在充电站建设与运营初期，存在着企业自身不能解决的诸如充电站布局规划、建设标准、服务价格等问题，只有在政府参与和扶持下，企业才有动力和能力建设与运营充电站。关于充电设施建设，长春、杭州、合肥等很多城市的普遍做法是，政府以划拨、出让、租赁或合作等方式提供场地，由承建方投资建设，也就是这种混合模式，但这种模式效果仍并不理想。

（五）众筹建桩模式

江苏省常州市采用众筹的方式建设充电桩，以完善新能源汽车配套措施，推动新能源汽车发展，这种建桩方式在全国属首次。"众筹建桩"一般要经过招商、选商、上报、规划、建设充电桩五个步骤，即拥有五个以上自有停车位、拥有富裕电容等符合条件的合作伙伴自行申请，由运营商收集信息、筛选后报规划部门，最终确定合理地点建桩。常州在各种条件不具备的情况下，采用"众筹建桩"模式，由于在整个过程中申请者只需提供场地而不需承担建设成本，且建成后申请者将会永久分得一半的充电服务费，"众筹建桩"初期就收到了超过3000个加盟申请，仅3个月的时间建设了1160个充电桩。目前，常州已完整规划了1500个充电桩项目，涵盖常州主要行政区、交通枢纽、景区、商业区、社区等公共场所。

二　国内部分城市充电设施建设情况及主要做法

（一）上海

已建成充换电站12座、充电桩1460个、充电架142个、加氢站3座（其中移动加氢站2座），建成了初步的充电监控网络。到2015年，上海将初步形成与城市交通容量相匹配的电动汽车智能充换电服务网络。主要做法是以下几点。

一是出台具体实施方案。出台了《上海市新能源汽车推广应用实施方案

（2013～2015 年）》，对新能源汽车推广目标、基础设施建设等做了规定。此外，还将出台充电桩建设、新能源汽车通行便利等政策。

二是建立联席会议制度。成立了公共充电桩建设推进联席会议，加快推进公共充电网络建设。目前，上海市电力公司正积极加快城市公共充电网络建设，以中心城区与重点示范区相结合，逐步形成覆盖全市主要功能区域的电动汽车公共快充及服务网络。

三是推进配套设施建设。编制全市充电桩建设规划，对居民小区的充电设备和停车场、高速公路的补电设备建设做出相应的规划安排，采取新建小区商场等预留建设面积、现有物业明确物权增建设备等形式推进新能源汽车充电问题的解决。到 2015 年，上海预计示范及配套基础设施建设投资 10 亿元左右，力争累计建设 5000 个左右道路、P＋R 等社会停车场所的公共充电桩、若干个单位/私人自用充电桩和 50 个公共充换电站，结合现有加氢站改建或新建 5 座加氢站。

（二）杭州

2014 年在原有 2 个"微公交"站点的基础上，新增 17 个"微公交"站点，其中 16 个在西湖区，1 个在滨江区，未来还将规划更多站点。主要做法是以下几点。

一是完善充电网络布局。编制完成了《杭州市电动汽车充电站近期建设布点规划》，计划做到在方圆 1 公里范围内，新能源汽车均能找到快速能源补充点，甚至电动汽车车主在家里也可以配送电池。

二是加大财政补助力度。杭州市汽车产业发展专项资金管理办法（试行）的通知（杭政办函〔2009〕171 号）提出："建立电动汽车快速充电网络，加快停车场等公共场所公用充电设施建设，市及有关区（县、市）财政对相关配套设施建设及维护保养给予一定额度的补助。"

三是加快建设充电网络。制订充电网络建设计划，在市区范围，建设 1 座大型换电站，5 座中小型充电站，50～100 个电池更换服务网点，130 个充电桩，分别位于古翠路、西溪、滨江、钱江新城、西湖南、西湖北。

四是引导上市公司参与。在加大建设充电网络的过程中，积极引导上市公司参与核心建设，当地企业如中恒电气、万向集团等多家公司参与筹建工作。

表3 国内部分城市充电设施建设情况

城市	已有充电设施	到2015年底完成充电设施
北京	建成电动汽车充换电站69座,包含充电桩1112台,零散桩235台,充电桩1347台	加气站294座、充换电站107座、充电桩18.8万个、变电站34座、双源无轨线网151公里
深圳	已有81座充电站,3000个充电桩	168座公交充电站、50座出租车充电站,526个快速充电桩,39000个慢速充电桩
天津	已运行节能与新能源汽车共1304辆,建成充、换电站7座,充电桩471个	66个充、换电站和6700个充电桩,形成电动车快充网络
重庆	200个交流充电桩,3座综合充电站,9座快速充电站	5座综合充电站,11座快速直流充电站,275个慢充充电桩
合肥	已建成8座充电站,2000个充电桩,10座维保服务站	到2015年将建6座充电桩,5000个交流充电桩,1个电池循环利用点,1个电池回收处理站
太原	已有充电站7座、300个充电桩	将在小店区、万柏林区和杏花岭区建设3座大型充换电站,在全市范围主要交通节点建设11座乘用车充换电站和1750台充电桩,为新能源出租车、公交车和其他新能源车辆提供服务
广州	已有52个充电站	各类充电站105个,各类充电桩(机)9970个,形成网络化、智能化的充电服务体系
海口	纯电动公交车充电站拥有20个充电柜,可同时满足20辆公交车同时充电	建成3个充电站,3个换电站,4100个充电桩
成都	已建成14个充电站、201套直流充电桩、679个分布式交流充电桩,每天能为804台大型电动公交车和2800余辆小型电动汽车提供充电服务	建成16个充电站(平均每个站配30个以上直流充电桩),3000个交流充电桩
西安	先后在曲江国际会展中心附近、世园会、锦业路附近、西部大道投建了五处充电站,60个充电桩,5个售后服务点	建成4座充电塔,32座地面充电站,480个充电桩,16个服务网点
昆明	已建设完成1个充电站、150个充电桩	建成2座充电换电站及300个充电桩

三 长沙电动汽车充电站建设情况

(一)项目的基本情况

电动汽车充电站项目是长沙市积极响应国家节能减排号召,实施推动电动汽车产业发展的重要基础项目。该项目2010年正式启动，2010~2013年底，国网公司作为建设主体，相继投入9438万元，先后建设汽车东站、汽车西站、大托充电站、三汊矶桥西一期充电站等4座电动大巴充电站（见表4）。2014年7月，国网公司同意长沙市建设9处站、300个桩的建设方案。2014年8月，因政策调整国网公司全面退出充电站建设，由湖南星电集团公司继续负责9处站点的建设工作（见表5）。至2014年底，全市完成建设的充电站13座，充电桩415个（见表6）。

表4　长沙市建成或投运充电站站点分布

单位：台

站场名称	建设规模	投运数量	开工时间	投运时间
汽车东站充电站	60	60	2012.10	2013.7
汽车西站充电站	10	10	2010.6	2011.4
大托铺充电站	5	5	2010.7	2011.8
三汊矶桥西一期电动大巴充电站	40	40	2013.12	2014.12
合计	115			

表5　长沙市9处站点建设计划

工程名称	充电规模	配变规模（kVA）		10kV进线		无功补偿装置(kvar)		电气主接线		总占地（m²）
	充电桩	远期	本期	远期	本期	远期	本期	10kV	0.4kV	
圭塘停保场电动大巴充电站	10×80kW（交流充电机）		2×400		1		80	单母线	单母线	1207
长沙东方红公交首末站电动大巴充电站	20×80kW		2×630 1×400		1		160	单母线	单母线	2414
望城汽车站电动大巴充电站	30×80kW		1×2500		1		240	单母线	单母线	3621
三汊矶桥西二期电动大巴充电站	50×50kW		2×2000		1	200	400	单母线	单母线分段	6035
桃花岭公交首末站电动大巴充电站	10×80kW		2×400		1		80	单母线	单母线	1207

工程名称	充电规模	配变规模（kVA）		10kV 进线		无功补偿装置(kvar)		电气主接线		总占地（m²）
	充电桩	远期	本期	远期	本期	远期	本期	10kV	0.4kV	
三汊矶桥东电动大巴充电站	20×80kW		2×630 1×400		1		160	单母线	单母线	2414
洋湖垸电动大巴充电站	60×50kW		2×2500		1	200	480	单母线	单母线分段	7242
比亚迪厂电动大巴充电站	50×80kW		2×2000		1		400	单母线	单母线分段	6035
东升路停保场电动大巴充电站	50×80kW		2×2000		1		400	单母线	单母线分段	6035

表6　长沙市完成投运及在建站场

单位：台

已建成或投运的充电站场				
站场名称	建设规模	开工时间	投运时间	投运数量
汽车东站充电站	60	2012.10	2013.7	60
汽车西站充电站	10	2010.6	2011.4	10
大托铺充电站	5	2010.7	2011.8	5
合　计	75			75
已完成主体建设即将投运充电站场				
站场名称	建设规模	开工时间	投运时间	投运数量
三汊矶桥西一期电动大巴充电站	40	2014.10	2014.12	40
望城汽车站电动大巴充电站	30	2014.11	2015.2	30
合　计	70			70
正在建设中的充电站场				
站场名称	建设规模	开工时间	投运时间	投运数量
三汊矶桥西二期电动大巴充电站	34	2014.12		34
比亚迪厂电动大巴充电站	50	2015.1		50
合　计	84			84

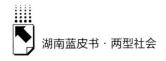

（二）存在的主要问题

1. 建设进度慢

表现为用于施工图纸编制的各类基础资料不全，导致无法按节点出具施工图，如：东升路和三汊矶桥东充电站缺少场地红线图；东升路等 6 个站点缺少场内地下管网图纸；东升路、三汊矶桥东、洋湖垸 3 个站点缺少进站道路坐标及标高数据等；部分待建站点前期硬件基础设施无法到位，导致后期建设难以跟进，如：东升路、洋湖垸站点目前仍未完成场地的场平和硬化及移交等工作，影响各站施工进度。

2. 推进难度大

三汊矶桥西一期、二期项目分别于 2013 年 12 月和 2014 年 12 月进场施工，外线施工区域分别跨岳麓、望城两个区，由于对电力施工方案存在不同意见，目前施工单位仍未进场施工。由于三汊矶桥西二期充电站外线路径与一期为同一线路路径，如果一期项目的外线通道未形成，将直接造成二期工程无进线电源，无法投运。

四 加快长沙充电设施建设的建议

（一）加强组织领导

成立长沙市电动汽车充电设施建设协调小组，负责全市电动汽车充电设施建设的部署、协调、指挥、督导工作，研究、协调和解决充电设施建设、运行维护中的有关问题。参照上海市的做法，成立公共充电桩建设推进联席会议，加快推进公共充电网络建设。

（二）强化规划管理

将电动汽车充电设施建设纳入城乡总体规划，对充电设施用地、配套道路和电力线路走廊、电缆通道等做好规划、预留，及时完成充电设施站址和线路通道的规划、建设审查等工作。及时办理公路沿线所涉及的充电设施建设的预审、报批等手续，将电动汽车充电设施建设纳入交通枢纽、大型公共建筑、停车场等建设管理相关规定，作为硬性条件给予规范；已建成的停车场根据电动汽车充电设施建设专项规划和发展需要，补建电动汽车充电设施。

（三）保障用地需求

在土地利用总体规划修编中将电动汽车充电设施建设项目用地纳入土地利用总体规划确定的建设用地范围内，保障电动汽车充电设施建设的顺利实施。对电动汽车充电设施建设用地，在用地指标、土地预留、土地供应等方面给予政策保障，及时落实土地预审、办结用地审批等手续。目前，长沙市停保场用地及公交枢纽站仍显不足，若按照省政府下达长沙市2015年1000台纯电动公交车的目标任务，仍有600台电动大巴500个充电桩的建设场地无法落地。建议新增划拨公交站场用地，便于公交电动车充电站（桩）的建设和布点。

（四）加大推广应用

认真贯彻落实国家电动汽车及配套产业扶持政策，积极研究、制订电动汽车研发、销售、购置和运营保障等方面的相关配套措施，加快电动汽车的推广应用；对电动汽车充电设施建设及运营单位，在充电设施运营许可、手续办理、后期管理、资金补贴、贷款贴息、税收优惠等方面给予政策支持。可参照杭州做法，建立电动汽车快速充电网络，加快停车场等公共场所公用充电设施建设，明确市及区（县、市）财政对相关配套设施建设及维护保养给予一定额度的补助。鼓励公共单位加快内部停车场充电设施建设，具备条件的政府机关、公共机构及企事业等单位新建或改造停车场，应当结合新能源汽车配备更新计划，充分考虑职工购买新能源汽车的需要，按照适度超前的原则，规划设置新能源汽车专用停车位、配建充电桩。鼓励用户自主建设，可参照上海市做法，为私人安装充电桩提供适当费用补贴。

（五）创新建设模式

长沙市已建和在建的一些充电站项目，主要由国网公司及所属星电公司负责建设和维护运营，由于国网公司因政策性调整已全部退出在全国的充电站建设计划，因此长沙供电公司已明确表示对于以后的充电站建设项目（包括下半年500台充电桩），公司将不再参与投资建设。鉴于目前这种情况，建议参考常州"众筹建桩"建设经验，积极引导上市公司及其他有实力的社会资本参与核心建设，探索寻求一些新的建设模式来共同推动充电站项目建设。

.36

聚焦"提质升级"、打造"活力长沙"
的思路与对策

乔海曙*

　　没有活力的城市，就是一座没有生命的孤城。城市的活力，在于经济活跃的程度、资源集聚的深度、居民生活的幸福度，象征着城市的生命力与竞争力。省会长沙如何认真贯彻十八届三中全会关于全面深化改革的指导思想，深刻认识坚持可持续发展和生产总值增长的关系，实现新时期高质量的经济发展？我们认为，当前尤其要深入贯彻落实习近平总书记2013年底视察湖南的重要指示精神，在系统总结国内外经验并充分考虑湖南现阶段省情的基础上，充分利用"一带一部"区位优势，把握省会长沙发展的大趋势和面临的大格局，大力推进长沙提质升级，激发长沙在产业、资金、人才等方面的发展活力，努力打造"中部活力之都"，实现"六个走在前列"的战略目标。

一　长沙市提质升级与增强活力的大趋势

1. 国内外发达地区已进入提质升级与激发活力阶段

　　跨区域自由贸易安排、谈判与协定成果对各地区提出全面的升级要求，只有充分激发城市活力，才能抢占战略制高点，在新一轮全球国际城市大洗牌中脱颖而出。如新加坡以产业集群和创新、"花园城市"创造"新加坡奇迹"；温哥华"精明增长"发展高密度紧凑型都市区；西雅图"智能增长"实现现代和闲适的完美融合等。中国经济也已告别高速增长的"旧常态"，步入向中高速过渡的"新常态"，这是中国经济提质增效、激发活力的凤凰涅槃之机。

---

　　* 乔海曙，湖南大学两型社会研究院院长，教授、博导。

广州市实施"腾笼换鸟"和"优化提升"战略,新城区发展与副中心扩容提质并重,城市二元结构改善;佛山市"要做产业,先做城市",优化软硬环境,提升城市品位等。

2. 现阶段,长沙要通过"提质升级"激发城市活力,推动"走在前列"

深圳"换笼换鸟",结合"产业转型"与"城市转型",打造"深圳质量",2012年城市单位面积产出居全国首位;德国弗赖堡致力于推动清洁能源的开发和利用,在全球范围内赢得了"太阳能之都"的美誉;日本东京圈打造立体化道路交通体系、提高城市群密度与效率,这些都是可资借鉴的经验。打造中部地区"活力之都",长沙要借力"两型社会实验区"历史机遇,推动"绿色提质",彰显长沙品牌生命力;完善作为全省中心城市的各项"集聚"与"扩散"功能,推进城市群交通一体化和经济协作,破解"重中心、轻外围"局面,实现新老片区开发"同步升级",充分发挥对长株潭的辐射作用,带动全省经济"三量齐升"。

3. 现阶段,长沙要在激发活力中提升综合竞争力

金融危机过后,欧美发达国家力推"再工业化"战略,墨西哥以更低的成本优势取代中国成为国际制造业转移的新基地。产业"逆转移"使中国对国际资本的吸引力明显减弱,中国在发展中经济体中一家独大的局面已不复存在。新常态也开启了中国提质升级的经济发展新阶段:如武汉市推行"工业倍增计划",重塑工业重镇,成为中国15个副省级城市中唯一增速上扬的城市;成都市以电子信息产业作为核心牵引推动区域联动发展,打造出"GDP千亿园区"。国际"强竞争"格局下长沙的生存空间受到严重挤压,发展空间愈显逼仄,如何提高城市综合竞争力实现更好发展成为最大问题。牢牢抓住"新常态"契机,最大限度激发产业、资金、人才等活力,全面提升综合竞争力,时不我待。

二 长沙市提质升级与激发活力的大格局

1. 长沙激发产业活力面临新机遇

湖南新一轮发展置身更大格局,依托"一带一部"重塑湖南经济地理,长沙迎来提质升级与激发活力的新机遇。借力高铁"金十字"枢纽,以科技

"高地"与投资"洼地"两大优势打造"活力长沙",真正做到承东启西,汇集长三角、珠三角的资源要素形成黄金产业带。在产业"退沿进中"节点上,长沙若不做大做强就会沦为"雁尾"被动承接低端产业。"中三角"及湖南的发展态势迫切需要长沙夯实中心功能,主动融入长江经济带,激发产业活力,实现长沙新时期的跨越式发展。"一带一部"定位的提出,既是湖南增强活力的重要转折,也是长沙做大做强的历史机遇。

2. 长沙激发资金活力踏上新起点

十八届三中全会后金融改革措施密集出台,国务院发布"金融十条",央行、银监会等监管机构发布六大新政,金融市场改革方向渐趋明晰;李克强总理强调以互联网金融倒逼传统金融业改革,注入金融发展新活力。长沙市人民政府制定《关于加快发展现代金融业的若干意见》、《长沙市创建"金融生态城市"工作方案》等文件,明确了建设区域性金融中心,将现代金融业打造成新支柱产业的战略。截至2013年,全市金融业增加值总量居中部省会城市第三位,法人金融机构共676家,已形成由银行、证券、保险以及各类新型金融机构并存,功能日渐完备的地方金融组织体系;四年来金融生态区扩容6倍有余,各类金融机构加速集结,"中部华尔街"初现雏形。要立足新起点,营造市场体系完善、集聚度高、生态环境优良的金融新格局,为打造"活力长沙"提供不竭动力,为"中三角"及湖南提质升级积蓄源源不断的资金活力。

3. 长沙激发人才活力需要新机制

当前,我国经济已经转向"新常态",传统的经济增长源泉已经发生变异,技术进步和创新成为决定成败的"胜负手"。打造"活力长沙",人才是关键。"新常态"下创业创新人才的竞争日趋激烈。相比北上广,长沙"引进人才、留下人才"的形势喜忧参半。做好新时期的人才工作需要新机制,要以新机制使这些潜力源源不断地迸发出来,将日渐式微的"人口红利"、"资源红利"转变为"人才红利"、"创新红利"。长沙具备丰富的高校资源、雄厚的人才储备,具有充分条件构建人才引进、人才培养、人才配置、人才环境联动发展新机制,最大限度地调度和激发人才活力、提升人才向心力,为打造"活力之都"提供更加充实的血脉滋养。

三　推动提质升级、打造"活力长沙"的战略对策

1. 立足产业兴市，狠抓产业升级，提升长沙产业活力

着力推进科技创新，实现传统产业跨越式发展。依靠科技创新大力激发传统产业活力，实现跨越式发展。一要推进信息化与工业化的全方位、多层次、高水平融合。全力推介"鼠标+水泥"模式，紧扣技术装备更新、工艺创新、产品创新等关键环节，整体提升农业、制造业等传统产业的自动化、智能化和管理现代化水平，激发产业内在活力。二要构建产业自主创新体系。加强企业同高等院校、科研院所的产学研合作，引导瞄准产业高端和行业前沿，通过招商引资、购买专利、参股合作等形式，对引进技术、产品进行消化吸收再创新，适时跨越能力增长曲线，增强核心竞争力。三要强化政策扶持支撑。把科技创新纳入目标责任制考核，充分发挥财政资金的杠杆作用，围绕自主创新、专利申报等出台鼓励措施；搭建科技信息、高新园区、创业孵化、专家咨询等平台，完善科技创新服务体系，奏出长沙传统产业活力迸发的最强音！

重实效下狠招，扶持战略性新兴产业。负"重"转型，摆脱"速度情节"和"换挡焦虑"，及时探索更具长期价值的新经济增长点，以政府之手扶持战略性新兴产业发展。一是科学规划产业发展方向与重点。加强政府的组织、领导、协调和规划，实施创新驱动发展战略，着力培育新能源与节能环保、电子信息、生物医药和轨道等新兴产业集群。二是完善政策支持体系。加强对新兴产业发展的财政支持，设立产业发展专项资金，鼓励金融机构加大信贷支持，提供有力的资金支撑；完善人才激励机制，对高端人才给予政务便利、税收返还等优惠政策，提供坚实的人才支撑；确保各项优惠政策精准落地，明确规范责任分工、流程标准，畅通信息反馈渠道，开通多种形式的监督平台。三是推进行政体制改革。简化项目审批手续，为战略性新兴产业设立绿色通道，以产业发展勃发出强大的后发之势，吸引企业、居民、资本等资源内流集聚形成"价值洼地"，锻造出强盛的城市竞争力。

2. 打造资金洼地，做大金融产业，提升长沙资金活力

优化金融生态，强化对国内外资金的吸引力。营造利于金融业发展的优质生态环境，加强对各类金融资源的吸引力，铸造资金流、人才流、信息流、技

术流等各类金融要素向长沙汇聚的态势，提升长沙金融集聚力。一要加大金融生态宣传力度，让全社会达成"金融活，则经济活；金融兴，则经济兴"的共识，形成改善金融生态的合力；二要完善社会信用体系，重点加强企业与个人征信系统建设，尽快建立失信行为约束机制，形成良好的社会诚信文化与氛围；三要强化金融法治建设，提高司法执行效率，保障债权人、投资人的合法权益，打击金融违法犯罪行为，打造长沙"信用高地"，提供有力的司法保障；四要建立健全融资风险管理和化解机制，及时解决金融风险隐患，适时协调、更新监管方法技术；五要加快政府职能的转变，确保公共服务功能全面落地，减少行政干预，全面推进政银企三方对接、交流和合作。

完善金融市场体系，强化龙头企业辐射力。成都积极推动金融城崛起，大规模引进金融、泛金融业态，其蓬勃的金融活力促使城市开放型经济加速发展。长沙欲打造"活力之都"，要推动形成统一开放、有序竞争的金融市场体系，强化龙头辐射与品牌效应，不断提升长沙金融业服务实体经济发展能力，最大限度激发金融活力。一要建立多层次、多元化金融市场体系，鼓励支持金融创新，尽快搭建互联网金融平台发挥"鲶鱼效应"，以培育金融业态为重点增强机构活力，形成涵盖银行、证券、保险、基金、融资性担保等的金融体系；集中培植具总部性质的龙头金融机构，创立影响力较强的金融品牌，引领带动高端金融人才等资源集聚，夯实长沙金融中心地位。二要以银行信贷资金为主体不断拓宽融资渠道，优化社会融资结构，加大对非公企业的金融支持力度。三要健全金融市场有序竞争机制，营造公开透明、统一开放的竞争环境，引入民营资本优化金融格局，建立金融领域的良性竞争秩序，全面提升金融竞争力。

3. 突出宜居宜业，汇聚天下英才，提升长沙人才活力

改善长沙环境品质，创造良好的人居环境。一要大力宣传环境就是生产力，在全社会形成"保护环境就是保护生产力、改善环境就是发展生产力"的共识；二要大力推进长沙城市"三道"建设，包括建设城市"风道"、改善城区空气质量，打造城市"慢道"、提供更多室外休闲场所，美化城市"绿道"、改善出行环境；三要用经济手段给优质环境资源定价，科学合理地解决补偿资金来源问题，率先突破"绿心"地区或者湘江流域的生态补偿试点；四要给"生态红线"通上"高压电"，建立最严格的污染踩（越）线惩罚机制，切实为各级环保部门及两型城市建设提供"尚方宝剑"。

增强长沙城市软实力，吸引创新创业人才。上海大力提升文化软实力，彰显城市文化底蕴，重振科技中心和文化中心的地位，凝聚各类高端人才，并以有效的公共服务，良好的社会风气，完善的教育体系、一流的医疗配套服务为居民提供了优美的生活环境。要打造活力长沙，提升人才向心力，一是推进现代服务业发展提升城市品位。通过文化产业、金融、现代物流、休闲娱乐等现代服务业的发展，擦亮长沙的城市名片，提升城市品位和综合竞争力，增强文化软实力，让发展成果更多更直接地惠及全体长沙人民。二是利用长沙低房价的比较优势，广泛宣传"宜居宜业长沙"，打好"房价牌"。充分利用低房价在长沙商务、生活等方面的成本优势，依托房价"洼地"吸引各方英才，提升人才向心力，助推长沙成为中部地区的人才"高地"。三是克服城市"冷漠症"，增强公民归属感。推进道德伦理引导与建设，解决城市化进程中的居民道德敏感性降低、公众对道德行为的怀疑与不尊重以及不作为等社会问题，让居民能够惬意地栖息，感受长沙生活的美好。

B.37
在"破"与"立"中深化两型社会建设

蔡景庆*

"破"与"立"构成了事物对立统一的两个方面,事物发展的基本规律是在"破"与"立"中行进,这在新老事物的交替中显得更为突出。"破"就代表着破除与变革,指人们通过总结历史的经验与教训,摒弃一些不切实际的、守旧的思想观念,探寻解决问题的更好方法;"立"就代表着建设与确立,是指人们坚持事物发展的客观规律,掌握事物发展变化的新趋势、新要求,稳固树立新的理念,把握新的特征,执行新的决策。"破"与"立"是一个创新发展的永恒过程。马克思主义的精髓——实事求是、解放思想、与时俱进,就深刻地反映了共产党人在理论与实践中的"破"与"立"。我们党的十八届三中全会作出了全面深化改革的战略性部署,其根本要求和整体思路就是要对掣肘我国经济社会发展的许多重大问题进行大胆地、认真细致和科学合理地"破"与"立"。在很长一段时间里,我们有许多人甚至是领导干部深受传统的非理性的发展思维的影响,自觉不自觉地将物质的增加等同于经济增长,将经济增长等同于经济发展,将经济发展等同于全面发展;在工作中试图以速度去化解发展中的问题,以局部的发展换取全面的均衡,以高的资源环境成本博取短期的利益,以物质的追求取代人的进步;在促进发展中不讲人本、不求全面、不遵规律、不可持续,给今天我国的经济社会和资源环境带来极大遗患。湖南省在深入进行的两型社会建设是一项长期的复杂工程,是一项全新的开创性工程,也是一项应该在改变和改革中不断前进的伟大工程,更需要在"破"与"立"之中确保其行进的速度与方向。

---

* 蔡景庆,中共湖南省委直属机关党校,教授。

一 在发展的目标上，要坚决摒弃唯 GDP 的、以物为本的发展，坚持以人为本的、生态的发展

我们传统理念下确立的发展目标，过分倚重于物质财富的增加，热衷于对经济总量的考核，忽视社会的进步和人的全面发展的考虑；把国内生产总值的多少作为丈量区域发展的核心标尺，忽视资源的、人文的、环境指标的度量；把大自然看做是人类发展过程中可以免费索取的对象，忽视自然生态底线才是人类得以存在的本源。在传统的发展目标指引下，我们在积累了丰富物质财富、创造了居多经济奇迹的同时，也付出了生态资源和社会人文倒退的巨大代价。当今全球包括我国，生态与环境问题已几乎成为第一核心压力。我国正处于工业化和城市化发展的攻坚阶段，按照国家的部署，我国到 2020 年实现全面小康，2030 年要全面实现在信息化基础上的工业化，实现"两化融合"。后起的拥有众多人口的最大发展中国家的中国，要用 50 ~ 60 年时间完成发达国家 200 ~ 300 年的工业化与信息化的路程。这对于已经多年粗放发展与增长的我国而言，其今后一段时间面临的资源、生态和环境的时空压力极大。牢固确立以人为本的、生态的发展目标是破解这一难题的唯一有效手段。以人为本的发展，不仅是满足当代人的发展，更是要满足人类子孙后代的永续发展。生态发展是以生态保护为基本，实现经济与生态环境的协调发展。这乃是我们深入推行"两型社会"建设课题中的根本要义。

二 在发展的路径上，要坚决破除线性式、摊大饼式发展，牢固树立集约型、循环型发展

作为二战以后"非凯恩斯经济学派"的代表人物，美国经济学家罗斯托在他的《经济成长阶段论》中最早概括出了"线性发展模式"。他当初认为各国经济发展无一例外地都要经历若干"成长阶段"，最终达到像美国今天的"高消费阶段"。许多发展中国家对罗斯托理论的应用，导致了人们对经济

"不打弯"、"不回头"的线性增长追求和对"资源—产品—废弃物"的长期路径青睐。"线性发展模式"与我国尚不完善的政绩和经济考核机制的紧密结合，就形成今天许多地方"摊大饼式"的发展路径依赖。大规划、大目标、大手笔，依托大中城市和经济极点向外一圈圈进行摊大饼式发展成为一些地方的热衷。由此带来的资源浪费、环境污染、产业趋同、竞争恶性等问题非常突出。20世纪60年代，美国的另一位经济学家鲍尔丁提出了循环经济理论，后来的学者们进一步把循环经济概括为"资源—产品—再生资源"的行进路径和"减量化、再利用、资源化"的发展准则。德国、日本等发达国家对循环经济理论进行了很好贯彻，坚持生态、资源、资金、技术等经济要素的集约利用并取得巨大成功。我们党在十八大报告中指出："要打胜全面深化经济体制改革和加快转变经济发展方式这场硬仗，把我国的经济发展活力和竞争力提高到新的水平"。这就要求我们在今天两型社会的深入建设中，应牢固树立集约型、循环型的发展路径，为最终实现中国经济升级版的"中国梦"的宏伟蓝图提供新思路、新经验。

三　在发展的动力上，要坚决摒弃
资源环境消耗型、外在拉动型发展，
坚持科技创新型、内生驱动型的发展

许多年以来，"东亚式的资源消耗型经济增长"成为我国很多地区学习的典型范式，给人均水资源、矿藏资源、土地资源、森林资源严重偏少的中国带来了沉重负担，巨大的能源消耗带来的废气、废水与固体废弃物的排放，使我国的生态环境日益严峻。同时，这种经济增长又带有明显的外在拉动型的特点：一是其增长的动力主要来源于资金、土地、劳动力三个传统要素的粗犷投入，而且最首要的要素——资金，主要来自于向外的招商引资；二是最终产品的销售和消费去处很大比例依赖于对外的出口。外在拉动型经济的发展进一步加剧了对资源环境的消耗，两者相互助长形成恶性循环。科技创新型经济由美国学者迈克尔·波特最早提出，它是指以知识和人才为依托，以科技创新为主要的驱动力，以拥有自主的新技术、新产品和新产业为着力点。科技创新型经济是突显效益和质量的内生驱动型经济。不仅如此，经过

改革开放 30 多年的发展与进步，我国经济整体应该由外在拉动型向内生驱动型发展转变：这不仅包括资金、技术、信息、土地等经济硬要素和制度、政策、文化等经济软要素的提供，应当以自主提供为主，也包括最终产品的消费和销售应当由外需拉动型转向内需驱动型。实现湖南两型社会建设真正意义上的科技创新型和内生驱动型发展，是实现经济后起的湖南在中部地区率先崛起的一个重要体现指标。

四 在发展的规制上，要坚决破除政府全能型、违反规律型制度与法规，牢固构筑回归市场型、遵规守底型的规制体系

我们党的十八届三中全会提出："要使市场在资源配置中起决定性作用"。并进一步指出："市场决定资源配置是市场经济的一般规律，要着力解决市场体系不完善、政府干预过多和监管不到位问题"。这实际上为我国今后制度与法规的改革指明了前行的方向。全能型政府本来是计划经济的产物，在 30 多年并不完善的市场经济发展中并没有进行"脱胎换骨"式转变。政府在市场中既是裁判员又是运动员，同时还是运动场馆的建设员、游戏规则的制定员和比赛的组织者。多重角色的定位加上利益的驱动，使政府要么疲于应付，要么转化为实际中的审批型政府和低效率高成本的政府，政府作为中的"错位"与"缺位"现象长期存在。全能型政府的主观臆断加上重要利益方的影响，一些违反市场经济一般规律、违反生态环境基本规律、违反人们普遍道德良知的行为时有发生，并在一定程度上受到地方制度甚至法规的庇护。由此，遵守和尊重市场经济的一般规律，守住道德良知和生态环境的底线，把国家和政府的力量集中到国家命脉、民生保障、公共服务等基础性战略性的领域，回归市场经济的本源，迸发市场的最大活力，是今后发展规制改革的前行方向。国务院近两年连续取消和下放了几百项行政审批事项，各省、部委和地方政府也相继取消和下放了众多行政审批事项，为这种转变打开了良好场面，为我国经济长效发展和湖南省的两型社会建设与改革打下坚实基础。

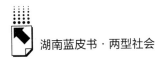

五　在发展的氛围上，要坚决破除奢侈型、浪费型消费，牢固树立健康型、节俭型消费的理念和习惯

中央"八项规定"和反对"四风"的行动举措为我们指明了健康型、节俭型消费导向。勤俭节约本是中华民族的传统美德。然而在"金钱与财富至上"的不当理念的驱使下，一些人摆阔、炫富的心里日益膨胀，"消费病"、"嗜新症"成了许多人特别是年轻人的喜好，"黄金宴"、"史上最豪华的婚礼"等更是把这种心态推向了极致。奢侈型、浪费型消费不利于经济持续健康发展，不利于党风政风的廉政廉洁，更是会带来社会价值观念和人们心态的扭曲。可以预见，建立健康型、节俭型消费理念和习惯将是一项长期的任务。一是党和政府要继续深入贯彻"八项规定"和反对"四风"的战略行动，作绿色节俭型党务政务的表率。二是生产者应当践行能源资源的梯次利用、循环利用和高效利用，确保产品尤其是食品的安全和健康。三是营造全社会崇尚绿色消费、适度消费、节俭消费的强大氛围，使"光盘行动"、"半盘菜招待"、"打包带回"成为自觉和荣耀。四是建立健全遏制奢侈浪费型消费的制度法律，从源头上制止"用自己的钱，浪费全社会资源"的行为产生。这些都是我们"两型社会"建设对每个人和个体的基本目标指向。

实施最严环保行动　实现生态文明梦想

——盘点长沙环境保护现状及建设生态文明示范城市对策思考

长沙市人民政府研究室

建设生态文明是党的十八大和十八届三中全会明确的重大战略决策，是推进可持续发展、实现全面小康的重要现实途径，也是落实十八届四中全会推进依法治国、用严格的法律制度保护生态环境的目标指向。全面盘点长沙生态环境现状，探求全市在生态环境保护治理中的主要问题及内在原因，科学、全面规划长沙生态环境保护与治理的主要目标、实现路径和工作措施，妥善应对生态环境污染带来的重大挑战，为进一步加强环境保护与治理、建设生态文明社会，早日把长沙建成全国生态文明示范城市提供有效参考，具有十分重要的意义。

一　成效

近年来，在长沙市委、市政府的高度重视和强力推进下，坚持以适应人民群众对美好生态环境的追求为己任，以"打造更具国际品质和湖湘文化特色的现代化大都市"为目标，以大爱保护环境，以铁腕治理污染，效果明显，环境质量整体逐步好转。

（一）水环境质量呈改善趋势

1. 主要流域水环境质量不断改善

近年来，在市委、市政府的高度重视和统筹部署下，全市上下以落实省政府湘江治理"1号重大工程"为契机，推进境内湘江长沙段及浏阳河、捞刀河、靳江河、沙河、龙王港、沩水河等6条一级支流治理，大力整治重点水污

307

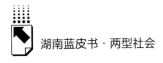

染源，加强保护治理能力建设，建立完善保护治理长效机制，取得明显成效。全市饮用水水源地水质达标率由"十一五"初期的77%提升到2014年的100%。湘江长沙段年度水质均符合Ⅱ类标准，浏阳河长沙段椭梨断面年度水质为Ⅲ类，水质良好，达到水环境功能区标准要求。

2. 污水处理能力和效果明显提升

从2008年开始，连续实施两个"环保三年行动计划"，大力整治排污口，加强污水管网建设，推进污水处理厂提标提质和扩容扩建工程。截止到2014年底，全市新建城市污水处理厂11家、县城污水处理厂6家、乡镇污水处理厂66家，城市污水处理厂达到15家，污水处理能力从2006年的39万吨/日提升到179万吨/日，污水处理率上升到96.32%，居中西部省会城市前列。

3. 重点污染源得到有效控制

先后关停并转各类重点涉水、涉重金属污染企业及"五小"非都市型小企业、造纸企业等共计398家，每年减少化学需氧量（COD）排放约1000吨；全市规模化养殖场治理基本完成，主城区生猪养殖全面退出，并在农村划定畜禽养殖禁养区、限养区及适养区；加强湘江库区整治，全面规范河道采砂，拆除非法砂场140家，取缔非法水上餐饮经营户89家。同时，严格限制高污染、高水耗企业准入，先后否决此类项目425个，涉及投资额100亿元。

4. 最严水资源管理制度抓紧实施

从2013年开始，先后制定实施《长沙市水资源管理条例》、《长沙市最严格水资源管理制度实施方案》和《长沙市境内河流生态补偿办法（试行）》等一系列政策措施，明确各区县（市）为责任主体，分年度对区县（市）工作目标进行量化考核。目前，共设立了城镇集中式饮用水水源保护区4处，严格保护饮用水功能区水质安全。实行水资源开发利用控制、用水效率控制、水功能区限制纳污三条红线指标管理，在湘江四大支流实施断面考核与生态补偿。

（二）大气污染防治成效明显

1. 环境空气质量有所改善

大力开展工业大气污染、机动车排气污染、扬尘污染、油烟等挥发性有机物污染防治，主要污染物排放总量得到一定控制。2014年，长沙市按照《环境空气质量标准》（GB 3095－2012）新标准评价，全年空气质量达标天数为

227 天,比上年度增加 30 天,优良率为 62.2%,增长 8.2 个百分点。按 GB 3095‐1996 旧标准评价,长沙空气质量优良率达到 93.7%。

2. 工业污染减排和淘汰落后产能成效明显

突出抓电力、水泥两大重点行业大气污染减排,完成了华电长沙电厂等 3 家电力企业和 5 家新型干法水泥厂 8 条生产线脱硫脱硝工程,全市电力和新型干法水泥行业已实现脱硫脱硝设施全覆盖,国家和省政府下达的"十二五"期间 10 个大气污染物减排项目全部完成。淘汰水泥、铅锌冶炼、造纸、制革等落后产能企业 31 家,完成了国家下达的淘汰任务;搬迁、关停市政沥青厂等城区人口密集区严重污染企业,督促长沙卷烟厂、坪塘南方水泥有限公司、湘江关西涂料等工业企业强化污染治理,确保污染物达标排放;全市 19 家水泥立窑生产线已全部停产;宁乡县 34 家耐火材料企业均已停产整治。

3. 机动车排气污染治理加快推进

出台了《长沙市机动车排气污染防治条例》,强化机动车排气定期检测,建设排气检测站 19 个、检测线 63 条。截至 2014 年 12 月 31 日,累计对 107.2 万辆机动车进行排气检测,检测合格率为 87.7%。开展机动车环保标志核发工作,累计发放环保黄绿标志 68.3 万套,其中绿标 66.3 万套,黄标 1.96 万套。

4. 扬尘污染防治长效机制形成

建立并实施扬尘污染联合执法制度,由市住建委牵头,市城管、环保、交警等部门共同配合,协同联动,开展常态化执法专项行动。出台了《长沙市绿色施工导则》和《长沙市工程建设文明施工实施意见》,严格控制建筑施工扬尘。实行渣土运输重大变革,首批 600 台新型智能环保渣土车投入使用。强化渣土运输管理,实施渣土运输核准制度,严格渣土运输时段、路线审批,强化专项巡查,严厉打击违规运输行为。开展"清洁城市"大行动,按照"五无五净"标准努力提升城区保洁水平;突出抓好城乡结合部环境综合整治,提高道路硬化和闲置土地绿化水平;强化垃圾和秸秆禁烧工作。

5. 清洁能源得到推广利用

2009 年以来,累计推广新能源与清洁能源公交车 2641 台,推广清洁能源出租车 7648 台;城区三环以内燃煤锅炉基本拆除,节能与新能源技术广泛推广,削减二氧化硫约 2.1 万吨、烟尘 4000 吨。2014 年全市二氧化硫年均值 23

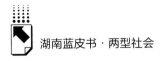

微克/立方米，低于国家标准（60微克/立方米）62%。完成城区109座加油站和169台油罐车油气回收改造。积极推进汽车、涂料、石化等重点行业有机物污染治理工作。提高垃圾中转站（含餐厨垃圾处置中心）和填埋场处理设备密封性，加强周边的绿化，提升空气自净能力和防护能力。

（三）城市声环境质量基本保持稳定

1.城区区域声环境质量总体稳定

在城区快速扩张、多项重大市政工程施工、机动车急剧增长等背景下，主城区声环境质量总体保持稳定、并呈局部改善的态势。2014年，市区域环境噪声监测124个点位，昼间噪声平均等效声级为54.7分贝，区域环境噪声总体水平为二级，满足国家声环境质量标准要求，区域声环境质量处于一般水平以上的占总监测面积的91.94%，其中处于好、较好和一般水平的区域分别占8.07%、47.58%和36.29%。

2."静音"专项行动取得阶段成果

以城区重点区域和交通干线为主，大力开展"静音"专项治理行动。"三考"期间，全市开展了两次大型的"静音"联合执法行动，共检查噪声排污单位110家次，被责令限期整改单位12家，1家建筑工地被责令立即停止施工，4家单位被暂扣音响设备，5家单位被责令立即停止经营。在考试期间，全市环保系统对全市81个考点进行守点与巡查，有效控制了城区重点区域、重点时段的噪声污染。

（四）固体废弃物处置积极推进

1.生活垃圾处置走在全国前列

全市1165个村按照"户分类、村收集、镇中转、县处理"的集中处理模式和"户分类减量、村分类利用、少量镇中转填埋"的分散处理模式，全部建成固体垃圾收集处理系统，农村基本看不到固体垃圾，成为全国农村生态环境保护典型示范城市。大力推动城区餐厨垃圾集中回收处置，餐厨垃圾收集处理量330吨/天，年处理量达11.15万吨，处理率100%，步入资源化、减量化、无害化轨道，居全国领先水平。

2. 工业固废处理利用率保持中上水平

2014 年，全市工业固体废弃物产生量预计 100 万吨左右，贮存量 4 万吨左右，处置量约 10 万吨，综合利用量 87 万吨，综合利用率 86.03%。电力行业固体危险废物处理率达到 100%。

3. 医疗废弃物处理重大项目快速推进

投资 2.85 亿元的医废危废处置中心启动建设，正在加快推进，将于 2015 年 5 月左右建成投入使用。预计经过 2 年的努力，以该处置中心为核心的医废收集处置系统将逐步形成，全市、区县（市）及乡镇所有医疗卫生机构医废物品将实现全面收集处置。

（五）绿色生态环境建设有力

1. 区域生态环境整体良好

依据国家环保部《生态环境状况评价技术规范（试行）》对全市生态环境进行定量评价，长沙生态环境质量指数（EQI）约为 57.87，处于"良好"等级。其中森林覆盖率、受保护区占国土比例、生态用地比例、氮氧化物、碳排放强度等均优于国家生态文明建设试点示范区指标考核标准。

2. 绿色生态品质显著提升

全市大力实施"三年造绿大行动"，以"十大"绿化工程为重点，加大绿色城市建设力度。截至 9 月底，全市共投入资金 17.23 亿元，完成造林绿化面积 20.6 万亩，其中"绿色城市"建设完成投资 13.05 亿元，新建绿地面积 718.6 公顷。目前全市共有自然保护（小）区 16 处（省级自然保护区 1 处），风景名胜区 5 处（国家级风景名胜区 2 处），省级以上森林公园 11 处（国家级森林公园 5 处），省级以上湿地公园 10 个，森林覆盖率 53.48%，建成区绿化覆盖率 40%。创建国家级生态乡镇 56 个、生态村 79 个，长沙县通过国家生态县考核验收，望城区通过省级生态区考核验收。

3. 重大生态修复工程建设成效明显

梅溪湖"退田还湖"及生态修复工程成为靓丽的城市新景观，占地 6000 亩的洋湖垸生态湿地公园全面完工，对年嘉湖、跃进湖、天际岭樱花湖等城市湿地系统进行了生态修复，建成了西湖文化园、巴溪洲水上公园、湘江风光带、橘子洲、"两山一湖"（天马山、凤凰山、桃子湖）等一批高

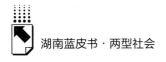

品质环境生态工程，基本实现了"显山露水透绿"，山水洲城的独特景观更加彰显。

二 问题

尽管长沙在环境保护与生态建设方面做了大量的工作，但与国家加强生态文明建设的新要求、人民群众对环境保护治理的新期盼仍有较大差距，将长沙建设成为全国生态文明示范城市任重而道远，必须找准制约环境保护与生态建设的重大瓶颈和主要问题，对症下药。当前突出表现为以下五个方面。

（一）环境保护历史欠账较多

一是传统粗放发展留下隐患。受多重因素的制约，长沙的传统产业仍占较大比重，技术工艺落后、清洁生产水平不高、环境资源消耗多、污染物排放量大等问题仍然较为突出。2013 年，造纸行业化学需氧量、氨氮排放量分别占全市工业排放量的 55% 和 40%，火电、水泥两行业二氧化硫、氮氧化物排放量分别占全市工业排放量的 46% 和 96%，部分地区污染物排放总量超过环境容量。传统粗放的发展模式给长沙环境安全带来极大隐患。

二是环境污染治理相对滞后。生态环境具有不可逆转性，一旦遭到破坏，很难在较短时间内得到完全恢复。尽管长沙连续实施两个环保"三年行动计划"，但要实现水、气、土壤等环境质量根本性好转，需要一个长期、高投入的过程。湘江长沙段流域仍有 44 个未实现截污，浏阳河城区段、龙王港等支流水质仍未消除劣 V 类，城区段配套污水管网严重滞后、局部污水处理率不高。空气质量短时间内难以达到国家二级标准，特别是秋冬季节雾霾天气时有发生。同时，受治理技术、资金投入等瓶颈制约，铬盐厂、电镀厂、化工厂等原有高污染工矿企业退出后的重金属污染治理任重道远。

三是生态安全体系尚不完善。区域生态保护的生态红线制度不健全，全市环境功能区划未完全覆盖，大气、土壤、噪声等环境功能区划缺失，已划定的重要生态功能区因缺乏产业准入环境标准而未得到有效保护。尚未有效落实规划环境影响评价政策，导致环境影响评价的源头防范作用难以充分发挥。

（二）环境保护体制机制不顺

一是政策法规不完善。长沙在生态环境保护与治理的法制建设上相对滞后。突出体现为强制执行权力缺失和部分领域法律法规不健全。法律赋予环保部门监督管理、项目审批、排污收费、行政处罚和现场检查等职能，而未赋予环保部门相应的强制执行权力，造成执法保障相对乏力。同时，养殖业污染治理、农村生活污染治理、秸秆垃圾焚烧、化肥农药农膜防治等农村环保工作无法可依，废旧电子产品再生利用产业法律法规不健全。

二是责任体系不健全。生态建设与环境保护"党政同责、一岗双责、齐抓共管"的责任体系尚未全面形成，对区、县（市）和街道（乡镇）生态建设和环境保护工作只明确了政府的管理和监管责任，未明确党委在环境保护方面的具体职责，责任虚化。环境保护责任分解体系不健全，市、区县（市）、乡（镇）三级环境保护监管网络中，乡（镇）、村（社区）两级的工作责任未能落到实处，成为死角。同时，领导干部自然资源资产离任审计、生态环境损害责任追究制等考核评价机制尚未破题，党委政府对生态环境保护的责任落实、责任考核尚未达到应有位置。

三是协作联动不顺畅。环境保护与治理缺乏整体统筹，市级层面缺少环境保护及应急的组织架构，部门间环境保护协调联动不顺畅，遇到环境突发应急事件，极易导致处理措施不及时。湘江流域治理、大气污染联防联控、区域（流域）环境纠纷和突发环境事件处理，还是环保部门单兵作战，没有形成强大的治污合力。企业、市民及社会各界对生态环境的诉求不断提高，但主动投身生态保护和污染治理的责任意识和自觉担当还较为缺失。

（三）环境保护能力匹配不强

一是环保投入仍然滞后。尽管长沙在重大流域治理方面持续投入了大量的资金，但在一些基础性领域投入不足。如农村污染治理方面，市级财政对乡镇污水处理厂管网建设补助 8 万元/公里，而实际所需资金约 50 万元/公里；一个 2000 吨的乡镇污水处理厂运行费用约为 40 万元/年，其余由乡镇承担；市级财政对垃圾收集处置体系运行补助 1.2 万元/村·年，而每村垃圾转运及设施维护费用约 10 万元/年。在乡镇、村财力仍然较为薄弱的情况下，投入不足既影响了主动作为的积极性，也严重影响了运行效果。在黄标车淘汰退出方面，全市黄标车保有量7.36万辆，共需淘汰退出补贴资金5.3亿元，其中中央财政补贴资金3.2亿元，实际安排到位资金仅1000万元，成为重大瓶颈。

二是硬件配置比较薄弱。环境监管缺少相应的在线视频设备和网络信息技术支持，监测站点的标准化建设达标率不高。环境监管技术用房严重不足，因场地不够无法安装环保部配发的仪器设备，完全不适应新形势下环保发展要求。没有设立环境信息中心、环境污染事故应急指挥中心等机构，数字环保建设远落后于中东部省会城市和部分地级城市。

三是环保队伍建设滞后。目前，市级环保系统共有干部职工188人，其中机关编制人数42人，近10年来未增加人员编制，人员老化、结构不优的问题较为突出；环保专业技术人员匮乏，市环境监测中心站专业技术人员比例为65.3%，远低于环保部85%的要求，与相关省会城市比较存在较大差距（见表1）。部分区县（市）环保部门也严重缺编，乡镇和街道缺少专职环保机构和专门力量。环保队伍建设与生态环保的新要求、与日益繁重的新事业、与责任重大的新任务、与铁腕治污的新决策不相适应。

表1 长沙、武汉、杭州、郑州四市基本市情与环保人员编制数量对比

	比较类别	长沙	郑州	武汉	杭州
基本市情	面积（平方公里）	11800	7446	8494	16600
	人口（万人）	722	1100	1022	666
	2013年GDP（亿元）	7150	6202	9051	8343
市级环保部门编制（人）	机关	42	96	52	140
	监察支队	58	158	49	85
	监测站	84	95	127	132
	环境信息（应急）中心	0	10	10	10
	宣教中心（站）	4	10	14	12
	合　计	188	369	252	379

（四）环境违法处置难以落实

一是地方利益保护仍然普遍存在。地方尤其是基层政府出于经济发展、税

收和就业目的，对辖区内环境污染较为严重的大户企业始终不能下定决心去责令停止经营，更不愿意对其提起诉讼，而是网开一面，存在有法不依、执法不严、违法不究的现象。

二是监管执法滞后影响及时处置。长沙环境信息基础设施建设落后，大部分为 10 年前配备，对环境监测、环境监察数据传输的支持能力有限，移动执法系统平台仅对国控 36 家企业进行监控。"数字环保"系统未建立，不能有效为环境审批、环境监察、污染源综合管理等日常工作的开展提供数据支撑，造成监管效率低下、时间滞后，严重影响对环境违法行为进行及时有效的打击和处置。同时，现有的环境执法体制下，力量不够、权威不够，严重的影响了执法的效果。

三是违法成本较低导致威慑不够。原有的排污费征收和处罚标准偏低，远低于治污成本，一些企业"宁可受罚也不愿治污"，难以形成强有力的威慑，达到促使企业削减排放的目的。如高污染企业每吨废水的治理成本一般在 1.2 ~ 1.8 元，偷排每日的净收益往往能达到几十万元。巨大的经济诱惑使其铤而走险，不按规定履行企业环境污染治理的主体责任。

（五）低碳绿色发展有待提升

一是产业结构低端特征比较明显。2013 年，长沙规模以上工业增加值占 GDP 的 37.1%，规模以上六大高耗能行业能耗占规模以上工业能耗的 65.6%，而增加值比重仅为 17.4%。

二是低碳生活节俭消费理念滞后。部分市民节约水、电、天然气等资源的意识不强。餐馆就餐食物大量剩余。一次性消耗品使用范围广、消耗量大。车辆使用频率高，绿色低碳出行少。各类行政、企事业等公共部门、办公场所浪费现象严重。

三是公众参与环境保护意识不强。环境宣教队伍能力建设和发展水平不平衡、总体力量还比较薄弱、功能不足等问题仍存在；区县级现有宣传手段仍单一，不能满足向社会公众进行环境警示教育的要求；在现有教育体系中，生态环境保护教育不足；公众参与环境保护工作的主动性还不够。环保志愿组织发展不够，参与公共环保领域的行动不多。全市注册的环保志愿组织只有 6 个，每年组织活动仅为 40 批次。

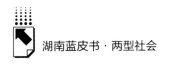

三 对策

中央经济工作会议指出，我国环境承载能力已达到或接近上限。这是中央有史以来就生态环境保护发出的最严厉警告。2015 年 1 月 1 日，新修订的、被业界称为"史上最严"《中华人民共和国环境保护法》正式实施。长沙应以此为新动力、新契机，按照市委、市政府确定的生态环保顶层设计的新要求，下决心实施"最严环保行动"，坚决做到源头严防、过程严管、后果严惩，通过持续不懈的努力，把长沙建成全国生态文明示范城市，让长沙更加"宜居宜业、精致精美、人见人爱"。具体对策建议如下。

（一）建立坚强有力的保障机制

坚强有力的保障机制既是前提，也是基础。

一是进一步加强对生态环保工作的领导。在长沙市生态环境保护委员会统筹下，明确市、区（县、市）、街道（乡镇）三级和市直各部门生态环境保护职能职责，明确实行生态环境保护党政同责，科学决策重大环保问题，各级各部门认真履职，协调推进重大环保项目建设，构建"大环保"格局。

二是进一步加大对生态环保事业的投入。明确各级财政每年用于生态环境保护的总投入增幅不得低于当年 GDP 增长速度，并作为年度环保考核的核心指标。实行生态环境保护各类资金优化整合，坚持财政统筹、分类支出、跟踪管理，确保投资效率。设立长沙市污染治理基金，专项用于重点生态环境污染治理，重点加大对乡镇污水处理厂、农村垃圾处置等基础性、普惠性项目的补贴。

三是进一步加快对生态环保人才队伍的建设。完善"市—区（县、市）—乡镇（街道）"一体化环保监管体系；大力引进环保专业人才，遵照新《环境保护法》规定，涉及环境保护相关职能的市直部门均明确环保专干，所有乡镇（街道）均设立环保机构，配备 2~3 名具有执法资格的环保专职人员，使全市环保队伍和环保专业技术人员在规模和质量上均达到省会城市先进水平。

四是进一步加紧对生态环保科技的应用。成立环境信息中心、应急指挥中心，推进环保数字化、信息化建设，建设环境监测、监察和监控基地，搭建全市环境监管信息平台，实现市区两级数据共享。加强环境应急能力建设，成立环境应急管理机构，建立环境风险源数据库，完善环境应急机制。提升环保科技创新能力，加强科学研究，推广污染防治和生态保护技术。

（二）坚持科学严格的源头控制

把强化源头控制作为强化生态保护的根本措施来抓。

一是严守生态红线控制。按照国家要求划定生态保护红线，实行一级、二级分区管控，落实管控措施，坚决做到一级区严格禁止一切与生态保护无关的开发建设活动，二级区严禁有损生态功能的开发建设活动，决不以牺牲生态环境为代价追求一时的经济增长，决不以影响未来发展为代价谋取眼前利益。

二是严格市场开发准入。建立开发行为的约束制度，实施主体功能适应性评价，对不同主体功能区的产业项目实行不同的市场准入和标准，制定禁止开发区域、限制开发区域的活动准入清单，优化开发区域、重点开发区域的产业负面清单，严守资源环境生态红线。

三是严把环境评价关卡。抓紧探索开展区域发展、人口、贸易、能源、城镇化、工业等政策环评，从源头预防环境污染和生态破坏。严格执行《规划环境影响评价条例》，强化规划环评，开展区域开发等综合性规划和工业、能源、水利、交通、城建、自然资源开发等专项性规划环评，实现环境规划与经济发展规划、城乡总体规划和国土利用规划"四规合一"。

（三）实施务实高效的治理措施

坚持以铁腕治理环境污染，既采取立竿见影的措施，又研究可持续的制度安排，集中打好四大攻坚战。

一是强力推进大气污染治理，共造一片蓝天。以控煤、控车、控尘、控污等项目为重点，综合治理工业源、面源和移动源。提高工业锅炉准入标准，加强汽车、涂装等重点行业挥发性有机物排放控制；加大机动车排气污染防治，加快淘汰黄标车和老旧机动车，严格执行国家车用燃油标准，研究实施机动车增长控制政策，实施公交优先战略，倡导绿色出行方式；强化扬尘污染控制，实施建筑工地、渣土运输扬尘污染控制标准化管理；加强油烟污染防治，强化餐饮企业排污许可管理；大力发展清洁能源；加强秸秆和垃圾禁烧管理。

二是强力推进水体污染治理，共护一泓碧水。突出抓好湘江保护与治理"一号工程"，实现城区配套管网全覆盖、排污口全截污，推进圭塘河、浏阳河、捞刀河、沩水河污染整治，全力开展引用水水源保护工作。加快城市污水处理厂建设和升级改造，尾水排放达到国家"一级A"标准；加强农村生活污水集中处理和农业面源污染控制，推行清洁养殖、生态养殖。加强城市湖泊保护，坚决杜绝"填湖填水"行为，合理规划建设城市湖泊，完善城市排水网管建设。实施最严水资源管理制度，落实湘江岸线属地责任制管理。

三是强力推进土壤污染治理，共守一方净土。加强工业"三废"治理，进一步减少工业污染物排放，特别是加强重金属污染整治力度。对生活垃圾、工业垃圾、建筑垃圾、医疗废弃垃圾等固体废弃物实行分类收集、分类处置和资源化利用。力争到2020年，实现全市生活垃圾无害化处理率达100%、危废和医废就地处理率98%以上。完成市危险废物和医疗废物处置中心建设，筹建第二城市固体废物处理场。开展固体废物的综合利用，大力发展静脉产业。

四是强力推进噪声污染治理，共享一份宁静。设置噪声环境功能区，从源头上控制噪声传播。完善道路系统、改善路面状况、建设降噪路面，防治交通噪声污染；严格限制建筑机械的作业时间，将噪声控制贯穿建筑施工的全过程；建立噪声污染源申报登记管理制度，防治工业噪声；控制社会活动场所噪声强度。

（四）创新导向鲜明的环保政策

充分发挥市场机制在环境保护中的决定作用，以经济杠杆引导资源利用和环境保护。

一是资源有偿使用政策。全面实施生产和生活用水、用电、用气阶梯价格制度。开展重要生态资源产权登记，明确生态资源所有者、使用者、保护者的法定责任和权益。进一步推广水体、矿产、森林、湿地等自然资源有偿使用和使用权转让，将矿区环境治理和生态恢复纳入生产成本，在农村地区先行试点水资源使用权转让交易。

二是生态补偿政策。制定基本农田、主要河流水源地、重要湿地及生态公益林等生态补偿标准。设立生态补偿专项资金，加大生态保护地区财政转移支付力度。实现补偿方式多样化，形成生态补偿长效机制。先行在长株潭绿心地区、湘江新区核心区域及重要生态廊道范围内的行政村开展生态补偿工作，探索生态补偿新模式。

三是排污权交易政策。严格执行排污许可管理和总量控制制度，探索排污权交易模式。在全市所有工业企业实施二氧化硫、化学需氧量、氨氮、氮氧化物、铅、镉、砷等污染物的排污权有偿使用和交易。

四是绿色环境经济政策。落实绿色金融政策，对研发和生产治污设施，开发和利用新能源，从事生态保护与建设的企业和项目提供低息贷款；对不符合产业政策和环境违法的企业和项目，金融机构停止信贷和融资。继续推行环境风险企业管理制度，鼓励、引导涉重金属、危险化学品和危险废物等三类及以上风险企业购买环境责任保险。

（五）加快绿色低碳的循环发展

坚持以产业转型创新为切入，加快形成绿色低碳循环发展的新方式，夯实环境基础。

一是大力促进产业转型升级。坚持产业结构转型升级与经济形态、增长模式转型相协同，着力构建绿色低碳循环发展的现代产业体系。大力培育汽车及零部件、电子信息、新材料、文化创意等新的千亿产业集群；加快发展移动互联网、电子商务、3D打印、北斗导航等新兴产业；提质工业园区，调整产业布局，形成东部以高铁新城、临空经济区以及金霞物流区为主的开放经济走廊，西部以高新技术产业，南部以新能源产业和环保产业为主的三大产业集聚区，构筑高度聚集的现代工业体系。

二是精心培育节能环保产业。积极推动新能源和可再生能源、资源循环利用产业发展，培育发展性能先进、经济高效的大气污染控制、水污染控制、固体废物处理处置、废物资源综合利用、噪声振动控制等环保设备制造产业。制定节能低碳优惠政策，扶持建设环保产业园区，支持节能环保骨干企业做大做强，打造环保名牌产品。

三是加强能源资源节约利用。落实国家节能减排财政政策，加大工业、建筑、交通、公共机构等重点领域节能减排改造力度，推广清洁低碳技术，加快淘汰落后产能。发展绿色建筑，促进住宅产业化，建设绿色分布式能源项目，推行能源集中供应和区域生态治污，试点厂房屋顶太阳能电站、畜禽养殖场沼气发电。

319

（六）落实精准到位的监管执法

严格依法保护环境，规范约束执法行为，加大惩治力度，推动监管执法全覆盖，对各类环境违法行为实施"零容忍"。

一是深入推进综合执法。成立由司法机关和环保部门联合组成的环保联动执法中心，对拒不履行环境行政处理、行政处罚决定的单位或个人，主动商请司法介入，建立"环保执法、司法制止、检察引导、公安保障"四位一体的环保联动执法模式。强化环境保护重点区域、流域的协同监管，开展联合执法、区域执法和交叉执法，着力强化环境监管。

二是规范环保监管执法。加大环境隐患大排查力度，重点检查排污单位污染排放情况、资源开发利用活动对生态环境影响情况以及建设项目环境影响评价、三同时制度执行情况，依法严肃查处、整改存在的问题；确定重点监管对象，划分监管等级，健全监管档案，采取差别化监管措施，开展联合执法、区域执法和交叉执法。

三是加强执法队伍建设。建立重心下移、力量下沉的执法工作机制，在乡镇（街道）配备 2~3 名具有执法资格的环保专职人员，探索建立符合职业特点的环境监管执法队伍管理制度和有利于监管执法的激励制度，切实加强环境监管执法队伍建设。

（七）进行最为严厉的责任追究

实行环境保护目标责任制和考核评价制度，以环境绩效考核为目标导向，强化各级党委、政府及其部门和相关组织的环境保护责任。

一是建立更全面的责任体系。建构涵盖政府、部门、企业、个人等社会各方面的全方位、立体化责任体系。抓紧建立环境保护党政同责制度，让各级党委自觉担当生态文明建设历史重任。进一步健全环境质量政府负责制，强调各级政府为环境保护的第一责任主体，将环境保护融入社会经济发展各方面和全过程，对本行政区域的环境质量负责。同时明确各相关部门在生态环境保护治理工作中的职责，进一步完善湘江新区、高新区、经开区环境保护和监管职能，实现开发、建设与保护并举。

二是实行更科学的责任考核。将环境质量改善、主要污染物总量控制、重点环保工程、环保投入等目标任务分类下发至各区、县（市）政府和相关市直部门，进行差异性区别考核。建立全市环保工作督查机制，严格按照绩效考核要求，每半年对各区县（市）政府和相关市直单位进行督查排名。探索建立环境保护工作年度述职制度。

三是落实更严厉的责任追究。按照《环境保护法》的要求，严格各级政府、各个部门工作职责责任追究，制订《环境保护的职责规定》和《重大环境问题责任追究办法》，对发生重大事故、连续两年环境质量下降等问题都要问责，建立倒查机制，实施生态环境损害责任终身追究。充分利用好法律授予的环境监管部门查封、扣押等权力，加大环境违法处罚力度，严肃查处超标排污、违法建设等环保违法案件，对违法企业按日计罚上不封顶，形成威慑力。

（八）形成共同参与的社会自觉

环境保护人人有责。应针对当前社会参与滞后、行动自觉不够的实际，突出抓好三项工作。

一是将生态环保作为国民教育的基础工程。坚持生态环保教育从娃娃抓起，以两型学校建设等为重要载体，将生态环保纳入各层次学校教育的重要内容，列入大中小幼和职业技术学校及各级党校的教学大纲，在国家、省环保部门的大力支持下，探索编制通俗易懂、喜闻乐见、富有地域特色的生态环保读本，使生态环保的理念、行为和责任从小植根在每一个人的心中。

二是使生态环保成为城乡居民的自觉习惯。保护生态环境、建设生态文明是一场生活方式变革。积极开展各种环保教育主题活动，广泛开展绿色家庭、绿色学校、优秀环保人物等评选和宣传，普及环保知识，提倡低碳生活，增强公民环保国策意识、忧患意识、法律意识和参与意识，倡导低碳绿色生活光荣、浪费资源能源可耻的社会风尚。同时，通过阶梯电价、阶梯水价等经济杠杆，引导绿色消费、绿色办公、绿色出行、绿色生活。

三是把生态环保作为媒体宣传的重要内容。支持社会团体、环保志愿者和新闻媒体开展各种形式的环境宣传教育。市管电视、报纸及网络新媒体要开设环保专栏，播发环保公益广告，曝光环境违法行为，营造全社会共同关心生态环保、积极参与生态环保的浓厚氛围。

关于湖南全面推进生态文明建设的思考

朱雄军*

生态文明建设是一项创新发展的系统工程，湖南应以宏观统筹为动力，以集约发展、绿色发展为双轨，优化经济社会运行体系，在两型试验区基础上，创建全国生态文明建设先导区，建设小康美丽的绿色湖南，推动湖南两型社会和生态文明建设走在全国前列，在全面深化改革中发挥先行引领与典型示范作用。

一　全新确立生态文明制度体系

破解非两型发展利益格局是生态文明建设的先决条件。要按照实行最严格的源头保护制度、损害赔偿制度、责任追究制度的方针，建立科学有效的生态文明制度体系，形成强有力的引导、监管、督促和倒逼机制。

1. 完善主体功能区制度与区域协调发展机制

确立主体功能区规划和区域发展规划的作为地方经济社会发展上位规划的法律地位，明确辖区内各地方规划和其他专项规划都必须以此为指导。上位规划要突出宏观化、战略化、集约化、生态化、差异化原则，科学划定耕地、森林、湿地、水体等生态保护红线，形成空间规划体系，划定生产、生活、生态空间开发的科学管制。由政府特设统筹机构负责上位规划的编制、执行与事前监督，通过战略统筹、区域组团、集约合作与错位发展，构建区域化生态循环发展系统，促进资源要素的优化配置与高效利用，确保人与自然和谐共生，可持续发展。

---

* 朱雄军，娄底市两型办。

2. 健全自然资源资产产权制度和管理体制

坚持自然资源国家所有与节约利用的原则，以土地、矿产、植被、水、大气、野生动植物为重点，探索建立自然资源"监管分设、防控分离"管理体制和"职权相辅、利责相成"的经营制度，由统筹机构负责利用规划与实施监督，由相关行业主管部门负责开发管理与环境防治，由资源开发经营主体负责资源补偿与生态修复，由环资监察机构负责实时监控与责任追究。

加强自然资源利用与保护的事前监督。统筹机构通过全面勘查确定区域内自然资源现状，根据上位主体功能区规划和区域发展规划编制资源利用详细规划，并加强规划执法，严防违规开发，特别要加强行政区划边界地区的资源开发的监督。由相关行业主管部门严格按规划利用自然资源，所有资源利用项目，如土地变性、生态红线、矿产出让、水资源调配等，都必须按利用规划布局、进行环境影响评估，并且进行公示，经统筹机构审定后，报同级政府许可。

3. 强化生态环境保护管理机制

在生态环境保护方面，一直存在先污染后治理、重治理轻监管的问题，环保部门热衷于污染治理项目管理，却疏于污染监控。要按照"多元建设、统一监控"的思路，强化环保部门的监察职能和行业主管部门的防治职能，并且建立环保司法体系，依法处理重大生态环保案件。

加强自然资源利用与保护的责任追究。将环保部门变更为资源环境监察与执法机构，集中国土、水务、林业、畜牧水产等部门的资源执法职能，将监察范围由三废污染拓展到生态植被、野生动植物等自然资源的全面保护。努力建立起"三全三严"监察体系：全方位监控，对辖区内进行水陆空全域全面监控；全天候，进行24小时不间断的实时监控；全过程，对重点项目、重点单位从立项、开工、启用、运行进行全程监控；严审批，所有项目进行严格的环评审查；严监管，监管情况必须准确、真实，并进行公示；严处罚，严格查处造成环境损失的责任单位、主管部门及有关责任人员，情节严重的，依法追究有关人员的刑事责任。同时，强化统筹生态机构和各行业主管部门的生态环境防治职能和责任，引导、督促各单位切实做好生态环保工作，并且承担相关领域生态修复与污染治理工作。

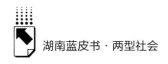

4. 实行资源有偿使用制度和生态补偿制度

在完善资源管理体制的基础上，建立土地、矿产、森林、湿地、林木、水资源开发生态效益评估机制、资源使用价格下限调控制度和资源经营权公开拍卖机制。从自然资源经营权转让费中按比例计提资源补偿费，从资源开发经营产品中从价计征开征资源开发利用生态补偿费，以区域为整体，从地方财政收入中按比例提取生态补偿基金，集中三者设立生态补偿基金，在区域内统一使用。同时，严厉打击非法占用、倒卖、贱卖自然资源的行为，防止自然资源流失。通过提高资源开发成本，倒逼资源型产业转型升级。探索建立生态修复责任制，即凡属破坏植被的项目，都必须在原址或异地进行补偿性生态修复，破坏多少植被，就要绿化多少土地。

二 积极构建低碳循环工业经济体系

低碳化、循环型工业经济是生态文明建设的主力支撑。要以集约化为路径，以市场化为动力，通过园区组合、产业融合、投资整合，集约高效的工业发展格局，建立区域化大循环与规模化大产业体系，实现系统式节能减排，促进循环发展。

1. 实施园区重组工程

园区是产业集聚的载体，但目前园区布局本身还比较零乱。湖南省现有国家级园区、省级开发区、集约工业集中区 140 个，有的与原有园区相互包含，有的各占一方，缺乏有效的统筹管理，缺乏规范的产业分工，难免在招商引资、项目建设上存在混乱竞争的现象。两型试验区又设立了 5 大示范区 18 个片区和一条示范带。许多地方纷纷借两型示范片区之名新建或扩张经济园区，打乱了原有园区发展格局，影响集约发展。

要以园区组合作为区域组团的先导，推动园区组团发展。将各两型示范片区去实体化，由市州以国家级园区或实力最强的省级开发区为龙头，对辖区内所有产业园区进行整合，按照"六统两分三不变"园区整合发展机制，着力完善产业服务体系，建立有机合作、有序发展的园区组团。六统，即从产业政策、规划布局、基础建设、招商引资、生态环保、考查督促等六个方面实行统筹；两分，即分区管理、分类发展；三不变，即行政隶属关系不变、社会事务责权不变、财税管理体制不变。

2. 实施集群培育工程

企业必须达到一定的规模，才能有效保障清洁生产与安全生产，保证竞争实力和经济效益，要依托区域组团，推动产业集约化、集群化发展。一是通过环保、安全与经营秩序联合清整扶大关小，推动大中企业集团化、小微企业集群化，从根本上提升经济发展素质。二是积极构建共生产业联盟，实现各产业与各产业联盟在人才、资金、技术、资源、市场的相互融通，降低产业集群内部的交易与合作成本。三是围绕支柱产业着力延伸产业链，大力发展配套产业，积极培育完善的产业群。由此有效整合资源要素，形成强大市场竞争与外向发展能力，扶植一批具有国际影响力的企业和品牌。

3. 实施投资引导工程

投融资是经济的活力之源，投融资改革是转方式的主力杠杆，要针对社会游资非法借贷及可能由此引发的深重社会危机，积极构建高市场化、安全型现代投融资体系。

探索建立投资公示公募制度。严厉打击非法集资行为，要求新建项目在完成立项以后，按市场化要求进行项目公示与资金公开募集，既为公众提供充足投资机会，又防止民间投资的暗箱操作。

培育发展投资服务主体。可以省生态发展投资集团为龙头，整合全省政府融资平台；并由其与市州城市信用社、农村信用社和村镇银行，组建湖湘发展银行。由投资集团和湖湘银行作为区域性新型综合投融资服务主体，按照有关政策强化其投资服务职能，通过多方注资增强其资金实力，运用多样化形式为社会投资提供投融资服务。两者通过注资持股支持各市州整合本地公共资源，组建市级分支机构，逐步构建全省性新型投融资服务体系。各市州投资公司与湖南省股权登记托管有限责任公司合作，成立股权登记托管中心，代办股权集中登记托管业务，积极发展公募基金、私募基金和地方债券业务。

创新投资服务模式。试点"定向存款"、"会员制股份合作"等投资新模式，引导和推动融资市场的健康发展，为"共生崛起"战略打造"大小通融、内外兼引"的投资社会化引擎，以投资整合推动产业集聚与提升。定向存款。由地方投资公司作为贷款担保主体，经严格审查确定"两型"融资项目。由湖湘银行以定向定期存单面向全社会组织融资项目的定向存款。定向存款按红利利率结算方式分固定利率与浮动利率两种，固定利率按事先约定的红利利率标准结算，浮动利率则根据项目单位的年度经营效益确定。银行和投资集团共同负责存款本金与利息的保障，贷款项目单位提供融资红利，分别保障资金的安全性和盈利性。投资集团负责红利的结算与发放，定期汇入储户定向存款账户。会员制股份合作。由有关产业服务机构的发起，成立特定投资领域的会员俱乐部，由有意向参与的单位、个人先以会员身份开展合作交流，研究确定投资项目，并启动前期工作。然后由主要投资单位和个人成立项目筹备委员会，确定投资规模和管理规范，以其共同投资作为原始股，实现相关企业的有机融合与整个产业的有序整合。再以此作为原始股，向社会公开发行不超过原始股金额的融资股，由此吸纳社会闲散资本、扩展企业规模。企业经营达到一定的标准以后，可以企业评估价值为股本，扩股融资或争取上市。

三 大胆探索绿色农业农村发展方式

农业农村是生态文明建设的攻坚阵地。可在生态环境优越、改革积极性较强的地区，率先建立农业农村创新发展试验基地，以尊重农民意愿、争取农民支持为前提，紧紧围绕创新农业经营模式、增加农民收入、改善农村面貌，探索以现代村镇建设与农业现代化联动推进新模式，促进绿色发展。

1. 优化村镇管理体制

创新现代村镇管理模式。按照"整条并块"的模式创新基层管理模式。整条。整合农办、农开办、农业局、林业、水利、农机、农经、供销、畜牧水产等单位，以及其他部门涉农事务性工作，设立绿色产业发展机构，负责农业、农产加工与农产物流经济等方面的管理；整合有关政策资源和公共资产，融入社会资本，按现代公司制度成立农村综合开发总公司，在各中心镇设立分公司，以农机、农资、融资、商贸、物流为重点，完善农村公共服务体系，为村镇经济实体提供业务指导和生产服务。并块。根据地理紧密性和经济关联性，对乡镇、村庄进行撤并，建立"县—中心镇—社区"三级基层行政体系，实行行政、规划、财税、基础设施、生态环保、产业发展"六统一"。以若干个具有紧密关联性的小城镇和村庄为社区单位，建立社区基层民主自治机构。将若干个经济地理条件相近的乡镇作为经济片区，设立中心镇。经济管理部门在中心镇设立分支机构，致力于各产业的生态化发展。由此构建科学的行政、经济与社会管理体系，从根本上解决乡镇设置过多、基层负担过重、行政区划阻碍区域协作等方面的问题。

完善村镇规划建设机制。建立完善的农村规划体制，科学编制当地村镇发展详细规划，并将规划执法作为有关部门的重点任务，做到有规可依，执规必严，违规必究。同时，全面整合国土整治、农业扶植、农村基础建设等各方面的资金，设立现代村镇建设基金，按村镇规划统筹安排使用。

2. 推动"农六化"改革

按照"农村社区化、农民市民化、农地股权化、农经生态化、农艺科技化、农作机械化"模式，将地理联系紧密的村庄规划为一个农村社区，整合公共资源，统筹建设两型村镇；把生产资料集中起来，以现代庄园形式科学组织现代化大农业生产，发展绿色经济集群。通过集约生产与集中居住，深入调和农业生产关系与生产力之间的矛盾。

农村社区化。将零散村庄整合改造为村镇，集中建设村民聚居社区，实现农村居民区与生产区的分离。农民市民化。以村镇社区为基本单位，把零散的农民组织起来，培育发展以绿色产业为主体的适度规模经济，统一为社区成员提供医保、社保，解决其后顾之忧。农地股权化。以村为单位按现值对土地资料进行评估，折算成统一口径的股权价值，按村民承包权现状发给股权证。农经生态化。按照立体农业、循环农业模式，大力发展绿色产业集群，确立以绿色产业为主体的农村新济支柱。农艺科技化。全新设计现代生态农业生产流程、经营管理机制。农作机械化。通过灵活的融资方式，促进农村机械化作业，降低劳动强度、提高生产效率。

3. 发展绿色经济

以绿色经济作为农业现代化主力，以环洞庭湖区为龙头，辐射带动湖湘经济区非城市化地区和大湘西地区，共同打造全球绿色经济基地，培育强劲的绿色经济增长点。

创新农业投资模式。以各中心镇作为基本经济区，成立村镇发展投资公司，由地方政府、企业、农民合作社共同投资，作为新型农业农村投资主体，允许村民入股分红，广泛整合地方闲散资金。投资公司按股份制模式和现代公司制运作，由董事会选聘优秀人才负责经营管理。加大监督力度，确保资金安

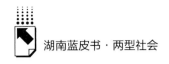

全和经济效益。

创新农业经营模式。按"公司 + 合作社 + 农户"模式培育产业化经营体系，按"公司 + 院校 + 基地"模式建立技术创新与推进机制，有效促进产业协作与集约经营。按照"联合经营、循环发展、共赢共享"的原则，以资金、技术、与供销服务为纽带，支持龙头企业采取兼并、重组、收购、控股、加盟等方式，组建集约化、专业化、组织化、社会化农业生产经营实体，纵深发展现代农业。龙头企业与院校合作，建立产学研科技联盟，开发推广农业技术；与地方政府合作，建立成片的特优农产品产业化生产基地；与关联企业合作，推动集团化、集群化发展；与农民专业合作社合作，带动农民共同致富。重点以"种–养–沼"模式规划建设生态农业园，推动"一家一户"的粗放经营模式向"多元协作"的集约经营模式转变；推动"一村一品"的专业发展模式向"一区一园"的综合发展模式转变。

构建绿色经济共生发展体系。农业生产、农产加工、农贸物流、饮食服务、家居用品，构成随农产品流通而紧密关联、紧贴民生的绿色经济体系。但是从农田到市场的零散经营、粗放管理与无序竞争，让整个体系运行成本高、效率低、波动大、防控弱。某一环节出现问题，就可能导致灾难性后果。要针对农产品储存、运输与营销难度大的问题，建立城乡统一的现代供销物流平台，把中小农业和城乡市场联络起来，形成有计划、有活力的绿色经济发展体系；鼓励绿色农业、生态旅游、生物医药与生物质加工整合为互为支撑的绿色共生产业集群。由此，推动生物材料对化合材料的反替代，推动农业由过去的随波逐流，转变为以后的主导潮流。

四　纵深推进生态文明建设先导实践

典型示范是生态文明建设的引导工程。两型示范区建设与两型示范创建工程在弘扬两型文化、执行两型标准、推动两型发展等方面影响深远，但个体的两型化相对于社会的两型化还很遥远，下阶段要着眼于生态文明建设的先导实践，将微观化的单位创建转变为宏观化的区域创建。

1. 分项培育创新示范片区

积极开展生态文明建设专项课题研究与先导试验，分项打造创新发展综合配套改革实践样板。

区域协作综合示范片。鼓励地域联系紧密、产业关联度高的跨行政区划地区统筹整合，科学规划，组团发展，共同推动基础设施建设、环境治理与产业开拓。按照布局优化、生态文明、人文彰显、民生改善的要求，构建新型城镇体系，开创中小型城市协调发展的良好格局。

产城融合综合示范片。鼓励产业园区与所在城市融合发展，推动产业向园区集中，人口向城市集中，按照循环经济模式，推广清洁低碳生产，发展壮大以重点产业为主导，以上下游产业为配套的新型工业体系，有效提高城市承载能力与经济发展水平。

现代村镇综改示范片。鼓励中心镇与农村社区建设，积极推进基础设施集中建设、农业经济集约发展，引导农民集中聚居，加快建设两型新农村。大力发展规模农业、立体农业、循环农业与农产加工业，发展壮大绿色经济集群。

2. 系统打造生态文明建设先导区

按照"五位一体、四化同步"方针调整两型示范区的规划设计。将其提升为以中心城区为主核、以既有园区为支撑的生态文明建设先导区，探索"资源共享、环境共建、区域共生"新模式。充分利用两型示范区现有基础，重点创建"五位一体、四化同步"综合试验基地，通过中心城区的辐射带动，推动周边区域的城乡一体化和农业现代化；通过既有园区的有机组合与优化提升，推进新型工业化，为全国生态文明建设提供典型示范。

实　践　篇

Case Reports

B.40

打造两型社会标杆　建设高端品质新城

湘江新区管委会

湘江新区的前身是 2008 年 6 月 10 日成立的长株潭两型社会综合配套改革试验区的核心示范区——长沙大河西先导区。2014 年 6 月 9 日，经湖南省委研究同意、省政府批复，长沙大河西先导区更名为湘江新区，并按原方式运作。

一　2014年湘江新区建设进展

2014 年，湘江新区紧紧围绕长沙市委、市政府确定的"全力推进六个走在前列，率先建成三市，强力实施三倍"的总体要求，坚持以深化改革为动力，积极应对"三期叠加"挑战和经济下行压力，迎难而上，精准发力，积极作为，较好完成了各项目标任务，实现了新常态下的新发展。

1. 保持了高效发展

在宏观经济形势较为复杂的情况下，新区通过保投资力度不减、抓项目建设不松、严工作要求不降，较好完成了年初制定的各项目标任务。2014年完成地区生产总值2154.05亿元，增长11.5%，占长沙市的27%，湖南省的8%；完成全社会固定资产投资1913.4亿元，增长19.36%，占长沙市的35%，湖南省的9%；完成高新技术增加值1079.4亿元，增长20%，占长沙市的48%，湖南省的15%。其中，管委会完成政府性投资71.48亿元，为年度目标任务的102%；完成社会投资94.5亿元，为年度目标任务的110%；完成财政总收入278亿元，超额完成年度计划目标，占长沙市本级财政收入的40%。

2. 突出了发展重点

一是提升了承载能力。一批重大基础设施及公共配套项目顺利推进，地铁2号线西延线一期工程和三环线隧道实现洞通，大河西交通枢纽实现封顶，将于2015年建成运营，梅溪湖路西延线高新区段建成通车，片区道路进一步完善，新增通车里程30公里，有效提升了新区的承载能力，"一江两岸、东提西拓"的格局进一步形成。

二是拓展了产业优势。在年初重点项目建设计划铺排的49个产业发展项目中，有41个项目按计划完成年度目标，梅溪湖国际文化艺术中心主体结构混凝土工程封顶。中建梅溪湖中心环湖商业街（一期）、佳兴世尊酒店、绿地广场等产业项目实现竣工运营，提升了服务业发展的层次，弥补了河西现代服务业的短板。

三是稳定了要素市场。突出抓好了土地出让和融资工作。在土地方面，土地征收8182亩，完成新启动拆迁项目5546亩，挂牌出让成交21宗地，挂牌出让土地面积2422.5亩，挂牌成交总额达121亿元，平均地价499万元/亩，稳定了土地市场。在融资方面，坚持间接融资和直接融资并举，储备土地融资、企业债、票据等组合融资工具保障了新区建设的资金需求。管委会系统资产负债率控制在40.5%以下，总资产达717亿元，保持了良好的资产负债结构。

四是打造了两型亮点。编制了《湘江新区生态文明建设规划》，通过了国家环保部组织的审查；加大生态景观项目建设力度，巴溪洲水上公园、洋湖湿地公园三期、西湖文化园、靳江河南岸景观工程等生态景观项目建成开放；完成了7条道路的造绿任务，新增景观4000亩，绿地面积300万平方米；梅溪湖、洋湖成功获批2014年度全国人居环境范例奖。

五是综合配套改革实现突破。通过多方努力，先导区更名为湘江新区，国家级新区申报正有序推进。重点推进了行政审批制度和生态文明机制改革，制

定了《湘江新区优化建设项目行政审批流程办法》，通过进一步减少、合并7
项审批事项和12个审批环节，取消或限制前置审批15项，简化审批程序，推
进了项目行政审批进一步提速提效。在全国率先探索开展以行政村为受偿主体
的生态补偿试点，制定了覆盖70余个村的湘江新区生态补偿试点方案，构筑
了生态保护的长效机制。

3. 加强了统筹管理

强化了规划统筹，根据长沙市委、市政府《先导区建设规划优化提升的
实施意见》的要求，开展了交通发展规划的优化和提升，编制了汉王陵遗址
公园、文化旅游产业、社会事业发展等专项规划，完成了大王山旅游度假区、
梅溪湖国际服务区（二期）控制性规划编制；提升了建设管理，加强招投标、
质安监、报建的全过程监管，长沙公共资源交易中心、好莱城等项目被评为
2014～2015年度中国建设工程鲁班奖，洋湖大道三、四标和巡抚路被评为
2014年度"全国市政金杯示范工程"；加强批后监管，与国土、规划、建设等
部门形成联动监管合力，拆除历史违章建筑735处、29万多平方米，控制
（新增违章）拆除340余处、5万多平方米。

二 2015年湘江新区建设目标和重点

2015年建设的指导思想是：全面贯彻党的十八大及十八届三中、四中全
会精神，在长沙市委、市政府的领导下，按照建设国家级新区和打造两型社会
标杆、建设高端品质新城的要求，坚持"统筹、融合、创新"的基本原则，
正确处理新区发展新阶段面临的一系列重大关系，认识新常态、适应新形势、
把握新机遇、谋划新发展，突出"项目带动、产业培育、品质提升、改革创
新"重点任务，巩固提升开发建设成效和教育实践活动成果，奋力开创湘江
新区改革发展建设新局面。

主要目标是：新区地区生产总值增长10%、全社会固定资产投资增长
20%。年度项目建设投资277亿元，其中管委会直接投资150亿元，增长
22%；财政总收入200.7亿元。

为实现全年目标，将抓好以下工作：推进综合配套改革，激发内业增长活
力；科学把握开发节奏，加快新城提质融合；倾力推动产业壮大，切实增强发

展后劲；提升公共配套服务，构建坚实承载能力；依托城区功能辐射，统筹城乡融合发展；加强区域统筹力度，共同推动融合发展；坚持规范高效并重，提升科学管理水平；夯实事业发展根基，全面加强自身的建设。

1. 优化结构抓投资

湘江新区 2015 年开发建设的总体设想是"保持投资规模、调整投资结构"，实现"四优先、两压缩"，即优先续建项目、优先产业项目、优先公共配套、优先区域融合发展的项目，适当压缩政府直接投资经营性项目的比例、适当压缩房地产开发节奏。

一是总量略有上升。确保投资强度不减弱、发展势头不减速。2015 年，预计新区范围完成全社会固定资产投资 2200 亿元，同比增长 20%，核心区完成全社会固定资产投资 756 亿元，同比增长 20%；管委会完成直接投资约 242 亿元（含拆迁），同比增长 21%。投资重点适应城市梯度发展的要求，把投资集中在基础设施已经基本完善的梅溪湖、洋湖、滨江、大王山等重点片区，实现优势片区优先发展，避免分散投资和城市盲目扩张，促进城市功能尽快提升，产业跟进迅速见效。

二是结构明显优化。把保持投资规模的重点放在引导、扩大民间民营资本投资上，减少政府直接投资经营项目的投资规模。2015 年，管委会直接调度的社会投资项目 56 个，总投资 745 亿元，年度投资 130 亿元，占年度总投资的 47%，同比增长 91%。与此同时，控制政府性投资过快扩张，财政投资 22.57 亿元，占年度总投资的 13%；政府性投资新建项目 23 个，总投资 104 亿元，年度建设投资相对 2014 年减少了 16.5%；对梅溪湖科技展示中心、梅溪湖国际酒店等原计划政府性投资的经营性项目改变投资模式，减少政府性投资可达 30 亿元以上。控制房地产开发节奏，核心区房地产投资减少 9%，放缓土地出让节奏，年内计划申报出让经营性用地 31 宗 2470 亩，与 2014 年相比减少 10%。

三是投向合理调整。更加突出产业投资，强化产业支撑，2015 年，共铺排产业项目 53 个，工程总投资 863 亿元，年度投资 128 亿元，相比 2014 年，增加产业项目 13 个，年度产业投资增加 40% 以上；更加突出公建配套，提升城市品质，公共配套项目相对于 2014 年增加 19 个，达到 51 个，建设总投资 198.2 亿元，年度投资 34.17 亿元，同比增长约 30%；更加突出有效投资，提高资金效益，对湘江欢乐城冰雪世界进行优化设计，可节约投资 13 亿余元；对梅溪湖科技会展中心将重新进行产业定位，计划建设具有良好发展前景和带动效应的健康医疗产业项目，避免重复建设；对梅溪湖国际酒店项目调整投资方式，通过招商引资引进社会投资进行建设；对梅溪湖国际文化艺术中心按照项目进度完善优化设计，正在进行首演和首展的策划，拟采取公司运营与政府补贴相结合的方式进行后期运营；对原计划的一些大型城市综合体、高端酒店项目放缓开发节奏，加快科教文卫及市政配套设施建设，促使建成区尽快成熟。

2. 围绕问题抓改革

一是合理配置内部行政资源。适应产业发展的需要，突出产业发展的职能，整合行政资源，充实工作力量，加速产业发展；对内部部分职能职责合理调整，提振管理效能。

二是理顺城建城管体制。按照长沙市全市一盘棋，参照河东四区与市政府的城建城管体制，完善湘江新区与岳麓区的城建城管体制，城建方面以新区为主，城管由属地负责。

三是改革行政审批体制。为实现依法行政与效率优先的统一，初步设想是设立国土资源分局，分局局长兼任市局领导职务，内部审核全部在分局完成；通过政府规章（市长令）的方式授权湘江新区管委会行使发改、规划、建设、环保等经济管理职能（包括行政审批及批后监管）；建立市长督办会议制度，对新区项目审批实行每月集中督办，提升审批效率。

四是理顺财税体制。初步设想是按照市级统筹、分灶吃饭、独立金库的原则理顺新区财税体制，实现与市、区县责权利对等。

五是创新融资方式。积极研究应对国家加强地方政府性债务管理带来的融资困难，在提前做好政府发债准备工作的基础上，着眼长远、拓展渠道，迅速研究制定切实可行的海外融资。按照长沙市的统一部署，分类推进，在 2016 年把梅溪湖公司、市政投资公司与先导土地开发公司合并成为新的湘江新区投资集团公司，承担湘江新区基础设施建设和片区开发的功能性任务；抓好先导控股公司由功能性企业向竞争性企业转型的试点工作。两家企业均纳入管委会整体国资管理体系。

3. 着眼全局抓融合

坚持以点带面、以城带乡，整体一盘棋的原则，充分调动区县、园区的积极性，促进区域融合发展。

一是打通大交通网络。2015年铺排区域大交通项目14个，建设总投资80亿元，年度投资7亿元，强化南北向、东西向交通联系，进一步拉开空间发展架构。完善东西向联络，加快建设枫林路三期、宁梅大道、梅溪湖路西延线，打开向西拓展的通道，研究月亮岛通过三环线联络道与河东的连接通道建设。连通南北走廊，开工建设4.4公里的坪塘大道南延线、1.1公里的潇湘大道西线，成为联系与湘潭的重要通道；打通南北向瓶颈性道路，开工建设2.62公里的莲坪大道含浦段、4.2公里的含浦大道第一段，成为联系长韶娄高速和长潭西高速的重要通道。推进绿色交通建设，实施中运量交通建设，在2015年完成新区轨道交通体系规划和T1、T2线的项目前期工作，争取纳入长沙市轨道交通规划。在2016年开工建设T1线，打造两型绿色交通的示范。

二是打造大产业发展格局。坚持先进制造业与现代服务业双轮驱动，加强与各区县、园区的产业对接，着力解决产业结构单一、功能互补不强、产城融合不够等问题。首先是明确功能定位，实现错位发展。按照《长沙市城市总体规划》、《土地利用规划》、《长沙市产业空间布局总体规划2014~2020年》和《关于进一步加快工业园区发展的意见》，谋划新区的产业布局，实现"多规合一"，推进区域产业融合发展、错位发展，依托长沙高新区、宁乡经开区、望城经开区、金洲新区工业集中区和岳麓工业集中区，重点发展高新技术产业和战略性新兴产业；在梅溪湖国际新城发展医疗健康、文化体育、科技研发、电子信息产业，洋湖生态新城发展企业总部、创意设计产业，滨江新城发展现代金融、商务商贸，大王山旅游度假区发展文化旅游、体育休闲和健康产业。其次是注重政策引导，实现协调发展。推进各个区域在差异发展的基础上充分合作，积极研究应对国家清理规范税收等优惠政策带来的产业培育和招商等方面的影响，统一新区规划区内的产业和招商政策，整合区县、园区产业扶持政策，引入和鼓励社会资本加大产业投入力度；整合产业扶持资金，设立湘江新区产业发展专项基金，通过股权投资、风险投资、专项贴息等方式，支持园区、区县、片区现代服务业、高新技术产业和战略性新兴产业重大项目。再次是加强整体推介，实现联动发展。整合新区、区县、园区的招商和宣传资源，开通统一的新区招商热线，对湘江新区整体形象和招商项目集中展示和推介，并结合新区获批、重大项目集中开竣工、重大文体活动等时间节点，精心

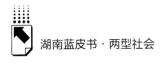

策划开展专业化的主题招商和二次招商。

4. 强化管理抓队伍

一是严格招投标制度。建立健全招标投标的监督规程和监管办法，推行工程量清单报价制度，对围标串标、工程转包和违法分包等违法行为严肃查处并依法限制其参加投标。取消非招投标工程项目由公司直接委托的做法。

二是严格造价监管制度。落实从概算编制、工程变更、造价评审、竣工验收及缺陷责任期的全过程监管，探索园林景观分级包干工程造价管理的新机制。计划成立财政投资评审中心，增加评审人员，实现技术审查和行政审计相分离，切实降低项目成本。

三是严格工程变更验收制度。推进精品工程评选工作，对优质工程给予表彰奖励，对工程质量差、影响工程品质的行为实行责任倒查机制。

四是严格责任追究机制。研究制定工程建设领域领导干部问责机制，涵盖廉政建设、效能建设以及重大安全隐患和安全事故等各方面内容；开展建设领域规范整顿专项行动，对违规招投标、违规拆分工程等现象严肃查处；建立涵盖建设单位、施工单位、监理单位的责任追究办法。

坚持两型引领 打造生态新城

株洲云龙示范区

一 2014年发展回顾

2014年,在株洲市委、市政府的正确领导下,云龙示范区牢牢把握稳中求进的工作总基调,全力推进项目100会战、民生100工程和10大改革攻坚,基本实现全年预定目标,经济社会保持平稳健康发展。

1. 经济在克难奋进中稳步增长

在宏观经济形势偏紧的大环境下,云龙示范区主要经济指标保持稳步增长。全年实现GDP20.3亿元,同比增长9.7%,其中第三产业继续保持较快增长,增幅为22%;固定资产投资142亿元,同比增长20%;公共财政预算总收入7.35亿元,同比增长12.1%,税收收入占比为81.5%,居全市第二位;单位GDP能耗下降3%;旅游人数达到220万人次;融资到位53.8亿元;新建建筑100%达到绿建标准。

2. 项目在真抓实干中加快推进

一是竣工使用了一批。全年共有14个产业和基础设施项目圆满竣工。职教科技园启动实施"三年攻坚计划",化工职院一期建成开学,至此累计已有5所院校实现开学招生,在校学生规模达到4万多人;市就业创业指导中心投入使用,腾龙大酒店开业,全国机器人焊接基地成功挂牌。北欧小镇一期、学府港湾一期、湖湘文化城实现入住,磐龙世纪城D区交房,总部经济园一期交付使用。云龙消防站、马鞍公路养护中心、白石港水质净化中心全面完成。110KV桂白线和桂梨线迁移工程、无障碍设施改造、数字云龙、水电气改造等项目完成年度任务。

二是加快建设了一批。突出抓好新开工项目的调度部署,全年有32个项目实现开工,其中湖南微软创新中心顺利挂牌,湖南云龙国际信息产业园、中国移动（湖南）数据中心完成奠基，云龙水上乐园当年开工年底基本建成，碧桂园一期当年开工即实现开盘，奥悦云龙冰雪世界、太平洋仓储物流中心、云顶栖谷、云峰雅郡等一批新开工项目加快建设。方特梦幻王国、磐龙世纪城、北欧小镇、玉龙路、云水路、职教科技园路网等一批续建项目稳步推进。

三是招商储备了一批。重点围绕电子信息、旅游休闲等两型产业招大引强，成功引进微软、中国移动、赛伯乐等世界 500 强、中国 500 强企业落户云龙；仅"沪洽周"期间，就成功签约云龙网尚家庭影视娱乐信息消费产业园等 4 大项目；全年共有 16 个重点招商项目履约落地。

3. 要素在合力攻坚中取得突破

针对土地、资金、安置等发展瓶颈，集中开展要素攻坚。

在土地保障方面，全年铺开征地拆迁和村庄整治总面积 14267 亩，实现交地 5236 亩。在用地指标大幅缩减的情况下，批回土地 2320 亩，超过市配给用地指标；出让土地 19 宗 1116 亩，占市区出让总面积的 43.5%，成交总额近 12 亿元。

在资金保障方面，云发、教投、城乡建设三家平台公司，积极探索多元化投融资模式，着力通过贷款、信托等多种渠道开展融资，在国家政策加大紧缩力度的情况下，全年融资到位 53.8 亿元（其中云发 39.8 亿元、教投 10.8 亿元、城乡建设 3.2 亿元），基本保证了投资任务完成和公司正常运转。

安置保障方面，全年续建和新开工安置房 20.36 万平方米，建成 14.2 万平方米，其中 2.6 万平方米已完成分房，11.6 万平方米已启动分房程序。积极探索货币化等多种安置模式，在高福、响塘 2 个安置区开展货币安置试点，共有 91 户选择货币安置。加大生产安置力度，龙头铺镇三搭桥社区生产安置率先突破，创业基地完成封顶。云田镇五星社区生产安置地已完成挂牌，正在启动建设。

4. 改革在创新求变中凸显成效

一是行政审批大提速。开展审批流程再造，出台了两型集成审查、行政并联许可试行办法，将原需 380 天的行政审批过程，限时 70 天办结，审批时限缩减 4/5 以上，行政审批效能大幅提高。碧桂园、云龙水上乐园、磐龙世纪城等项目已试行该办法，得到项目业主高度认可。加速市场主体培育，落实注册资本登记改革政策，全年新登记企业 143 户，增长 53%。

二是两型集成初见效。出台两型集成规划编制，加快打造职教园、华强、磐龙湖等两型集成综合示范片区，职教科技园获批为"省两型综合示范片区"；两型规划展览馆建成开放；积极推广两型技术应用，职教园分布式能源站一期建成使用，比常规能源利用率提高30%以上；新建绿道15公里，绿道总里程达到60公里。

三是考核方式有创新。在年度考核、重点项目和重点工作考核的基础上，创新推行月度绩效考核模式，将项目建设、征地拆迁、招商融资等重点难点工作纳入考核范畴，每月进行等级评定和调度安排，并对重点项目和重点工作进行"红黄黑"三牌公示，推动各项工作加快实施。

5. 民生在共建共享中着力改善

加大民生投入，财政投入3.4亿元用于民生事业，占公共财政支出70%以上，民生100工程全部完成，广大人民群众普遍得到实惠。全区完成47处"五小水利"工程建设，解决农村5000人安全饮水问题；完成5884亩重金属污染耕地修复工程；蛟龙、鸡嘴山等美丽乡村综合示范点加快推进，完成道路等基础设施投入1700万元。开展市容环境整治，实现了城乡保洁市场化全覆盖，在全市城市管理评比中取得7次排名前列的好成绩。

二 2015年总体思路

2015年云龙示范区发展的指导思想是：全面贯彻落实党的十八大、十八届三中、四中全会精神和株洲市委、市政府的决策部署，坚持稳中求进、好中求快的总基调，全力开展"征拆攻坚年"活动，突出项目建设，突出改革创新，突出环境优化，促进经济平稳健康较快发展和社会和谐稳定。

主要发展目标是：GDP增长10%，其中第三产业增加值增长20%；公共财政预算总收入达到8.08亿元，增长10%以上；完成全社会固定资产投资170亿元；增长20%以上；融资完成55亿元；征地拆迁和村庄整治力争完成8000亩；万元GDP能耗下降3%以上；新建建筑100%达到绿建标准。

三 2015年发展重点

1. 紧抓重大项目，促进区域发展

紧抓"龙母河水城"和"轨道科技城"两大市百亿工程项目，集中人、

财、物，全力以赴抓征拆。"龙母河水城"项目，总投资约160亿元。2015年，将通过发行产业发展基金，突破融资瓶颈，力争投资30亿元以上，启动征拆和部分基础设施建设，努力将其打造为集文化旅游、健康养老、商贸会展、现代服务、研发孵化等于一体的智慧生态新城，塑造云龙示范区的"灵魂"。"轨道科技城"项目，总投资109亿元。云龙示范区作为轨道科技城项目产业延伸和综合配套的主阵地，同样面临着轨道交通装备产业突破千亿带来的重大机遇。2015年，按照株洲市委、市政府的统一安排部署，着力完成征拆攻坚任务，确保轨道科技城项目顺利推进，为云龙示范区发展打造新的增长极。

2. 推进产城融合，实现集聚发展

坚持产城融合，突出产城互动，推行组团开发模式，着力以项目建设提速带动产业发展升级和城镇化扩容提质，力促一批项目出形象、见效益，聚人气、强实力。

一是加快推进北部旅游休闲产业集聚。大力发展旅游休闲度假产业，丰富完善旅游产业链条。加大推进力度，确保华强二期方特梦幻王国、云龙水上乐园等一批项目建成营业；奥悦云龙冰雪世界完成主体工程；北欧小镇丽景湾酒店开业、奥特莱斯开工。力争华强"美丽中国"三部曲、大马戏等项目落户云龙；加快文化、教育、医疗、商业零售、酒店、餐饮等配套项目的引进建设和运营，实现旅游产业集聚发展，打造中部知名旅游目的地。

二是加快推进中部智慧信息产业集聚。积极培育新的产业增长点，大力发展电子信息、智慧产业、临空经济、现代服务、健康养老、商务会展等产业。做好电子信息产业与轨道科技城融合、聚集发展文章。2015年，确保湖南微软创新中心投入运营，普洛斯物流园、中特物流、太平洋仓储物流中心等项目完成主体建设；中国移动湖南数据中心加快建设；湖南云龙国际信息产业园（一期）、总部经济园（二期）、国投智慧医疗产业园（一期）等各启动10万平方米标准化厂房建设；加快启动华川综合开发项目建设；做好株洲国际会展中心和太阳城开发项目前期工作。

三是加快推进南部职教创新产业集聚。咬定2017年基本建成职教科技园工作目标，加大入园院校及配套设施建设力度，确保化工职院完成扫尾，微软IT学院招生，铁道职院、汽车工程职院、中医药高专、中医云龙医院、林科大老校区综合开发等项目开工建设。同时，充分发挥示范区绿色、生态优势，积极引进国内一流的地产商，建设一批高品质小区，加快推进磐龙世纪城、碧桂园、北欧小镇二期、云峰雅郡、云顶栖谷、学府华庭等项目建设，不断增添示范区人气。

3. 完善基础配套，强化公共服务

坚持基础设施与城市建设、产业发展同步推进，进一步增强示范区综合承载能力。

路网建设方面。进一步拓展对外、对内通道，构建更加顺畅的交通体系。加快云龙大道二期建设，确保与长沙年内完成对接，拉通云龙与长沙的又一重要通道；按照市统筹安排，推进田心大道、中环大道云龙段、玉龙路二期建设，力争实现与荷塘区、石峰区互联互通；加快推进区内道路建设，确保玉龙路一期竣工通车，云水路部分通车，云峰大道二期完成主干道路基；加快推进职教园内路网建设，基本拉通向阳路云龙段、智慧大道、K6 路、K7 路、学林路、盘龙路等 6 条道路。

水电气配套方面。年内实现职教园分布式能源站二期、北欧小镇污水处理站竣工使用；云龙污水配套管网工程、西气东输高压燃气管线改线工程全面完成，云团线、云横线、云桂线三条 220kv 高压杆线迁移改造工程基本完成，铭峰天然气综合利用工程、云龙城铁站场开发启动建设。

服务配套方面。重点围绕职教园、华强片区、总部基地、商业住宅、安置小区等，加快餐饮、商业等公共服务设施配套，不断完善城市服务功能，提升城市品位。云龙消防站完成设备安装，正式投入使用；职教园智谷商业东街、公寓等启动建设。

4. 狠抓征拆攻坚，加快项目落地

围绕"征拆攻坚年"活动，加快土地瓶颈破解，确保项目及时落地。成立高规格征拆工作领导小组，统筹安排征拆、安置、强拆任务和保障资金，确保完成征地拆迁和村庄整治任务。重点完成已批回土地征拆，特别是已开征项目清零扫尾，以及龙母河水城、轨道科技城等重点项目村庄整治。主要举措：

一是调整强化工作机制。已开征项目按原管理方式不变，集中力量拔钉子，打好扫尾攻坚战；新开征项目按包干模式管理，包干协议中明确具体任务、政策标准、完成时限、资金渠道、强制保障、奖罚考核等内容，承包单位可以是镇办，也可以是指挥部和社区，由征拆攻坚领导小组发包。

二是大力推行"阳光征拆"。坚持公平公正，严格执行政策标准，赢得征

拆户的信任和认同。所有征拆项目推行"阳光征拆"，着力营造公开、公平、公正的征拆氛围。

三是依法实施强拆，形成强大威慑力。上半年集中开展"拔钉子、交净地"行动，着力扫除续征项目征拆遗留问题。对新开征项目司法提前介入，拆违先行，形成强大的威慑力，确保按政策标准的"阳光征拆"顺利推行。

四是大力推行货币安置，基本完成安置房安置扫尾。2015年，完成14.8万平方米续建安置房建设，13.8万平方米已签协议的新建安置房实现开工。基本达到分房条件的及时完成分房；现已达分房条件的14.9万平方米务必按期完成分房。对已经启动建设的三搭桥、五星社区生产安置项目，按规定加快落实扶持政策，做出示范。加快推进征拆比较多的莲花、太平桥、龙头等12个社区生产安置项目建设，推动形成多元化安置新局面，努力让被拆迁群众安居乐业。

5. 深化改革创新，释放发展活力

实施创新驱动，大力推进各项改革工作，以改革激发新动力，释放新红利。

一是深化行政审批制度改革。目前，正在探索研究，将各职能部门的行政审批职能全部剥离，划转到政务服务中心，真正实现统一受理，集中审批，进一步减少审批环节，提高审批效率。同时，全面推行两型集成审查和行政并联许可，着力抓好服务承诺制、首问责任制、限时办结制、全程代办制等制度的落实，以实际行动取信于民。

二是强化投融资管理。按照国家要求和市里统一部署，适时推进政府投融资平台公司改革。积极研究应对地方政府债发行带给云龙的融资新格局，争取最大发债份额。积极探索发行产业基金、PPP等新模式募集资金，推动产业项目和园区加速发展。在改革过渡期，继续利用好传统融资方式，为政府和企业投资项目融资，确保投融资目标完成。出台云龙示范区政府性债务管理办法，建立健全偿债和风险预警机制，完善政府投融资管理及风险防范机制。

三是打造两型集成示范。积极推进"智慧城区和生态城区"创建，努力把龙母河水城、职教园打造成国家两型集成示范片区；进一步开展两型机关、社区、家庭、学校等两型创建活动，积极推广绿色建筑、绿道系统、绿色照明、能源综合利用等两型生产生活方式。

四是推进城乡统筹发展。以株洲市成为国家新型城镇化综合试点城市为契机，积极探索项目建设与小区综合配套建设组团式发展、生产生活安置与特色村镇建设相结合的新型城镇化；进一步完善土地征收和村庄整治全程利益共享机制，让失地农民同时拥有"薪金、股金、租金、社保金"；在绿心保护区内，扎实推进蛟龙社区等美丽乡村示范点建设，探索绿心保护与当地群众发展致富新路子。

6. 强化基础工作，优化发展环境

一是科学编制"十三五"规划。

二是清理规范招商优惠政策。按照国务院〔2014〕62号、财政部415号等文件要求，对近年来出台的政策文件、重点招商合同、"一事一议"项目非税减免缓政策等进行全面梳理，组织专门力量综合评估，形成退出机制，及时予以调整、取消或延续，并形成目录清单，通过示范区官方网站公示后执行。同时，积极研究新常态下产业支持方式，更多利用股权投资、产业基金等形式支持企业发展，着力培育和推进新兴产业。

三是优化建设环境。保持制违拆违的高压态势，努力将违法建设消除在萌芽状态，发现一起，制止一起，拆除一起，确保新增违法建筑为零。加大施工环境治理力度，对强买强卖、阻工扰工、强揽工程、敲诈勒索等侵害企业和投资者的行为，以铁的手段予以打击，着力打造安定有序的建设环境。

7. 改善民生民利，提升幸福指数

促进创新创业就业。以微软创新中心、职教科技园及园区孵化中心为平台，鼓励全面创新创业，加大创新创业政策扶持，引导以创业带动就业。充分运用职教园优质培训资源，加强失地农民和城镇困难群体的就业指导和技能培训工作，确保失地农民适龄人员培训率100%，新增城镇就业人员1140人以上，零就业家庭动态援助100%。落实最低工资标准，大力推行"阳光仲裁"，维护劳动者合法权益，构建和谐劳动关系。加强社会保障。繁荣社会事业。

B.42

积极主动适应新常态
加快推进两型社会与生态文明建设

湘潭经济技术开发区管理委员会

2014 年，湘潭经济技术开发区深入学习贯彻党的十八大和十八届三中、四中全会精神，按照湖南省委、省政府和湘潭市委、市政府关于两型社会建设的重大部署，积极主动适应新常态，坚持转型、高端、创新发展，两型社会与生态文明建设取得了积极成效。

一 2014年两型社会建设主要工作

1. 经济指标在下行压力中保持较快增长

在总体经济形势下行压力下，经开区各项指标依然保持了较快增长。经济总量不断壮大，全年实现技工贸总收入 1401.6 亿元，同比增长 33.1%；完成工业总产值 850.4 亿元，同比增长 44%；实现规模工业增加值 149.1 亿元，同比增长 18.3%；发展质量不断提高，实现财税收入 26.9 亿元，同比增长 16.5%，税收过千万的企业 23 家、过百万的企业 121 家；经济活力不断提升，投资带动力强，完成固定资产投资 310 亿元，同比增长 36.4%，经济外向度高，实现内联引资 100.3 亿元、实际到位外资 2.6 亿美元、进出口额 1.8 亿美元。

2. 项目建设在攻坚克难中取得重大突破

2014 年，在湘潭市委、市政府领导下，经开区以高度负责的政治态度和敢于担当的发展勇气举全区之力集中攻坚一批省市重点项目，千方百计克服资金、土地、人力、政策等一系列困难和问题，取得了阶段性胜利。产业项目方面，全力以赴推进湘潭综合保税区一期建设，累计投入 18 亿元（2014 年投资

13 亿元），七个必检项目全部完成，顺利通过国家层面验收，确保了湘潭的对外开放平台迅速崛起；加快推进泰富重工二期建设，预计 2015 年 5 月份投产；加快推进威胜智能配用电产业园建设，预计 2015 年 5 月投产。泰富二期和威胜项目将成为 2015 年全市新的经济增长点。基础设施项目方面，2014 年投入 4.6 亿元全力推进沪昆高铁湘潭北站及进出道路建设，于 2014 年 12 月 16 日顺利通车，助推"幸福湘潭"正式迈入高铁时代；鹤岭供水工程、潭锰路九华段建成投入使用；湘江风光带路基全线拉通，5~7 标段建成通车；G320 湘潭复线临昭华大桥段路基基本形成，其余全线通车。配套及服务设施项目方面，大型商业综合体红星美凯龙国际家居商场开业运营；黄河索菲特酒店基本建成；千亩级九华湖德文化公园建成开园；九华污水处理厂顺利建成，成为全国 30 个 PPP 模式样本项目之一；九华中学建成投入使用，和平小学主体工程完成。

3. 转型升级在探索实践中取得明显成效

主动适应经济"新常态"，争当全市转型升级先锋。着力打造百亿企业"双旗舰"。支持泰富重工不断创新商业模式，从制造型企业向制造服务型企业发展，从单机制造向设备成套、系统总承包全方位服务发展，2014 年泰富重工成为全国民企制造业 500 强、全省民企 100 强，迈入全省百亿企业俱乐部，成为全省 2014 年产业发展"十大亮点"之首，全年实现产值 110 亿元。支持吉利汽车开展品牌战略，吉利新能源汽车和熊猫平台签约落户，吉利新远景自 11 月上市以来产销两旺，九华生产基地进入单品月产销过万时代，全年产值 100.1 亿元。大力发展现代高端服务业。华拓数码、中国网库等项目为园区服务业发展带来蓬勃生机，三产业占比快速提升；国际五星级酒店喜来登签约入驻步步高新天地；索菲特大酒店、红星美凯龙等项目建成并投入运营，提升了城市品位。加快推进创新驱动。2014 年新成立湘潭大学科技园、泰富重装湘潭大学研究院、吉利汽车技能大师工作室等产学研和企业技术平台；泰富重工荣获全省产业技术创新十大标志性成果。出台扶持政策引导园区企业开展技术创新、产品升级和品牌创建，不断提升园区企业的内生增长力；全面贯彻落实省委、省政府"135"工程战略，依托创新创业服务中心，打造科技孵化器，抓好已入驻中小微企业孵化的同时，着力引进科技型中小企业；不断提高园区标准厂房使用率，打造创新集聚的洼地。

4. 民生事业在多点发力中更上新的台阶

坚持发展为了人民，发展成果与民共享，切实改善民生，提高人民群众幸福指数。养老无后顾之忧。2014年4月至6月，经开区财政一次性投入了2.7亿元，妥善解决了1.1万名自建和两型安置居民的社会养老保险，实现了全区拆迁群众全员参加企业职工养老保险。就医就学受惠更多。引入省市名校资源合作办学，2014年九华中学建成开学，和平小学预计2015年秋季开学，园区群众在家门口就能享受到优质的教学资源；推广了十二年义务教育，学生就读高中学费全免；全面实施村卫生室基本药物制度、基药零差率销售，管委会以购买其服务的方式给予补助等。出行更加两型、便利。倡导绿色出行，公共自行车租赁系统一期1100辆公共自行车运营良好，二期500辆建设正式启动；30辆免费公交基本覆盖建成区。加快"智慧九华"建设。在湖南省住建厅和科技厅联合召开的省2014年度国家智慧城市试点专家评审会上，湘潭经开区"智慧九华"项目成为湖南省向国家重点推荐的国家智慧城市四个试点之一。

5. 两型示范创建在改革摸索中形成新的机制

两型社会建设顶层设计更加完善。制定了《2014年两型社会建设总体实施方案》、《两型综合示范片区建设方案》、《2014年十大领域两型示范创建工作方案》等3个综合性建设方案，完善并建立了8个领域的两型示范创建方案。绿心保护工作推进有力。将绿心保护工作纳入经开区的年度考核目标任务，建立了生态绿心地区保护目标责任制，层层签订生态绿心地区保护责任状；对涉及绿心地区的项目进行全面清理，编制完成了涵盖绿心地区的城乡统筹片区详细控规。两型示范创建氛围浓厚。总结提炼了"智慧九华"数字城市管理平台、两型城市公共交通系统、创新创业中心小微企业孵化平台3个两型模式，并在全省宣传推广；《搭建"三高"平台打造"两型"产业》和《湘潭经开区："两型"生活方式蔚然成风》等综合经验报告在《湖南日报》等省内主要媒体上发表，进一步提升了经开区两型社会建设在区域内的影响力；充分利用九华周报、九华电视台、九华门户网站和微信等平台，通过专题、专栏等形式，深入宣传两型示范创建的目标、内容和做法，在全区上下形成推进两型社会与生态文明建设的浓厚氛围。

在推进两型社会与生态文明建设的进程中，我们认为必须做到"四个坚持"。

一是坚持解放思想，做好顶层设计。党的十八大将生态文明建设上升到"五位一体"的高度，经济发展进入增速换挡、质量上升的新常态，全面社会改革成为新时期的导向和重点，在这样的背景下，作为国家级的经开区和两型社会建设的示范区，在具体推进两型社会与生态文明建设的过程中，必须进一步解放思想，全面转变发展方式，将两型社会建设纳入全区经济社会发展的总体布局，确保各项工作目标明确、重点突出、责任明晰、措施有效。

二是坚持把握机遇，形成自身亮点。近年来，湘潭经开区牢牢把握国家中部崛起和设立两型社会综合配套改革试验区的机遇，特别是获批国家级经开区后，充分利用好国家级经开区的平台和政策利好，筑巢引凤，擦亮招商引资的金字招牌，先后引进了一批世界500强企业和国内外知名企业；牢牢把握长株潭上升为国家战略层面城市群的机遇，与长沙大河西先导区签署战略合作框架协议，推进与长沙的全面对接，加强两区在基础设施建设、产业发展、环境治理等方面的合作；牢牢把握国家推进"长江经济带"的战略机遇，加快推进湘潭综合保税区建设，打造全省对外开放的新高地，加快沪昆高铁湘潭北站建设，打造长株潭城市群新的"高铁经济圈"。

三是坚持突出重点，抓好项目建设。两型社会建设只有依靠项目推动，才能真正形成内生增长力。狠抓制度创新促项目建设。建立了招商引资工作机制，在项目入园之前严格评估测算是否有良好的经济社会效益，是否符合园区产业发展方向，是否符合两型要求；建立了项目建设工作机制，充分做好项目征拆、场平、立项、评审、建设、履约跟踪等全程服务；建立了领导联点机制，重大项目委领导联点，坚持现场办公、一线服务，协调解决项目建设过程中的困难和问题。狠抓工作执行促项目建设。每年开展"战高温、夺高产"劳动竞赛，狠抓七八九月黄金季节，科学调度；强化督查督办，每周一调度、一月一讲评，重特大项目日调度、周讲评。狠抓要素供给促项目建设。加大筹融资力度，拓宽融资渠道，做好策划包装，确保项目建设资金需求；加快推进征地拆迁，特别是重大项目的扫尾工作；加大土地报批力度，对一些重大项目急办快办，千方百计确保项目建设用地需求。

四是坚持优化环境，构建长效机制。发展环境优，两型活力足。不断创新人事人才工作机制，全力打造干事创业的优秀团队，在全区全面推行竞争上岗制度和全员聘用制度，实行以岗定薪、岗变薪变的薪酬制度，创新绩效考核机制，对年度工作绩效进行考察考核、量化评分和综合评价，并在绩效考核体系中加入服务对象满意度测评的要素，让广大人民群众和投资商有效监督干部职工作为，每年绩效考核处于末位的干部职工采取诚勉谈话、降级使用、解聘等措施，激发他们工作的积极性和紧迫感。不断创新政务服务机制，按照"小政府、大服务"的要求，搞好高效廉洁的政务服务。对政务服务的各项内容，完善办理制度，公开办理条件，优化办理流程，承诺办结时限，提升服务水平，设立政务服务中心，实行一站式受理，一条龙服务，一门式收费，承诺时限内办成。同时，严格贯彻落实中央、省、市一系列改进工作作风、密切联系群众、"反四风"、厉行节约、反对浪费等系列文件精神，坚持艰苦奋斗、服务至上的创业精神，切实改进工作作风，不断提升服务质量和水平。

二　2015年两型社会建设重点

2015 年是"十二五"规划的收官之年，也是"十三五"规划的谋划之年。湘潭经开区将认真贯彻落实党的十八大和十八届三中、四中全会精神，全面推进经开区"二次创业"，坚持转型、高端和创新发展，努力开创两型社会建设新局面。

1. 强化规划引领

认真做好"十三五"规划的编制工作，把两型社会建设放在更加突出的位置，将两型示范创建的各项目标任务分解融入到经济社会发展的各个领域、各个层次；全面实施两型社会建设 5 年目标任务计划，突出做好两型社会建设的各类专项规划，特别是合理布局涵盖绿心地区的城乡统筹片区详细控规，完善绿心地区保护工作机制办法。

2. 狠抓项目建设

把项目建设摆在突出位置，全力以赴促进重大项目投产达效。打造新的产业增长点。泰富重工二期确保 5 月建成投产；威胜智能产业园确保 5 月建成投产；吉利新能源汽车生产平台确保年底建成投入运营；恒润高科整车生产基地力争年底基本建成。构建新的城市格局。加快沪昆高铁站前广场建设，确保尽早投入使用，进一步加快高铁站场周边配套服务设施建设，形成零换乘的交通格局；加快湘江风光带、九华大道建设，确保建成通车，全面连接长沙，盘活经开区"沿江沿路"北上发展的战略框架。提升新的城市品位。加快步步高摩尔城建设，力争年底建成投入运营，打造步步高大道—九华湖片区新的中央商务区；加快黄河索菲特大酒店建设，力争8月投入运营；加快中心医院建设；加快和平小学建设，确保秋季建成实现招生，从而构建从幼儿园到高等教育完整的教育教学链。

3. 加快转型升级

在深化改革创新中加快发展，在快速发展中解决问题、赢得机遇、抢占高地。不断扩大对外开放。全力支持配合湘潭综保区的建设和工作，实现经开区与综保区协同作战、融合发展，充分依托综保区平台，着力提升经开区的对外开放水平，抢占全省外向型经济发展高地。着力提升科技发展水平。加大产学研合作力度，充分发挥院士工作站、大学科技园等平台作用，引导企业开展技术创新、产品升级和品牌创建；设立专项扶持资金，鼓励企业创建国家级、省级工程和技术中心，不断提升园区企业的内生增长力。大力发展现代服务业。加快产城融合步伐，生产性服务业方面重点引进现代物流、总部经济、汽车服务、金融服务外包、软件服务外包、工程技术服务、教育培训等项目，有效促进产业价值链条向前端的研发、设计和后端的品牌、销售等环节延伸，加快产业结构优化升级；研究出台一批支持现代服务业发展的政策和措施，有针对性地引进一批具有品牌效应、带动作用的购物、餐饮、休闲、娱乐、中介服务等消费性服务业项目，着力推动商贸繁荣、人气聚集。

4. 夯实要素保障

千方百计破解发展瓶颈。资金方面，切实做到开源节流。进一步拓宽融资渠道，积极策划包装项目，加快推进投资公司体制改革；加强税收征管，做到应收尽收；严格控制预算支出，分轻重缓急有序推进建设，不搞"遍地开花"。土地方面，积极争取上级国土部门支持，加快土地报批，并抓好重点项目征拆扫尾工作，确保项目建设用地需求；积极探索集约节约用地途径，加大闲置及低效利用土地的清理整改。人才方面，积极实施人才计划，大力引进高端专业人才，抓好干部职工培训教育，形成人才梯队；加大对企业引进优秀人才的扶持力度，积极搭好平台，帮助企业开展人才招聘和上岗培训。

5. 推进城乡统筹

坚持发展为了人民，发展成果与民共享。加大民生事业投入。不断提高政

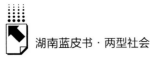

府购买公共服务力度，优化和完善园区免费公交、公共自行车、免费无线网络的布点及线路；加快社区农贸市场、社区服务中心建设，加大对农村医疗卫生教育的投入力度。加快城乡统筹发展。加快推进城乡一体化进程，启动生态保育区建设，制定和完善生态保育区规划，规划建设连接建成区和生态保育区的主干道，并计划将免费公交开通至生态保育区，使非建成区的农民能更加快捷便利地进城享受城市的一切优质资源，共享经开区的建设发展成果。促推农民向市民转变。继续深入实施好"富而思进"培训工程，着重引导广大征拆群众科学理财、创新创业；切实加强社区管理，杜绝陋习，倡导生活新风尚，真正从身份上、习惯上、思想上促进征拆农民向市民转变。

B.43

天易示范区：两型发展之路越走越宽

湘潭天易示范区

湘潭天易示范区获批为湖南省可持续发展实验区、湖南省两型园区；区管委会获评湖南省两型机关；区内云龙实验小学成功创建全国两型示范学校，韶力机车、银塘村、砚井社区等分别成为湖南省两型企业、两型村庄、两型社区……近年来，天易示范区两型创建工作捷报频传。

示范区坚持以"天更蓝、地更绿、水更清、发展更好、城市更宜居、人民更幸福"为目标，大力推进"产城融合、城乡融合、区域融合、生态融合"，在取得经济快速发展的同时，两型发展之路也越走越宽。经湖南省2013年产业园区发展综合评价，示范区在全省123家省级以上考核园区中综合排名第12位。

一 天易示范区两型社会建设成就

1."三个"理念推动两型创建由知到行突破

毋庸置疑，思想是行动的先导。为打造两型园区，天易示范区首先从思想入手，树立了"科学规划出效益"、"精细管理出效益"和"资源集约出效益"三个理念。

按照"湘江新区、生态新城"的形象定位，融合"生态"、"低碳"等两型元素，示范区坚持着规划领统的原则，先后出台了《示范区战略发展规划》、《示范区中长期产业发展规划（2011～2020）》、《长株潭城市群两型社会示范区湘潭易俗河片区规划（2010～2030）》，以及土地利用总体规划等。形成了以两型理念为引领的城规"坐标"、土规"指标"和发展"目标"三者有机统一的规划体系。

在资源集约上，制定了严格的城镇开发、农村居民、工业、交通、公用配套等五类建设用地项目的容积率、投资强度、建筑密度等控制指标。单位面积土地投资强度提高了2倍多。同时，大力推进标准厂房建设和全面清理闲置土地，其中，引进了宏信创新产业园，集中建设了多层标准厂房25万平方米、太阳能屋面板供电系统7万平方米等，使该产业园形成了布局合理、功能完善、产业集聚、特色鲜明的两型示范园区，预计可容纳中小微企业200余家。近几年来，共收回低效闲置土地9宗近3400余亩，督促开工建设20宗近700亩，大大提升了园区土地开发利用效益。

2. "三项"机制推动两型创建由点到面突破

云龙实验小学开启了"两型教育从娃娃抓起"模式，起到了"教育一个孩子、带动一个家庭、影响一个社区"的良好效果；天易示范区管委会在全体干部职工管理中实行了"四个一"（即节约一度电、一滴水、一滴油、一张纸）节约模式，发挥了倡导两型、率先发力的示范效应；园区企业韶力电气实现向管理要节能降耗等，为企业可持续发展提供了示范……近年来，天易示范区的两型创建工作得到了全区的积极响应。

只有两型成为广大干部群众的道德观、价值观、行为准则和生活习惯，才能真正建成两型社会。示范区秉承这个观念，在建立"全民参与机制"、"公共服务机制"、"区域合作机制"上下足了功夫，充分调动了社会各阶层建设两型社会的积极性和创造性，全面推动园区两型社会建设的普及开展，使越来越多的区内企业、干部职工主动践行两型理念。

如今，在天易示范区，各学校开设两型课堂已成为常态；天易两型展示厅面世后，成为推介园区两型技术成果、宣传两型文化的阵地；两型示范创建进学校、进企业、进机关、进酒店、进村庄、进社区、进家庭，达到了一个单位带动一个行业，一个行业带动整个社会的效果。据统计，目前示范区培育出来的两型单位和项目达113个，通过省市批准的有25个。

天易示范区在建立"公共服务机制"、"区域合作机制"上也是成果丰硕：加强了被征地农民的就业培训和社会保障制度，实现就业率达90%；被征地农民社会养老保险费征缴实现100%覆盖；在全市率先推行被征地农民的城镇居民医保；与株洲天易示范区签署了《湖南省天易示范区战略合作协议》，形成了"规划一张图、同修一条路、共同开发一片区域"的"三个一"工程合作意向，初步形成了"交通同网、能源同体、信息同享、生态同建、环境同治"的发展格局……

3. "三大"工程推动两型创建由量到质突破

两型创建，项目是关键。近年来，天易示范区的"产业升级"、"节能减排"、"绿心保护"三大工程持续发力，在园区内逐步形成了两型生产生活模式，实现了两型改革建设由量变到质变的重大突破。

建立招商引资项目入园评测体系，从产业定位、环保要求、投资强度、税收回报等方面严把项目入园关；入园项目建设严格执行环评和"三同时"制度；推进"两化"融合，以信息化助推工业化，促进传统产业转型升级；大力培育两型产业，产业升级之路越走越宽阔。据不完全统计，近两年总共拒入不符合两型要求的项目达110多个，拒入投资总额超过了100亿元；另一方面，经过近年来的快速发展，一批重大符合两型园区产业特色的两型项目纷纷落户天易，园区"3＋2"两型产业体系初具规模。目前，示范区共有两型制造业企业54家，实现两型制造业产值50.85亿元。有两型服务企业55家，完成产值47.57亿元，同比增长49.36%。

在抓好产业升级的同时，全面实施环境污染治理，湘江流域重金属污染得到重点治理，园区循环经济技术推广试点工作顺利启动；大力实施绿心保护工程，其中，以金霞山、向东渠、白沙洲、紫荆湖等自然生态景观为重点，划定了禁止开发区域，并按照"保护性开发"的原则，全面启动了金霞山森林公园、湘江风光带、云水支渠景观工程、紫荆湖生态新城等项目建设，山水洲城生态绿心体系逐步形成。

二 2015年两型社会建设目标和思路

总体目标：通过创建湖南省两型综合示范片区，集中承载省市两型项目和资金，实现示范区绿色低碳循环发展新常态。

总体思路：按照"提质、集成、见效"的要求，开展六大创建活动、推进八个具体项目，构建两型知识全面普及、两型产品广泛使用、两型生产生活方式逐步形成的格局。

三 2015年两型社会建设重点

1. 开展六大创建活动

一是通过创建实现拓面。通过开展两型社区、两型村庄、两型企业、两型学校、两型家庭、两型机关等六大创建活动，打造更多的两型示范亮点。

二是通过创建实现提质。已经创建成功的项目和单位，按照提质、见效的要求，发挥各项目和单位的辐射和带动作用，形成一批创建模式，在省市推广。

2. 推进八个具体项目

一是垃圾分类和无害化处置项目。通过"分类可积分，积分可兑换，兑换可获益"的基本路径，在示范区范围内选择3~5个小区进行试点，投放智能垃圾分类机，居民将含有自己信息的二维码贴在可回收垃圾袋上，再投进回收箱，根据垃圾投放的类别和重量等因素可累计积分，积分可兑换相应奖品，鼓励、引导更多居民参与生活垃圾的源头分类。通过市场运作，联合第三方建设垃圾无害化处理试验基地，采用机械物理处理方法，剔除有害物质（如重金属等），分选出有价值的资源物质，分选出沙石等惰性不可燃物，通过高热值组分脱水，最后制作成稳定的衍生燃料。项目的工艺可杜绝二次污染，垃圾环保预处理试验基地如运行成功，可为下一步全面推广积累有益经验。

二是工业废弃物综合利用项目。建立示范区"城市矿产"网络公共信息平台，通过供求信息共享加快园区工业废弃物循环利用。引入第三方有危险废弃物处理资质公司，为园区企业提供全方位的废弃物处理处置系统解决方案，并协助企业实现工业废弃物的无害化和资源化的有效处置。通过制定危险废弃物处理办法、环境保护举报机制、工业废弃物处置情况报备制度等，实现对示范区企业及废弃物处置企业的有效监管；探索工业废弃物开发利用奖惩机制，积极推动园区城市矿产的资源化利用。

三是绿色采购项目。引导园区更多的企业产品进入省市两型技术产品目录。加强对接省市县政府采购部门，为已列入省市两型产品目录的示范区园区企业，在省、市、县三级政府采购中争取占有更大的市场份额。推进示范区投资的重点工程建设执行绿色采购，争取市委、政府按市级相关支持文件给予重点工程建设加分和采购奖励。

四是节能产品推广项目。通过两型企业、家庭、社区、村庄等示范创建工作引导企业、单位和家庭广泛使用节能产品。通过政府引导、市场运作的手段，与节能产品开发商合作，推进节能产品的广泛使用，调动一切可以调动的社会资源投入两型社会建设。

五是绿色出行项目。加大绿色出行宣传力度，通过微信、网络、电视等移动社交平台，转变市民惯性出行观念，主动采用能降低二氧化碳排放量的交通方式，大力提倡15分钟内步行、30分钟内选择骑车或乘坐公共交通工具的出行方式。试点推广自行车系统，建议2015年在区内人流量较集中的企业门口和大的商场设立4~5个站点，试行推广自行车系统。

六是绿心提质项目。以保护性适度开发为原则，以金霞山公园建设提质、形象提升为目标，推进金霞山公园设施配套、景观林补植补造、环境卫生管理以及周边环境的整治建设等工作。

七是绿色建筑推广项目。加强宣传，做好绿色建筑和建筑节能新技术的推广工作。建议在示范区范围内执行绿色建筑标准，将绿色建筑相关要求纳入立项、土地招拍挂、规划审批、设计审查、竣工验收等环节予以把关。推进示范区投资的公益性公共建筑实施绿色建筑标准，最大限度地节约资源（节能、节地、节水、节材），保护环境和减少污染，为人们提供健康、适用和高效的使用空间，与自然和谐共生的建筑。

八是两型文化培育项目。建设固定的两型宣传阵地，采用宣传栏、宣传标语、宣传动漫等方式，宣传资源节约、环境友好为主题的道德文化、制度文化、行为文化、技术文化等，营造两型文化氛围和培育两型精神。发挥两型志愿者的示范、监督作用，组织开展天易两型生产生活艺术节、垃圾分类比赛、节能灯普及、家庭节水、太阳能利用等两型志愿服务主题活动，通过常态化志愿服务活动，提倡两型行为，在全社会培养两型习惯。

3. 加强法务工作，强化两型保障

以服务示范区发展为大局，按事前强化协议及规范性文件合法性审查、事中开展协议履行及规范性文件执行的检查督促、事后积极协助应诉维权实行责任追究三个环节充分发挥法制机构服务、参谋、指导三项职责，促进示范区各项工作法治化、规范化。

一是加大对依法行政工作的指导力度，积极做好依法行政工作的督促指导、政策研究和情况交流等工作。

二是切实履行规范性文件（含协议合同，下同）合法性备案审查职能，确保制定的规范性文件符合上位法规和政策，符合实际工作需要，增强可操作性，解决工作中存在的"制而不备、备而不审、错而不纠"问题。

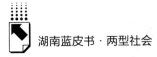

三是对示范区颁布的规范性文件进行一次系统清理，对不符合法律、法规、规章规定或者相互抵触、依据缺失以及不适应发展要求的规范性文件，提出修改或者废止意见。

四是加强示范区行政执法文书评查，统一示范区各部门执法文书内容、格式，建议加强执法文书审批流程管理。

五是涉诉涉访部门是应诉责任主体，对诉讼结果承担责任，建议示范区建立错案责任追究制度。

六是加强示范区法制机构队伍建设，充分发挥现有法律咨询顾问的作用，同时对招商引资、土地收储等方面的法律事务探索开展委托专业律师，实行风险代理。

昭山示范区2014~2015年
两型社会建设报告

湘潭昭山示范区

2014年以来，昭山示范区坚持"打基础、拉框架、利长远"的战略思维，按照"在保护中开发，在开发中提升"的原则，不断夯实基础设施，狠抓两型生态项目建设，全面提升综合实力，绿心保护和发展水平有效提升，两型建设成效显著，呈现出来势较好、后劲较强的良好局面。

一 2014年两型社会建设情况

1. 大力推进转型升级，综合实力稳中有升

坚持"提一退二进三"，加快产业调整，三次产业结构比调优为3∶41∶56。"提一"方面，以玉屏、立新花卉苗木为代表的观光农业、特色农业不断做大，规模效应、示范效应逐渐凸显。"退二"方面，截至2014年底，全区保持正常生产的规模工业企业9家，2014年完成工业生产总产值同比减少33%；加快规模企业技术创新，现有4家战略性新兴产业企业和1家高新技术企业正加快转型升级，有2家公司申报了"专精特新"项目，其中华凯公司2014年新认定6项专利。"进三"方面，实现服务业收入47.4亿元，同比增长27%；实现服务业增加值19.9亿元，同比增长41%。已作为全省唯一的申报单位向文化部申报"国家级文化产业园"；昭山景区成功创建为国家4A级旅游景区；旅游商品《昭山八景当代湘绣艺术精品全集》在2014年中国旅游产业博览会上喜获金奖。同时，不断扩大对外开放，积极发展外向型经济，实现到位内资12.32亿元，完成全年目标103%，同比增长55%。到位外资4660万美元，同比增长14%。通过一年的努力，全区经济增长较快，社会固定资

产投资、财政收入、技工贸总收入等增速均超过 20%，特别是财政收入同比增长 20.89%，增速位居湘潭市第一。

2. 高效推进项目建设，发展后劲显著增强

2014 年完成重点项目投资 72.81 亿元。基础设施建设全面突破，"三纵四横"骨干路网基本实现全线贯通；15 个道路节点全部获批并启动建设 14 个，昭云、白合下穿京广铁路两个节点实现贯通；高速公路互通工程推进顺利。产业项目有效推进，中建仰天湖、昭山晴岚、景区提质改造三大产业项目全年完成投资 22.2 亿元；设计创意产业园、媒体产业园等项目即将开工建设；文化产业孵化基地——两型产业发展中心已建成，湖南立方国基文化发展有限公司等多家企业已入驻。民生项目进展顺利，湖南教育的旗舰品牌扎堆落户，投入 1.8 亿元建成硬件设施一流的昭山和平小学，诺贝尔幼儿园预计 2015 年 6 月开园，与雅礼集团合作建设昭山示范中学正在抓紧对接。8 万平方米安居工程——昭山人才公寓（公租房）部分主体已竣工；两个安置区累计提供安置房源 2600 套，约 34.4 万平方米，安置人口近万人。项目招商来势较好。昭山华侨城文化旅游综合体项目已与市政府签订战略合作协议；红星美凯龙、悦榕庄、裸心谷等项目即将签约；深度对接了省奥林匹克体育中心、齐白石生态艺术园、露营基地等 20 多个重大产业项目。昭山景区提质改造项目即将与天下凤凰投资有限公司签约，已启动古寺落架大修。要素保障扎实有力，创新方式，试点发行"债—投—贷"模式棚改收益债；与国开行、建设银行、华融湘江银行、农业银行等 20 余家金融机构建立了良好的银企合作关系，保障了项目建设资金需求。建立了行之有效的征拆工作机制，完成土地征收 2760 亩，拆除房屋 349 栋，面积 9 万余平方米；完成土地报批近 1500 亩。推行了对外公开招聘等多种选贤纳才办法，探索实施了月度考核办法，推行"末位淘汰""一票否决"等机制，锤炼了干部队伍。

3. 切实推进民生改善，发展成果更多更好地惠及人民群众

不断提升社会保障水平，给予被征地农民 15 年养老保险补贴、3~5 年灵活就业人员的医疗保险补贴和已退休人员 15 年居民医疗保险；新型农村合作医疗征缴率 99.9%，城乡居民社会养老保险的征缴率近 80%；率先在湘潭实施农村低保 B、C 类对象保障水平城乡一体化政策。积极开展社区环境卫生整治，社会环境有效改观。

4. 持续推进两型创建，绿心保护与发展成效明显

不断优化两型规划，充分对接《长株潭城市群绿心地区总体规划》，严格遵循"坡度25度以上不开发""遇山让山，遇水留水"的原则，突出融入两型元素，进一步优化片区总体规划、各片区控制性详规、各项目规划。切实加大绿心保护力度，综合防灾和林区景区生态恢复项目、重金属污染治理项目已基本完成；在保护地带增设绿心保护标志32处，造林2700亩，体制改造林相3000亩，绿化覆盖率超过67%；坚决查处破坏绿心违法违规行为，将绿心保护纳入绩效考核。积极治理扬尘，辖区主次干道清洁度分别达到一、二级，全面完成规模化养殖场污染治理、油烟整治年度任务；积极开展环境污染隐患大排查，提前超额完成农村生活垃圾整治。全年违法占用耕地面积占新增建设用地、占用耕地总面积均控制在5%以下，查处整改到位率90%以上，实现了"零约谈零问责"，顺利通过省市验收。创文创卫工作常抓不懈，拆违控违力度加大，市容市貌大为改观，被评为2014年度市容环境"五项整治"工作先进单位。努力打造两型建设亮点，完成可再生能源建筑应用示范面积20万平方米，投入400万元建设清洁能源建设，大力推广运用太阳能热水器、太阳能路灯、生物质炉灶；在两型产业发展中心推广运用地源（水源）热泵、智能洗车等技术，该建筑通过住建部三星绿色建筑认证。昭山景区创建生态文明景区取得重大突破。争取省两型管委、财政厅两型建设专项资金870万元打造两型示范片区，扎实推进生态法庭、城乡生活垃圾第三方治理等30个两型项目，深入开展十大创建活动，示范片区创建进展顺利，被评为2014年省、市两型综合示范片区。

二 2015年两型社会建设思路

总体思路：全面贯彻落实党的十八大和十八届三中、四中全会精神和中央、省、市系列决策部署，以深化改革为动力，以项目建设为中心，以规范管理为抓手，紧扣"产业项目建设年"的目标任务，更加突出完善基础设施，更加突出产业招商引资，更加突出优化发展环境，更加突出民生事业发展，纵深推进两型社会建设，在创建"三个国家级"目标上迈出关键一步。主要经济指标预期目标是：实现全社会固定资产投资105亿元，同比增长30%，力

争 35%；完成财政总收入 5.6 亿元，同比增长 12%，完成税收 4 亿元；完成技工贸总收入 168 亿元，同比增长 28%；主导产业聚集度同比增长 4 个百分点。围绕上述目标，重点抓好以下六个方面的工作。

1. 实施基础提质工程，进一步夯实发展基础

加快推进两条高速互通、骨干路网、道路节点工程等基础设施建设，持续推进芙蓉大道提质改造工程，加快湘江综合交通枢纽论证，破除过境交通造成的切割效应，真正将交通优势转化为区位优势；坚持舒适、便民、宜居的原则，着力完善昭山和平小学及昭祥幼儿园、昭山示范中学、两个安置区、农贸市场等配套设施建设，改善居住条件。加快解决历史遗留问题，拓展发展空间，确保社会大局和谐稳定。

2. 着力加快招商引资，打造加快发展新引擎

积极争取省、市层面的大力支持，促进与华侨城集团尽快签订商务合同，通过引进和建设龙头项目，引爆区域经济发展；尽快完善出台文化产业、电子商务、总部经济等产业发展方面的优惠政策，打造政策洼地，吸引项目入驻；加快推进昭山文化创意产业园、长株潭中心商业综合体、月意生态、北大未名生物能源等 22 个重点招商项目。

3. 全力攻坚产业项目，切实增强发展动力

以芙蓉大道为轴，打造大健康产业（医学中心）集聚区、文化产业集聚区、高端商务集聚区、生态休闲产业集聚区。一是加快在建产业项目建设。力争昭山晴岚项目完成投资 8 亿元，中建仰天湖绿色养生示范城项目完成投资 5 亿元，昭山风景区提质改造项目完成投资 5 亿元，昭山文化创意园项目完成投资 2 亿元。二是尽快新开工一批产业项目。尽快启动悦榕庄、安缦度假村、仰天湖文化旅游综合体、天下凤凰湖湘风情小镇、省奥林匹克体育中心、易家湾古镇文化旅游综合体、沿江商业街、湾塘文化旅游、露营基地、美丽乡村等项目建设。三是着力夯实要素保障。积极探索新型融资方式，确保满足项目建设资金需求，继续抓好征地拆迁、拆违控违、土地报批和上市工作，保障项目用地，力争征拆土地 2000 亩，确保完成土地报批 1500 亩，土地供地 1000 亩。

4. 突出两型引领，努力提升绿心保护水平

着力打造以"四区一廊道"（"四区"即省级生态文明景区：昭山风景区；两型综合配套区：昭山和平小学、安置区、两型公寓、昭山诺贝尔幼儿园；美丽乡村片区：红旗—黄茅—立新片区；两型生活区：双建社区。"一廊道"为芙蓉大道沿线环境整治）为核心的两型综合示范片区，加快推进30个省、市两型示范片区项目建设，确保通过评估验收；积极探索建立昭山环境保护法庭。

5. 坚持改革创新驱动，有效激发发展活力

坚持向改革要效益，向市场要活力，重点推动国有资本与城市资源经营改革，积极扶持昭山投资控股公司做大做强，打造具备优质资产、强大执行能力、较高赢利水平、市场化程度比较高的国有资本运营平台；积极推进财政管理、绩效考核、行政审批、两型体制等方面的改革。

6. 不断改善社会民生，全面提升居民幸福指数

继续推进芙蓉大道两厢的棚户区改造工程，完成昭山片区土地一级开发项目（一期）棚改1388亩，2015年启动、分3年建设城市棚改安置房约800套、国有工矿棚改安置房约2500套，同步配套完善学校、公园、商业等设施。持续推进两个安置区建设，完成两型公寓（公租房）建设，打造"宜居昭山"。进一步抓好失地农民社会保障和城乡居民社保工作，全面推行城乡低保一体化，打造"幸福昭山"。不断拓展就业渠道，打造"宜业昭山"。扎实抓好综治维稳、城市管理、安全生产、食品药品安全、森林防火等工作，打造"平安昭山"。

三 关于加快昭山两型社会建设的思考

1. 进一步强化发展意识，实现创新发展、长远发展

昭山位于长株潭城市群生态绿心核心地区。长期以来，人们对生态绿心地区往往强调保护，弱化了绿心地区发展的功能，将绿心作为一个生态隔离区，保持通而不畅的原始模样，在两型社会建设初期，这种理念对绿心生态保护发挥了重要作用。但随着两型社会建设的加快推进，一味地强调保护，既不利于生态绿心地区低水平绿植的改良和生态保护水平的提高，同时也忽略了绿心地区人民群众期盼加快发展、共享发展成果的强烈愿望，挫伤了人民群众参与两型建设的积极性，也不符合全面建成小康社会的要求。事实上，发展与保护并不对立，只有创新思路，结合地区生态资源等方面的客观实际，坚持在保护中开发、在开发中提升，通过低密度的开发建设，完善绿心地区基础设施，导入支撑长远发展的生态两型产业，在改善绿心地区植被、土壤等环境、提升绿心

保护水平的同时，形成持续稳定的财源，增强生态绿心地区自身造血功能，建立长效的绿心保护投入机制，进而形成绿心保护机制。目前，昭山示范区正在按照这一思路，在进一步完善夯实基础设施的同时，加快引进和发展环境污染少、资源消耗低、产出效益好的现代服务业。全社会层面特别是省级层面应当进一步强化绿心地区发展意识，在政策、资金等方面加大对绿心生态地区基础设施、产业建设等方面的支持力度，特别是积极支持重大两型产业项目落户昭山等生态绿心地区，进一步加快生态绿心发展，实现绿心地区生态保护与经济发展相得益彰、相互促进。

2. 有效利用空间资源，实现高端发展、集约发展

制约昭山发展最大的瓶颈是空间不足，当前宏观政策对土地的管制更严格、限制条件更多、审批程序更规范。2012年以来，昭山示范区仅报批土地2745亩，上市320亩，土地供应更加紧张，可以说，昭山虽然拥有长株潭地区最宝贵的资源，但也是资源最稀缺的地方。同时，由于多方面的原因，昭山示范区片区总体规划与绿心地区总体规划及"两条例一细则"在用地规划及建设方面存在一些矛盾，导致部分建设用地均分布于山体之上，规划的建设用地无法进行产业开发。因此，我们认为，昭山的资源现状和产业定位决定了昭山示范区必须走高端发展、集约发展的路子，坚持用最好的资源引进最好的产业，依据差异化定位错位发展，把高端服务业作为主攻方向，突出发展生态旅游、文化创意、高端商务、生态总部等产业，在产业链条中占据高端，绝不能搞低水平重复建设、低层次同质竞争，坚决拒绝房地产等"摊大饼""撒胡椒面"式的低端项目，实现资源效益的最大化；另一方面，要把握《长株潭城市群区域规划》和《湘潭市城市总体规划》调整的有利时机，积极争取市直相关部门的支持，加快完成对片区总体规划和土地利用规划的优化调整，进一步释放发展的空间。

3. 积极主动作为，在长株潭城市群协同发展中实现融合发展、快速发展

昭山示范区位于长株潭城市群融城核心地区，是三市地理中心和国家交通动脉交汇中心，区位交通优势得天独厚。但是，目前长株潭三市在局部地区、某些领域的协作还不够协调，制约三市协同发展的体制机制障碍，看不见、摸不着的"玻璃墙"依然存在，如果不加快长株潭城市群协同发展，昭山将面临被三市边缘化的危险，必须积极主动作为，推动昭山与周边地区融合发展、联动发展。建议省级层面加大统筹力度，完善长株潭城市群区域发展整体规划，统筹解决三市功能定位、产业布局、城市规划、基础设施建设、综合交通体系等重大问题；把交通对接作为城市群协同发展的先行领域，加快建设长株潭城际干道，打通断头路，加速推进基础设施建设互联互通；统筹融城核心地区产业布局，将省级重大公共文化、体育设施和文化旅游、生态休闲、高端商务和总部经济等现代服务业重大项目布局在昭山，逐步建立长株潭三市统一的招商引资、社保、就业等方面的政策，优化经济发展环境，促进长株潭城市群协同发展。

加快绿色发展　建设两型园区

——湖南岳阳绿色化工产业园低碳园区建设的实践与思考

岳阳绿色化工产业园

湖南岳阳绿色化工产业园（原云溪工业园）是 2003 年 8 月经湖南省人民政府批准设立的一个省级经济技术开发区。2012 年，为加快主导产业发展，做大做强岳阳的石油化工产业，岳阳市委、市政府决定整合云溪区境内及周边的石油化工资源，报请省人民政府批准，建立湖南岳阳绿色化工产业园。同年 9 月，湖南岳阳云溪工业园正式更名为湖南岳阳绿色化工产业园。湖南岳阳绿色化工产业园近期（至 2020 年）建设用地规划 52 平方公里，远期（至 2030 年）建设用地规划 70 平方公里，范围为"两厂四园"区域（即长岭炼化、巴陵石化两大企业；云溪精细化工园、长炼工业园、临湘滨江工业园、临港新区新材料产业园四个园区）。由长岭、云溪、儒溪三个地域片区构成。至 2014 年底，纳入岳阳绿色化工产业园管理的各类化工及配套石化企业 153 家，开发面积达到 15 平方公里，完成技工贸收入 873 亿元，创税 117 亿元，成为集石油炼制、催化剂及助剂、石油化工、精细化工和化工新材料产业于一身的现代化大型化工专业园区。园区被评为国家高技术产业基地、国家火炬特色产业基地、国家新型工业化示范基地、国家循环化改造示范试点园区、国家低碳工业试点园区、湖南精细化工特色产业基地，被纳入全省重点发展和培育的"千亿园区"和"千亿产业集群"之列。

一　建设低碳园区的发展基础

湖南岳阳绿色化工产业园一直秉持"低碳、循环、安全、高效"的绿色发展理念，落实减量化和资源再利用原则以及循环发展方针，致力打造集约化、专业化、绿色化化工产业园区，逐步实现了产业布局由过去的"分散同质"向现在的"集群组团"转变、产业链条由过去的"开式线型"向现在的"闭式环型"转变、资源利用由过去的"单一低效"向现在的"循环高效"转变、污染治理由过去的"末端削减"向现在的"全面控制"转变等"四个转变"，走出了一条现代化工产业集约化、专业化、绿色化发展的新路子。

1. 循环经济方面

一是构建了循环经济格局。产业园以循环链条为核心，通过构建空间布局最优化、产业链接循环化、废物利用资源化、能量利用阶梯化、公用辅助一体化的"五位一体"支撑体系，打造了"企业小循环、园区中循环、行业大循环"的循环经济格局。"两厂四园"齐头并进，耦合发展。长岭炼化主要发展丙烯循环化利用产业链，巴陵石化主要发展碳一和芳烃循环经济产业链，云溪工业园主要发展丙烯、碳四、碳一循环经济产业链和催化剂、石化废气综合利用产业链，长炼工业园主要发展丙烯、碳四循环化利用产业链，临港新区新材料园主要发展合成材料深加工产业，临湘滨江工业园主要发展化工新材料及特种化学品产业。

二是构建了产业循环体系。产业园以巴陵石化、长岭炼化为龙头，合理延伸石化副产品深加工和废弃物再生利用产业链，建设和引进产业链接或延伸关键项目，不断促进物料闭路循环，形成了炼油化工、催化剂及助剂、化工新材料及特种化学品、合成材料深加工四大产业及碳四、丙烯、芳烃和碳一四条主产业链。在资源循环利用和产业延伸拓展上，主要发展了两大产业链条链接模式：产业间的横向耦合关联，以芳烃产业链为例，长岭炼化和巴陵石化在生产过程中产生的芳烃主要包括苯、甲苯和邻二甲苯三种。苯一部分在巴陵石化加氢制环己烷，并氧化制成环己酮，进一步制成己内酰胺，再经过巴陵石化化工制成尼龙6切片，最后制成纤维和塑料，这部分主要与煤气化产业链耦合；另一部分苯制成苯酚，进一步制成双酚A，再与丙烯产业链环氧丙烷制成环氧树脂，实现与丙烯产业链的循环；上下游的纵向延伸关联，如长岭炼化和巴陵石化等石化企业的副产品碳四混合物，可分离提纯产生正丁烯等产品，园区引进龙头企业中创化工以正丁烯为原料生产醋酸仲丁酯，再制成溶剂，构成纵向延伸的完整产业链，中创化工主打产品醋酸仲丁酯国内市场占有率达50%以上，岳阳总部公司年销售收入突破10多亿元。目前园区循环经济产业关联度达

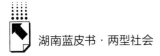

62%，资源产出率达0.98万元/吨，工业园固体废物综合利用率达75%，废旧资源综合利用量完成120万吨。

三是构建了资源回收体系。通过对石化废弃物的综合回收利用，一方面实现物尽其用、变废为宝，达到产品资源化的目的；另一方面减少废弃物综合排放，促进清洁生产、零排放。目前主要建立了两大废物回收体系：废催化剂的再生化利用体系，为实现废催化剂综合利用，园区近几年先后引进云剑、长旺等公司投资2.6亿元建设了废催化剂再生利用项目，即通过废物再利用，将可再生催化剂重新供给炼化企业，不可再生催化剂综合利用进入下游产业链，实现华中（南）地区70%的废催化剂集中在产业园进行再生利用。目前，绿色化工产业园处理能力达到6万吨/年，已成为中南地区最大的废催化剂循环利用基地；炼油尾气的资源化利用体系，长岭炼化、巴陵石化等央企装置尾气年产生量约20万吨/年，尾气中富含二氧化碳及其他化学物质，原本每年需要大量费用来处理，且难以彻底消除污染排放，自园区引进凯美特气体股份有限公司投入1.2亿元建设废气综合利用的项目后，炼油尾气经处理后产生的甲烷主要作为燃料使用，氢气则重新供给炼化企业，一氧化碳一部分进入碳一产业链，一部分转化成二氧化碳提纯生产碳酸饮料、制成干冰或进入丙烯产业链。凯美特气体股份公司现已发展成为国内首家专业尾气回收的上市公司和年产最大的食品级液体二氧化碳生产企业。

2. 技术创新方面

湖南岳阳绿色化工园作为专业化工园，单靠引进常规化工项目，环保、土地压力将难堪重负。建园以来，园区就始终坚持"打造人才高地、构建技术高地、引领产业高地"的发展理念，大力实施"人才兴园"战略。先后制定了《关于进一步做好人才引进工作的意见》、《关于鼓励海外留学人员来园创业发展的办法》等，立足产业特色和优势，有针对性地引进海内外高层次人才，实现人才引进与项目对接，与产业互动。园区科技创业中心作为省级孵化器，整合大厂科研资源，搭建公共服务平台，引进创新型人才携带技术成果进驻孵化，为其提供研发、中试生产、经营场地和办公方面的共享设施。同时，园区还设立了100万元的"种子资金"，对进入创业中心的优势项目进行重点扶持，并提供包括手续代办、投融资、企业管理咨询、人才培训等多项服务，快速催生高新技术企业。留美归国博士李新良拥有8个国际专利，创办的尤特尔生化在这里孵化蜕变后，已由当年的"丑小鸭"成为亚洲酶制剂行业的"领头雁"；海归博士鲍坚仁、鲍坚斌兄弟自主研发的电子级高纯氨纯度达到"8个9"，技术指标领先国外同类工艺。在湖南岳阳绿色化工产业园科技创业中心"中试"成功后，投资2亿元的高纯氨项目落户园区，投产后公司年产值达到5亿元，税收5000万元。在湖南岳阳绿色化工产业园，像鲍氏兄弟这样掌握前沿技术、具有世界眼光、实战经验的行业领军人物和"海归"创业精英正成为园区创新发展的主力。

建园以来，园区共引进各类专业技术人才1020名，占企业总人数的67.3%，其中硕士、博士、教授级高工以上人才218人，与23所国内外知名大学和17家专业院所建立了实验和技术支撑平台。目前，园区企业中，有国家863计划项目5个，火炬计划10个，国家重大攻关项目4个，有效专利412件。近五年获国家级成果5项，省部级科技成果22项。园区成为"国家高新技术产业基地"和"国家火炬计划特色产业基地"。

3. 节能减排方面

过去，园区绝大部分企业生产使用燃煤锅炉或柴油锅炉，既不符合节能减排要求，也给园区造成了较大的环境污染。为解决这一困境，2011年，引进华能公司投资近1亿元将岳阳电厂热能资源通过配套蒸气管网输送到绿色化工产业园，供热规模达到100吨/小时，仅此一项，园区可取缔原有分散的燃煤锅炉近70个，年节约标煤折合77160吨，年减排$SO_2$1235吨，年减排烟尘1157吨，年减排$CO_2$192300吨。2014年，为进一步提升绿色化工产业园的基础配套能力，加快使用清洁能源，通过与巴陵石化公司多次进行高层对接协调，将岳阳至长炼的氢气氮气管线开口延伸至湖南岳阳绿色化工产业园。该项目即将启动建设，为园区企业产品的提质和引进大项目、好项目奠定了坚实的基础；废水方面，根据云溪区、临港产业新区以及岳阳绿色化工产业园规划，拟对现有的云溪污水处理厂、长岭炼化污水处理厂和巴陵石化污水处理厂进行搬迁整合，在长江边新建一座规模为8万立方米/天的污水集中处理中心，实现中水循环利用和污水达标排放；固废方面，正与巴陵公司合作新建一座总处理能力为51万吨的固体废弃物处置厂，服务年限20年，年处理固体废弃物3万吨，使固体废弃物得到安全处置；废气方面，引进凯美特气体对炼油尾气进行回收利用，其他工业废气则通过分散处理装置处理后，实现安全排放。

通过 11 年的努力，园区基本实现了污染治理由过去的"末端削减"向现在的"全面控制"转变，基本建立了产业链条绿色设计、企业项目严格准入制度，并通过一体化污染集中处理设施和清洁低碳技术，有效地减少了"三废"排放。2014 年，园区二氧化硫、化学需氧量、氨氮和氮氧化物排放量较 5 年前排放总量综合下降约 60%。

4. 安全环保方面

湖南岳阳绿色化工产业园仅主园区（云溪片区、长炼片区）就有危险化学品生产（使用）企业 68 家，使用重点监管危化品的企业 24 家，涉及重点监管危化工业企业 7 家，重大危险源 12 处，在用压力容器、起重机械等特种设备 500 多台（件），压力管道近 2 万米，危险化学品原料有 107 种，易燃、易爆、有毒、强腐蚀危险化学品 65 种。安全大于天，责任重于山。

一是加大安全巡查力度。把 2014 年作为安全环保基础建设年，编制完成了园区安全整体风险评价报告，对照省安全生产"四大三基"工作要求，成立领导小组，制定工作方案，明确任务要求，配备专业技术人员，聘请常年安全生产顾问，督促企业落实安全生产专（兼）职人员。落实工作机制保障，坚持每季度召开一次安全生产工作调度会，2014 年又以 1 号文件下发了《关于进一步规范和加强安全生产工作的实施意见》，组建了园区安全环保巡逻队，配备了巡逻车和工作设备，每周开展至少 2 次 24 小时安全环保隐患巡查行动。围绕安全生产规范有序，园区扎实推进安全生产工作的档案化、分块化、常态化管理。建立了安全管理、特种设备和安全检查三大台账。对企业安全生产档案、企业特种设备使用情况、作业人员持证情况、历次安全检查及企业整改情况等进行跟踪监管。园区还将安全生产细化为综合安全管理、特种设备管理以及消防管理三块，有针对性地指导服务企业。同时，组织安全管理人员经常性深入企业检查，实现安全生产日常巡查常态化。

二是落实企业主体责任。园区创新安全生产监管机制，建立健全了园区安全生产责任机制、投入机制和管理机制。积极开展安全生产宣传教育，强化工作督促检查，加大企业隐患排查整治。自 2013 年以来，园区管委会联合安监、消防、环保等职能部门，聘请大厂 3 名专家组成两个安全环保消防联合检查小组，发扬钉钉子精神，逐一清查各类隐患。先后地毯式检查园区生产经营企业 68 家，共查出各类隐患 1317 条。针对排查出来的隐患问题，采取"挂号销号"的办法,分类别监管、分企业督导、分层次把关、分时段销号,先后下达执法文书 172 份,责令 8 家安全环保存在重大隐患的企业挂红牌停产整治,16 家安全环保存在突出隐患的企业挂黄牌整治,其他企业进行限期整改。目前,已有 6 家"问题"企业完成整改,9 家企业整改任务完成 80%,1317 条隐患整改率达到 70% 以上,累计投入整治资金 5000 多万元,园区安全生产形势持续稳定好转。

5. 发展保障方面

一是延链补链招商。为了更好地实施园区产业发展规划,园区聘请了享誉国际石油行业的 6 名专家组成了专家组,为园区的发展把诊问脉。2014 年,园区组织岳阳市发改委、市科协、巴陵石化、长岭炼化等先后两次召开招商恳谈会,对应大厂的扩张发展及产业规划,围绕丙烯、碳四、芳烃、碳一等四条产业链,开发和包装了一批园区延链补链招商项目,同时,围绕聚酰胺切片、环氧丙烷等上下游产业积极组织招商小分队赴上海、杭州、惠州等开展招商活动,在上海面向世界五百强、国内五百强举办招商项目推介会,绿色化工品牌更加凸显。

二是完善基础实施。着眼区域资源共享、高效循环利用,园区采取政府适当投资、公司市场运作等多种融资手段,共投入资金 10 亿多元,集中建设污水处理厂、双回路电源、消防站、天然气管网、蒸汽供应、中小试、孵化中心、标准化厂房等"九统一"的公用工程体系。近两年,园区投入 1000 多万元对普通照明路灯进行了节能改造,统一更换了风光互补节能路灯,投入 3000 万元对园区主干道路进行"白改黑"施工,长炼分园投入 300 多万元进行道路绿化和景观设计,同时加强沿松杨湖及主干道旁的美化绿化亮化建设,改善园区形象。

三是突破资金"瓶颈"。为解决园区发展面临的资金"瓶颈"制约,2013 年,湖南岳阳绿色化工产业园通过成功申报国家循环化改造示范园区项目,首批 8000 万元资金已经到账,其重点扶持的延链补链、基础配套及公共平台项目正在抓紧实施。湖南岳阳绿色化工产业园开发建设投资公司,注册资金达到 3 亿元,公司升级为市级融资平台。同时加强与建行、工行和华融湘江银行等银信部门的对接,重点包装的建行土地开发 1.5 亿元、华融湘江银行 3 亿元融资项目,园区资金紧缺问题将得到缓解。

四是提高项目准入门槛。为提高湖南岳阳绿色化工产业园的项目准入门槛，杜绝规模小、投资少、科技含量低的项目入园，不断提升入园项目的档次及品质，先后拒绝了不符合园区发展要求的投资过亿元项目 17 个。2014 年，在根据企业投资强度、税收回报的基础上，将湖南岳阳绿色化工产业园的基准地价提高到 25 万元/亩，要求投资亿元以下、投资密度 300 万元/亩以下的企业原则上不予入园。目前，长炼片区新入园的 10 个项目投资均在亿元以上，且每个项目与长炼均关联度密切，其中环氧丙烷项目用地 126 亩投资达到 12.8 亿元。

二 目前建设低碳园区中存在的困难和问题

1. 技术发展瓶颈

园区已根据实际情况规划设计了四条产业链，但产业链横向耦合度不高，大部分中间产品都销往沿海等地，与产业闭合循环相距甚远，特别是精细化工行业技术日新月异，产品更新升级快，特别是一些技术壁垒阻碍了循环经济和低碳技术的推广。如何整合企业研发力量，并根据厂、园未来发展方向适时地进行技术创新，建立技术带动型的循环经济发展之路是产业园迫切需要解决的问题。

2. 资金融资瓶颈

一方面是企业循环化改造资金有限。园区民营企业较多，投入在技术革新和循环化改造上的资金均不足，在循环化改造的实施过程中，只有通过产业链上、下游的互动性、适应性改造，或是开发新技术和新工艺，才能使集群内上、下游产业高度契合，产品得到更高的附加值。另一方面是园区平台循环化改造有待夯实。作为产业集群的管理者，湖南岳阳绿色化工产业园仍需要加大投入，完善如工业气体供应、热电联产等公用工程配套设施建设，使园区企业间的中间产品、产品或废弃物的相互交换、共生共建，建立良好的生态工业循环。

3. 资源共享瓶颈

湖南岳阳绿色化工产业园是依托巴陵石化和长岭炼化两大石化央企而发展起来的，循环经济的龙头和主体仍然是大厂丰富的石化产品，要真正实现园区

"一体化"的循环经济发展模式,在不断丰富并延长产业链条同时,必须有炼厂丰富的化工产品做支持。而长期以来,由于石化央企产品销售由华中销售公司统一调配,如苯、二甲苯等原料存在地域价差,一墙之隔的原料,不计物流成本被送到异地处置,不仅造成了极大的浪费,而且人为掐断了园区循环经济的龙头。

三　进一步建设低碳园区的建议

1. 保障原料充足供应

湖南岳阳绿色化工产业园发展至今,已具备一定的承载能力,配套的公用工程也不断完善,而产业的发展壮大离不开原料的保障,建议省人民政府与中石化协调,凡两厂的产品一律优先、优惠供应产业园,减少人为的中间环节,保障产业园循环经济的发展。同时,加速推进岳阳地区1500万吨原油适应性改造和100万吨芳烃项目进展,形成区域经济增长新极点。

2. 同步规划共同发展

产业园循环经济的发展依赖于炼厂上游原料供给,只有主动、有效地承接大厂资源,科学设置园区主导产业链,并通过技术创新,对上下游进行适应性改造,大厂与产业集群的大循环体系才能逐步完善。建议省政府牵头相关职能部门,组建技术智囊团队,对省内化工企业搬迁进入专业化园区、两大厂及园区产业和发展方向进行整体体规划,科学设置产业板块,促进省内化工企业和两厂及园区之间人才、技术、产业和资源的交流,形成发展合力,真正建成厂园一体化发展的大循环产业集群。

3. 推行信用评价体系

建议建立和推行循环经济园区信用体评价系。由省政府和相关银企部门对循环经济产业园区每年(或三年)进行一次综合实力和信用评级,根据评价的等级,分别给予园区不同授信额度,实施优惠贷款税率,建立产业园绿色融资通道。同时,根据评级情况,在用地报批和环评、安评等手续办理过程中,适当简化部分流程,减免部分费用。

4. 设立专项引导资金

建议省政府设立循环经济发展和低碳工业发展专项引导资金,给予一定的研发启动经费。重点引导园区循环经济研发中心建设及循环经济共性、关键技术的研究开发。同时组织开发有普遍推广意义的资源节约和替代技术、能量梯级利用技术、延长产业链和相关产业链接技术、"零排放"技术、有毒有害原材料替代技术、回收处理技术、绿色再造技术，以及降低再利用成本的技术等。

望城经济技术开发区2014～2015年
两型社会和生态文明建设报告

望城经济技术开发区

　　望城经济技术开发区地处长株潭两型社会综合配套改革试验区的核心区域。2014年，园区成功跻身国家级经济技术开发区行列。一年来，园区紧紧围绕"建设现代化公园式工业新城"的发展目标，积极转变经济发展方式，在保持新型工业化快速推进的过程中，切实加大两型社会和生态文明建设力度，强化规划引领、项目支撑、改革推动、示范先行理念，两型社会和生态文明建设成果丰硕。

一　多措并举建设两型新城

　　建设两型新城是民生所需，也是可持续发展的必然要求，必须多措并举，全面发力。为此，园区突出五大重点，收到了事半功倍的效果。

　　1. 规划引领，强化生态建园

　　围绕"创建国家级生态区、打造现代化公园式城区"的目标，按照望城区委《关于建设现代化公园式城区的实施意见》的要求，2014年，望城经开区在长沙市园区中率先编制《经开区基本生态控制线规划》，确定须严格控制的生态保护区界线，开创了确保生态安全的新局面。该《规划》确保了园区赖以生存和发展的生态系统不因经济建设、城市开发等而受到破坏。打开《规划》，生态园区、山水园区的理念跃然纸上，强制保护山林地381.22公顷，严格保护山林地36.7公顷，切实保护66.2公顷河流水系、41.84公顷山塘水库，严格保护山林和水休的面积分别占园区总面积和现状水域面积的6.9%和44.5%。

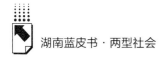
2. 招商选资, 严格项目准入

万丈高楼平地起, 基础至关重要。为建设两型园区, 确保生态良好, 望城经开区精心制定了《望城经济技术开发区招商引资项目入园审查制度》, 明确规定对入园项目实行严格的前置审查程序。对已受理入园前置审查的项目, 为了解项目情况的真实性, 对项目的选址要求和环境影响进行考察评估打分。在国家规定的产业发展目录之内, 符合环境友好、资源节约、科技含量高、产业链长、成长性好、对区域经济拉动作用大的其他产业类项目, 按"一事一议"的原则准入。对环境有严重影响的项目, 实行"一票否决"。对入园项目先行备案登记, 要求办理环评、能评等前期手续, 全部按《建设项目环境保护分类管理名录》编制了环境影响评价报告书（表）, 严格执行了"三同时"审批验收制度。制定了《关于全面创新招商引资工作的实施办法》, 全方位推进招商引资改革, 实现了招商引资由粗放型向精细化的转变。2014 年, 园区共引进中德有色工业园、网讯通光芯片及微电子生产基地、开利星空进口汽车城、合生元婴幼儿奶粉生产基地、西湖特种电线电缆、铍铜材加工研发基地等 14 个单独供地项目和苏美电器、中清环保、红鑫光电等 16 个入驻标准厂房项目, 其中, 中德有色工业园总投资 100 亿元, 网讯通总投资 52 亿元。这批强优项目, 都符合建设两型园区的要求, 都是重视生态文明建设的佼佼者。

3. 优化结构, 加速产业升级

产业转型升级, 依靠创新驱动, 是两型建设的题中应有之义。在优化产业布局中突出两型建设。园区按照"二三产业相互配套"的要求, 不断优化产业布局规划, 重点规划建设"一圈、三轴、三片"。"一圈", 是指由马桥河和黄金河及两岸田园风光带形成的生态圈; "三轴", 是指沿望城大道两侧以工业和商贸物流业为主的产业发展轴, 沿金星大道两侧, 以工业为主的产业发展轴和普瑞大道两侧以物流、先进制造为主的产业发展轴。"三片", 即是北部工业片区、中部工业物流商贸片区、南部黄金枢纽片区。在合理布局的基础上, 做大做强主导产业, 着力延长产业链, 形成产业集群, 创造了与兄弟园区错位发展的优势。在推进项目建设中实践"生态强园"。2014 年, 园区铺排重大产业项目 51 个, 新建了旺旺乳饮、高星物流园、金桥国际商贸城、金荣科技、优美科富虹锌业、清风纸业等 39 个项目, 实施了中航长沙航空工业园二期、航天磁电二期、晟通科技铝箔二期、奥特莱斯二期、黄金创业园三期等

12个投产类项目；万家乐、统实包装、博翔纺织厂等18个项目实现了一期建成投运并全部投产达效。这批项目，从选址、开建到投产达效，始终注重了生态保护和建设这个关键，为园区增添了一道道靓丽的风景。"资源节约，环境友好"让企业家再次品尝了重视生态建设的甜头。在坚持科技创新中彰显两型魅力。2014年，园区科技成果转化继续加强，成功申报省知识产权示范园区，顺利获批湖南省新型工业化示范园区和长沙市创新型园区。全年完成规模工业总产值648.2亿元，同比增长29.2%；实现高新技术企业产值420亿元，同比增长22.8%，占规模工业总产值的64.8%；研发投入14亿元，同比增长2.2%。晟通科技、长高集团、澳优乳业等41家企业实施了国家、省、市科技创新、节能环保、技术改造、创业富民扶持项目112个。这一年，园区的黄金创业园、金荣中德产业园、联东U谷、大河西科技园等标准厂房加快建设，完成建设面积13万多平方米，培育在孵企业30多家；中吉科技、湘仪动测等企业启动新三板上市培育工作，顺利进入股改程序；深入开展"院士专家望城行活动"，与中国有色金属学会、中南大学等成功签订产学研战略合作协议；积极搭建银企对接平台，全年协助企业融资9.6亿元，有效缓解了企业资金瓶颈问题，促进了企业科技成果转化；航天磁电、澳优乳业、大北农等6家企业成功创建省、市工程（企业）技术中心；新汇制药、湘仪实验等7个商标被评为湖南省著名商标；泰嘉双金属切锯条、派意特西服等6个产品获评湖南省名牌产品。如今，望城经开区已拥有4家国家级实验室、1个院士工作站、5个博士（后）工作站、2家国家级企业技术中心、31家省市级企业技术中心（工程中心）、12个中国驰名商标、56个省著名商标，授权专利已达1666件。两型建设释放出了强大的活力，彰显出了助推发展的强大魅力。升级优势产业增添企业活力。注重两型建设，望城经开区打造优势产业捷报频传；实践生态强园，园区企业活力日增。2014年，园区有色产业从传统制造业向高附加值终端化产业转型升级，全年累计完成规模工业产值476.8亿元，同比增长33.8%，拉动经济增长23.5个百分点。食品加工产业增速继续回升，品牌效应、质量安全业内一流，全年累计完成规模工业产值81亿元，同比增长13%。印刷包装行业积极拓展国际市场，冲破行业"天花板"，破解技术瓶颈，全年累计完成规模工业产值21.2亿元。商贸物流产业势头强劲，环球奥特莱斯、金桥国际市场创新创业基地、高星物流园（二期）等积极应对市场疲软，强策划、重实干，顺利建成营运。晟通集团着重发展"201"工程（20万吨铝箔、世界第一）、轻量化汽车、铝型材、建筑模板、铝工艺品等高附加值终端产品，实现了从传统制造业到创新型多元化企业集团的转型，全年产值突破305亿元，同比增长51.9%，已成为行业标杆。金龙集团打造再生资源循环经济，拓展铜精深加工、终端产品生产线，运用电商模式开拓市场，有效提高产出和效益，产值突破101.4亿元，同比增长15.5%，"金龙速度"再次发力。澳优乳业长线投资海普诺凯荷兰工厂扩增产能，一举成为第四代配方奶粉的引领者，完成产值26.1亿元，同比增长53.8%。泰嘉、长高、中联消防、合生元、百威英博等一大批优秀企业抢抓机遇，创新转型，充分发挥了两型建设龙头带动作用。

4. 建管并重，提升环境品质

两型建设，任务艰巨，必须从基础抓起。对此，望城经开区党工委、管委会的决策者认识深刻。2014年，园区一如既往，继续加大基础设施建设力度，投入建设资金达6亿元。马桥河路南延线建成通车，金星大道西延线全面启动建设，沿河路一标段竣工通车，普瑞西路、雷高公路、金星西路等重点路段提质改造全面完成，31项水、电、气等配套工程顺利实施，建成区及主干道路绿化、亮化、净化、美化工程同步跟进；推进城市交通建设，新增两条公交线路；园区发展空间不断拓展，"东西互动、南北对接"发展格局进一步打开。紧紧围绕"建设现代化公园式工业新城"的目标，园区突出抓好绿化示范工程，逐步构建起了完善的城市生态绿地系统，全面改善了经开区宜业、宜居、宜游的生态环境。制定《经开区三年造绿大行动实施方案》，成立了经开区造绿行动领导小组，每季度都进行统一调度，造绿取得显著成效：全年造绿857亩，其中道路等公共部分完成造绿495亩、企业完成造绿362亩。这一年，园区企业清洁生产大力推进，全部企业完成了清洁能源改烧工作，在企业成本核算的艰难抉择中，实现了煤锅炉"清零"。切实加大场平工程降尘力度，全年开展大规模城乡清洁整治行动6次，整治各类渣土扬尘污染行为166起。守住"生态线"，望城经开区生态环境赢得了各界赞誉。

5. 多措并举，强化资源节约

精心做好"节能"、"节地"文章，推出了强有力的"组合拳"。2014年，园区在企业综合目标管理考核中强化生态指标，强化企业节能减排主体责任，实行了节能考核一票否决制；设置两型示范企业建设奖，奖励奥特莱斯等企业近20万元；在机关事务管理中全面推行节能措施，仅园区机关就节电85910千瓦时、节气30850立方米、节油5191升，单位建筑面积能耗同比下降25%，直接节约开支25万元。"节能"同时，大力推进"节地"。园区创新高效节地模式，落实节约集约用地相关法律法规，把节约集约用地的主攻方向放在挖掘建设用地潜力、提高土地开发利用强度和利用效益上，形成了"企业零用地改造、亩产税收论英雄、标准工业厂房孵化、基础设施统筹建设加减法、批后监管倒逼"等五大节地模式。为做好"节地"大文章，园区一方面积极盘活存量，"量体裁衣"，收回零星闲置地块，根据实际情况从项目储备信息库中选择对接，有针对性地落实新项目；"协议转让"，牵线搭桥，以尽量减少企业损失为出发点，实现部分闲置和低效利用土地协议转让。2014年，园区引导希杰饲料项目退出，重新引进安佑生物项目，使原有厂房、设施等得到继续利用；"厂内嫁接"，推出了鼓励企业利用闲置和低效利用的土地、厂房自主招商新举措，亚华乳业利用自有厂房和设备自主招商，成功引进了上市企业"合生元"；实施"依法收回"，对不退地、不转让、不嫁接的项目，依法无偿收回土地，进入新的招拍挂程序。另一方面，园区努力用好"增量"。对争取的新增用地指标，严格规划调控，从源头上保障了各项建设都能节约集约利用土地；坚持"区别对待、有保有压"的原则，重点围绕主导产业项目和基础设施项目建设用地需求，合理制定年度用地指标分配计划，确保有限用地用在重点项目、优质项目、急需项目的"刀刃"上，切实提高了建设用地的利用率和持续保障的能力。坚持在提高现有土地利用率、产出率和建设用地综合承载力上下功夫，在单位土地面积投资强度、容积率等硬性指标上下功夫，严把建设用地预审关口，严格控制投资强度与容积率指标，对达不到入园控制指标的项目坚决拒之门外，鼓励企业"零增地"扩张，切实提高了建设用地集约利用水平。

二 继往开来奔向美好明天

张开热情的双臂，拥抱灿烂的明天。跨进2015年，望城经开区"产业立园、项目兴园、创新强园"的理念更加坚定。望城经开区人正大力实施集群式项目满园扩园和两型化管理提标提挡行动，力争在自主创新、产业升级、两型示范创建等重点领域和关键环节取得新突破。

1. 坚持规划引领

严守生态红线充分发挥《经开区基本生态控制线规划》的调控作用，将《控制线规划》与城市规划、产业规划、土地利用规划有机结合起来，作为调整产业布局、审批建设项目的硬约束，构建生态安全格局。

2. 坚持项目带动

进一步完善招商引资项目评估机制，坚持投资强度、税收、环保、集约节约用地硬约束不动摇；完善简化操作流程，完善招商引资信息报告制度和项目快速决策机制，切实提高项目签约率；切实加快实施项目土地储备战略，实现精准、快速、有效招商；对签约后的项目，实施清单服务和快速对接，加快项目落地建设投产速度；对招商项目的审批、服务实行责任制和责任追究机制，切实提升服务水平；严格规范合同履约管理，规范招商引资合同文本，加强招商引资项目合同监管，防范合同风险，大力提高招商引资实效。推进重点项目"快建快投"。确保网讯通光芯片及微电子生产基地、有色铍业西湖电缆等15个项目启动建设，加快推进旺旺乳饮、优美科富虹锌业、恒飞电缆等20个重点项目建设，力争金桥商贸城一期、高星物流园市场二期、湘江涂料、开利星空等12个以上项目建成投运。稳步推进《基础设施三年行动计划》，完成沿河路和金星路西延线建设，启动望城大道南延线、航空西路、杨家湾路、红家坡路建设，水、电、气、讯等基础配套同步跟进，切实增强园区承载能力。

3. 坚持科技创新

强化创新驱动，加大知识产权工作力度，合力推动企业建立和完善知识产权管理工作机制，加大知识产权奖励力度，力争成功申报国家知识产权示范园区；加强项目指导，开展专业培训，帮助企业提高申报项目的成功率；审时度势，因企制宜，积极推进企业上市辅导工作；积极搭建产学研合作平台，与中国有色金属学会、中南大学等广泛开展技术、人才交流活动，破解企业技术、人才瓶颈，增强企业核心竞争力。加强品牌创建，将品牌建设工作纳入企业考核体系，采取相应的激励约束措施，鼓励企业加强品牌文化建设；充分利用各种媒体媒介加强企业和企业产品宣传，发挥政府资源优势，探索搭建产品展示平台的有效形式，积极鼓励支持企业参加国内外有影响力的产品展销会，帮扶企业开拓市场，提高知名度，彰显创新活力。

4. 坚持生态保护

积极推进国家生态工业示范园区创建工作，出台《经开区生态园区建设管理实施办法》，切实保护城市绿地和水系；扎实推进"三年造绿行动"，组织企业积极参与，确保2015年园区造绿计划圆满完成；实施动态管理，坚决关停并转污染企业，淘汰落后产能，大力发展绿色循环低碳经济；加强污染源治理，加大工地扬尘、运输撒漏等污染治理力度，严厉打击污染物超标排放和偷排偷倒等违法行为；持续开展城市管理综合治理，加大园区主干道路及建成区提质改造和市容环境综合整治力度，继续保持控违拆违高压态势，继续推进"美丽企业"创建工作；完善网格化、规范化、精细化城市管理长效机制，大力促进园区品质持续提升。

5. 坚持舆论引导

在经开区范围内深入开展生态环境保护宣传教育活动，特别是面向企业加大新《环保法》的宣传力度，面向企业法人、环保负责人开展新《环保法》专题学习讲座，切实强化企业污染防治主体责任意识，提高企业开展环保工作的主动性和自觉性；鼓励社会、媒体监督、检举、揭发环境违法行为，项目引进决策时广泛听取群众意见，多渠道、多方位浓厚"人人重视生态环境、人人参与生态环境建设"的良好氛围。

要"金山"、"银山"，也要"绿水青山"。望城经开区人已经欣喜地看到，一个两型园区，正生机勃勃地崛起在湘水之滨，一颗"生态"之星，正在蔚蓝的天空冉冉升起。他们坚信，阔步前行在两型的康庄大道上，建设现代化公园式工业新城的宏伟目标一定能早日实现！

B.47

以集约节约用地 促创新转型发展

——浏阳经济技术开发区集约节约用地调查

浏阳经济技术开发区管委会办公室

地处湘东的浏阳经开区没有母城依托，在规划面积偏小、征地拆迁难度越来越大的情况下，坚持集约节约用地，取得了明显成效，单位面积产出达45.62亿元/平方公里，单位面积税收达1.48亿元/平方公里，达到中部地区开发区的较高水平。

一 浏阳经开区概况

浏阳经开区前身为浏阳工业园，创立于1997年，2001年9月，更名为浏阳生物医药园。2006年10月，经发改委批准为中西部地区第一个国家级生物产业基地；2010年10月，经科技部批准为中西部地区唯一的国家创新药物孵化基地。2012年3月2日，经国务院批准（国办函〔2012〕59号）升格为国家级经济技术开发区。

浏阳经开区现有各类注册企业459家，其中有工业企业230家。重大项目有蓝思科技、介面光电、尔康制药、基伍通讯等。有尔康制药、永清环保等上市企业两家，有"丰日"、"盐津铺子"、"绿之韵"、"好味屋"等中国驰名商标4个。形成了生物医药、电子信息和健康食品三大产业集群，是全国医药企业最集中、制药生产线最多的开发区之一和湖南省重要的电子信息生产组团。湖南省80%的国家一类新药在浏阳经开区研发和生产，全球50%苹果手机的玻璃面板由浏阳经开区制造。

2013年，浏阳经开区实现工业总产值520亿元，实现财政税收17.5亿元。预计2014年可实现技工贸总收入730亿元，实现财政总收入23.7亿元，2015年将跃上产值千亿元台阶。

二　浏阳经开区土地利用现状

经上级批准的浏阳经开区（1997～2010）土地利用总体规划面积为710公顷，1997～2009年底，经依法审批建设用地共698.8694公顷（已平地开发面积695.03公顷，3.8394公顷正在开展拆迁工作），已批已供土地面积665.34公顷，建成区657.182公顷。土地开发率达97.89%，建成率92.26%。所有项目用地均符合园区土地利用总体规划和湘建（1999）规字第238号批准的（1997～2015）建设规划（11.35平方公里）。

经统计，浏阳经开区已竣工建筑面积达475.702万平方米，建成区综合容积率为0.72，建成区综合建筑密度28.95%，其中工业用地建筑密度为31.3%。总体来看，浏阳经开区用地主要以工业用地、仓储用地、道路交通用地为主，加上适当的市政公用设施用地和部分生活居住办公用地。在已供土地中，各类用地面积、用地结构、分布及用地增长幅度均较为合理、已供建设用地的各项技术经济指标管理上控制较好。

三　浏阳经开区集约节约用地的主要做法

1. 严把投资标准，提高用地门槛

该区出台一系列规定，不断提高项目用地的准入门槛，提高项目投资强度。严格注册资金额度的审核把关，开发区亩均固定资产投入依照湖南省规定的投资标准，达不到标准不予通过。同时，引导园内中小企业增资扩股、合作共建、存量扩张，在不增加土地的前提下提高单位面积经济效益。同时，坚持项目准入条件。对于国家禁止供地的项目一律不予接洽，对于限制供地目录的项目一律严格审查。对园区洽谈项目从产业情况、投资规模、投资强度、投资成本、投资能耗、投资收益等多方面综合评价，确定是否单独供地，确定用地规模，并加强跟踪监督，确保用地指标向投资强度高、投入产出高、科技含量高的企业倾斜。

2. 控制用地规模，建设标准厂房

为解决中小企业用地散乱、占地较多等问题，该区在2011年投资建设总

面积 1.6 万平方米的 8 栋标准厂房的基础上，2014 年又投资 10 亿元建设集生产制造、科研办公、总部商务、企业孵化、生活配套等功能于一体的标准厂房综合体——长沙 e 中心。长沙 e 中心位于浏阳经开区东部电子信息产业园，项目占地面积 176.07 亩，总建筑面积 21.11 万平方米，项目规划有标准厂房、企业总部、研发大楼、精品公寓、商业街区等产品，其中标准厂房 12 万平方米，企业总部 2.5 万平方米，其他配套面积 6.6 万平方米，预计可为 100 家企业提供发展平台，入驻企业达产后年产值可达 50 亿元以上，创税 5 亿元。目前，基伍通讯拟于 2014 年年底入驻，将租赁 4 栋厂房启动手机整机生产。

3. 清理闲置土地，用足用好存量

加强土地清查，及时对已供未建、已建未满的单位发出限期建设的通知，并跟踪监管。对闲置多年的土地，坚决予以收回，现收回全洲药业、巨星智能土地 150 余亩土地已安排 3 个项目。园区还专门成立了企业解困办，专门协助解决困难企业的各种问题，协助盘活闲置土地、厂房，共盘活银河生化、玄夏制药、康尼格拉、康达尔等未投产企业的闲置土地 372 亩。

4. 加强利用开发，鼓励"空中发展"

节约集约土地的一个重要方面就是鼓励企业建设多层厂房、向空中要地。为鼓励企业厂房向高层建筑方向发展，提高土地开发强度和利用效益，园区出台政策鼓励企业厂房实施"平改楼"，一层变多层的企业免收报建费外，在办理各种手续时予以优惠政策，这样既扩大了企业规模，又节约了土地，也节约了征地成本。同时对新落户项目一般不批准建造单层厂房。对于建筑三层或四层厂房的，减免 50% 报建费。建筑五层或以上厂房的，报建费实行全免。同时，对园内工业项目用地提高土地利用率和增加容积率的，园区不再增收土地价款。目前，园区最大企业蓝思科技有限公司已建设 10 个分厂（车间），总投资 50 亿元，投资强度达 530 多万元／亩。该企业不仅车间全部都是 5 层以上，而且建设了 52 栋 6 层的职工公寓。目前，正在建设的蓝思科技二期及总部基地，均为多层车间和多层办公楼。蓝思科技不仅成为高科技产业发展的典范，而且也是工业园区集约节约用地的典型。

5. 实行"三规统一"，坚持依规办事

2014 年以来，该区采取有力措施针对以前偶尔出现的个别未批先建、未批先征的违规违法用地情况进行了清理，强调三规统一、依规办事，促进了国

土管理的规范化。坚持规划先行，以国土土规为前提，制定国土、环保、产业布局三规统一的 48 平方公里总规控规。目前，该区国土的初步控规图已经制出，在总规中尽量绕开农田及基本农田，最大限度地保护了农田和基本农田。

为使"三规统一"落到实处，制定了《浏阳经济技术开发区招商引资管理实施办法》，要求招商合同必须经国土、环保、规划部门严格前置审批之后方可签订。目前，通过严格把关，新引进的项目布局都基本符合土规及绕开了基本农田，"项目跟着规划跑，领导围着规划转"的格局基本形成。

6. 坚持依规供地，严格依法用地

为了确保项目及时落地、合法落地，园区征地拆迁所严格按照产业规划进行项目用地的征收，负责园区土地一级开发的浏阳经开区开发投资有限公司根据产业规划进行项目用地的储备，再由经贸局根据土地储备情况进行招商，从根本上确保了依规供地。同时，成立了以国土分局为牵头单位，城管、林业、建设、征拆为成员单位的国土综合执法巡查大队，定期对控规土地执法进行巡查，及时制止乱搭乱建等违法行为，定期组织拆违执法，2014 年共集中拆违 3 次，拆除违章建筑 5 处，提高了依法用地水平。

B.48

坚持两型引领崛起
奋力打造"零碳"县域

——长沙县两型社会建设的实践与探索

中共长沙县委　长沙县人民政府

长沙县地处长株潭两型社会综合配套改革试验区核心地带，作为全国十强县、全国18个改革开放典型地区之一，既是经济强县、工业大县，也是能耗大县、排碳大县。自开展两型社会建设以来，长沙县秉持幸福与经济共同增长、乡村与城市共同繁荣、生态宜居与发展建设共同推进的发展理念，将两型建设作为科学发展的主要任务和改善民生的重要责任，在发展绿色产业、创建"零碳县"、推行生态补偿等方面先行先试，着力探索构建生态产业支撑体系、生态安全保障体系、绿色人居支持体系、生态文化支持体系和生态制度约束体系，初步走出了一条具有长沙县特色的两型发展之路。先后获得国家园林县城、国家生态示范区、中国人居环境范例奖、国家可再生能源建筑应用示范县以及湖南首个国家生态县等荣誉，2014年全县实现地区生产总值1100.6亿元，完成财政总收入207.2亿元，在中国十佳两型中小城市排名首位，在中国中小城市综合实力和全国县域经济基本竞争力百强排名中，分别跃居第7位和第9位，双双挺进全国十强，均居中西部第一位。长沙县两型引领、绿色崛起模式得到新华社、中新社、湖南卫视、《湖南日报》等主流媒体的广泛推介。

一　全面探索生态改革新思路

始终按照深化生态文明体制改革思路，坚持不断探索、不断实践、不断推进，在关键领域取得了率先突破。

1. 积极推进主体功能分区建设

按照两型发展导向，充分考虑县域各地发展优势和特点，在"南工北农"、"一县两区"、"分类考核"等发展战略基础上，2014 年启动了六大功能区体制机制改革，编制《长沙县功能分区体制机制创新实施规划》，将县域国土空间划分为松雅湖商务区、会展经济区、先进制造业区、临空经济区、现代农业区、两型生态区等六大功能区，并配套实施了差异化的财政、土地、环保等系列政策，使全县空间发展格局进一步优化，充分激发了区域发展的活力。

2. 不断创新生态制度体系建设

通过创新生态资金融资方式、垃圾处理运营模式、生态补偿机制、节约集约用地模式、乡村治理模式，在两型社会建设的一些重点领域取得了一些突破，进一步破除了两型社会建设过程中的瓶颈制约。2014 年，先后建立健全了节约集约用地评价体系和考核奖惩办法、引导农民集中居住工作实施意见、固定资产投资项目能效评价制度等一系列制度，在全县 16 个镇率先全省启动农村居民集中居住点建设，完成节能备案项目 71 个，节能评估项目 30 个，将生态补偿基金从 3 万元调高至 6 万元每亩，逐步走出一条生态制度创新驱动之路。

3. 始终坚持城乡统筹发展战略

坚持"以城带乡、以工哺农、产城融合、六个集中"基本思路，抓住"生产要素向农村流动、基础设施向农村延伸、公共服务向农村覆盖、城市管理向农村拓展、现代文明向农村传播"关键环节，扎实抓好新一轮"10 + 2"的城乡一体化试点镇建设工作任务，积极推动中心镇、特色小城镇建设和城乡深度融合发展。引进"乐和"理念，推行"三事分流"，发展生态农业，弘扬传统文化，培育乡村公共精神，不断探索可推广复制的共享共建乡村治理新模式。与住建部城市科学研究会合作，出台《长沙县智慧城市顶层规划方案》，总投资 60 余亿元，拟定一期申报 13 个智慧城市创建 PPP 项目，大力推进智慧城市建设。

二　构建两型产业发展新格局

坚持人口资源环境相均衡、经济社会生态效益相统一的原则，按照省委"分类指导、科学发展"的要求和"宜工则工、宜农则农"的思路，确定"南工北农"、"一县两区"整体开发格局，实施功能分区、分类考核和绿色政绩考核，全县形成了"全县1%的土地支撑经济发展，99%的土地得到有效保护"的产业发展功能格局。

1. 加速推进新型工业

以长沙经开区为龙头，坚持实施"一区带八园"，打造"工程机械之都"和"汽车产业集群新版块"，着力培育千亿企业、千亿产业，推进实施工业企业能效提升，提升关键零部件和系统集成水平，推动实施清洁生产计划，形成了一批拥有国际知名品牌、核心竞争力和生态绿色环保的重点企业。2014年，经开区建设成国家级生态示范工业园，以"一区八园"为基地的县域集约化生产、规模化经营、集群化发展的现代工业发展格局进一步完善，全县完成工业总产值2128亿元，完成规模以上工业产值1928亿元。

2. 积极发展现代农业

以北部农业乡镇为主体，建设国家现代农业示范区，大力发展高效农业，加快设施农业、有机农业、生态农业、高效农业的发展步伐。积极创新现代农业生产模式，重点支持农户以土地入股的公司、"农庄＋基地＋农业工人"的现代农庄发展。2014年，全县建成管理科学、运转高效的现代农庄62个，完成投资10.5亿元，其中，望达现代农庄于2014年10月在沪交所上市，成为全省首家在上海中小企业板块上市的农业企业。吸引了中科院、省农科院等科研院所进驻，建成了现代农业技术创新基地、农业现代物流园，为推进农业现代化打下坚实基础。2014年，新增"三品认证"31个，目前长沙县农业企业获得6个中国驰名商标、9个基地有机产品、154个"三品"认证，认证数量和认证面积均居湖南省县级城市首位。

3. 聚集发展现代产业

注重产业协同发展，2014年启动了扶持现代服务业、文化产业、健康养老产业、旅游业等政策修编，不断调优产业结构，全面提质松雅湖、空港城、黄兴市场群、现代物流园等十大服务业招商平台，推进了创意文化产业园、工艺美术基地等重大文化项目建设，推动了以蓝思科技、创新电子、纽曼科技和联通数字阅读基地等项目投产。重点支持电子商务、现代商贸、信息咨询、金融保险、科技服务、创意设计等现代服务业加快发展，推动两型产业的聚集发展，电子信息产业有望成为长沙县第三个千亿元产业集群。

三　率先迈上环境保护新台阶

坚持大爱保护生态环境，铁腕治理城乡污染，2014 年长沙县在全省率先实现中心集镇污水处理设施全覆盖、率先实现农村生活垃圾处置全覆盖、率先实现畜禽养殖总量控制、率先建立异地生态补偿机制、率先推广节能型路灯建设、率先实施生态多样性保护、率先推进农村散户生活污水处理工程。

1. 实施城乡环境综合整治

以构建"垃圾分类收集、改善垃圾存储、规范垃圾运输、综合终端处理"的城市生活垃圾处理体系为目标，进一步提升垃圾收集终端的分类处理能力，完成了城区垃圾站多功能改造和新建的选址工作。率先探索城市生活垃圾分类处理，在全县 15 个社区开展试点。率先提出有毒有害垃圾"统一收集、统一运营、统一处置"，已回收废弃玻璃900 吨、电池6.4 万节、废弃灯泡灯管4.1 万个、废旧衣物220 吨。对全县所有禁养区、限养区及已建畜禽养殖污染治理设施户进行全方位、深层次清查，全县禁养清零率达99.51%，控规达标率达96.27%，治污设施运行率达91.9%。率先全面建成 18 个中心集镇污水处理厂及管网工程，城乡污水日处理能力达到 31 万吨。积极推进农业清洁生产和能源利用，率先启动秸秆能源化利用试点项，新建农户生活污水处理设施4600个，新建沼气池4000 个，完成卫生改厕5000 户。积极开展土壤污染防治，率先启动土壤生态修复试点工作。

2. 启动大气河流污染防治

加快燃煤锅炉改清洁燃料，率先完成第一批燃煤锅炉改造，逐步启动第二批单位审核，实现改烧清洁能源 88 蒸吨，达到环保效益和经济效益的双赢。启动水泥厂脱硝治理、加快淘汰黄标车、水库水生态修复工程等系列治理。深入开展浏阳河、捞刀河两河流域治理，对一级饮用水源保护区河段两岸 5 公里范围内的造纸、制革等不符合要求的涉水排污企业进行了整治或关闭。划定全县饮用水水源地保护区，完成一批水库治污工程，乡镇饮用水源保护区水质达标率为100%。

3. 突出重点区域保护开发

将生态绿心保护工作纳入县政府目标管理，建立保护目标责任制，严格实行项目准入制，开展违法违规行为清理整治工作。推进松雅湖湿地保护，建设湖南松雅湖国家湿地公园 365 公顷，目前，公园内动植物种类多，生物多样性丰富，被誉为水中熊猫、对水质要求极其苛刻的"桃花水母"已亮相松雅湖，成为难得一见的生态景观。

四　积极倡导两型生活新形式

始终将生态文明建设作为最大的民生工程，充分发挥示范创建的典型带动作用，激发广大人民群众共建美好家园的积极性，初步探索了一条全民参与两型生活之路。

1. 引导全民践行两型生活

在率先在全国建立县级两型建设指标体系、形成独特两型发展模式的基础上，2014 年又率先在全国建立了县级两型生活评价标准体系，出台了关于积极推进两型生活方式的工作方案，确定了 32 个约束性指标、19 个倡导性指标，从衣、食、住、行和公共管理五个方面，对人们的日常生活提出了倡导目标和努力方向，充分利用能源和环境约束形成的倒逼机制，引导全县人民自觉践行两型生活方式，在全县加快构建有利于资源节约、环境友好的生活方式、消费模式和产业体系，以两型生活引领两型生产。

2. 积极宣传推动两型生活

开展两型环保进农村、进企业、进工地、进军营、进商场、进社区、进机关、进学校、进医院、进饭店的"十进"活动。充分利用报纸、广播电视、网络、公益短信等媒介，通过编发宣传资料，举办两型知识专题报告、讲座等方式，在全社会开展广泛宣传教育，使两型理念深入人心，引导市民形成良好的两型生活和消费习惯。长沙县两型宣传组织模式得到省委高度认可。

3. 示范创建引领两型生活

坚持以示范创建活动挖掘两型经验、模式，为两型生活模式形成打造了一一张响亮名片。2014 年，长沙县果园新大屋环境治理示范模式、杨梅冲社区垃圾分类回收积分奖励模式、白沙锡福村生态治理农村生活污水和养殖污染治理模式获得广泛认可，经验得到有效推广，其中，新大屋示范组的环境治理经验得到了中央电视台新闻联播的宣传推介。在绿色示范村庄与美丽乡村建设方面，2014 年共创建市级绿色示范社区 3 个、市级绿色示范集镇 3 个、市级绿色示范村庄 8 个、市级花园式庭院 800 户、县级绿色集镇 4 个、县级绿色村庄 30 个、县级绿色社区 10 个、县级花园式庭院 1000 户。福临镇金坑桥村作为全省美丽乡村建设示范点，入选全国美丽乡村创建试点。

可以说，自倡导构建两型生活方式以来，全县两型生活环境和设施条件进一步改善，绿色生产方式和消费模式日益形成，两型社会建设正呈现出思想理念与时俱进、示范亮点精彩纷呈、生活机制常创常新的生动局面。

五　打造县域零碳发展新亮点

为践行两型理念、打造生态文明先行区，2014 年长沙县先行先试，以经过了中国质量认证中心等有关权威机构论证的湖南绿心科技有限公司研发的"速生草碳转化刈割封存技术"为碳汇技术支撑，在全国率先创建"零碳县"，取得了阶段性成果。

1. 突出规划先行推进

成立了"零碳县"发展模式试点工作领导小组，聘请环保部环境规划院、中国质量认证中心，根据《联合国气候变化框架公约》的要求，以国际视野编制了《长沙县"零碳县"创建实施方案（2015 年~2035 年)》。以此确定了长远战略目标，明确了创建的总体目标和任务，配套制定了近期、中期、远期的任务书和时间表，部署了能源结构调整、建筑、交通、社会生活、碳汇产业等重点领域的重点任务和工程。同时，明确将零碳县创建工作列入"十二五"末的重点工作之一，作为"十三五"规划的重要内容。

2. 实施碳源碳汇普查

委托长沙环保学院和环保部环规院，基于全县终端能源消费、工业生产等相关数据，开展碳源碳汇普查和分析评估量化，构建科学的数据模型，核算了全县 2012 年、2013 年的二氧化碳排放，弄清全县的碳排放量和自然生态碳汇量，初步得出长沙县 2013 年已达到万元 GDP 碳排放量零增长目标。通过碳排放总量与自然碳汇量的普查，为全县创建"零碳县"制定可量化的工作目标提供了科学基础数据。

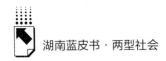

3. 坚持三条主线并进

综合全县经济社会发展基础条件，以及碳排放和碳汇产业发展基础条件，制定了高碳产业低碳化、消费模式低碳化和碳汇产业规模化等三条推进"零碳县"创建的主线。其中，在高碳产业低碳化方面，主要贯彻落实国家关于节能、循环经济、新能源等方面的优惠政策，配套制定科技、产业、金融、价格、税收等政策和措施，鼓励低碳发展和限制高碳产业发展。在消费模式低碳化方面，主要针对消费领域的碳排放行为，从宣传教育、低碳产品认证、消费补贴、强制性准入、绿色采购等领域，提出减碳的具体措施和配套政策，倒逼生产领域的产品结构调整和低碳产品开发。在碳汇产业规模化方面，主要结合全县在固碳作物品种改良、育种和产业化发展基础条件，推动碳汇产业发展和延伸产业链培育，建设碳汇产业基地，实现捕碳过程的产业化和规模化。

目前，在环保部的积极推介下，长沙县"零碳县"创建模式已作为科学发展经验向全国乃至全世界推广。

六　不断开创两型发展新局面

2015 年，长沙县将按照生态文明体制改革要求，以全民共享经济发展成果、共享基本公共服务、共享平等发展机遇为指引，紧紧围绕"瞄准最强县、改革走前列、两型作引领、争当排头兵"的战略目标，主动适应经济发展新常态，坚持稳中求进、改革创新、保位进位、分区发展，力争在率先建成两型社会上取得更大突破。

1. 加快推进重点项目建设

进一步推进新型工业化、信息化、城镇化、农业现代化同步发展，大力培育新材料、新能源产业，提升长沙县科技创新、节能环保水平，为两型社会建设打下坚实的基础。进一步完善生态补偿机制，全面实行封山育林。进一步落实长沙县两型发展模式和构建两型生活方式的各项指标体系，构建有利于两型社会发展的体制机制。大力推广清洁低碳技术，加快可再生资源利用和循环经济发展。稳步推进空青、空地等两型片区建设，打造两型特色片区。积极推进速生草种植基地和固碳加工中心建设。

2. 深入开展两型示范创建

积极开展两型示范创建活动，通过创建一批两型示范单位，倡导两型理念，普及两型知识，树立两型风尚，建设两型文化，引导全社会形成两型的生产方式和消费模式。积极调动社会各界力量开展形式多样的两型宣传，形成两型宣传整体合力。特别是通过节能减排、能源替代、碳捕捉"三管齐下"，加大"零碳县"创建统筹力度，逐步启动"零碳"机关、企业、乡村、社区、学校等示范建设。

3. 不断强化市场要素支撑

加快"碳税"市场运作，从2015年开始，在各领域确定3~5个试点企业启动碳排放权模拟交易系统，实现固碳项目的有效运转，并淘汰一批高污染、高能耗产业，倒逼企业节能减排降耗。

法 律 声 明

权威报告·热点资讯·特色资源

皮书数据库
ANNUAL REPORT(YEARBOOK)
DATABASE

当代中国与世界发展高端智库平台

S 子库介绍
ub-Database Introduction

中国经济发展数据库

涵盖宏观经济、农业经济、工业经济、产业经济、财政金融、交通旅游、商业贸易、劳动经济、企业经济、房地产经济、城市经济、区域经济等领域，为用户实时了解经济运行态势、把握经济发展规律、洞察经济形势、做出经济决策提供参考和依据。

中国社会发展数据库

全面整合国内外有关中国社会发展的统计数据、深度分析报告、专家解读和热点资讯构建而成的专业学术数据库。涉及宗教、社会、人口、政治、外交、法律、文化、教育、体育、文学艺术、医药卫生、资源环境等多个领域。

中国行业发展数据库

以中国国民经济行业分类为依据，跟踪分析国民经济各行业市场运行状况和政策导向，提供行业发展最前沿的资讯，为用户投资、从业及各种经济决策提供理论基础和实践指导。内容涵盖农业，能源与矿产业，交通运输业，制造业，金融业，房地产业，租赁和商务服务业，科学研究环境和公共设施管理，居民服务业，教育，卫生和社会保障，文化、体育和娱乐业等 100 余个行业。

中国区域发展数据库

以特定区域内的经济、社会、文化、法治、资源环境等领域的现状与发展情况进行分析和预测。涵盖中部、西部、东北、西北等地区，长三角、珠三角、黄三角、京津冀、环渤海、合肥经济圈、长株潭城市群、关中一天水经济区、海峡经济区等区域经济体和城市圈，北京、上海、浙江、河南、陕西等 34 个省份及中国台湾地区。

中国文化传媒数据库

包括文化事业、文化产业、宗教、群众文化、图书馆事业、博物馆事业、档案事业、语言文字、文学、历史地理、新闻传播、广播电视、出版事业、艺术、电影、娱乐等多个子库。

世界经济与国际政治数据库

以皮书系列中涉及世界经济与国际政治的研究成果为基础，全面整合国内外有关世界经济与国际政治的统计数据、深度分析报告、专家解读和热点资讯构建而成的专业学术数据库。包括世界经济、世界政治、世界文化、国际社会、国际关系、国际组织、区域发展、国别发展等多个子库。